建设工程专项法律实务

第二版

SPECIAL
LEGAL
PRACTICE
OF
CONSTRUCTION
PROJECT

周吉高 著

By ZhouJigao

法律出版社 LAW PRESS · CHINA

图书在版编目(CIP)数据

建设工程专项法律实务 / 周吉高著. -- 2 版. -- 北京 : 法律出版社, 2021
ISBN 978-7-5197-5872-1

Ⅰ. ①建… Ⅱ. ①周… Ⅲ. ①建筑法-研究-中国 Ⅳ. ①D922.297.4

中国版本图书馆 CIP 数据核字(2021)第 171382 号

建设工程专项法律实务(第二版)
JIANSHE GONGCHENG ZHUANXIANG FALÜ SHIWU (DI-ER BAN)

周吉高 著

策划编辑 冯雨春 朱海波
责任编辑 朱海波
装帧设计 汪奇峰

出版发行 法律出版社
编辑统筹 法律应用出版分社
责任校对 晁明慧 王 皓
责任印制 吕亚莉
经 销 新华书店

开本 710 毫米×1000 毫米 1/16
印张 23.5 **字数** 400 千
版本 2021 年 9 月第 2 版
印次 2021 年 9 月第 1 次印刷
印刷 三河市兴达印务有限公司

地址:北京市丰台区莲花池西里 7 号(100073)
网址:www.lawpress.com.cn
投稿邮箱:info@lawpress.com.cn
举报盗版邮箱:jbwq@lawpress.com.cn
销售电话:010-83938349
客服电话:010-83938350
咨询电话:010-63939796

书号:ISBN 978-7-5197-5872-1
定价:88.00 元

凡购买本社图书,如有印装错误,我社负责退换。电话:010-83938349

参与修订者名单

按照姓氏首字母排序

靳李玲 上编第二讲 建设工程工程款纠纷案件、新增建设工程司法鉴定实务章节、新增施工合同司法解释二的理解与适用暨影响和要求；负责各章节修订内容的审校

李瑞升 中编第一讲 业主方建设工程施工合同管理法律实务、新增针对《原施工合同司法解释二》中优先受偿权相关条款的解读和探索

宋 佳 上编第四讲 建设工程工期纠纷代理法律实务

田 舟 中编第三讲 工程签证法律实务

王静元 上编第五讲 工程建设造成周边建筑物损害赔偿章节、新增施工合同司法解释二的理解与适用暨影响和要求

萧 亮 上编第一讲 施工合同司法解释的主要内容及在办理案件中的运用

中编第二讲 《建设工程施工合同》标准文本评审法律实务

俞胜杰 负责各章节民法典及司法解释条款与废止法律及司法解释条款的对照

第二版序言

2008年10月,第一版《建设工程专项法律实务》付梓出版,首印3000多册,在很短时间内便销售一空,我分外惊喜。承蒙读者厚爱,本书在2008~2014年期间共加印7次,仍供不应求。近几年,这本书在市场上已经脱销,网上旧书价格标价高达数百元。建设工程纠纷案件由工程所在地法院管辖,近几年我几乎走遍了全国各地,每到一个地方,最开心的事就是,听到律师、法务有时候甚至是法官,告诉我看过这本书。偶尔会听到律师说,“看着这本书,我开始代理建设工程纠纷案件的”。作为建设工程案件办理的入门书籍,本书用通俗易懂的语言来解读颇为“深奥”的建设工程法律实务,力求务实、关注实操性,曾一度荣登高杉Legal等知名法律公众号的民商法实务荐书名录,也曾作为实务类图书位列当当网法律类销售热榜之中。自著成出版以来,本书一直都是建设工程领域法律人“独上高楼,望尽天涯路”的良伴。

时隔十余年,随着一些法律法规、司法解释以及2021年《民法典》及其配套司法解释的出台,本书中的许多法律规定已经“过时”,不少实务观点也与司法实践相脱节。为保证本书的实用性,继续为广大建工法律人提供实操参考,我们启动了本书的修订工作。修订的基本思路是“守正出新”。所谓“守正”,主要是指新版在形式上仍采用原来“讲座实录”的呈现方式,延续了较为通俗易懂的文风,仅对原来版本中口语化表达加以调整,便于读者研习和理解。所谓“出新”,则主要是指通过脚注、特别标注等方式,对已经发生变化的法律规范、司法解释有关条款进行标注,便于读者了解法律的最新变化。需要特别指出的是,本次修订还围绕建设工程领域的热点、难点和重点法律实务问题,专门增加了若干新的章节，主要涉及司法鉴定、优先受偿权、《施工合同司法解释》专题解读以及EPC合同实务等内容。同时，我们也将近几年办理的重大、疑难、复杂案件的办案难点、代理思路以及办案心得融入修订内容中，原汁原味、新鲜出炉，希望能为办理类似案件的实务人士提供参考，纾解困惑。

掐指算来，从《建设工程专项法律实务》首次发行至今，已过去了13个年头，倏忽之间，上海建领城达律师事务所也已创办11年，在这期间事务所蓬勃发展，人才汇聚，本书得以修订再版，离不开事务所优秀合伙人、优秀律师的倾心贡献。本书修订工作自2019年年初开始，事务所内部为此组织召开多次修书工作会议，集全所之力搜集案例、整理材料、讨论研究、悉心打磨。事务所合伙人王敏、俞光洪、王凌俊、程培新贡献了许多经典案例办案心得，靳李玲、李瑞升、宋佳、田舟、王静元、萧亮、俞胜杰等多名优秀律师参与撰写了具体修订内容（详见参与修订者名单）。修订版的出版全过程是一场马拉松，是全体建领城达人共同努力的结果。衷心感谢事务所合伙人以及参与修订的多名优秀律师，特别感谢靳李玲律师，修订工作由其总负责，其对建设工程专项法律实务有深入理解，修订过程中一丝不苟、精益求精。

希望本书修订版能不负众望，继续成为建设工程法律实务人士的案头好书。

感谢大家！

于上海长宁

2021年6月18日

缩略语表

全称	简称
《最高人民法院关于审理建设工程施工合同纠纷案件适用法律问题的解释》	《原施工合同司法解释一》
《最高人民法院关于审理建设工程施工合同纠纷案件适用法律问题的解释(二)》	《原施工合同司法解释二》
《最高人民法院关于审理建设工程施工合同纠纷案件适用法律问题的解释(一)》	《新施工合同司法解释一》
《最高人民法院关于民事诉讼证据的若干规定(2019年修正)》	2019版《民事证据规则》
《最高人民法院关于民事诉讼证据的若干规定(2001)》	2001版《民事证据规则》
《最高人民法院关于适用〈中华人民共和国民事诉讼法〉的解释(2020年修正)》	《民诉法司法解释》
《中华人民共和国民法典》	《民法典》
《中华人民共和国合同法》	《合同法》
《中华人民共和国物权法》	《物权法》
《中华人民共和国民事诉讼法》	《民诉法》
《最高人民法院建设工程施工合同司法解释(二)理解与适用》	《原司法解释二理解与适用》
《中华人民共和国招标投标法(2017年修正)》	《招标投标法》
《中华人民共和国建筑法(2019年修订)》	《建筑法》

目 录

上编

中编

>上编

第一讲 《原施工合同司法解释一》的主要内容及在办理案件中的运用*

大家好，今天我给大家讲的是《原施工合同司法解释一》的主要内容及其在办理案件中的具体运用。这里的《原施工合同司法解释一》，是指最高人民法院于 2004 年 10 月 25 日公布的最高人民法院《关于审理建设工程施工合同纠纷案件适用法律问题的解释》（以下简称《原施工合同司法解释一》）。

我主要分七个方面给大家作一个介绍。

1. 关于施工合同无效五类情形的规定；
2. 关于无效施工合同结算的规定；
3. 关于黑白合同结算的规定；
4. 关于逾期不结算视为认可结算的规定；
5. 关于工程款结算标准的规定；
6. 关于司法审价范围的规定；
7. 其他主要规定。

在讲这七个方面的内容之前，我们先来看一看《原施工合同司法解释一》的基本情况，包括《原施工合同司法解释一》规范的对象、制定过程、背景及整个《原施工合同司法解释一》的大纲。下面我分别来进行介绍。

首先是《原施工合同司法解释一》规范的对象，它是针对施工合同纠纷案件如何适用法律作出的司法解释。所谓施工合同，就是指建筑施工单位进行工程施工，建设单位支付工程价款的合同。所谓建设工程合同，原《合同法》第 269

* 本讲内容系根据 2006 年 6 月 24 日笔者为上海市律师协会组织的上海市律师业务培训讲座的录音整理而成；另笔者受河南省律师协会邀请，于 2006 年 10 月 29 日为河南省省属律师事务所律师举办该讲座。笔者在对本书改版时，根据讲座之后施行的新法规政策，对其中部分内容进行了修订。

条（对应《民法典》第788条）[①]作出了明确的规定，就是承包人进行工程建设，发包人支付工程价款的合同，包括勘察合同、设计合同、施工合同。因此，建设工程施工合同实际上是建设工程合同的一种。而《原施工合同司法解释一》是针对建设工程合同中的建设工程施工合同作出的解释，它对同属于建设工程合同中的勘察合同、设计合同是不适用的。另外，我们还要澄清一个概念，就是有些人认为监理合同也是建设工程合同，而根据原《合同法》第276条（对应《民法典》第796条）的规定，监理合同实际上是委托合同，不属于建设工程合同。《原施工合同司法解释一》针对的对象是施工合同，仅此而已，它不适用于勘察合同，不适用于设计合同，更不适用于属于委托合同的监理合同。

其次要介绍的是《原施工合同司法解释一》制定的过程。《原施工合同司法解释一》的制定主要经历了以下五个阶段：

第一个阶段是2002年3月，最高人民法院民事审判第一庭着手《原施工合同司法解释一》的起草工作。

第二个阶段是2003年12月2日，最高人民法院的网站上公布了《司法解释征求意见稿》，总共是30条。其中第17条到第29条，总共用了13条的篇幅，对原《合同法》第286条（对应《民法典》第807条）工程价款优先受偿权作出了进一步的解释。

第三个阶段是2004年2月17日、18日，最高人民法院组织了研讨会。在这次研讨会上，提供了另一个版本的《司法解释征求意见稿》，这个版本的征求意见稿共34条，比网上征求意见稿多了4条，但是这增加的4条以及其中的很多内容，实际上和网上的征求意见稿都不一样。

本人有幸于2004年2月18日参与了最高人民法院组织召开的《司法解释征求意见稿》的研讨会，在这次研讨会上，争论最激烈的有两大问题：

第一个问题就是，是不是违反法律、行政法规的强制性规定，合同就无效呢？《建筑法》《建设工程质量管理条例》《合同法》《规划法》《土地法》《房地产开发管理条例》等法律法规中有很多强制性的规定，有人认为，只要违反了法律、行政法规的强制性规定，合同就无效；也有人认为，违反了法律、行政法规的强制性规定，并不一定导致合同无效，而是关键看这些强制性规定是管理型的规范还是效力型的规范，违反管理型的规范不影响合同的效力，违反效力型的

① 为延续原讲稿的整体性，本书中涉及法律及司法解释的变化有两种修订模式：（1）内容没有实质修改的，仅在该条文采用括号形式指出对应新的条文；（2）有实质变化的将以脚注形式进行详细说明。

规范影响合同的效力。当然,如何划分管理型规范和效力型规范,法律上并没有明确的规定。法理上认为,如果违反了强制性的规定,导致损害国家、集体、他人的利益,这样的强制性规定就是效力性的规定,违反了这样的强制性规定的合同就是无效的。当然,如果违反强制性规定并不对国家、集体、他人的利益造成损害,这个规定就是一个管理性规范,违背了这样的强制性规定,并不导致合同无效。

2009年,最高人民法院《关于适用〈中华人民共和国合同法〉若干问题的解释(二)》出台,其中第14条明确规定:"合同法第五十二条第(五)项规定的'强制性规定',是指效力性强制性规定。"也就是说,违反效力性强制性规定的合同无效,违反管理性强制性规定不会导致合同无效。

第二个问题是合同无效以后如何进行结算。是按照合同约定结算还是按照定额来进行结算又或者是按定额来进行结算但不算利润甚至不算管理费。这个大家在会上争论得也很厉害。

另外还有一点要说明的是,审计署有两位处长参加了那次研讨会。在我们讨论征求意见稿中,有一条是当事人主张按照行政审计的结果认定工程造价的人民法院不予支持。关于该条款,审计署的两位处长就提出异议了,他们说该条需要删除,因为在实践中,无论是双方当事人委托的审价单位,还是双方当事人约定的价款,往往并没有反映实际的情况,导致大量国有资产流失,为此很多人被追究了刑事责任。现在,该条规定了当事人主张按行政审计的结果确认工程造价的人民法院不予支持,那行政审计还有什么意义?当然,审计署是从国有资产流失的角度来提出这个问题,也是从实践的角度提出这个问题的,有一定的道理,但是作为法律人士、律师,抑或是最高人民法院的法官,都认为异议是缺乏法理依据的。施工合同是平等民事主体之间的合同,而行政审计是行政机关与建设单位之间的关系,是非平等的行政法律关系,行政法律关系怎么可以凌驾于民事法律关系之上呢?而双方当事人关于工程价款的纠纷,显然是基于民事法律关系,也就是基于施工合同,那当然应该按照双方当事人的约定来进行处理,而不应该实行行政干预或者认定行政审计的效力高于工程审价的效力。

第四个阶段是2004年4月26日,最高人民法院完成了《原施工合同司法解释一》(送审稿),总共有38条,规定得更详细。当然,我刚才讲的不论是研讨会的征求意见稿,还是2004年4月26日的《原施工合同司法解释一》(送审稿),实际上都没有关于工程价款优先受偿权的解释。

第五个阶段是 2004 年 10 月 25 日，最高人民法院公布了正式的《原施工合同司法解释一》，总共 28 条。

以上是《原施工合同司法解释一》的制定过程。如果要给这部《原施工合同司法解释一》作一个评价，我是这么评价的：对于部分适用法律疑难问题的解释是比较到位的。这次解释耗时 2 年多，广泛征求了各方的意见，召开了多次的研讨会，审判委员会也进行了多次的讨论，所以对于部分适用法律疑难问题的解释是比较到位的。但是，仍有部分疑难问题没有得到解释，也有部分疑难问题虽然解释了但解释得不到位。

《原施工合同司法解释一》对以下六大问题没有解释或者解释不到位：

第一，“黑白合同”的问题。《原施工合同司法解释一》只是规定了“黑白合同”按照“白合同”来进行结算，但是对“黑合同”和“白合同”的效力，到底哪个是有效的，哪个是无效的，或者两个都是无效的，均没有作出解释。而实际上在履行合同的过程中，又涉及对“黑白合同”效力认定的问题，特别是“黑白合同”的付款方式。比如“黑合同”是垫资的，“白合同”是按照进度来付款的，在履行合同的过程中，施工单位主张按照“白合同”来支付价款、进度款，建设单位主张按照“黑合同”来支付进度价款，那到底按照哪一个呢？遇到这样的问题，没有解释就很难把握。

不过，“黑白合同”已经随着施工合同备案制度的取消成为过去式。2018 年 5 月 14 日发布的国务院办公厅《关于开展工程建设项目审批制度改革试点的通知》(国办发〔2018〕33 号)在“精简审批环节”中有关“精减审批事项和条件”中明确规定在试点地区“取消施工合同备案、建筑节能设计审查备案等事项”。2018 年 9 月 28 日公布的住房城乡建设部《关于修改〈房屋建筑和市政基础设施工程招标投标管理办法〉的决定》第 5 条规定：“删除第四十七条第一款中的‘订立书面合同 7 日内，中标人应当将合同送工程所在地的县级以上地方人民政府建设行政主管部门备案’”，正式取消了建设工程施工合同强制备案制度。因此，“黑白合同”的叫法将成为过去式，2019 年《原施工合同司法解释二》也仅规定“按照中标合同确定权利义务关系”，没有涉及合同备案。根据 2019 年《原施工合同司法解释二》第 1 条(《新施工合同司法解释一》第 2 条)、第 9 条(《新施工合同司法解释一》第 23 条)规定，若招标人与中标人另行签订的施工合同即非中标合同约定的工程范围、建设工期、工程质量、工程价款等实质性内容，与中标合同不一致，则应按照中标合同确定权利义务。因此，“黑白合同”被“中标合同与非中标合同”取代。但是，“黑白合同”相关司法实践审理或代理思路仍具有一定的参考意义。

第二，关于原《合同法》第286条（对应《民法典》第807条）的问题。针对该条最高人民法院曾经作出过解释，但是解释得很简单，只有5条，还不能完全解释工程价款优先受偿权在诉讼或者执行过程中遇到的所有问题。而这些问题没有得到解决，原《合同法》第286条（对应《民法典》第807条）在实践中的适用就还会遇到很多问题，比如催告的时间是多长、合理的时间到底是多长、合同无效是不是适用工程价款优先受偿权，等等。

就上述优先受偿权的部分问题体现在2019年《原施工合同司法解释二》第17条至第23条中。

第三，低于成本价的问题，也没有得到解决。《招标投标法》规定，投标人不得低于成本价竞标。这显然是一个强制性的规定，违反这个强制性规定，合同无效吗？还是违反了这个强制性的规定，合同是一个可变更、可撤销的合同呢？这里面没作出解释。而实践中由于施工单位很难承接到工程，竞争很激烈，往往低价竞标，低价承接了以后，合同签了，施工过半，施工单位再提出来，这个价格很低，低于成本价，这个合同是一个无效的合同，或者这个合同是一个可变更、可撤销的合同，因为显失公平，或者存在重大误解才签了这样一个合同。这个时候争议就产生了。所以，低于成本价中标签订的合同到底是有效、无效，还是可变更可撤销的合同，这个问题没有解决。

对于该问题，2011年《全国民事审判工作会议纪要》（法办〔2011〕442号）第24条第1款明确规定："对按照'最低价中标'等违规招标形式，以低于工程建设成本的工程项目标底订立的施工合同，应当依据招标投标法第四十一条第（二）项的规定认定无效。"另外，在《最高人民法院建设工程施工合同司法解释（二）理解与适用》（以下简称《原司法解释二理解与适用》）一书中载明："承包人以低于成本的价格投标或竞标，发包人与承包人据此签订建设工程施工合同的，应当依据《招标投标法》第41条第（2）项的规定认定无效。"[①]

第四，强制审计的效力问题。前面我讲到了审计署在召开研讨会的时候，强烈提出要取消所谓"当事人主张按照行政审计结果认定工程造价的，人民法院不予支持"的规定。现在出台的《原施工合同司法解释一》，确实是取消了这一条。但是在司法实践中，强制审计的结果和双方当事人约定的结算价款或者双方当事人约定的工程审价单位审价的结果，到底哪个效力高呢？或者说在处

---

① 最高人民法院民一庭：《最高人民法院建设工程施工合同司法解释（二）理解与适用》，人民法院出版社2019年版，第79页。

理工程款纠纷案件的时候,到底按照强制审计的结果来认定结算价款,还是按照工程审价报告或者双方当事人约定的结算价款来认定结算价款呢?这个又回到《原施工合同司法解释一》出台以前的状况。也就是说,有些法院按照强制审计的结果确定结算造价,而有些法院按照双方当事人约定的结算价款确定工程造价,或者按照双方当事人共同委托的审价单位的审价结果确定结算造价,这样就又进入了比较混乱的状态。

关于该问题,目前也已有相应依据。2017 年 6 月 5 日施行的全国人大法工委《关于对地方性法规中以审计结果作为政府投资建设项目竣工结算依据有关规定提出的审查建议的复函》(法工备函〔2017〕22 号)中载明:“在充分调研和征求意见的基础上,我们研究认为,地方性法规中直接以审计结果作为竣工结算依据和应当在招标文件中载明或者在合同中约定以审计结果作为竣工结算依据的规定,限制了民事权利,超越了地方立法权限,应当予以纠正。”因此,除非当事人明确约定以行政审计确定工程结算款,否则审计结果不应作为竣工结算依据。

第五,工期顺延的举证要求问题。工期纠纷案件,处理起来比较麻烦。工期延误了是不是应该给予延期、给予多少期限的延期?对此,人民法院在认定的时候,存在很大的问题。有些法院认为,工期延误了,建设单位有责任,因为设计图纸延误了,逾期支付工程价款了,或者说应该发出的指令没有发,导致工期延误。在这样的情况下,如果建设单位主张逾期竣工违约金,人民法院不予支持。还有些法院认为,工期延误了,施工单位要举证证明是由于建设单位的原因,而且这些原因确实导致了工期的延误,以及实际延误的天数。也就是说,施工单位要举证证明引起工期延误的事项、实际延误的天数、延误的事项与延误的天数要有因果关系。如果不能证明这些内容,工期就不能够顺延,施工单位就要承担逾期竣工的违约责任。显然,刚才讲的两种情况的证明标准是不一样的。前面是一个定性的证明标准,后面是一个定量的证明标准,当然前面的定性也非全定性,定性角度也不能达到举证的要求。在这样的情况下,人民法院在审理案件的时候,如果证明标准不同,得出的结果将完全两样。由于这个问题没有相应的司法解释,导致某些案件一审判决施工单位不承担逾期竣工违约责任,而二审判决施工单位承担全部的逾期竣工违约责任。因为一审、二审法院适用的证明标准不一样。一审按照施工单位只要证明是建设单位的原因导致工期延误,有这样的情况发生,比如工程量增加、设计变更、拖欠工程款等情况,施工单位就免责。而二审法院适用的证明标准显然除了要证明有设计变更、工程量增加或者拖欠工程款以外，还要证明这种情况工期确实延误了，而且这些情况与导致工期延误之间要有因果关系，如果不能证明，则施工单位要承担举证不能的不利后果，即逾期竣工的违约责任。这个问题没有得到解释，实际中怎么操作呢？

关于该问题，《原施工合同司法解释二》第 6 条(《新施工合同司法解释一》第 10 条)规定有所体现，相关论述详见本书《施工合同司法解释二的理解与适用暨影响与要求》。

第六，肢解发包合同的效力问题、未取得建设工程规划许可证签订的施工合同的效力问题。这些问题在《原施工合同司法解释一》中都没有涉及。而《建筑法》规定，建设单位不得肢解发包。该规定使用的是“不得”这两个字，是一个强制性的规定，违反这个强制性规定的合同无效吗？按照原《合同法》第 52 条(此处对应《民法典》第 153 条)的规定，违反法律、行政法规强制性规定的合同无效，那现在这种情况下，合同是否无效？《原施工合同司法解释一》没有作出明确规定。再如，未取得建设工程规划许可证，这时候签订的施工合同的效力如何？《原施工合同司法解释一》也没有规定。

但目前《原施工合同司法解释二》第 2 条(《新施工合同司法解释一》第 3 条)已明确规定，未取得建设工程规划许可证的施工合同为无效合同。对于该条款的具体论述详见本书《施工合同司法解释二的理解与适用暨影响与要求》。

我们在诉讼中如果遇到以上六大问题该如何把握？首先，适用《原施工合同司法解释二》的相关新规定；其次，借鉴《原司法解释二理解与适用》，比如低于成本价的合同效力问题，就可参照《原司法解释二理解与适用》中载明的观点，主张“合同无效”；[①]再次，可参照当地高级人民法院或中级人民法院的指导意见及最高人民法院判例等；最后，还可以参考全国审判会议纪要、全国人大常委会法工委相关函件以及征求意见稿等文件。如果是非诉讼情况，比如低于成本价的问题，实际上在施工过程中，有些施工单位低价中标后会在履行过程中提出“你要给我加钱，你不给我加钱，我就不干了。”为什么？“你低于成本价，合同无效，你给我加钱了我就干。”在签约和履约过程中如何进行预防？我们可以加强合同约定。我们可以在合同约定的合同价款一栏里面写“本合同价款承包人承诺不低于其成本价”。约定清楚了，在一定程度上就能防止施工单位以合

---

① 最高人民法院民一庭：《最高人民法院建设工程施工合同司法解释(二)理解与适用》，人民法院出版社 2019 年版，第 79 页。

同低于成本价无效为由，主张要求建设单位增加价款的情况发生了。还有，建设单位如何追究到施工单位逾期竣工违约责任呢？也可以通过加强约定来解决。既然工期顺延的举证要求在《原施工合同司法解释一》里面没有得到明确，那我们可以把这些依法确定的举证要求量化到或者说约定到我们双方的合同中去。我们可以约定施工单位要主张工期顺延，需要具备三个条件：第一，具有导致工期延误的事项的证据；第二，要举证证明实际延误的天数；第三，导致工期延误的事项跟延误的天数之间具有因果关系。这三个条件，施工单位都要举证证明，如果不能举证证明这三个条件，建设单位就可以不予以工期顺延。在这样的情况下，作了这样的约定，万一发生纠纷诉讼，法院审理这个案件的时候，那显然是按照约定来认定工期能不能顺延，进而借此判断施工单位是不是需要承担逾期竣工的违约责任。

接下来我要讲的是《原施工合同司法解释一》出台的背景。《原施工合同司法解释一》的出台基于以下两大背景：第一，为了给国家《关于清理工程拖欠款及民工工资的重大部署》的实施提供更明确、更有力的司法保障；第二，为了解决诉讼中对某些法律问题认识不统一的问题。否则，影响判决的公正性、统一性和审判的效力，不利于解决拖欠工程款和民工工资问题。

最后，我们来看一看《原施工合同司法解释一》的大纲，总共是 28 条，但是我们可以划分为以下九个方面，便于大家理解。

第一个方面是合同无效的情形和处理，从第 1 条到第 4 条，总共 4 条；

第二个方面是可以按有效处理的合同，从第 5 条到第 7 条，总共 3 条；

第三个方面是关于合同的解除权，从第 8 条到第 10 条，总共 3 条；

第四个方面是管理质量问题，分别是第 11 条到第 13 条以及第 27 条，共 4 条；

第五个方面是关于工程期限的违约责任，是第 14 条和第 15 条，总共 2 条；

第六个方面是关于工程结算标准和工程量的确定，是第 16 条到第 23 条，总共 8 条；

第七个方面是关于程序问题的规定，是第 24 条到第 26 条，总共 3 条；

第八个方面是关于侵权责任的规定，是第 27 条，共 1 条；

第九个方面是关于施行的时间，是第 28 条，共 1 条。①

① 《原施工合同司法解释一》与《新施工合同司法解释一》的条文变动情况，请详见附录《新旧施工合同司法解释条文对照》。

下面,我围绕开头所说的七个方面内容,来给大家做一个详细地讲解。

一、关于施工合同无效五类情形的规定

关于施工合同无效的五类情形的规定,涉及的条款是《原施工合同司法解释一》第 1 条和第 4 条(对应《新施工合同司法解释一》第 1 条)。从这两条的规定,我们可以归纳出,施工合同无效的五类情形分别是:第一类情形,承包人未取得建筑施工单位资质或者超越资质等级;第二类情形,没有资质或没有相应资质的实际施工人,借用有资质的建筑施工单位名义的,实际上就是挂靠;第三类情形,建设工程必须招标而未招标或中标无效的;第四类情形是违法分包;第五类情形就是转包。

(一)如何理解施工合同无效的五类情形

第一类情形,没有资质或超越资质等级。从专业的角度来讲,资质是如何规定的呢?建设部对资质进行了规定,资质总共分三个序列:施工总承包序列、专业承包序列、劳务分包序列。[①] 每个序列里面又分资质等级,比如施工总承包序列里面分特级施工总承包企业、一级、二级、三级施工总承包企业。什么叫没有资质呢?实际上就是指没有取得任何序列的任何等级。什么叫超越资质等级呢?比如施工总承包的序列里面,本来是一级施工总承包企业才能承包的工程,二级施工总承包企业去承接,那就是超越了资质等级。

第二类情形,没有资质或没有相应资质的实际施工人,借用有资质的建筑施工单位名义的,这实际上就是挂靠。挂靠如何来进行认定?这在司法实践中一般是不容易认定的。首先,施工单位不会提出来自己是挂靠施工,提出来就要遭到罚款,要受到行政机关的处罚。建设单位一方面即使想提出,一般也没有证据证明是挂靠,另一方面一般也不愿意提出,因为发包工程实际上是建设单位的管理人员操作的,难道说管理人员愿意说自己工作失误吗?显然不会。那法院如何来处理呢?施工单位不提供证据证明,发包人也不提供证据证明,法院凭什么去主动审查是不是挂靠呢?法院当然不会这么做,所以,司法实践中对于挂靠一般是不容易认定的。如果要认定,挂靠的标准是什么?怎么来认定挂靠?那就按建设部 124 号令《房屋建筑和市政基础设施工程施工分包管理

① 2015 年,对劳务分包的资质取消了专业和等级的划分。

办法》第 15 条的规定来进行认定。该文件第 15 条规定:“禁止转让、出借企业资质证书,或者以其他方式允许他人以本企业名义承揽工程。分包工程的发包人没有将其承包的工程进行分包,在施工现场所设的项目管理机构的项目负责人、技术负责人、项目核算人员、质量管理人员、安全管理人员不是工程承包人本单位人员的,视同以其他方式允许他人以本企业名义承揽工程。”

这里面实际上规定了几种情况可以作为认定挂靠的标准:第一,转让、出借企业资质证书的;第二,以其他方式允许他人以本企业名义承揽工程的;第三,项目负责人、技术负责人、项目核算人员、质量管理人员、安全管理人员不是工程承包人本单位人员的,这五类人员不是承包人本单位人员的,都视为挂靠。这些是认定挂靠的具体标准。

第三类情形如何来理解和适用呢?这一类情形要解决的是如何来理解是否属于必须招标的范畴。前面讲了,必须招标而不招标的合同无效。那必须招标的范围如何来认定?认定的标准是什么?对此,《招标投标法》第 3 条进行了规定,详细的规定在《工程建设项目招标范围和规模标准》[①]中。

工程实践中存在怎样的典型问题呢?一种情况就是将总包外工程直接发包,因未进行招投标导致直接发包合同无效。即在工程实践中,必须招标的项目,总包往往承包一个土建和安装工程,而对于其他工程如装饰工程没有纳入总包范围。若装饰工程发包,也必须招投标,否则合同就是无效的。这就是我说的总包外直接发包的工程也必须招投标,如果不招投标,合同就无效,而建设单位往往容易忽视,以为签了总包合同,再跟装修单位签订合同就不需要招投标,这是错误的。另一种情况就是将总包部分范围收回直接发包,比如总包的范围包括了装修工程,但是在施工的过程中,等施工到装修工程要发包的时候,建设单位又觉得总包管理不过来,把这个装修工程拿出来再发包给别人。这个时候往往容易忽视,拿出来的这个装饰工程,没有进行招投标,应该招标而没招标。建设单位可能会认为,这个装修工程已经在总包范围里包括了,而总包又是经过招投标来确定的,那是不是意味着对于这个装修工程已经进行过招投标呢?不是的,原因就在于把原来总包合同的内容收回来又直接对外发包签订合同,而直接发包若没有通过招投标,那合同就无效。工程实践中,发包人往往会将总包外直接发包或者将总包部分范围收回直接发包,而实际上这一部分工程

① 需要注意的是,该规定已于 2018 年 3 月 8 日废止,必须招投标工程的范围,目前适用的是 2018 年 6 月 1 日施行的《必须招标的工程项目规定》(中华人民共和国国家发展和改革委员会令第 16 号)及 2018 年 6 月 6 日施行的《必须招标的基础设施和公用事业项目范围规定》(发改法规规〔2018〕843 号)。

因为没有进行招投标而导致合同无效，这是我们要注意的。

此外，中标无效，合同无效。那哪些情形会导致中标无效呢？总共有六种情形，分别是《招标投标法》第50、52、53、54、55、57条的规定。概括来说：第50条是指招投标代理机构违反《招标投标法》的行为影响中标结果的，中标无效；第52条，泄露投标有关情况影响中标结果的，中标无效；第53条，串通投标或以行贿手段谋取中标的，中标无效；第54条，冒充他人非法骗取中标的，中标无效；第55条，对实质性内容进行谈判影响中标结果的，中标无效；第57条，违法确定中标人的，中标无效。

我们再看第四类导致合同无效的情形，关于违法分包的认定。认定的标准是《建设工程质量管理条例》第78条，该条规定的违法分包是指下列情形：第一，总承包单位将建设工程分包给不具备相应资质条件的单位的，属于违法分包；第二，建设工程总承包合同中未有约定，又未经建设单位认可，总承包单位将其承包的部分建设工程交由其他单位完成的；第三，施工总承包单位将建设工程主体结构的施工分包给其他单位的；第四，分包单位将其承包的工程再分包的。这些都是认定违法分包的标准。

关于违法分包的认定，我们来看一看下面的案例。

【案例1】某境内施工单位诉某境外施工单位再分包合同纠纷案

本案中，笔者代理的是境内的施工单位。

某外资房地产开发企业将某高档住宅小区发包给某境内总承包单位，境内总承包单位将机电安装工程指定给某境外施工单位分包，合同的价款为7000余万元。境外施工单位由于没有施工队伍，又将机电安装工程中的大部分工作给了某境内的施工单位，双方先签订了意向书，价款为4000余万元。此后境外施工单位将强电工程强行收回，另行给了其他单位施工。双方就剩余工程签订了合同书，价款是2800余万元，但双方没有在合同中约定标价的工程量清单，即没有约定合同价款的确定方式。此后，由于双方对标价的工程量清单无法达成一致意见，境外施工单位提供的清单存在先施工的项目综合单价偏低、后施工的项目综合单价偏高的问题，而境内施工单位觉得这种清单风险太高，特别是如果后施工的项目境外施工单位不让他施工，前面部分结算的话，将会亏本，所以没有同意境外施工单位提供的标价的工程量清单。在这样的情况下，境外施工单位又故意为难境内施工单位，并中途擅自终止了合同。后来双方因终止合同对已完工程结算产生纠纷，境内的施工单位聘请我们代理将境外的施工单位告上法庭，同时将外资房地产开发企业作为共同被告起诉到中级人民法院，要求支付工程价款。

本案就涉及一个典型的再分包合同关系,那实践中如何来认定再分包的合同关系呢?我们需要通过纵向承发包模式来进行分析。首先,从承发包的范围来看,外资房地产开发企业开发的是整个高档小区,而境内总承包单位承包的是整个高档小区的工程施工,然后,境内总承包单位又把机电安装工程分包给境外施工单位,境外的施工单位由于没有自己的施工队伍,他又把大部分的安装工程给了境内的施工单位。所以,从承包范围来看,首先是建设单位将整个高档小区给了境内的总承包单位,然后境内总承包单位将所有的机电安装工程给了境外的施工单位,而境外的施工单位又将大部分的机电安装工程给了境内的施工单位,实际上他的承包范围是越来越小了。然后我们再从主体的角度来看,外资房地产开发企业是发包人,而总包人就是境内的总承包单位,分包人是境外的施工单位,因为总包人把机电安装工程给他了,就是一个分包的关系。而境外的施工单位作为分包人本身承接的是分包工程,又把大部分的分包工程机电安装工程给了境内施工单位,境内施工单位就是接受再分包人,实际上这就是一个再分包的关系。所以,从主体的角度我们就可以看出来,这是一个典型的工程再分包。也就是说,分包人将分包的工程再分包,体现在本案里面,就是指接受机电安装工程分包的境外施工单位又将大部分的机电安装工程再分包给了境内的施工单位。通过这个案例我们可以看出,我们要认定再分包案件,可以从承包范围以及承发包主体的角度来进行分析,也就是进行纵向分析。

第五类情形涉及关于转包的认定。认定标准是《建设工程质量管理条例》第 78 条的规定,该条规定转包是指承包单位承包建设工程后,不履行合同约定的责任和义务,将其承包的全部建设工程转给他人或者将其承包的全部建设工程肢解以后以分包的名义分别转给其他单位。建设部 124 号令《房屋建筑和市政基础设施工程施工分包管理办法》第 13 条规定,禁止将承包的工程进行转包,不履行合同约定将其承包的全部工程发包给他人或者将其承包的全部工程肢解以后以分包的名义分别发包给他人的,属于转包行为;违反本办法第 12 条规定,分包工程发包人将工程分包后,未在施工现场设立项目管理机构和派驻相应人员,并未对该工程的施工活动进行组织管理的,视同转包行为。这是认定的标准。2019 年 1 月 1 日生效的《建筑工程施工发包与承包违法行为认定查处管理办法》第 7 条规定也对转包进行定义:“本办法所称转包,是指承包单位承包工程后,不履行合同约定的责任和义务,将其承包的全部工程或者将其承包的全部工程肢解后以分包的名义分别转给其他单位或个人施工的行为。”

我们通过下面的案例,看看如何对转包进行认定。

【案例2】建设单位起诉施工、设计、监理单位承担修复责任法院追加总包作为共同被告纠纷案

本案中,笔者代理的是监理单位。

某建设单位在使用娱乐总会时发现房屋梁、柱存在开裂的情形,遂将施工、设计、监理单位作为被告起诉,要求三被告承担修复责任。经鉴定,证明问题出在图纸《会审纪要》上,《会审纪要》载明:"问:屋面找坡材料不明确?答:建议采用C20细石混凝土找坡。"设计、监理、施工、建设单位在上面均加盖印章。施工单位据此施工,造成上述质量问题。此外,在鉴定过程中还发现,屋面板做薄,存在安全隐患。后来一审法院判决:就C20细石混凝土引发的质量问题,由设计单位承担85%的责任,施工单位承担15%的责任;屋面板做薄,由施工单位与监理单位各承担50%的责任。

进入二审后,监理、设计单位分别聘请笔者与本所另一律师提供诉讼代理服务。二审法院经过书面审理并谈话后,以程序违法、适用法律错误为由将案件发回重审。

在重审一审中,法院将总包追加为被告。该总包是当地企业,施工合同由施工单位与建设单位签订后,又由总包企业加入签订了三方协议,同时,总包与建设单位又签订了同样内容的施工合同并办理备案登记,目的是税金能够留在当地,由总包开票给建设单位,总包纳税,税金就留在当地。

在代理过程中,为了让总包与施工单位承担连带责任并多承担责任而达到使监理单位少承担责任的目的,笔者就主张总包与施工单位之间是典型的转包关系,因为总包不履行合同约定,他仅收取税金及管理费,故应认定为转包关系。前面讲了,不履行合同约定,仅收取管理费的,这是一个转包行为。但是重审一审法院并未采纳笔者的观点,即法院没有认定转包行为。不过,重审一审判决仅施工单位承担责任,监理、设计单位均不承担责任。

为什么本案没有认定总包和施工单位是转包关系呢?究竟如何来进行认定呢?我们首先从转包的规定来看,认定转包需要具备三个要素:第一,承包人首先承接工程,只有承接了工程以后再转给别人,这才叫转包;第二,承包人不履行合同;第三,就是转给他人。而从本案来看,显然只符合一个要素,就是不履行合同。本案里面的总包是没履行合同,但是其他两个要素不具备:首先,不是总包先承接的工程,而实际是施工单位先承接的工程,后来为了办理税金落在当地,总包才和建设单位签了一个所谓的总包合同;其次,另外一个要素也不符合,就是转给他人。本案实际上是施工单位先承接的工程,就不存在总包转给他的情况。所以,就本案而言,由于缺乏认定转包的三要素中的两个,在这样的情况下就没有认定是转包。通过这个案例,我们就可以了解如何来进行转包的认定。

(二)如何在办理案件中运用施工合同无效的五类情形

对于施工合同纠纷案件来说,首先要研判的就是施工合同的效力,看看施工合同是不是存在无效的五类情形,并据此对案件有一个整体的把握,进而作出决策。我们需要就哪些方面作出决策呢?第一,通过何种方式解决纠纷。如果合同是无效的,你就没有必要解除合同了,因为合同本身就是无效的。第二,如果诉讼,如何确定诉讼请求。合同无效与有效的法律后果是不一样的,比如逾期竣工的,若合同有效就可以追究施工单位的逾期竣工违约金,若合同无效,建设单位是不能追究违约金的,因为合同无效了,就谈不上违约。第三,如何主张支持诉讼请求的事实和举证。合同有效和无效,要举证的事实和举证的要求是不一样的。所以,在遇到工程款纠纷案件的时候,我们首先要研判合同的效力,看看是不是具备这五类情形之一。具备了,这就是一个无效的合同;不具备,基本上是一个有效的合同。

(三)关于施工合同无效情形的三个主要疑难问题

第一,《原施工合同司法解释一》第1、4条(对于《新施工合同司法解释一》第1条)规定了施工合同无效的五类情形,是不是意味着不具有这五类情形的施工合同都有效呢?有人认为,除了这五类情形之外的其他情况都不影响合同的效力。这种观点是不对的。最高人民法院负责起草这个《原施工合同司法解释一》的法官冯小光就认为,并不是说只有这五类情形才会导致施工合同无效。原《合同法》第52条(对应《民法典》第146、150、153、154条)规定的其他导致合同无效的情况,当然也适用于施工合同,《原施工合同司法解释一》就没有明确。当然还有其他的,比如,在规划绿地上建设房屋未取得建设工程规划许可证,据此签订的施工合同就是无效的,在规划绿地用地上建设的房屋,显然是一个违章建筑,而且规划许可证是不可能取得的,这个合同就是无效的。

第二,强制性规定是否影响施工合同效力的判断标准是什么?经过总结,笔者认为,主要有三个判断标准:第一个标准就是强制性规定是不是法律、行政法规中的强制性规定。如果不是,肯定不影响合同效力;如果是的话再看第二个标准,即看这个强制性规定是不是效力性规范。前面我讲到,强制性规范分为效力性规范和管理性规范,效力性规范就是指违反该强制性规范会导致损害社会公共利益或者说国家、集体或者他人利益,否则就是管理性规范。因此,第二个标准就是看这个强制性规定是效力性规范还是管理性规范。如果是效力性规范,合同就无效;如果是管理性规范,合同有效。第三个判断标准,如果违反的是效力性规定,起诉前是不是补办了手续。比如按规定须取得规划许可证才能签订施工合同从而进行施工,如果签订施工合同时没有取得规划许可证,但是在履行施工合同的过程中取得了规划许可证,在这样的情况下,从尽量维护合同效力的角度出发,法院一般认为合同是有效的,因为起诉前已经补办了有关工程规划许可的手续。2019 年《原施工合同司法解释二》第 2 条(《新施工合同司法解释一》第 3 条)规定印证了前述观点。

第三,转包合同无效、违法分包合同无效,会不会影响前手合同的效力?即发包人把一个工程如一个房屋工程发包给施工单位施工,施工单位本来应该自己施工,但他不施工而转给别的施工单位了,仅收取管理费、利润和税金,这是一个典型的转包行为。显然施工单位转给下一家施工单位的合同是一个转包即无效的合同,那施工单位和建设单位签订的合同是不是因为转包合同而无效呢?这个转包合同是不影响前手合同的效力的,因为在转包之前,施工单位就和建设单位建立了合同关系,签订了前面的总包合同以后他才签订了转包合同,总包合同的效力在前面签订的时候就已经明确。当然,违法分包合同也一样,比如,总包单位将工程分包给不具有分包资质的单位,这个分包合同是无效的,那总包单位和建设单位的合同是不是无效呢?并不无效,因为总包合同的效力在签订总包合同的时候就已经确定,而分包合同是在总包合同之后签订的,并不影响合同的效力。

二、关于无效施工合同结算的规定

关于无效施工合同结算的办法,是研讨会上争论比较多的一个问题。无效的施工合同到底怎样进行结算呢?从《原施工合同司法解释一》规定的内容来看,无效施工合同的结算办法视质量是否合格而定:验收合格的,承包人请求按照约定支付价款,应予支持,也就是说参照合同的约定来结算;验收不合格但经过修复后合格的,承包人有权按照约定要求支付价款,发包人有权要求承包人赔偿修复费用;如果修复以后仍然不合格的,承包人请求支付价款就不予支持。

当然,不合格造成的损失,发包人有过错的,也应承担相应的民事责任。发包人将工程发包给不具有相应资质的承包人施工,质量经过修复以后还不合格,承包人投入的人工、材料、机械实际上都损失了,因为没有使用价值,这个时候实际上是承包人的损失,是不是单单是承包人的过错呢?不是,发包人也有过错,因为发包人发包的施工单位本身就没有资质。发包人对承包人的选择存在过错,当然这部分的损失,发包人也要承担责任。

以上是《原施工合同司法解释一》第 2 条与第 3 条(对应《民法典》第 793 条)规定的内容。我们来看看《原施工合同司法解释一》生效以前司法实践中的情况,上海法院和浙江法院的做法不一样。上海法院对合同无效后的结算方法我已经介绍过了,就是工程量按实计算、计价方式参照合同的约定。浙江法院是对工程量按实计算、计价方式按照定额来确定。但是浙江各个地区法院处理的方法也不完全相同,有些法院按定额算但不算利润,因为合同是无效的话,当然不能取得利润;还有些法院认为,管理费也不能算。

那现在《原施工合同司法解释一》为什么作出参照约定进行结算的解释呢?关于这个内容,研讨会上讨论比较激烈,我也作了一些研究。首先,原《合同法》第 58 条(对应《民法典》第 157 条)规定,合同无效以后,因该合同取得的财产应该予以返还,不能返还或者没有必要返还的,应当折价补偿。有过错的一方应当赔偿对方因此所受到的损失,双方都有过错的,应当各自承担相应的责任。假设一个施工合同是无效的,而这个时候房子实际上已经造好了,业主也已经在使用了。发包人因无效合同取得的财产实际上就是质量合格的房屋,按照法律规定,合同无效他要返还,他能不能返还呢?实际上这个房屋不能返还,因为土地是业主的、是开发商的,当然不能返还。那不能返还的话应该怎么办呢?应该折价补偿。这个房屋是合格的,怎么来折价补偿呢?一般来说,应该按市场价来进行折价,因为这个房子开发商是需要的,而且也达到了开发商的目标,如果开发商选择其他单位施工,假设是质量合格的,也是正常的市场价才能获得。那这样的情况下,折价补偿就应该按照市场价来补。市场价格怎么来获得呢?比如按定额来算,我们都知道,按上海市 93 定额算出来的价格往往会很高,并不能反映市场价格水平,会比市场价格高出 5%~10%,甚至更多,特别是一些桩基工程。所以,按定额算出来的价格不能算是一个市场价。那按工程量清单算可不可以呢?实际上按工程量清单也很难算出来,因为单价的取定还没有套用 93 定额这么容易,市场价格都是波动的,变动很大。那按什么算呢?我们回过头来看合同,合同价款是通过招投标的、通过比价确定,应该说从理论上反映了市场的价格,如果没有进行招投标,大家协商的合同价款实际上也反映了市场价格水平,施工单位从理论上说总不能亏本来签订施工合同。当然这些都是理论上的,有时候为了中标、为了承接到工程,合同价格可能是低于市场价的。但从理论上来说,合同价款跟市场价格基本上是一致的。因此,要确定市场价,还是按照合同约定来进行结算。最后,最高人民法院作出的《原施工合同司法解释一》就规定,参照合同约定的方式来进行结算。这个规定是根据原《合同法》第58条(对应《民法典》第157条)推导出来的。当然,浙江法院的处理方法就出现问题了,浙江法院认为利润不能算、管理费不能算,认为原《合同法》第58条(对应《民法典》第157条)规定的因该合同取得的财产应该理解为材料、消耗的机械设备、人工等原始投入的元素而不是房屋。这种观点当然是不对的。另外,假设不算利润的话,本来应该由施工单位获得的利润,被开发商拿走了,然后他卖房子又获得了一次利润,这样实际上施工的利润和房地产开发的利润都归开发商了,显然也是不合理的。所以,原来浙江法院的做法是不妥的。

这里又产生了一个问题:合同有效、无效的结算方法是一样的,这是不是意味着鼓励违法呢?为此,最高人民法院还有法官写过文章说这样的《原施工合同司法解释一》不妥,认为规定合同有效、无效的结算方法一样会鼓励大家签订无效的合同。这种观点实际上是片面的,我前面已经分析了,无效合同的法律后果是参照合同约定,这只是根据原《合同法》的规定推导出的一个结果,这个结果和有效合同的法律后果相同只是一个巧合,更不能由此得出鼓励违法的结论。

这里又出来了一个疑难问题:实际施工人跟前手承包人之间的合同价格过低怎么办?《原施工合同司法解释一》规定,合同无效参照合同约定进行结算。那作为实际施工人是不是只能按照合同约定主张工程款呢?如果只能按照合同约定主张,实际施工人会很亏,因为合同价格很低。比如一个工程,发包人发包给总包,总包又给分包,分包又再给接受分包的再分包人,这个价格是每转一次就降低一次的。按照《原施工合同司法解释一》的规定,再分包合同是一个无效的合同,实际施工人作为接受再分包人,他要主张价款只能按照这个约定来主张,这样实际施工人就很吃亏。在这样的情况下,我们也可以寻求突破,突破的方法主要有两个:第一,从《原施工合同司法解释一》的规定出发寻找突破。根据《原施工合同司法解释一》第2条(对应《民法典》第793条第1款)的规定,建设工程施工合同无效,但建设工程经竣工验收合格,承包人请求参照合同约定支付工程价款的,应予支持。那作为实际施工人,不请求参照合同约定支付价款可以吗？从字面上讲,是可以的。这条规定只是说可以请求参照,那也可以不请求参照。第二,从原《合同法》对合同无效的法律后果的规定出发寻找突破。再分包合同既然是无效的,工程实际上是接受再分包人、实际施工人施工的,而这个工程的价值最后归发包人,这样从理论上说,发包人跟实际施工人形成了一个事实的工程合同。因此,实际施工人主张价格可以参照发包人跟总包人签订的合同来进行结算。当然,这些都是理论上的探讨,没有在实践中操作过。

三、关于“黑白合同”结算的规定

首先需要说明的是,“黑白合同”已经随着施工合同备案制度的取消成为过去式。2019 年《原施工合同司法解释二》也仅规定“按照中标合同确定权利义务关系”,没有涉及合同备案。因此,“黑白合同”被“中标合同与非中标合同”取代。但是,“黑白合同”相关司法实践审理或代理思路仍具有一定的参考意义。

《原施工合同司法解释一》第 21 条(对应《新施工合同司法解释一》第 2 条)规定,当事人就同一建设工程另行订立的建设工程施工合同与经过备案的中标合同实质性内容不一致的,应当以备案的中标合同作为结算工程价款的根据。这个就是“黑白合同”按照“白合同”进行结算的规定。

(一)关于该规定的理解

首先,是黑白合同的概念,所谓白合同,就是经过招投标且备案的合同。而在这个备案的合同之外,比如双方又签订了一个与备案合同实质性内容不一致的补充协议。这个补充协议,实际上就是黑合同。

其次,黑白合同形成的原因是什么呢？比如上海,合同有垫资条款无法备案,在这样的情况下,双方签订一个合同用于备案,私下又签订一个补充协议,这样黑白合同就形成了。又如外地,备案合同价款有的要严格按照定额或者下浮不能超过多少作为标准,但实际上双方约定的价格比这个还低,那这样黑白合同也形成了。归根结底,黑白合同形成的原因是双方当事人真实的意思表示、真实的约定没办法得到行政主管部门的认可,无法备案。无法备案的话只能是签订一个合同用于备案,私下再签订一个补充协议用来实际履行,黑白合同就是这么形成的。

再次,黑白合同形成的时间是怎样的呢？主要有以下三种情形,有的白合同在先黑合同在后,有的黑白合同同时签订,也有的黑合同在白合同之前。实际操作中,一般是黑合同在前白合同在后,白合同在前黑合同在后的情形,只不过是黑合同日期写在后面而已。理由很简单,经过招投标了,按照招投标文件签订了一个合同去备案,建设单位提出说双方再坐下来签订一个黑合同,施工单位不同意签的话不是出问题了吗?所以,实际上都是黑合同在前或者跟白合同同时形成,只不过时间写在后面而已。

最后,在《原施工合同司法解释一》生效以前,黑白合同到底按照哪个合同来进行结算呢?实际上在《原施工合同司法解释一》生效以前,大部分法院的操作方法是按黑合同确定的结算方法来确定工程价款。理由也很简单:第一,双方的真实意思就是黑合同即补充协议,这个价款、垫资都是双方真实的意思;第二,双方在履行合同的过程中,也是按照补充协议即按照黑合同来履行的。那这样的情况下,真实意思是黑合同,履行又是按照黑合同来履行,所以大部分法院确定工程价款按照黑合同、补充协议来认定。当然也有少部分法院按照白合同来认定,理由是白合同是经过招投标并备案的,经过行政机关备案、审查过在形式上是合法的。但是,《原施工合同司法解释一》出台以后即 2005 年 1 月 1 日以后,黑白合同就要按照白合同来进行结算,有其他的任何理由,都不能成立。

下面我们先看一个黑白合同的案例,这个案例是北京市第一中级人民法院在《原施工合同司法解释一》出台之后判决的第一起黑白合同纠纷案,我们来看一看。

【案例 3】北京首例“黑白合同”案

2000 年 6 月和 8 月,原告北京某工程有限公司通过工程招投标和北京某房地产公司签订了“某住宅 C 座 D 座及社区中心”和“某住宅 E 座 F 座”工程施工合同两份,合同价款分别为 1.3 亿元和 1.04 亿元,经在市建设工程施工合同管理处备案后开始施工。

这里面提到的两个施工合同就是白合同,因为它们是经过招投标然后备案的合同,两个白合同的价款总计是 2.34 亿元。

2000 年、2001 年双方又签订了补充协议,分别将原来签订的两份合同工程价款从 1.3 亿元调整为 9880 万元、从 1.04 亿元调整为 8911 万元。这两份协议实际上是在白合同之外签订的,实际上就是两份黑合同,黑合同总价是 1.8791 亿元。黑合同比白合同低 4609 万元。

2001 年 12 月、2002 年 9 月,上述工程竣工后交由房地产公司使用,其间,工程有限公司得到工程款1.46亿元，双方对这些工程款数额都没有异议。但双方在工程最后结算时，对依据已备案合同确定的工程价款进行结算还是采用双方签订的施工合同补充协议确定的工程价款进行结算发生争议。

工程有限公司认为，备案合同是结算依据。因为，已备案的合同是经公开招投标，中标后签订的，这份合同才是工程结算的唯一根据。依据该合同的内容，房地产公司除了已支付的款项外，还欠工程款1.47亿多元。

而房地产公司认为，应以补充协议为准。因为两份备案合同不是双方的真实意思表示，后来签订的补充协议才是双方债务关系的体现。房地产公司通过一些证据证明了如下主要事实：

第一，在2000年3月，即招标投标前，工程有限公司为了拿到工程项目，就向房地产公司作出了垫资地上8层、让利7.2%和对房地产公司分包项目不收管理费等极为优惠的许诺，随后开始进场施工。

第二，直到2000年5月，房地产公司才为工程进行了形式上的招投标活动。

第三，双方签订的私下协议明确约定：招投标结果是为了办理施工许可证，中标价和合同价对双方没有约束力。

第四，实际上招投标的文件是房地产公司自己编制的，招投标活动由房地产公司一手操办，参加投标的其实都是某集团下属企业。

因此，房地产公司认为应按补充协议确定工程款数额，尚欠的工程款应待双方进一步核实后再确定。

后来法院审理以后认为：白合同有效，黑合同无效。原因：根据《招标投标法》的有关规定，招标人和中标人应当自中标通知书发出之日起30日内，订立书面合同，招标人和中标人不得再行订立背离合同实质性内容的其他协议。由于工程有限公司承建的住宅楼建设工程，是通过公开招投标的形式所取得，上述工程的标底在工程招投标文件中已经得到了双方的确认，中标后，工程有限公司依据公开招投标文件所确定的数额与房地产公司签订了工程施工合同，上述协议不违反法律的规定，且双方对所签合同进行了备案，故该合同合法有效。

而双方后来签订的补充协议中，对原已备案的合同内容进行了变更，并将备案合同约定的工程价款进行较大的变动，因此，应当认定变更后的协议内容与已备案合同相比，已构成了国家《招标投标法》中所禁止的“背离合同实质性内容”的变化，这些行为违反了有关法规，因此这些补充协议应为无效。据此，法院一审判决房地产公司应按与工程有限公司通过工程招投标签订的已备案的施工合同的约定履行支付工程款的义务，由房地产公司向工程有限公司支付工程款 1.47 亿元及相应利息。

以上就是一个典型的黑白合同按照白合同结算的案件，法院可以直接依据《原施工合同司法解释一》第 21 条（对应《新施工合同司法解释一》第 2 条）的规定裁判。当然，上述案例是《原施工合同司法解释一》出台后第一起判决，但该案件的起诉是在《原施工合同司法解释一》生效之前，所以法院认定了白合同有效、黑合同无效这样的结果。实际上《原施工合同司法解释一》第 21 条（对应《新施工合同司法解释一》第 2 条）并没有说黑白合同到底哪个有效哪个无效，而黑白合同到底哪个有效哪个无效也是一个疑难问题。

（二）关于黑白合同如何在实践中按照白合同进行结算

遇到施工合同纠纷，首先需要了解合同签订数量等状况，比如是不是签订了两个合同，然后，再根据黑白合同定义判断是否属于黑白合同，如果属于黑白合同，施工单位可以主张按白合同进行结算，因为白合同的价款可能会高一些，建设单位则需要考虑万一发生诉讼按白合同结算的后果。所以，要综合作出判断，不能动不动就诉讼，一旦诉讼，作为建设单位来讲，如果白合同的价格高的话，对建设单位是很不利的。

（三）关于该条款的疑难问题

第一，该规定是否意味着白合同有效而黑合同无效？首先，从字面理解，从《原施工合同司法解释一》规定的角度来说，《原施工合同司法解释一》并没有明确黑白合同哪个有效哪个无效，而是说黑白合同按照白合同结算，也就不能从字面上得出黑白合同的效力；其次，从最高人民法院“答记者问”来理解，最高人民法院有关领导在“答记者问”的时候曾经提道：招投标并经过备案的合同形式合法，他的话里好像隐含着白合同有效的意思；最后，从法理的角度来理解，实际上黑白合同都是无效的。为什么说都是无效的呢？大家都知道，实际上白合同基本上都是用于行政机关备案的，黑合同才是双方当事人真实意思的表示，白合同实际上是双方当事人串通欺骗行政机关的一种行为，法律上认为恶意串通的行为是无效的，所以白合同是无效的。黑合同也是无效的，因为《招标投标法》规定双方不得另行订立背离合同实质性内容的其他协议，而黑合同显然违背了招投标文件的规定。那么，万一遇到黑白合同的问题，怎么来主张合同的效力呢？刚才我讲了，可以从字面理解，可以从最高人民法院副院长答记者问理解，还可以从法理上理解。当然，我们要从维护当事人利益的角度，可以选择适用。不过，最终的认定权在法院。

第二，在签订白合同时，双方另行私下约定："关于招标投标签订的合同只作为办理备案领取施工许可证之用，双方应实际履行补充合同。"该约定的效力如何？是否可以排斥适用《原施工合同司法解释一》之规定？我们大家经常遇到这种情况，双方对黑白合同进行约定，本案中也是如此。这个约定，从法律的角度来说，是无效的，因为《原施工合同司法解释一》规定得很明确："应当以备案的合同作为结算的依据。"既然是"应当"，《原施工合同司法解释一》的规定就是法律上所说的强制性规定，不能违背，违背了强制性规定的约定是无效的，所以，这种约定是无效的，否则大家都做这样的约定，那《原施工合同司法解释一》第 21 条（对应《新施工合同司法解释一》第 2 条）还有什么用呢？所以，拿出这样的约定要求履行，法院是不予支持的。

第三，司法实践中遇到以下几种情形，如何确定计算依据？这也是造价工程师需要予以考虑的。

首先，直接发包的备案合同与补充合同实质性内容不一致，按照哪个合同结算？直接发包，则不需要招投标，显然，不需要招投标就没有中标的概念，因此，这种情况不适用《原施工合同司法解释一》第 21 条的规定，因为《原施工合同司法解释一》第 21 条规定的合同是指经过招投标中标签订的合同。那如何来确定计算依据呢？我认为应以真实意思、实际履行的合同，即补充合同、协议作为结算的依据。

其次，经过招投标备案的合同中只约定了暂定价，在专用条款合同价款确定方式中没有具体约定价款确定方式，只是约定了详见补充协议，而该补充协议没有备案，如何确定结算依据？这种情况，就我个人的理解，假设这两个合同也是黑白合同，备案的合同是白合同，补充协议是黑合同，因为白合同没有约定价款的结算方式，按照白合同也没办法结算，既然双方在黑合同中有约定，那么就按照这个补充协议来履行确定结算的方式，这是第一种理解；第二种理解，实际上这补充协议与备案的合同构成一个完整的合同，从这个角度来讲，也就不存在黑白合同的问题，在这样的情况下，当然是按照补充协议的约定来进行结算，补充协议是合同的组成部分。

再次，应该招标而未招标，双方私下签订施工合同，如何确定结算依据？只能按照双方的约定，也就是双方私下签订的施工合同作为结算的依据。原因在于仅有一个合同，即使无效，依据《原施工合同司法解释一》的规定也是参照约定结算。

最后,备案的合同价款确定方式不同于招标投标时确定的合同价款确定方式,如何确定结算依据?这种情况也会经常碰到,特别是一些政府投资项目:招标的时候是固定价,投标的时候也是按照固定价报价,但是签订合同的时候改成了93定额,然后这个合同也去备案了。实际上备案的合同背离了招投标文件的内容,那到底是按照93定额结算还是按照原来招投标文件确定的结算价作为结算的依据呢?按照《招标投标法》第46条第1款的规定,"招标人和中标人应当自中标通知书发出之日起三十日内,按照招标文件和中标人的投标文件订立书面合同。招标人和中标人不得再行订立背离合同实质性内容的其他协议"。因此,按照93定额计算是不对的,准确的计算依据应该是招投标文件中确定的价款确定方式。对此,《原施工合同司法解释二》第10条(《新施工合同司法解释一》第22条)也作出了明确规定,应按照招投标文件确定价款。

关于黑白合同,我办理过一起案件,我是发包人承租人的代理人。发包人承租人在按合同价款1528万元及合同外审定价款付清所有工程款后,施工单位起诉发包人,认为合同约定的价款是1628万元,结算的时候付款是按照补充协议里面约定的价款1528万元付的,备案的合同价款是1628万元,要求发包人再支付100万元。另外,施工单位还认为,当时固定价款以外的部分进行了审价,审价费从施工单位工程款里面扣除没有道理,合同没有约定审价费要从施工单位工程款里面扣除。此外,施工单位另行要求支付利息,总共的起诉金额约192万元。对于这样的一个案件,发包人感到很震惊,这个工程已经过了很长时间,怎么才提出来?庭审中,原告施工单位提供了经过备案的合同,其中价款为1628万元,而双方另行签订并履行的合同价款是1528万元。对该纠纷案件,笔者认为最关键的一点抗辩理由是:这种情况不能适用《原施工合同司法解释一》第21条(对应《新施工合同司法解释一》第2条)的规定,因为原告施工单位虽然提供了经过备案的合同,但是该合同是没有经过招投标签订的,而《原施工合同司法解释一》第21条(对应《新施工合同司法解释一》第2条)规定的是经过备案的中标合同才适用黑白合同按照白合同的结算,没有经过招投标的合同不能一律以备案的合同作为结算的依据。当然,为什么说没有经过招投标呢?因为原告施工单位提供的招标文件、中标通知书,上面载明的发包人均是出租人,而承租人实际是一个外商投资企业,是不需要招投标的,实际文件也表明承租人没有进行招投标,尽管在招投标过程中,出租人与承租人共同委托了招标代理机构,但是招标代理机构也没有在招标文件、中标通知书上盖章,盖章的只是出租人。所以，在这种情况下，我主张这是一个没有经过招投标的合同，不适用《原施工合同司法解释一》第21条（对应《新施工合同司法解释一》第2条）的规定。最后，法院对这个案子在黑白合同的认定上没有支持施工单位的主张，经过调解，发包人承租人支付给施工单位46万元。

这个案子就说明了，黑白合同按照白合同结算这个规定里的白合同是指经过备案的中标合同即经过招投标方式签订的合同。如果不是招投标签订的合同，则不适用这个规定。这个不适用是有理论依据的，因为《招标投标法》第46条第1款虽然规定了"招标人和中标人不得再行订立背离合同实质性内容的其他协议"，但显然，如果没有经过招投标，就不受该条的约束，而这一条实际上是《原施工合同司法解释一》作出黑白合同按照白合同结算规定的依据。

四、关于逾期不结算视为认可结算的规定

《原施工合同司法解释一》第20条（《新施工合同司法解释一》第21条）规定："当事人约定，发包人收到竣工结算文件后，在约定期限内不予答复，视为认可竣工结算文件的，按照约定处理。承包人请求按照竣工结算文件结算工程价款的，应予支持。"该规定表明，合同中有逾期不结算视为认可结算的约定，按照约定处理。我们看看如何来理解和适用。

（一）《原施工合同司法解释一》出台之前的状况

《原施工合同司法解释一》出台之前，即使合同中有逾期不结算视为认可结算的不作为默示承认的约定，也不按约定处理。

1996年《建筑装饰工程合同（示范文本）（乙种本）》第6.3款约定：工程竣工验收后，乙方提出工程结算并将有关资料送交甲方。甲方自接到上述资料____天内审查完毕，到期未提出异议，视为同意。并在____天内结清尾款。

这个条款实际上就是一个逾期不结算视为认可结算的约定，建设单位超过约定的天数没有审查完毕，没有提出异议，就视为同意；例如，结算书上载明1000万元，超过审查期不提出异议就是1000万元，这是1996年《建筑装饰工程合同（示范文本）（乙种本）》的规定。但是，真正按照这个示范文本签订的话，在超过约定的天数之后，施工单位起诉到法院主张要按照结算书中载明的1000万元价款结算，法院一般还是会委托审价的，一种情况是法院在受理工程款案件之后不与施工单位商量就直接委托审价，另一种情况就是在施工单位提出逾

期不结算视为认可结算的时候,法院随便找一个理由比如说结算资料没提交完整来否定施工单位的逾期不结算视为认可结算的主张。

所以说,在《原施工合同司法解释一》出台之前,法院一般不适用逾期不结算视为认可结算的约定。

(二)逾期不结算视为认可结算之不作为默示承认规定运用的前提条件

《原施工合同司法解释一》出台之后,显然是可以适用逾期不结算视为认可结算的规定。但是,适用不作为默示承认规定有以下前提条件:首先,约定"结算答复期限"。比如约定了结算的答复期限是30天或者60天。其次,约定"逾期不答复视为认可结算"。这一点约定很关键,你不能只在合同里面约定了答复期限,而没有说逾期不答复视为认可结算文件,那样也是不适用该规定的。因为《原施工合同司法解释一》规定的是双方约定了在约定的期限里不予答复视为认可的,按照约定处理,如果没有明确约定"视为认可",当然不适用。最后,发包人在"结算答复期间"没有答复。以上是逾期不结算视为认可结算运用的前提条件,最重要的是双方要明确约定逾期不答复视为认可,如果合同里面没有约定是不适用该条规定的。

(三)相关疑难问题

双方只直接约定了"结算答复期限",没有直接约定"逾期不答复视为认可",发包人未在"结算答复期限"内答复,是否可以依据建设部107号令、财建〔2004〕369号文之规定认定:逾期不答复,视为认可结算呢?这一点施工单位常常会遇到,约定了答复期限但没有约定逾期不答复视为认可,怎么来处理?建设部107号令、财建〔2004〕369号文第16条规定,建设单位如果在收到竣工结算文件后约定的期限内未答复施工单位的,应视为竣工结算文件已被认可。这样的情况下是不是可以视为认可结算呢?我认为,要视情况而定。但是,一般不可以,我们来看一个案例。

【案例4】某高级人民法院受理的某施工单位与某建设单位施工合同纠纷一审案

本案中,笔者代理的是施工单位。

某施工单位通过参加招标投标中标承建某电厂工程。签约后,施工单位进场施工并按时完工,工程质量评定为优良。竣工验收后,施工单位提交了竣工结算报告，结算价款为9200万元，施工单位与建设单位就如何进行结算产生争议，建设单位没有在合同约定的60天内进行审核并回复（注：只约定了竣工结算回复期限，而没有约定逾期不回复视为认可结算）。

后来，笔者和本所同事代理施工单位起诉建设单位，要求判决建设单位支付拖欠工程款4200万元，利息400万元。在诉状里，我们诉称：根据合同约定的60天以及根据法律规定建设单位在收到竣工结算文件后60天没有答复就视为认可结算金额是9200万元。在举证期限内，被告建设单位提出工程审价的申请。在证据交换以后，主审法官认为原告施工单位的主张有道理，合同约定了答复期限是60天，法律又规定了逾期不答复视为认可。这改变了法官在证据交换前设想的证据交换后就进入审价的思路。证据交换之后，我们正在从法院回来的路上，主审法官打电话要求我们同意审价，我们没有同意。后来，法官说在60天期满之后，施工单位有过发文说要求建设单位加快结算，笔者解释说，该结算与工程竣工结算不是一个概念，发文里面的结算是指付款的意思。在这样的情况下，对方提出审价，而我方不同意审价，怎么办呢？后来，法院正式安排了开庭，审判长和两名审判员都到庭了，庭审也进行得比较顺利，经过质证以后进入法庭辩论阶段。在法庭辩论的时候，因为是审判长主持的，主审法官觉得有问题：如果法庭辩论一旦进行了，案件就要判决了，后来主审法官提醒审判长，审判长这个时候告知：暂时休庭，庭后合议庭讨论决定是不是需要审价，如果决定审价则委托审价单位审价，如果决定不审价则另行组织开庭。显然，从合议庭的角度来看，觉得依约依法原告都是有依据的，但是又考虑到金额太大，不审价法院难以判决。此后，主审法官就对审价事宜组织双方调解。原告施工单位的意思是：价款已经确定，如果要审价，建设单位要在春节前支付施工单位1000万元。最后经过调解，建设单位在春节前支付给了施工单位900万元，施工单位同意审价。那施工单位为什么要同意审价呢？不同意不是更好吗？实际上，这里面是有问题的。笔者说的“依约依法”没错，但是我们这里所说的“法”是建设部107号令第16条的规定以及财政部369号令第16条的规定。这个所谓的“法”实际上是一个广义上的法的概念，不是一个狭义的法的概念。在法院作为审判依据的法一般是指全国人大及其常委会制定的法律或者国务院制定的行政法规，比如《招标投标法》《建设工程质量管理条例》，但不包括建设部、财政部的行政规章。所以，“依约依法”的“法”是部门规章，不能作为法院判决的依据，故在这种情况下我们还是同意了司法审价，否则就算我们不同意，法院也会进行司法审价。另外，根据《原施工合同司法解释一》的规定也需要合同约定逾期不答复视为认可,而合同中没有这么约定,所以也不适用《原施工合同司法解释一》的规定。

但是,在有特别约定的情况下,可以适用逾期不结算视为认可结算的规定。我们再来看一个案例。

【案例5】某高级人民法院受理的某施工单位起诉某房产公司、政府机关、机关中心建设工程施工合同纠纷一审案

本案中,笔者代理的是施工单位。

某施工单位通过参加招标投标中标承建某办公中心室内装饰工程。该中心由房产公司立项、办理规划、发包,即以房产公司的名义建造的,实际权利人为政府某机关及机关下属事业单位的服务中心。中标后,施工单位与房产公司签订了该中心室内装饰工程合同,此后,双方又通过补充协议的方式签订了该中心室外装饰工程补充协议。履约过程中,施工单位工程款被拖欠,但是,施工单位克服困难施工并竣工,经过验收,工程质量合格。此后,施工单位按照合同约定提交了竣工结算书。但是,三被告没有在通用条款约定的28天结算回复期限内向原告施工单位回复。在此情况下,施工单位发文三被告(机关、机关服务中心、房产公司),说明依据财建〔2004〕369号文第16条的规定以及《原施工合同司法解释一》第20条(《新施工合同司法解释一》第21条)的规定,竣工结算书中载明的竣工结算价款已被认可。此后,被告回函,并将其委托的审价单位出具的《关于审价中存在的问题》作为回函附件,认为双方需要就结算审价进行协商。后来,经过多次协商未果,施工单位起诉三被告,要求三被告连带地支付拖欠工程款、违约金及利息。

本案中施工单位提交的竣工结算报告中载明的价款能否视为被认可呢?首先,施工单位在发函中主张按照369号文第16条规定及《原施工合同司法解释一》第20条(《新施工合同司法解释一》第21条)规定认定竣工结算书中载明的竣工结算价款已被认可是否成立?按369号文第16条规定主张认可不成立,与前述案例相同,因为369号文第16条不能作为法院判决的依据;按《原施工合同司法解释一》第20条的规定,单从发函的内容来看,施工单位视为认可的主张也不成立,因为函中并没有提及双方约定了逾期不回复视为认可结算之内容。其次,结合施工合同的其他约定来看是否成立?经查,合同专用条款第3.2款约定了需要明示的法律包括中华人民共和国法律、行政法规、行政规章。当然规章里面包括了建设部107号令及369号令,而107号令正是一个行政规章,该行政规章第16条规定逾期不答复视为认可结算文件。该施工合同关于适用法律的约定表明：双方通过间接方法约定了逾期不答复视为认可结算文件。考虑到《原施工合同司法解释一》第20条并没有特别规定当事人的约定仅指直接约定而不包括间接约定，因而施工单位可以主张适用该《原施工合同司法解释一》认定逾期不结算视为认可。但是，最后法院并没有采纳我方的意见，因为法院实际上也受到行政机关的干预。如果没有干预，笔者认为这是可以适用的，因为通过约定行政规章的适用间接地约定了逾期不答复视为认可结算文件。当然，这个案子最后审价结果还是对原告施工单位有利的，原因在于合同约定价格较高，司法审价依法按约定审价，法院判决也是按照约定来判决的。

因此，在有特别约定的情况下，我们可以主张适用逾期不结算视为认可，比如，通过约定适用部门规章来达到间接约定逾期不结算视为认可。当然还可以约定得更详细一点，比如约定结算审核办法适用建设部107号令的规定，这样就更明确了。此外，还可以通过会议纪要的形式来约定逾期不结算视为认可。

五、关于工程款结算标准的规定

依据什么对工程结算款进行审价？

《原施工合同司法解释一》第16条（对应《新施工合同司法解释一》第19条）规定："当事人对建设工程的计价标准或者计价方法有约定的，按照约定结算工程价款。因设计变更导致建设工程的工程量或者质量标准发生变化，当事人对该部分工程价款不能协商一致的，可以参照签订建设工程施工合同时当地建设行政主管部门发布的计价方法或者计价标准结算工程价款。建设工程施工合同有效，但建设工程经竣工验收不合格的，工程价款结算参照本解释第三条的规定处理。"

该条规定表明：结算工程价款有约定从约定；设计变更导致工程量变化或质量标准变化，当事人对该部分工程价款不能协商一致的，对变更部分的工程价款参照建设行政主管部门发布的计价方法或者计价标准结算工程价款，比如上海市的93定额或者2000定额。当然，对合同中未约定的部分工程也是参照建设行政主管部门的计价方法或者计价标准结算工程价款。

我们如何来理解这个规定呢？

第一，有约定从约定。说起来容易，做起来难。我们再来看看前面讲到的两个案例。

在前面的【案例4】中，签约时，由于施工图纸尚未完成，双方约定水工工程适用上海市93定额计价方式计价。但是在审价过程中,审价单位认为挖泥、抛石等水工工程子目因施工环境及施工方法与定额规定不符,即系争工程的施工环境好于93定额中水下挖泥、水下抛石的环境,施工方法也比93定额中施工方法容易,故不能直接套用定额子目,应换算调整。

定额的基本原则之一:除非定额特别明确规定外,定额子目不得换算调整。也就是说,换算调整是有条件的,即定额有特别规定。而实际上,上海市93定额中根本没有规定水下挖泥、水下抛石因施工方法、施工环境不一样可以调整。那么,在这样的情况下,审价单位提出换算调整,我们则坚持要按照93定额计算,审价单位也坚持自己的意见。怎么处理呢?我们要求严格按照《原施工合同司法解释一》第16条(对应《新施工合同司法解释一》第19条)的规定,有约定从约定。但是,审价单位就是不同意,最后经过原告多次有效的质证,法院合议庭经过合议后,要求审价单位按约定进行了补充审价,法院按补充审价报告作出判决。

司法实践中,要做到有约定从约定是有难度的。特别是审价单位,审价的时候往往就只看定额,而把约定抛开一边,按照定额习惯审价。

我们再回过去看【案例5】。合同里面是这么约定的:工程价款的确定方式双方特别约定为按建筑安装全民一类取费,执行《全国建筑工程统一基础定额》、《××补充预算定额》、1998年《××单位估价表》,其中,人工费调整为60元/工日,主要材料按市场实际价格并经发包人现场工程师签字确认以后全额计入定额直接费取费。

双方结算的时候,政府机关委托了一家审价单位审价,审价单位认为合同中的上述约定违背了《××费用定额》规定的相应标准,建设工程的取费基数应该为定额直接费,约定人工费60元/工日、主要材料按市场价计入取费是不对的,安装工程的取费基数是人工费,把定额直接费、税前人工、材料补差都计入基准取费也是不对的。

双方约定的计价方式和定额规定的计价方式是不同的,到底是按照双方约定计价还是按照定额的规定计价呢?起诉之前,建设单位委托的审价单位认为应该按照定额计价,约定是和定额相违背的,约定无效。法院审理以后,建设单位提出审价,法院委托的审价单位很明确地认为应按照合同的约定计价,虽然建设单位仍然坚持自己的主张,但最后法院认定应按照合同约定进行审价。因为,首先,《原施工合同司法解释一》第16条第1款(对应《新施工合同司法解释一》第19条第1款)规定,"当事人有约定的按照约定来结算工程价款";其次,若合同约定和定额不同,定额能不能否定合同的约定呢?如果要否定,实际上需要合同条款无效,而决定合同条款无效是需要违背了法律、行政法规的强制性规定即全国人大及其常委会颁布的法律或者国务院颁布的行政法规的强制性规定,而定额实际上只是建设行政主管部门的一个规范性文件,这个规范性法律文件不是法律、行政法规,当然不能否定合同的约定。从这个角度来说,也应该按照约定来进行审价。

为什么有约定从约定执行起来比较难呢?首先,审价单位本身并非法律工作者,法律知识和法律意识比较薄弱,过多考虑的是所谓客观、真实、公平;其次,审价单位及审价人员缺乏必要的约束机制,有的时候比法官权力还要大。因为审价涉及的是专业的问题,既然是专业的问题,就由审价单位说了算,审价单位错了也没有人去追究。此外,法官有时为了避免承担责任,也认为审价是个专业问题,应该由审价单位作出认定,进而直接认定司法审价报告或司法审价单位做出的解释或回复,而实际上有些报告、解释或回复根本不能成立。

那我们如何来解决呢?我们碰到审价单位不按照约定进行审价的话,就要提出异议。如果约定对我们有利,我们就要在司法审价前,书面提出审价的原则,特别是审价依据及审价范围。审价报告出来后,我们要审查审价报告是不是按合同约定的计价方式进行审价的。如果不是,就要书面申请重新审价或补充审价,理由就是审价的结论没有依据合同的约定,审价报告不应被法院采纳,应该重新审价。

第二,变更部分计价方式是参照建设行政主管部门的计价方法或者计价标准结算工程价款。当然,并不是说凡是涉及变更部分都参照建设行政主管部门的计价方法或者计价标准结算。该条规定的适用条件是没有约定变更价款的计价方式。如果合同里面对变更部分的计价方式进行了约定,那肯定是按照合同的约定结算。该条规定的适用范围仅是变更部分的价款计价方式,而非全部工程价款。

我们来看一个案例。

【案例 6】某建设单位与某施工单位厂房工程施工合同纠纷案

本案中,笔者代表的是建设单位。

某建设单位将厂房工程发包给某施工单位,施工合同中约定:合同价款的确定方式为固定总价包干 2198 万元,施工过程中发生的变更另行调整。履行合同过程中,建设单位按照约定支付了工程进度款,但是由于施工单位施工管理力量比较薄弱、管理混乱,发生了大量的质量问题,梁开裂、柱倾斜、屋面漏水、涂料剥落,工期一再拖延,所以后来没做完就办理了退场手续。退场之后,施工单位就提交了竣工结算报告,施工单位除了按固定总价结算以外,还提出了材料补差款、报价时漏报的价款,建设单位按照合同约定对施工单位的报告进行了审查,对施工单位提出的材料补差款、报价时漏报的价款不予认可,因此结算一直没有达成协议。但是施工单位每到节假日特别是元旦、春节的时候就会组织工人去要钱,建设单位每次也或多或少地付一点。后来在2005年春节前,建设单位迫于施工单位再次组织工人索要工程款,主动出击,聘请我和同所的另一名律师就工程质量、工期延误提起诉讼。而施工单位也提起了反诉,反诉的金额是1500多万元。施工单位在反诉状中称:当初投标报价所依据的图纸与通过审图公司审查通过的图纸相差很大,发生了大量的变更,故整个工程应该按93定额据实结算。这个观点显然是不对的,因为根据《原施工合同司法解释一》第16条(对应《新施工合同司法解释一》第19条)的规定,"当事人有约定从约定",这是一个固定总价的合同,合同金额就是2198万元,图纸没发生变化,该金额是不能改变的。关于变更的部分价款结算方式在合同中没有约定的话,可以按93定额结算,但这并不意味着发生了大量的变更就可以把整个合同的约定推翻。当然,法院最后要求审价单位仅就变更的部分按93定额进行审价。

六、关于司法审价范围的规定

《原施工合同司法解释一》第22条(《新施工合同司法解释一》第28条)规定:"当事人约定按照固定价结算工程价款,一方当事人请求对建设工程造价进行鉴定的,不予支持。"《原施工合同司法解释一》第23条(《新施工合同司法解释一》第31条)规定:"当事人对部分案件事实有争议的,仅对有争议的事实进行鉴定,但争议事实范围不能确定,或者双方当事人请求对全部事实鉴定的除外。"

以上规定表明:约定按固定价结算的,不予鉴定;仅对有争议的事实鉴定。

我们来看看如何理解和适用。

《原施工合同司法解释一》出台之前情况基本是:委托司法审价单位进行全范围的审价。而《原施工合同司法解释一》出台之后,实际上对固定价结算的是不予审价的。在前面的【案例6】中,法院对于固定价款2198万元部分不进行审价,对2198万元以外的工程怎么来处理呢?这一部分还是需要审价的,因为不审价这部分价款没办法确定。我们再来看下面的案例。

【案例7】某特级总承包企业与某房地产企业施工合同纠纷案

本案中,笔者代理的是某特级总承包企业。

某特级总承包企业承包了某住宅小区,履行合同的过程中通过阶段结算办理了桩基础、±0以下结构、主体结构工程的审价,审定金额是1.23亿元。此外,对于后续施工的安装工程、装饰工程、室外总体工程,施工单位共申请工程进度款6000多万元,但是没有审价。后来房地产企业拖欠了工程款,施工单位就单方解除了合同,双方对如何结算已完工程产生了纠纷。施工单位认为:桩基础、±0以下结构、主体结构工程已经通过阶段审价的方式完成了结算,不应该审价,双方仅需要对后续施工的安装工程、装饰工程、室外总体工程进行审价。房地产公司认为:除对后续施工的安装工程、装饰工程、室外总体工程进行审价以外,由于原来审价报告中的桩基础、±0以下结构、主体结构工程的土建价格过高、与市场价格不符,应该重新审价。法院最后对于桩基础、±0以下结构、主体结构工程不再进行审价,但是对于安装工程、装饰工程、室外总体工程委托了审价。该案就是按照《原施工合同司法解释一》第23条(《新施工合同司法解释一》第31条)的规定执行的:当事人对部分案件事实有争议的,仅对有争议的事实进行鉴定。本案中主体结构以前的部分都已经进行了审价、房地产公司也签字认可了,当然就不能再认为有争议。

这里有一个疑难问题:固定价合同就不需要鉴定吗?这个我前面已经讲到过,固定价以外的设计变更、现场签证如双方就价款未达成一致意见,仍需要鉴定。另外,固定价包括固定总价、固定单价,双方如果约定的是固定单价,则仍需要全部鉴定。因此,《原施工合同司法解释一》第22条(《新施工合同司法解释一》第28条)规定是有瑕疵的。

七、其他主要规定

(一)关于质量问题

《原施工合同司法解释一》第11条(对应《新施工合同司法解释一》第12条[①])规定:"因承包人的过错造成建设工程质量不符合约定,承包人拒绝修理、

① 第12条规定:"因承包人的原因造成建设工程质量不符合约定,承包人拒绝修理、返工或者改建,发包人请求减少支付工程价款的,人民法院应予支持。"该条款将原条款中的"过错"改为"原因"。

返工或者改建,发包人请求减少支付工程价款的,应予支持。”

该条规定引起的疑难问题就是:在承包人起诉要求支付工程款以后,发包人就质量问题是提出抗辩还是另行起诉或反诉呢?施工单位起诉建设单位要求支付工程款以后,建设单位是主张施工单位建造的工程存在质量问题不同意支付工程款,还是反诉施工单位要求其承担质量违约责任呢?这个实际上是律师需要考虑的问题。一般情况下,如果工程验收通过了,建设单位再说质量有问题而不支付工程款,这样的抗辩是不符合法律规定的,原因在于已经竣工验收,就应当支付工程价款,至于验收后发现存在质量问题,属于保修责任范畴,与工程款支付请求不构成对抗,建设单位应通过反诉或另诉主张。否则,法院不予审理或者审理了也仅对工程款进行审理,质量问题仍然得不到解决。如果尚未竣工验收,则建设单位可以通过抗辩方式要求拒付或减付工程价款;但是,如果发包人就工程质量问题向承包人主张违约金或赔偿修理、返工、改建等合理费用等损失的,由于违约金或赔偿费用不属于本诉工程款请求所包含的范围(合同有明确约定除外),此时也应提出反诉而非抗辩,《原施工合同司法解释二》第 7 条(《新施工合同司法解释一》第 16 条)规定对此也进行了明确。

《原施工合同司法解释一》第 13 条(《新施工合同司法解释一》第 14 条)规定了工程未经验收擅自使用的问题。原来法律规定,没有经过验收擅自使用出现质量问题都由建设单位承担。但是,现在《原施工合同司法解释一》的规定改为没有经过验收擅自使用出现质量问题,建设单位若在使用部位主张权利人民法院不予支持,没有使用的部位出现质量问题,该由谁承担仍由谁承担。另外,地基基础、主体结构工程需要终生保修,出现质量问题如是施工单位原因还是要由施工单位承担。

(二)关于工期的规定

《原施工合同司法解释一》第 15 条(《新施工合同司法解释一》第 11 条)规定:“建设工程竣工前,当事人对工程质量发生争议,工程质量经鉴定合格的,鉴定期间为顺延工期期间。”

该条规定引起的疑难问题:鉴定不合格,鉴定期间不予顺延吗?《原施工合同司法解释一》规定鉴定合格的鉴定期间予以顺延,我们很容易联想到鉴定不合格鉴定期间就不予顺延,实际上是不对的。首先,从逻辑上反推不成立:由如果 A 则 B 不能推出如果非 A 则非 B;其次,《原施工合同司法解释一》的起草人冯小光也认为不能反推，原因在于鉴定期间的影响因素很多，有发包人原因，也有承包人原因，不能一概而论。我们甚至听到过有个案子光鉴定就花了10年，要是10年全部算作延误工期的期间，那这个违约金施工单位将无法承受。

（三）关于加强农民工的保护问题

《原施工合同司法解释一》第26条（对应《新施工合同司法解释一》第43条）规定："实际施工人以转包人、违法分包人为被告起诉的，人民法院应当依法受理。实际施工人以发包人为被告主张权利的，人民法院可以追加转包人或者违法分包人为本案当事人。发包人只在欠付工程价款范围内对实际施工人承担责任。"

该条规定实际上解决了一个问题：接受转包、违法分包的实际施工人除了可以把合同的相对方列为被告外，还可以将发包人作为被告。如果发包人拖欠承包人的工程款，发包人需要在欠付承包人工程价款范围内向实际施工人承担付款责任。

（四）关于施工合同纠纷案件的管辖

《原施工合同司法解释一》第24条规定："建设工程施工合同纠纷以施工行为地为合同履行地。"

该条规定表明：施工合同履行地为施工行为地。实际上该条规定间接规定了施工合同纠纷案件不属于专属管辖。发生施工合同纠纷，并不是必须在工程所在地的法院起诉，双方当事人可以在合同中约定在原告或者被告住所地起诉。在我前面介绍的"黑白合同"案中，法院就犯过一个错误：我们当时提出管辖权异议，认为不应该在南京起诉，法院说不动产适用不动产所在地管辖，当然最后法院换了一个理由把我们的异议驳回。该法院的观点就违背了该条《原施工合同司法解释一》的规定，因为施工合同纠纷不是不动产纠纷，不适用专属管辖的规定。

需要特别注意的是，2015年2月4日施行的最高人民法院《关于适用〈中华人民共和国民事诉讼法〉的解释》第28条第2款，已将施工合同纠纷的管辖确定为按照不动产所在地的专属管辖。

（五）关于收缴非法所得的规定

《原施工合同司法解释一》第4条规定：承包人非法转包、违法分包建设工程或者没有资质的实际施工人借用有资质的建筑施工单位名义与他人签订建设工程施工合同的行为无效。人民法院可以根据原《民法通则》第134条的规定,收缴当事人已经取得的非法所得。

该条规定表明:人民法院可以就因非法转包、违法分包、挂靠取得的非法所得予以收缴。该条规定适用的情形:非法转包、违法分包、挂靠。这些情形的共同特征:两个合同存在差额,而这个差额实际上就是违法利益。比如,业主发包给总包,总包自己不做,转包给实际施工人,实际上总包和实际施工人有个合同,总包和业主有个合同,这两个合同的价款必定不一样,一旦被认定为非法转包之后,人民法院对这两个合同之间的差额是可以予以收缴的。但是,这个差额是指已经履行的,如果合同只是部分履行,只能就已履行部分进行收缴。

我们如何利用这个规定为施工单位服务呢?首先,我们可以借助"收缴非法所得"之规定,告知对方当事人诉讼后果,迫使转包、违法分包的企业与实际施工人通过协商、调解方式解决纠纷;其次,我们可以在起诉状之事实与理由部分,请求法院依据《原施工合同司法解释一》及《民法通则》规定,收缴非法所得,为案件的调解创造条件。笔者在【案例1】中就是这么做的,当然法院最后没有收缴非法所得,但是案件的判决对我们是有利的。

应当注意的是,在《新施工合同司法解释一》第1条中删除法院"收缴权"。(详见本书附录"新旧施工合同司法解释条文对照")

(六)关于垫资合同有效的规定

《原施工合同司法解释一》第6条(对应《新施工合同司法解释一》第25条①)规定:"当事人对垫资和垫资利息有约定,承包人请求按照约定返还垫资及其利息的,应予支持,但是约定的利息计算标准高于中国人民银行发布的同期同类贷款利率的部分除外。当事人对垫资没有约定的,按照工程欠款处理。当事人对垫资利息没有约定,承包人请求支付利息的,不予支持。"实际上该条规定是认可了垫资合同的效力。此前一些部门规章或者地方规章禁止垫资,但

---

① 《新施工合同司法解释一》第25条规定:"当事人对垫资和垫资利息有约定,承包人请求按照约定返还垫资及其利息的,人民法院应予支持,但是约定的利息计算标准高于垫资时的同类贷款利率或者同期贷款市场报价利率的部分除外。当事人对垫资没有约定的,按照工程欠款处理。当事人对垫资利息没有约定,承包人请求支付利息的,人民法院不予支持。"该条款仅对原条款的利息计算标准进行了修改。

并没有法律、行政法规的强制性规定明确禁止垫资，而判断合同的效力不能按照规章来判断，所以，该条解释对于垫资合同的效力问题予以明确，即明确垫资合同是有效合同，对约定的利息也予以支持，但高于中国人民银行发布的同期同类贷款利率的部分除外。

以上是本讲的全部内容，谢谢大家。

第二讲　建设工程工程款纠纷案件诉讼代理法律实务*

大家好,我今天讲的内容是建设工程工程款纠纷案件诉讼代理法律实务。要掌握好建设工程工程款纠纷案件诉讼代理法律实务,我认为主要应当解决以下两大问题:

第一个问题是,是不是说工程审价是当事人自己的事?我们有些律师认为,工程款纠纷案件很简单,我们律师只要走走程序就可以了,工程审价是当事人自己的事。双方如对工程造价有争议,法院往往会委托司法审价单位进行审价,而审价专业性又强,当事人的造价工程师或者预决算人员去参加就可以了,这个事情律师做不了。那是不是说工程审价就是当事人自己的事呢?这是今天讲座要回答的第一个问题。

第二个问题是,是不是说工程审价就是审价单位的事?审价单位说了算?在司法实践中,无论是法官还是审价单位的审价人员,他们都有一种倾向,认为工程审价就是审价单位的事,审价单位说了算。从法院的角度来讲,这是一个专业的问题,当然是审价单位说了算。从审价单位的角度来讲,这个是专业的问题,应该要听他们的。这种理解是否正确呢?

要掌握建设工程工程款纠纷案件诉讼代理法律实务,就是要着重地解决好这两大问题。我今天要讲的六大内容都是用来回答以上两大问题的。

这六大内容分别是:

1. 起诉的条件;

2. 司法审价与否;

---

* 本讲内容系根据周吉高律师于 2007 年 11 月 11 日为上海市律师协会组织的上海市律师业务培训讲座的录音整理而成;另,本讲也是上海市施工行业协会、英国皇家特许建造学会(CIOB)组织的专题培训讲座内容。

3. 司法审价的范围如何来确定；

4. 司法审价的依据；

5. 审理程序及审价报告质证方法；

6. 代理人的主要工作。

一、起诉的条件

工程款纠纷案件的起诉，要具备三个条件，分别是工程质量经过验收合格；支付工程价款的时间已届满；工程价款是合法的价款。我们来看看为什么说起诉的时候必须具备这三个条件：

条件一：工程质量经过验收合格。

原《合同法》第 279 条（对应《民法典》第 799 条）规定：建设工程竣工后，发包人应当根据施工图纸及说明书、国家颁发的施工验收规范和质量检验标准及时进行验收。验收合格的，发包人应当按照约定支付价款，并接收建设工程。该规定表明，建设工程竣工以后，验收合格的，发包人应该按照约定支付价款。言下之意，如果建设工程竣工了，验收不合格的，发包人就不需要按照约定支付价款，也无须接收建设工程。所以工程款起诉的条件之一是工程质量经过验收合格。

当然，《原施工合同司法解释一》第 2 条（对应《民法典》第 793 条第 1 款[①]）规定：建设工程施工合同无效，但建设工程经竣工验收合格，承包人请求参照合同约定支付工程价款的，应予支持。也就是说，在施工合同无效的状况下，如果工程经过竣工验收合格了，承包人请求支付价款，也应予以支持。当然，如果合同无效，而建设工程质量经过验收不合格，承包人请求参照合同约定支付价款，不应该支持。

所以，无论是从原《合同法》第 279 条（对应《民法典》第 799 条）的规定，还是从《原施工合同司法解释一》第 2 条的规定，都能得出一个结论：工程质量验收合格，施工单位起诉要求支付工程款才具备条件。

条件二：支付工程价款的时间已经届满。

如果起诉时，合同约定的支付尚未届至，施工单位就起诉要求支付价款，当然会被法院依法驳回，不予支持。

---

① 该条规定已经被《民法典》第 793 条第 1 款吸收，故未被纳入《新施工合同司法解释一》。《民法典》第 793 条第 1 款规定：“建设工程施工合同无效，但是建设工程经验收合格的，可以参照合同关于工程价款的约定折价补偿承包人。”

但这里又有两种特殊的情况：合同无效和合同被解除。

特殊情况之一：合同无效。

原《合同法》第58条（对应《民法典》第157条[①]）规定：合同无效或者被撤销后，因该合同取得的财产，应当予以返还；不能返还或者没有必要返还的，应当折价补偿。也就是说，合同无效，可以随时不再履行。已经履行了的怎么办？应当返还。不能返还的应当折价补偿。返还或折价随时可以主张。

对建设工程施工合同而言，施工合同无效以后，实际上是没有办法返还的，只能折价。如何进行折价呢？参照合同约定。《民法典》第793条第1款对此进行了明确：建设工程施工合同无效，但是建设工程经验收合格的，可以参照合同关于工程价款的约定折价补偿承包人。然而又因为合同无效，所以随时可以主张折价，也就是说，可以不按照合同约定的时间来主张价款，只要确认合同无效，就可以随时主张价款。下面介绍我曾经代理的一个案子：

【案例1】某工程再分包合同纠纷案

笔者的一家法律顾问单位系专业桩基、围护结构施工单位，其承接了一个桩基分包工程。对方拖欠笔者的顾问单位工程款，遂要求笔者代理提起诉讼。

笔者审查合同后发现，合同约定“甲方在收到总包工程款后再支付给乙方”，即对方收到总包工程款后再支付给笔者的顾问单位。此外还有其他约定。

从实际履行情况来看，笔者方不具备起诉条件：第一，无法判断“甲方是否收到总包工程款”，笔者方也没法进行举证；第二，笔者方拟向甲方主张的工程款中有一笔款项，甲方并没有约定向总包计取，但甲方与笔者方约定可以计取。

因此，根据双方约定，结合已经履约的事实，一旦起诉以后，很可能因总包未支付给甲方一定量的工程款，甲方应支付乙方的工程款因此不具备支付条件。此时，起诉很可能被驳回。

但是，通过对合同的合法性进行审查，笔者发现该合同是一个典型的工程再分包合同。这一定性完全可以从双方的合同约定中得到印证。

该合同约定的承包范围是桩基工程。而甲方从总包处承接的也是桩基工程。甲方本身是个桩基分包单位，甲方把自己所承接的分包工程中的大部分内容又再分包给笔者的顾问单位。根据《建设工程质量管理条例》第78条的规

---

① 《民法典》第157条将《合同法》第58条修改为：“民事法律行为无效、被撤销或者确定不发生效力后，行为人因该行为取得的财产，应当予以返还；不能返还或者没有必要返还的，应当折价补偿。有过错的一方应当赔偿对方由此所受到的损失；各方都有过错的，应当各自承担相应的责任。法律另有规定的，依照其规定。”

定，分包单位将分包工程再分包属违法分包的一种。依据《原施工合同司法解释一》第4条（《新施工合同司法解释一》第1条第2款[①]）的规定，违法分包合同无效。因此，案涉合同应当认定为无效。由于合同无效，故合同约定的付款期限对双方没有约束力。根据原《合同法》第58条（对应《民法典》第157条[②]）的规定，笔者的顾问单位有权随时主张结算工程款。

因此，在起诉时，笔者主张合同为工程再分包合同且该合同无效。

【案例1】说明了什么问题呢？

第一，起诉条件之一是价款支付时间已经届满，但存在例外情形，其中一种情形就是合同无效；

第二，如果我们施工单位要尽早收回工程款，可以看看这个合同是不是一个无效的合同。如果主张合同无效能够被法院所认可，便不必等到工程价款支付期限届满时再主张，可以随时主张债权。

特殊情况之二：合同被解除。

原《合同法》第97条（对应《民法典》第566条[③]）规定：合同解除后，尚未履行的，终止履行；已经履行的，根据履行情况和合同性质，当事人可以要求恢复原状、采取其他补救措施，并有权要求赔偿损失。合同被解除了，尚未履行的内容不要再履行下去了，那么已经履行的怎么办呢？要根据履行的情况和合同的性质，当事人可以要求恢复原状，也可以采取其他补救措施，并有权要求赔偿损失。

对于工程施工合同而言，合同解除了以后，因为无法恢复原状，只有采取其他补救措施。所谓的补救措施实际上还是折价补偿的问题，而且可以随时主张。

条件三：工程价款是合法的价款。

在司法实践中，有些当事人或者律师常常会就违法所得进行起诉。我们来

---

① 该规定已经被《新施工合同司法解释一》第1条第2款所吸收，《新施工合同司法解释一》第1条第2款将原规定中的"承包人非法转包、违法分包建设工程或者没有资质的实际施工人借用有资质的建筑施工企业名义与他人签订建设工程施工合同的行为无效。人民法院可以根据民法通则第一百三十四条规定，收缴当事人已经取得的非法所得"。修改为"承包人因转包、违法分包建设工程与他人签订的建设工程施工合同，应当依据民法典第一百五十三条第一款及第七百九十一条第二款、第三款的规定，认定无效"。

② 《民法典》第157条将原《合同法》第58条修改为："民事法律行为无效、被撤销或者确定不发生效力后，行为人因该行为取得的财产，应当予以返还；不能返还或者没有必要返还的，应当折价补偿。有过错的一方应当赔偿对方由此所受到的损失；各方都有过错的，应当各自承担相应的责任。法律另有规定的，依照其规定。"

③ 《民法典》第566条将原《合同法》第97条修改为："合同解除后，尚未履行的，终止履行；已经履行的，根据履行情况和合同性质，当事人可以请求恢复原状或者采取其他补救措施，并有权请求赔偿损失。合同因违约解除的，解除权人可以请求违约方承担违约责任，但是当事人另有约定的除外。主合同解除后，担保人对债务人应当承担的民事责任仍应当承担担保责任，但是担保合同另有约定的除外。"

看以下一个案例：

【案例 2】某挂靠工程款纠纷案

在该案中，笔者代理的是被告某施工单位。某项目经理起诉某施工单位，称其就某工程挂靠在该施工单位名下进行施工，施工单位与建设单位的结算价款为 260 万元。施工期间，该项目经理通过施工单位名义对外签约方式支付了材料款、设备租赁款，通过转账给另一单位支付了民工工资。后来，在扣除施工单位收取的管理费以及税金总计 6.55%后，他认为施工单位拖欠他剩余挂靠工程款 70 万元。他起诉要求支付剩余挂靠工程款 70 万元。

一审法院认为：原告（项目经理）不能证明他和被告（施工单位）之间系挂靠关系，既然不能证明是挂靠，要求支付剩余的工程款的请求当然不能得到支持，一审原告败诉。该项目经理提起上诉，二审法院经过审理以后认为案件事实不清，证据不足，裁定发回重审。

那么项目经理起诉要求支付剩余挂靠工程款 70 万元，能不能成立？

实际上，可以分两种情况进行考虑：

第一种情况：如果不能证明双方是挂靠关系，则起诉要求支付剩余挂靠工程款显然是没有依据的；以挂靠关系为请求权基础进行起诉的，后经证明不是挂靠，那么要求支付剩余的挂靠工程款的诉讼请求同样应该被驳回。

第二种情况：如果能够证明是挂靠关系，那么要求支付剩余挂靠工程款的诉讼请求就能被支持吗？事实上，就本案而言，材料、机械设备租赁费、人工费已经支付，不存在项目经理对外拖欠情况，既然不存在，则所谓的剩余挂靠工程款就是挂靠所得利润，实质上就是违法所得，法院当然不会支持项目经理提出的违法所得请求。所以，即使能够证明是挂靠关系，项目经理的诉讼请求也不能被支持。

【案例 2】说明我们起诉的工程款必须是合法的工程款，违法的工程款当然不受法律的保护。

二、司法审价与否

（一）工程是不是需要审价，它的判断标准是什么？

也就是说，工程价款是否已经确定。怎么来判断工程价款是否已经确定？需要分情况进行讨论：

第一种情况:如果工程款已经审定并有双方签章确认的审定单,实际上,说明双方当事人或一方当事人已经委托外部的审价单位进行了审价,且双方对审定单盖章确认,表明愿意受该审价结果的约束,在这种情况下,工程价款就已经确定。既然已经确定,就不需要再次审价,这是一种情况。对此,《原施工合同司法解释二》第13条(《新施工合同司法解释一》第30条[①])也作出了相应规定,即当事人在诉讼前共同委托有关机构、人员对建设工程造价出具咨询意见,如果双方当事人明确表示受该咨询意见约束,则人民法院对一方当事人的鉴定申请不予准许。

第二种情况:双方当事人虽然没有委托外部进行工程审价,但通过内部审核并对这个结算价款签章认可。也就是说,发包人跟承包人之间,承包人提交结算书,发包人审核后签章认可,或者双方另行达成了结算协议,在这种情况下,工程价款也已经确定,不需要审价。《原施工合同司法解释二》第12条(《新施工合同司法解释一》第29条[②])也有相应的规定,即当事人在诉讼前已经对建设工程价款结算达成协议,诉讼中一方当事人申请对工程造价进行鉴定的,人民法院不予准许。

第三种情况:逾期不结算视为认可结算。根据《原施工合同司法解释一》第20条(《新施工合同司法解释一》第21条[③])的规定,当事人约定承包人向发包人递交结算书以后,在一定的期限里面,发包人不予答复的,视为发包人认可了承包人的结算,人民法院应当按照约定处理。

我们来详细分析一下第三种情况。

要适用“逾期不结算视为认可结算”的规定,实际上要具备两个条件:第一,双方当事人约定了竣工结算的期限;第二,双方存在“超过结算期限但发包人不予回复就视为认可”的约定。这两个约定的条件缺一不可,只有符合了这两个约定的条件,逾期不结算才视为认可结算。当然,如果视为认可结算,这个价款已经确定,就是承包人给发包人结算书里面载明的价款。

在适用《原施工合同司法解释一》的时候,我们可能会产生某些特殊情况能不能适用“逾期不结算视为认可结算”的困惑。以下试为读者分析:

第一,《建设工程施工合同(示范文本)》(GF-1999-0201)第33条约定,是

① 条文内容无变化。

② 条文内容无变化。

③ 《新施工合同司法解释一》第21条将《原施工合同司法解释一》第20条中的“应予支持”修改为“人民法院应予支持”,其余内容均无变化。

否可以认为是逾期不结算即视为认可结算的约定？

需要指出的是，这里说的示范文本是指国家工商局及建设部 1999 年颁布的《建设工程施工合同（示范文本）》（GF-1999-0201）。该示范文本第 33.3 款约定："发包人收到竣工结算报告及结算资料后 28 天内无正当理由不支付工程竣工结算价款，从第 29 天起，发包人按同期银行贷款利率，支付拖欠工程款的利息，并承担违约责任。"由此可见，发包人收到竣工结算报告及资料以后，28 天内无正当理由不支付工程竣工结算价款，从第 29 天就要支付利息，承担违约责任。利息如何计算？显然，这里面隐含了一层意思：提交的结算报告中载有明确的价款。应当按这个价款来计算利息。而发包人超过 28 天不结算，便视为发包人收到的竣工结算报告里面载明的价款被认可了，这样才可以计算利息。这种观点其实并未得到最高人民法院的认可。

重庆市高级人民法院曾以渝高法〔2005〕154 号文向最高人民法院发出《关于如何理解和适用最高人民法院〈关于审理建设工程施工合同纠纷案件适用法律问题的解释〉第二十条的请示》，最高人民法院民事审判庭于 2006 年 4 月 25 日发布（〔2005〕民一他字第 23 号）。在该最高人民法院《关于如何理解和适用〈最高人民法院关于审理建设工程施工合同纠纷案件适用法律问题的解释〉第二十条的复函》中，最高人民法院认为：由《建设工程施工合同（示范文本）》第 33.3 款的约定，不能简单地推出，双方当事人具有发包人收到竣工结算文件，一定期间内不予答复，则视为认可承包人提交的竣工结算文件的一致的意思表示。承包人提交的竣工结算文件，不能作为工程款结算的依据。这是最高人民法院明确的答复。也就是说，1999 版《建设工程施工合同（示范文本）》第 33 条，实际上不能看作含有逾期不结算就视为认可的约定。依据该条款主张逾期不结算视为认可结算，人民法院不会支持。①

第二，建设部 107 号令、②财政部与建设部联合发布的 369 号文是否可以作为法律予以适用？

建设部 107 号令《建筑工程施工发包与承包计价管理办法》第 16 条第 1 款第 2 项、财政部与建设部联合发布的 369 号文《建筑工程价款结算暂行办法》第

① 值得注意的是，2017 版《建设工程施工合同（示范文本）》在"14.2 竣工结算审核"中对"逾期不结算即视为认可结算"进行了明确规定：发包人在收到承包人提交竣工结算申请书后 28 天内未完成审批且未提出异议的，视为发包人认可承包人提交的竣工结算申请单，并自发包人收到承包人提交的竣工结算申请单后第 29 天起视为已签发竣工付款证书。

② 值得注意的是，建设部 107 号令于 2013 年失效，取代该文件的是住建部 16 号令《建筑工程施工发包与承包计价管理办法》，两份文件的法律位阶同为部门规章。

16条规定，“发包人应当在收到竣工结算文件后的约定期限内予以答复，逾期未答复的，竣工结算文件视为已被认可”。假设承发包双方的合同没有约定逾期未答复的，竣工结算文件视为已被认可。但是，承包人是不是可以按照107号令、369号文第16条的规定，来主张逾期未答复，视为竣工文件已被认可呢？是不是只要合同里约定的结算的期限已过，按107号令、369号文来主张逾期不结算的，视为认可结算呢？有约定，有法律规定。合同约定的是结算的期限，法律规定就是107号令、369号文里面逾期不结算的，视为认可的规定。

看上去，好像依约依法，价款已经确定，但是107号令、369号文是否可以作为法律来适用？我们知道，107号令是建设部的部门规章，369号文充其量也就是财政部和建设部联合发布的行政规章，实际上还不是。人民法院在审理案件的时候，行政规章能不能作为法律来适用呢？实际上最高人民法院有一些会议纪要或者有一些司法解释里面都提到，行政规章不能作为法律来适用，只能作为审理案件的参考。但是，对于逾期不结算，视为认可结算，这样一个重大的、涉及发包人和承包人重大权利义务关系的问题，是不是适宜作为参考呢？显然是不适宜的。施工单位提供的结算报告，经过司法审价以后，少则砍掉10%，多则30%~50%。在这样的情况下，审价与不审价，结果相差很大，显然对双方当事人的利益影响非常大。在这样的情况下，实际上是不宜适用107号令、369号文的。不能依照这两个文件，主张逾期不结算视为认可结算。

（二）审价与否的常见问题及解决方案

常见问题一：工程价款已经依法确定，不应审价，却同意审价。

工程造价已经确定，所以不需要再通过司法审价来确定造价。通常情况下，建设单位会认为已经确定的造价，存在虚增工程量、定额套用错误等情况，故常常会向法院提出司法审价的申请。而这个时候，有些施工单位的代理人往往不知道同意司法审价的后果，有时候会在法官的劝说下同意司法审价，当然法官劝说会找一些理由。施工单位一旦同意司法审价，不利的审价结果出来以后再试图推翻，法院将不予采纳，而是按司法审价结果确定工程造价。所以在“工程造价已经确定，不应审价”的情况下，我们必须态度坚决。如果法官问同不同意审价，我们态度应该非常明确：不同意审价，原因就是价款已经确定，不应审价。根据《原施工合同司法解释二》第12、13条（《新施工合同司法解释一》第29、30条）的规定，当事人也不应同意审价。

常见问题二：对工程价款是否已经确定之事实存在争议，要么直接同意审价，要么不同意审价。

我们来看一个案例。

【案例3】某工程款纠纷案

在该案中，笔者是为施工单位提供诉讼代理法律服务的。施工单位就某建设单位拖欠工程款提起诉讼。施工单位称：建设单位的全权代表在施工单位递交的结算书上签字认可结算，因此双方认可的结算造价即建设单位全权代表签字认可的结算书载明的数额1428万元；因施工过程中建设单位仅支付100万元，故该施工单位起诉建设单位要求支付拖欠工程款1328万元。

在证据交换过程中，建设单位称：建设单位全权代表在结算书上的签字认可是在被胁迫下进行的。建设单位提供了派出所出具的上海市公安局案件接报回执单及询问笔录，证明从签字前天晚上开始一直到签字当天中午，全权代表一直被施工单位人员控制，出于无奈，才签字认可，签字认可后立即报警。显然，谈话笔录因为只是全权代表向派出所民警单方面反映情况的记录，未经过派出所核实，不能证明全权代表签字系受胁迫下签字的事实，但法院认为其有理由怀疑，该签字认可行为是否为全权代表真实意思表示。

除了该谈话笔录制作时间与签字认可时间一致外，签字认可的结算书本身存在问题：首先，合同约定总价包干，但结算书却采用93定额计价；其次，合同约定的包干价款为968万元，变更价款仅150万元，但结算书载明价款却高达1428万元，显然不合情理。

在这样的情况下，对法官来说，同意建设单位的司法审价申请对其判决没有任何风险，要是不同意审价倒是存在被二审推翻的风险。这时候，法院为了避免风险，常常会询问原告是否同意审价。如同意审价，则意味着施工单位放弃主张结算造价应该确定为1428万元的主张，显然，对施工单位极为不利，不仅不利于一审中的调解，也不利于可能发生的二审。如不同意审价，则影响与法官的正常沟通关系，不利于审价配合，不利于审价质证。应该如何应对呢？

笔者的应对办法就是：如果法院决定审价，我们同意配合，但并不意味着我们同意审价，更不意味着放弃工程造价已经确定为1428万元的主张。这个方法的好处：一方面，对法院决定的审价，进行了配合和质证，保持与法官正常沟通关系，在该审价报告被法院作为认定造价依据的情况下，我方也能接受，经过质证，经过配合得出的结果，基本上反映了实际的情况；另一方面，仍然坚持了结算造价就是全权代表签字认可的结算书载明的价款之主张。这样，如果进入二审，我方仍可以在二审中主张1428万元。

通过这种方法来进行应对，那这种方法有没有法律依据呢？有。法律依据就在《民事证据规则》里面，“当事人可以申请司法鉴定”，但是，是不是允许，是由法院的法官来决定的。也就是说，按照《民事证据规则》的规定，法院的法官不需要征求另外一方的意见。也就是说，我代表的施工单位不是申请鉴定人，不需要发表意见，而是由法院定，法院决定鉴定，我们配合。

这是第二种常见的情况，对工程价款是否已经确定的事实存在争议的情况下，要么直接同意审价，要么不同意审价，这都是不对的，应对的方法是由法院来确定，我们不表态。

三、司法审价的范围如何来确定

（一）全面审价适用的情况

哪种情况需要全面审价呢？如果合同不是固定总价，同时双方未进行过阶段结算，在这样的情况下，需要全面审价。因为没有哪一块价款是确定的，所以要全面审价。

（二）部分审价适用的情况

以下两种情况需要部分审价：

第一种情况是固定价格。固定价格分为固定总价与固定单价，固定总价部分不予审价。它的法律依据是《原施工合同司法解释一》第 22 条（《新施工合同司法解释一》第 28 条①），该条规定：当事人约定按照固定价结算工程价款，一方当事人请求对建设工程造价进行鉴定的，不予支持。

当然，这里面存在两个问题。第一，在约定固定单价的情况下，还是要进行审价的。对于固定总价而言，承包的范围不变，内容不变，当然价格是不变的。作为固定单价而言，它只是单价不变，但是工程量是要按实结算的。所以，约定了固定单价，还是要进行审价的。也就是说，《原施工合同司法解释一》第 22 条（《新施工合同司法解释一》第 28 条②）不适用于固定单价的情况。第二，变更、签证、索赔也需要进行鉴定。也就是说，如果合同是固定总价，但是建设工程的

---

① 《新施工合同司法解释一》第 28 条将《原施工合同司法解释一》第 22 条中的“不予支持”修改为“人民法院不予支持”，其余内容均无变化。

② 《新施工合同司法解释一》第 28 条将《原施工合同司法解释一》第 22 条中的“不予支持”修改为“人民法院不予支持”，其余内容均无变化。

履行是非常复杂的，在这个履行的过程中，会发生一些变更，会产生一些签证，施工单位可能会提出一些索赔，而这些变更、签证、索赔实际上价款往往没有确定下来。如何确定价款呢？在双方当事人无法协商一致的情况下，只能通过鉴定的方法来确定。也就是说，即使是固定总价，变更、签证、索赔也是需要审价的。当然，我们有些人错误地认为若固定总价，变更、签证、索赔就不需要审价，也就不需要鉴定。这个错误认识，一定要纠正！

第二种情况是部分结算的问题。《原施工合同司法解释一》第23条（《新施工合同司法解释一》第31条）规定：当事人对部分案件事实有争议的，仅对有争议的事实进行鉴定。该规定表明，如果部分事实没有争议，就不需要鉴定；部分事实有争议的，仅对有争议的事实进行鉴定。比如，在工程上会发生这样的情况：阶段结算——基础做完了，双方对基础工程做一个结算；结构做完了，对结构工程做一个结算，双方都签字盖章；或者建设单位委托审价单位对基础也好，主体结构也好，已经进行了审价，就是装饰工程和安装工程没有进行结算，或者没有进行审价。在这种情况下，万一发生纠纷，实际上对基础工程、主体结构工程而言，因为价款已经确定，故不需要审价；对于装饰工程、安装工程，因为价款没有确定，就该部分则需要审价。

（三）常见问题及解决方案

司法审价常见的问题是什么呢？依法应部分审价却全面审价，这是我在代理案件的过程中发现的主要问题。前面我讲了，对于固定总价或者阶段结算，比如说基础工程、主体结构工程进行了阶段性的结算，则固定总价部分、已进行阶段结算的部分不需要审价。但是，一方当事人往往会觉得已经确定的价款过高或者过低，因此会提出全面审价的申请。比如说建设单位，基础做完后进行了阶段审价，主体结构做完后也进行了阶段审价，但是建设单位觉得基础审价结果和主体结构审价结果高了，而对于装饰工程、安装工程尚未进行审价，则建设单位往往会提出来，基础、主体结构工程与装饰和安装工程一起进行审价。还有一种情况，基础工程、主体结构已经审价，但施工单位觉得价格很低，此时，施工单位常常会提出来，对基础工程、主体结构工程已经审价的部分，既然进行司法审价，就统一与安装工程、装饰工程一起审。而作为司法审价单位，往往喜欢全面审价，原因在于全面审价标的额大，收费高。本来1亿元的工程，8000万元已经确定了，只有2000万元可以审，现在一方单位提出全面审，1亿元都要审，那当然收费会高一些，审价单位自然很乐意。

另外,特别是在总价包干的情况下,按照前面的分析,总价包干的部分不应该审,只应该审变更、签证、索赔的部分,而这部分价款往往很低,按上海市高级人民法院的规定,审价收费也很低,但是从审价单位的工作量来说,他们的工作量并不因为不审固定总价部分而减少多少,因为他们仍需要跟图纸对比,并且需要计算增加、减少。甚至有些审价单位说,固定总价的审价办法还不如全面审来得容易。因此,在这样的情况下,一方当事人申请全面审,同时,审价单位又喜欢全面审,作为代理人一定要注意,如果对方提出来全面审价,对另一方一般是不利的,另一方必须态度坚决,坚决不同意全面审价。

当然,还有一种需要特别注意的情况:一方当事人申请审计时不提"全面审价",就谈审价,法院谈话时也不直接涉及是全面审还是部分审。这时候就存在风险,司法审价往往会全面审。作为代理人一定要注意到这一点,要在法院开准备会的时候提出,要明确审价的范围是什么,特别要提出哪些部分不应该审价,如果不提出、不明确,审价单位出具的审价报告往往是全面审价的报告,因为收费高。一旦全面审价,审价报告出具后要想再推翻,就有相当大的难度。这一点我们要注意。

对于审价范围的问题,目前《原施工合同司法解释二》第15条(《新施工合同司法解释一》第33条①)也作出了明确的规定,且与我上述的观点是一致的,即法院在同意鉴定申请之后,应当根据当事人申请及查明案件事实的需要,确定委托鉴定的事项、范围、鉴定期限等。该规定能够在一定程度上规制司法实践中不恰当地扩大审价范围的问题。

四、司法审价的依据

司法审价到底以什么为依据呢?我在这里分四种情况来进行讨论:

(一)第一种情况:合同有约定的,从约定

《原施工合同司法解释一》第16条第1款(《新施工合同司法解释一》第19条第1款)规定:当事人对建设工程的计价标准或者计价方法有约定的,按照约定结算工程价款。很明确,对于工程价款如何进行结算,双方当事人已经有约

① 《新施工合同司法解释一》第33条删除了《原施工合同司法解释二》第15条中"并组织双方当事人对争议的鉴定材料进行质证"中的"双方",其余内容均无变化。

定的,那就按照约定结算。

(二)第二种情况:合同没有约定的情况

合同对价款的结算没有约定,怎么办?《原施工合同司法解释一》第 16 条第 2 款(《新施工合同司法解释一》第 19 条第 2 款)也给出了答案:因设计变更导致建设工程的工程量或者质量标准发生变化,当事人对该部分工程价款不能协商一致的,可以参照签订建设工程施工合同时当地建设行政主管部门发布的计价方法或者计价标准结算工程价款。

也就是说,合同没有约定,或者约定不清楚,可以参照签订建设工程施工合同时,当地的建设行政主管部门发布的计价方法或者计价标准结算工程款。就上海市来说,实际上就是按照上海市的 93 定额或 2000 定额来计算。

这里有一个问题,合同对价款的结算没有约定,到底对施工单位有利还是对建设单位有利呢?因为定额的水平实际上不是市场价格水平,往往比市场价格要高。在这样的情况下,如果合同里没有约定工程价款的结算方法,往往是对施工单位有利的。

我们来看一个案例,看看合同没有约定工程款的计算方法的情况下,到底以什么作为审价依据。

【案例 4】某再分包合同工程款纠纷案

在这个案子里,笔者为境内施工单位提供了诉讼代理法律服务。某境内施工单位承接了某境外施工单位的再分包机电安装工程,施工到 20%的时候,境外施工单位擅自终止了合同。随后,境内施工单位就境外施工单位拖欠结算款提起诉讼,并要求法院收缴境外施工单位的非法所得。

在法院审理的过程中,境内施工单位提出审价申请,司法审价单位将 93 定额作为审价的依据。原因:双方签订了合同书,但合同书中没有计价方法的约定;同时,双方在签订合同书之前虽然签订了意向书,但该意向书中仅有工程量清单汇总表,没有具体的工程量清单,司法审价单位也认为仅凭汇总表无法进行司法审价。也就是说,无论是意向书还是合同书,均没有约定合同价款的具体的结算方法。没有约定,审价单位就按上海的 93 定额来进行审价。当然,法院支持了审价单位按照 93 定额计价的一个鉴定结果。

(三)第三种情况:中标合同与非中标合同,按照中标合同进行结算

《原施工合同司法解释二》第 1 条第 1 款(《新施工合同司法解释一》第 2 条

第1款)规定:招标人和中标人另行签订的建设工程施工合同约定的工程范围、建设工期、工程质量、工程价款等实质性内容,与中标合同不一致,一方当事人请求按照中标合同确定权利义务的,人民法院应予支持。《原施工合同司法解释二》第9条(《新施工合同司法解释一》第23条)规定:发包人将依法不属于必须招标的建设工程进行招标后,与承包人另行订立的建设工程施工合同背离中标合同的实质性内容,当事人请求以中标合同作为结算建设工程价款依据的,人民法院应予支持,但发包人与承包人因客观情况发生了在招标投标时难以预见的变化而另行订立建设工程施工合同的除外。所谓中标合同,就是经过招投标,根据招投标结果签订的合同;非中标合同就是在这个中标合同之外,双方又签订了另外的协议,当然,这个非中标合同不是根据中标的结果来签订的。根据上述《原施工合同司法解释二》的规定,无论是必须招标项目还是非必须招标项目,只要进行了招投标,同时存在中标合同、非中标合同时就应当按照中标合同进行结算。同时,对上述条款的理解,我们要注意四点:

1. 按中标合同结算,与是否备案无关。

此前《原施工合同司法解释一》第21条[①]规定在实质性内容不一致的情况下,应当以"备案的中标合同"作为结算依据。而《原施工合同司法解释二》直接规定按照中标合同确定权利义务关系,没有提及合同备案,其原因在于当前合同备案制度的取消,在此情形下,备案也就不能作为确定结算依据的因素了。

2. "实质性内容"主要包含四个方面内容。

《原施工合同司法解释二》第1条第1款(《新施工合同司法解释一》第2条第1款)对于《原施工合同司法解释一》第21条[②]中规定的"实质性内容"进行了界定,主要为工程范围、建设工期、工程质量、工程价款四个方面内容。

3. 适用《原施工合同司法解释二》上述规定以中标合同作为结算依据的前提是中标合同有效。

对必须招标的项目而言,中标合同以外的非中标合同,由于未经过招标程序,根据《原施工合同司法解释一》第1条第3项(《新施工合同司法解释一》第1条第3项)规定,属于无效合同,如中标合同也同样无效,此时属于多份合同均无效的情形,应适用《原施工合同司法解释二》第11条(《新施工合同司法解释

---

① 该条规定已于2021年1月1日废止。

② 该条规定已于2021年1月1日废止。

一》第24条[①])之规定确定结算依据。

对于非必须招标项目而言,非中标合同是否因违反《招标投标法》第46条规定而无效,目前司法实践中尚有争议。但无论非中标合同是否有效,在中标合同无效时,都不宜适用《原施工合同司法解释二》第9条(《新施工合同司法解释一》第23条)以中标合同作为结算依据,原因:如果认定非中标合同无效,在中标合同也无效的情形下,此时应适用《原施工合同司法解释二》第11条(《新施工合同司法解释一》第24条)多份合同无效之规定确定结算依据;如果认定非中标合同有效,在中标合同无效的情形下,应当根据有效的非中标合同进行结算。

4. 按照中标合同结算的例外情形。

《原施工合同司法解释二》第9条(《新施工合同司法解释一》第23条)规定了非必须招标项目在发包人与承包人因客观情况发生了在招标投标时难以预见的变化而另行订立施工合同时,可以将该份合同作为结算依据。该规定表明,对于进行招标的非必须招标项目,以非中标合同作为结算依据,需要满足两个条件:第一个为客观情况发生了难以预见的变化,并非一般商业风险;第二个为客观情况与招标投标时相比较,发生变化。该规定实际上是情势变更在建设工程施工合同中的具体运用。

根据《原司法解释二理解与适用》对于该条款的相关论述,客观情况发生变化一般指三种情形:(1)招标投标后建设工程的主要原材料、工程设备价格变化超出了正常的市场价格涨跌幅度(±5%);(2)招标投标后人工单价发生了重大变化;(3)建设工程的规划、设计发生了重大变化。[②] 在这里需要注意的是,第三种情形并不包括一般的工程设计变更。

(1)《原施工合同司法解释二》第9条(《新施工合同司法解释一》第23条)只是针对非必须招标项目的规定,那么必须招标项目是否也适用该例外情形?我认为也可以适用。

上文说到,该例外规定实际上是情势变更原则在施工合同中的具体运用,而情势变更的适用并不区分必须招标项目或非必须招标项目,因此,虽然《原施工合同司法解释二》并未针对必须招标项目作出同样的例外规定,但如果发生该等情形,也应当允许双方当事人相应变更中标合同内容并依据变更后的内容

---

① 《新施工合同司法解释一》第24条将《原施工合同司法解释二》第11条中的两处"结算建设工程价款"修改为"关于工程价款的约定折价补偿承包人",其他内容均无变化。

② 参见最高人民法院民事审判第一庭:《最高人民法院建设工程施工合同司法解释(二)理解与适用》,人民法院出版社2019年版,第215~217页。

进行结算。同时，根据《原司法解释二理解与适用》，《原施工合同司法解释二》第9条（《新施工合同司法解释一》第23条）的内容可以认为是对《原施工合同司法解释一》第21条[①]规定的延伸、细化和补充。[②] 既然系延伸、补充，《原施工合同司法解释一》第21条适用于必须招标项目，那么《原施工合同司法解释二》第9条（《新施工合同司法解释一》第23条）中的以非中标合同为结算依据的例外情形也应当适用于必须招标的项目。

（2）在备案制度取消之前，仍存在备案与非备案合同的情形，那么对于未进行招投标的项目是不是能够适用《原施工合同司法解释一》第21条的规定，按照备案合同来进行结算呢？我认为是不适用的。

适用《原施工合同司法解释一》第21条有一个明确的界定，就是中标的合同。所谓中标，必须是经过招投标才谈得上中标。如果没有招投标，那怎么谈得上中标呢？所以仅从文字的字面解释来看，就可以确定未进行招投标的项目，不适用《原施工合同司法解释一》第21条[③]按照"备案的中标合同"进行结算的规定。

这里我介绍一个案例。

【案例5】某备案合同与非备案合同纠纷案

案子发生在外地，笔者代理的是被告（发包人）。被告就承租的房屋进行装修，原告起诉要求被告支付拖欠工程款及利息约200万元。原告称，双方之间存在备案合同与非备案合同，在工商局备案的合同价款是1628万元，未备案的合同价款1528万元，因此应该按1628万元认定合同价款。开庭时，笔者就提出，备案部门依法应该是建设行政主管部门，而非工商局。后来原告又提出，原告在建设行政主管部门就1628万元的合同也进行了备案。经过调查，原告在建设行政主管部门备案的合同是竣工验收以后进行的所谓补备案，而且不是原件，不具有合法性和真实性。因此笔者提出，除了这个备案的合同不具有合法性、真实性以外，最关键的一点是，本案不适用《原施工合同司法解释一》第21条的规定，原因在于《原施工合同司法解释一》第21条规定是指"备案的中标合同"。显然，只有招标投标才有中标一说，即只有招标投标才适用。而且《原施工合同司法解释一》第21条的法律依据就是《招标投标法》第46条的规定。也

① 该条规定已于2021年1月1日废止。

② 参见最高人民法院民事审判第一庭：《最高人民法院建设工程施工合同司法解释（二）理解与适用》，人民法院出版社2019年版，第217页。

③ 该条规定已于2021年1月1日废止。

就是说招标人和中标人应按照招标文件、投标文件签订合同，不得再行订立变更合同实质性内容的其他协议。本案的原告、被告签约，不是通过招投标方式进行的，而是通过协商的方式进行的，因为被告是承租人，是外商投资企业，可以不通过招投标的方式发包。虽然被告与案外人，也就是本案涉及房屋的出租人，曾经共同委托一家招标代理公司进行招标，但是招标文件、投标邀请函、中标通知书等文件上的发包人均为案外人即出租人，而不是本案的被告，也不是招标代理机构。因此，可以认定，原告、被告双方签订的合同，不是通过招投标方式来签订的。最后，原告、被告双方在法院的组织下进行了调解，200 万元的诉讼请求，以被告同意支付原告 46 万元调解结案。显然，就本案而言，不适用《原施工合同司法解释一》第 21 条按照“备案的中标合同”进行结算的规定。也正因如此，原告才做出了让步。如果适用，原告会让步吗？显然是不会的。

(3) 双方当事人另行约定中标合同只为办理备案之用，而双方当事人实际上要履行补充协议，也就是说非中标合同，这样的约定是无效的。

因为，《原施工合同司法解释二》第 1 条和第 9 条（《新施工合同司法解释一》第 2、23 条[①]）关于中标合同与非中标合同按中标合同进行结算的规定是一个强制性的规定，不能用约定的方式排除这个强制性规定的适用。否则，这个规定也就没有意义了。

(4) 双方实际上按非中标合同履行，是否就可以否定《原施工合同司法解释二》按中标合同进行结算的规定呢？这也不行。

因为中标合同与非中标合同的存在，它有一个典型的特征，履行的都是非中标合同，没有人履行中标合同，否则，就不存在中标合同与非中标合同之说。所以双方实际履行非中标合同，也不能否定《原施工合同司法解释二》按中标合同进行结算的规定。那么，如果双方的真实意思是非中标合同，是不是可以否定《原施工合同司法解释二》相关规定的适用呢？这个就跟实际履行非中标合同一样，双方的真实意思也确实是在非中标合同中体现的，但是同样不能因此否定《原施工合同司法解释二》按中标合同进行结算的规定。

(四) 第四种情况：在确定司法审价依据的时候，通常会存在什么问题？如何应对？

主要有两种情况，(1) 一方当事人认为约定不明，试图否定约定怎么办？这

① 条文内容均无变化。

种情况很多,没有约定,那当然按照当地建设行政主管部门的规定来结算;或者即使有约定,但是这个约定对一方当事人不利,他往往会说,约定不明,以此来否定这个约定。这个时候怎么办?作为对方当事人,就是要证明约定是明确的。怎么来进行论证约定是明确的呢?第一,从合同条款的角度来论证;第二,从合同目的的角度来论证;第三,从合同履行的角度来论证;第四,从真实意思表示的角度来论证。从这四个角度证明了这个约定实际是明确的,那当然应该按照约定来进行结算。(2)一方当事人认为约定与定额规定不符,以此试图否定约定,遇到这样的情况怎么办?

【案例6】某工程价款的约定与定额规定不一致纠纷案

笔者代理过某施工单位的一个案子。施工单位的老板非常厉害,他不但利用关系接工程,而且利用对方不懂造价,约定很高的价款。在这个案件里面,合同约定的价款实际上比定额计算出的价格高出10%,建设单位因此试图否定。建设单位提供的依据就是定额规定,说这个约定不符合定额的规定,定额能够否定双方的约定吗?当然不能。原因就在于《原施工合同司法解释一》第16条(《新施工合同司法解释一》第19条[①])规定的非常明确:有约定的从约定。另外一个规定实际上是原《合同法》第56条(对应《民法典》第153条第1款[②])的规定:"违反法律、行政法规强制性规定的,合同无效。"定额是什么?既不是法律,也不是行政法规,甚至连部门规章都不是,只是当地的建设行政主管部门的一个规范性文件而已,当然不能否定合同的约定。事实上,这个案子最终的鉴定报告就是按照合同约定进行结算的,按定额计算2000万元的工程,最终结算2200多万元。大家都知道按定额计算利润就很高了,合同约定的比定额还高出10%,利润显然相当可观。

五、审理程序及审价报告质证方法

这部分主要包括三块内容:审理程序及认识审理程序的意义、审价报告质证的重要性及质证方法、审理程序及审价报告质证方法通常存在重大问题及解决方案。

---

① 《新施工合同司法解释一》第19条将《原施工合同司法解释一》第16条中的"工程价款结算参照本解释第三条规定处理"修改为"依照民法典第五百七十七条规定处理",其余内容均无变化。

② 《民法典》第153条第1款将原《合同法》第56条修改为:"违反法律、行政法规的强制性规定的民事法律行为无效。但是,该强制性规定不导致该民事法律行为无效的除外。"

(一)审理程序及认识审理程序的意义

首先,讲讲工程款纠纷案件通常的审理程序,我概括了一下,包括八大程序,分别是:

1. 申请审价;
2. 主审法官组织当事人谈话或证据交换,决定是否需要审价;
3. 如果决定审价,则主审法官选择或者通过高院或者通过法官协会电脑配号方式选择审价单位;
4. 主审法官就审价事宜组织双方当事人及审价单位谈话,又称审价准备会;
5. 审价单位进入审价程序,出具审价报告。当然,这里面包括提供审价材料及填写委托书——参与审价——征询意见——出具审价报告;
6. 主审法官组织当事人及审价单位进行《审价报告》质证;
7. 审价单位出具《补充报告》或者说明;
8. 正式开庭。

工程款纠纷案件审理程序显然与一般案件的审理程序存在很大的区别:一般的案件审理程序实际上就是开庭程序,也就是上面提到的第 8 项程序,没有 1 到 7 这样的程序,而 1 到 7 这样的程序均是围绕司法审价展开的。

其次,我们看一个案例,该案的审理程序比以上程序更完善。

【案例 7】某工程款纠纷一审案

2004 年年底,笔者与事务所的另外一名律师受某施工单位委托,代理了该施工单位起诉某建设单位的案件。其中,施工单位要求建设单位支付拖欠工程款 4200 万元。在诉状中,我们称:因建设单位在合同约定的 60 天内没有就其收到的工程结算书进行核实并回复,所以依据建设部 107 号令《建筑工程施工发包与承包计价管理办法》第 16 条第 1 款第 2 项关于“发包方应当在收到竣工结算文件后的约定期限内予以答复。逾期未答复的,竣工结算文件视为已被认可”之规定,工程结算书中载明的价款 9200 万元已经确定。

举证期间,被告建设单位提出工程审价的申请。在证据交换以后,主审法官就是否需要进行司法审价征求原告的意见,我们明确表示不同意审价,原因就在于依据约定、法律,结算价款已经确定就是 9200 万元。约定是 60 天,法定就是建设部 107 号令第 16 条的规定,而建设单位没有在 60 天期限里回复,就视为认可我们结算书里提出的 9200 万元,就应该把这个价款作为结算价款。庭后,主审法官电话要求我们同意审价,我们提出,如果对方同意在2005年春节前支付1000万元,我们就同意审价。为什么我们提出这样一个要求呢?为什么我们会同意审价呢?原因笔者在后面会讲到。

此后,法院安排正式开庭。法庭调查以后,直接进入法庭辩论阶段。在第一轮辩论后,主审法官觉得不对,立即提醒审判长中止了第二轮辩论,中止时审判长告知:庭后合议庭将讨论决定是不是需要审价,如果决定审价则委托审价,如果决定不审价,则另行组织开庭。显然,合议庭一方面觉得笔者方的代理意见很有道理;另一方也考虑到数额巨大,法院不委托审价,处理起来有难度。后来,主审法官就审价事宜,再次组织双方调解,并且达成协议:被告建设单位先支付给施工单位900万元,施工单位同意建设单位提出的审价要求。

这里笔者就要讲,为什么会同意审价呢?不同意不是更好吗?依约依法已经确定了9200万元,为什么同意审价?问题就在于,实际上,前面笔者也讲过了,逾期不结算视为认可结算有两个条件:一个是双方必须约定结算答复的期限,另一个就是要约定逾期不结算视为认可。事实上,合同里面没有约定逾期不结算视为认可;故不能适用《原施工合同司法解释一》逾期不结算视为认可结算的规定。而建设部107号令,笔者前面也讲了,不是法律,也不是行政法规,不宜参照适用。所以,在这样的情况下,只能同意审价。即使不同意,法院也会依职权决定审价。

随后,双方当事人到高级人民法院的司法鉴定处,参与司法鉴定处对审价单位的摇号。接着,双方当事人提供鉴定材料,主审法官组织双方当事人及审价单位对鉴定材料进行了质证。审价单位审价后出具了审价报告初稿8223万元,主审法官组织双方当事人及审价单位对审价报告初稿进行质证。接下来,审价单位出具了正式审价报告,审价结论为工程结算造价是6894万元,这个结论比初稿少了1329万元,如果是股价,就相当于两个跌停板。显然,这对笔者的施工单位是极为不利的。对此,施工单位通过质疑的方法进行口头质证并提供了书面质证意见。根据质证情况,笔者方申请重新审价。质疑的好处就在于可以通过简单问题的询问和回答,揭示审价报告的错误,特别是依据错误或者缺乏依据,让法官清晰地了解异议及审价报告的错误。但是,审价单位对笔者方提出的异议,除数据计算明显错误进行调整以外,其他异议仍坚持自己的意见,不同意调整。就数据明显错误调整,出具了《补充说明一》,里面确认工程结算造价为7034万元,比原来的正式审价报告增加了140万元。

此后,主审法官又就《补充说明一》组织双方质证。施工单位进行口头质证，然后提供书面的质证意见。质证意见总共提出七大异议，异议金额高达1678万元，即我们施工单位认为结算造价应该为8712万元。笔者方特别强调，这七大异议中有五大异议属于法律问题，应由法院做出认定，在审价单位拒绝做出修改，坚持代替法院错误行使审判权的情况下，应由合议庭进行评议并做出认定，再由审价单位出具审价的数据。后来，合议庭经过评议，主审法官要求审价单位对水下挖泥抛石项目、机械费调整项目、成品钢管桩贴息项目三项异议按照合议庭评议后确定的方法进行补充鉴定。对此，审价单位出具了《补充说明二》，鉴定意见分别为8024万元、7702万元、7037万元，也就是说，针对三项异议，根据合议庭评议确定的方法进行补充鉴定，出现了三个鉴定意见。当然，《补充说明二》出来以后，又进行了质证，施工单位提出，这三项异议的数额应该累加。后来，审价单位就又出具了《补充说明三》，最后的审价结论是8422万元。后来正式开庭，被告就向审价单位发问，审价单位回答，意思是说《补充说明二》《补充说明三》是法院要求做的，并不是审价单位的审价结论，审价单位认为的结论应为《补充说明一》载明的7034万元。后来法院作出判决，认定工程造价就是8422万元。建设单位上诉到最高人民法院，最高人民法院维持原判。

下面我们来分析一下【案例7】的审理程序，我认为这个案件的审理程序是比较完善的，与我前面概括的八大程序还有些不一样，比八大程序更完善。我们来看一看，主要完善在哪些方面：

第一，在主审法官进行证据交换后，难以决定是不是需要审价的情况下，通过合议庭正式开庭，然后庭后评议来决定是否需要审价。当然，是不是需要审价，本案还进行了调解。而一般的做法是主审法官组织证据交换后或者谈话后，往往不顾一方当事人的反对，就决定审价。

第二，当事人双方通过现场摇号选择审价单位，而不是由审判人员确定审价单位，也不是由高级人民法院统一电脑配号确定审价单位或法官协会统一电脑配号确定审价单位，体现了公开、公平的原则。审判人员选择审价单位，容易导致审判人员干预审价单位的独立审价，审价单位人员一般会听从审判人员的指挥。对于电脑统一配号确定鉴定单位，当事人双方一般都不参与，导致当事人怀疑是否能够做到公平、公正。当然，上海市高级人民法院电脑统一配号，会要求审价单位都到场，所以还是公平、公正的，只不过我们双方当事人没有参与而已。但是，一般的当事人是偶尔打官司，他就有可能会怀疑。当然，我们律师可以做一些解释的工作。

第三，本案审价前，主审法官组织双方对鉴定材料进行质证，审价单位参与旁听；一般的做法是什么？先审价，审价以后，你有异议，你再提出。对鉴定材料根本就不组织质证。

第四，对某些异议，法院及时确定既属于专业问题，也属于法律问题。在审价单位对当事人异议不予采纳的情况下，行使自己的审判权，让审价单位按合议庭评议后确定的方法进行补充鉴定。

比如，关于水下挖泥、水下抛石定额子目套用问题，这一项就涉及价款 990 万元。施工单位认为，应该按照合同约定的《上海 93 建工定额》中的对应子目直接套用。建设单位认为，定额规定的适用条件为仅内港河道，而本案的施工地点并非内港河道，故不能套用《上海 93 建工定额》中的对应子目，而应该套用《沿海港口定额》。审价单位认为，工程现场情况与《沿海港口定额》规定的适用条件不符，应根据实际情况进行换算调整，取费标准仍使用约定的《上海 93 建工定额》。显然，这里涉及关于合同约定的理解问题，也涉及定额与合同约定的冲突问题，而这两个问题实际上均属于法律问题。据此，我们提出该问题属于法律问题，应由法院做出认定，应纠正审价单位错误的代替法院行使审判权的行为。当然，法院采纳了我们的意见，就这个问题进行评议，要求审价单位按评议的结果来进行补充鉴定。

再如，机械费调整额问题，这个问题涉及的价款 667 万元，也涉及法律问题。合同约定工程的取费标准为《上海 93 市政定额》、《上海 93 建工定额》及相关文件。施工单位认为，"相关文件"这四个字里面已经包含了定额站颁布的配套文件，当然也包括机械费调整的文件，分别是 26 号、39 号文件。建设单位认为，"相关文件"语意不明，并不能特指机械费调整的 26 号、39 号文件，而且在招标、投标文件中无此约定，所以应当认定施工单位放弃了此项权利作为其竞争条件，因此不应按 1996 年的机械费进行调整，审价单位采纳了建设单位意见。是否调整机械费，属于合同的理解及解释问题，相关文件到底是否包括 26 号、39 号文件，这显然也涉及合同的理解和解释的问题，而合同的理解和解释的问题不属于专业问题，而属于法律问题，所以应该由法院做出认定。法院确实也根据我们施工单位的提议，就这些法律问题及时地做出认定，并且要求审价单位进行补充鉴定。

第五，主审法官组织双方当事人与审价单位对初稿、正式稿、《补充说明一》、《补充说明二》、《补充说明三》进行质证，可以说是不厌其烦。

主审法官跟我开玩笑说："周律师，你是造价工程师，这个案子审完了，我也成造价工程师了。"这说明，主审法官是非常投入且富有耐心的。通常的法官肯定是没有这样的耐心的，这表现在质证的方法上，法官常常会说：有什么异议你就直接说，不要发问了。碰到这样的情况，我们代理人如何来应对呢？讲明审价报告的质证的方法，质疑、回答和辩驳。当然，我们可以通过质疑的方法，来提出我们的异议。

通过这个案例，我们可以看到，该案审理程序比通常的八大程序更完善。当然，这个完善的程序不见得在每个案子里面都会发生。

最后，我要谈一谈认识工程款纠纷案件审理程序有什么意义呢？程序公正决定了实体的公正，实体公正离不开程序公正。在工程款纠纷案件中更是如此。

第一，可以让代理人认识到各阶段应该做些什么；你知道程序，你才知道你应该做些什么。第二，识别法院的审理程序是否恰当；如果你不知道八大程序，你怎么能知道法院的审理程序是不是恰当呢？第三，在审理程序出现偏差或者不恰当的情况下，我们可以依法要求法院或审价单位进行纠正。第四，我们可以引导法官按完善的审理程序审理工程款纠纷案件，从而避免陷入被动的局面。

我们再来看一个索赔案例。在这个案子中，我就引导法院采用完善的审理程序来审理案件。

【案例8】某索赔案

在这个案例里，笔者代理的是被告某建设单位。800万元的工程，完成400万元的时候工程停工，后来解除了合同，施工单位索赔500多万元。起诉的时候，施工单位要求赔偿330万元。像这样的一个案子，按一般法院审理的思路肯定是先审价，再质证，这对笔者代理的被告建设单位是很不利的。原因在于，原告一会儿索赔500多万元，一会儿索赔400万元，一会儿索赔330万元，而且每一次都有证据材料，若送过去审价，实际上都是伪证作为鉴定材料，审价报告出来以后，通过质证要否定这些证据材料，那就很难了。

笔者是怎么做的呢？笔者就引导法官先对证据材料进行质证，再视情况决定是不是需要审价。法官简单开庭以后，我就原告施工单位提供的证据材料发表了书面的质证意见，阐明原告提供的14组证据中有19份伪证，法官收到后将书面质证意见交给了施工单位。

后来，独任审判转为合议庭，合议庭花了半天时间对原告施工单位的证据进行质证，合议庭充分认识到原告提供的证据大部分都是伪证。合议庭表示：

将再次开庭对被告的证据进行质证，根本就没有审价的意思。

过了一个月，再次开庭，合议庭对我们被告提供的证据材料也进行了质证，法庭调查结束后进行了法庭辩论，法庭辩论完了以后，主审法官就问了，这个案子也比较复杂，能不能送过去审价，笔者明确表示不行，除了前面提到的原告施工单位提供的证据材料大部分系伪证外，按审理的程序，法庭调查和法庭辩论均已结束，因此笔者不同意审价。当然这个案子到目前为止还没有判决，但是法院已经向原告表示，如果判决差不多只能支持他30多万元。当然了，如果调解，双方可以考虑按50万元来调解。施工单位明确提出，没有100万元不调解。案子到这里，只要不去审价，实际上就已经赢了。本讲座之后，2008年5月法院作出判决，对原告330万元的诉请，仅支持了28万元。——笔者注

通过这个案例，我们进一步解释了认识工程款纠纷案件的审理程序的意义。引导法院按照完善的审理程序审理工程款纠纷案件，从而避免陷入被动，这是认识程序，运用程序的最高境界。

对于司法审价程序的问题，也引起了最高人民法院的关注，并在《原施工合同司法解释二》中对鉴定材料质证及未质证的相关后果作出了明确规定。《原施工合同司法解释二》第15条(《新施工合同司法解释一》第33条[①])规定，在法院准许当事人的鉴定申请后，应当组织双方当事人对争议的鉴定材料进行质证。《原施工合同司法解释二》第16条(《新施工合同司法解释一》第34条)规定，鉴定人将当事人有争议且未经质证的材料作为鉴定依据的，人民法院应当组织当事人就该部分材料进行质证；经质证认为不能作为鉴定依据的，根据该材料作出的鉴定意见不得作为认定案件事实的依据。该等规定对司法审价程序起到了很好的规范作用。

（二）审价报告质证的重要性及质证方法

《原施工合同司法解释二》第16条(《新施工合同司法解释一》第34条)规定，法院应当组织当事人对鉴定意见进行质证。关于审价报告质证的重要性，在【案例7】某工程款纠纷一审案中，有充分的体现。《初稿》的价格是8223万元，《正式稿》出来是6894万元，《补充说明一》是7034万元，《补充说明二》是7037万元、8024万元、7702万元，《补充说明三》是8422万元，这都是鉴定单位

---

① 《新施工合同司法解释一》第33条删除了《原施工合同司法解释二》第15条中“并组织双方当事人对争议的鉴定材料进行质证”中的“双方”，其余内容均无变化。

给出的意见。

《正式稿》比《初稿》低了 1329 万元;《补充说明一》比《正式稿》高了 140 万元;《补充说明三》又比《正式稿》高了 1528 万元。一般施工项目的利润也就 5%左右,要获得 1528 万元的利润就得完成施工产值 30,560 万元的施工项目。很显然,对于施工单位而言,审价报告的质证非常重要。当然,对建设单位也是非常重要,质证不到位就会多花钱。

记得我刚开始工作时,那时是在装饰企业做预算工作,我单位的领导就鼓励我说,工程的利润不是干出来的,而是算出来的。后来,在办理工程款纠纷案件中,我发现,工程的利润其实也不是算出来的,而是约定出来的,原因在于《原施工合同司法解释一》第 16 条(《新施工合同司法解释一》第 19 条①)规定工程价款的结算有约定从约定。在【案例 6】约定与定额规定不符的案件中,按定额计算 2000 万元,按合同约定 2200 万元,相差 200 万元。这 200 万元不就是约定出来的吗?

通过【案例 7】的介绍,可以看出涉及诉讼的工程,工程的利润还要通过有效的质证出来。原因在于双方有约定,但双方当事人也好、审价人员也好、审判人员也好,对约定理解存在很大分歧。只能靠质证来质证出相应的利润。

如何进行审价报告的质证呢?通过对大量案件的研究分析,我总结出以下六点内容:

第一点是,质证意见或质证异议的组成。

我们先从广度,或者说横向角度来看,我们质证异议应该如何提出?就哪些问题提出?第一,涉及专业的问题,我们要提出我们的意见,我们的异议。比如,工程量计算错误,定额、取费标准的适用错误、适用不当,这些就是从专业问题的角度提出异议。第二,从法律问题的角度提出异议。比如前面【案例 7】里介绍的关于水下挖泥、水下抛石定额子目套用问题,关于机械费的调整问题,这些均是涉及合同的约定和理解问题。又如,对鉴定材料的采用问题,一方当事人自制的、没有对方当事人的签字、盖章文件,审价单位作为鉴定材料使用,这涉及证据的质证及认定问题,显然也属于法律问题。当然,法律问题还有是否应当审价、审价范围如何确定、审价依据如何确定,等等。这些问题其实都是法律问题,对这些法律问题如果审价单位采用不当,那我们当然要提出异议。第

① 《新施工合同司法解释一》第 19 条将《原施工合同司法解释一》第 16 条中的“工程价款结算参照本解释第三条规定处理”修改为“依照民法典第五百七十七条规定处理”,其余内容均无变化。

三，我们对一些异议要进行总结，并且要在异议的基础上提出相应的要求。总结以后，我们可以提出要求重新鉴定、要求补充鉴定、要求做出说明、要求对错误进行纠正等。第四，我们提出的异议一定要有依据。比如证据材料、定额文件规定、法律规定、合同约定等，这些都是我们提出异议时应该提供的依据。

那当事人通常会怎么做呢？又有哪些问题呢？第一，提出异议，但没有有意识地对专业问题、法律问题进行划分，混在一起；第二，提出异议，但是没有突出异议的总结及要求，尤其是没有提出要求；第三，提出异议，但是没有提供异议的依据。如果没有依据，法院当然不会采纳。

下面，我们再从深度或者纵向角度来看看，我们的质证意见应该如何来构成？我想主要包括以下几个方面：第一，指出就什么内容提出异议，也就是说对审价报告的哪一点、在哪个地方提出异议；第二，指出这个地方、这一点存在的问题是什么；第三，阐明认为这一点存在问题理由；第四，正确的应该是什么；第五，为什么说是正确的；这样从纵向、从深度的角度来提出异议，异议才可能具体。

第二点是，质证意见的准备。

如何来准备质证意见呢？我们来看准备的主体，也就是谁来准备质证意见。我概括出来要两类人来准备，第一类是专业人员。比如，工程造价管理人员——造价师、预算员等；第二类是代理人员——律师、公司的法务人员。

为什么要这两类主体来准备呢？我前面讲了，我们的质证意见的组成，既包括专业的问题，也包括法律的问题，专业的问题当然由专业人员来提出异议，来进行异议的准备，法律问题由我们律师、法务人员进行准备。那如何进行分工呢？实际上我前面已经讲到了，专业人员解决专业问题，比如，计算有没有错误？取费标准是不是正确？正确的是多少？有没有反驳的证据？有没有定额文件的依据？这些工作都应该由专业人员来完成；而代理人员解决的是法律问题，如合同约定如何来理解、解释？审价依据是否正确？审价范围是否正确？鉴定的材料如何来认定？专业人员提出的异议如何来转化？转化就是把一些专业的术语通过律师或者法务人员转换为法律语言，让法院来接受。此外还有书面质证意见的起草，组织提出异议的依据，这些工作都应由代理人来完成。

那我们准备质证意见有什么先后顺序呢？一般的顺序是，先由专业人员先提出书面的异议，然后代理人员与专业人员讨论异议，把专业人员的异议理解透彻，最后，由代理人员起草书面的异议。那这样的一份异议，从广度、深度也好，从专业的问题角度也好，或者从法律的问题角度也好，这个异议的提出就具体、充分，有法律依据。那我们当事人通常的做法是什么呢？一种就是专业人员提出异议。那专业人员，我前面讲了，实际上只能对专业的问题提出异议，对法律问题实际上提不出异议，另外，专业人员提出的异议，交给法院，法院是看不懂的，当事人跟审价单位说，审价单位说：你说的不对。审价单位是权威，法官又听不懂，那怎么办啊？这样专业人员提出的异议，要审价单位改正的可能性很小，或者说基本上没有。还有一种，我们律师提出异议，那也有问题。我就碰到有一位律师，当事人跟他大致介绍一下情况，让他来起草异议，起草完了他拿给我看，我都看不懂，不知道写了什么。这样律师提出的异议说给审价人员听，审价人员能听懂吗？我是造价工程师，我听不懂，审价人员当然也听不懂，不知道你说什么，当然不会修改他的鉴定报告。我同时也是律师，我听不懂、看不懂这样的异议，讲给法官听，法官听得懂吗？也同样听不懂。所以，仅由律师提出异议也是不对的。

第三点是，审价报告质证主体及质证方法。

质证如何来进行？一般民事证据的质证主体及方法是怎么样的？我们都知道，质证的主体是原告、被告、第三人；如果没有第三人参与，就是原告、被告。质证的方法是质疑、说明和辩驳。它的法律依据是什么呢？根据 2001 版《民事证据规则》第 51 条第 1 款（2019 版《民事证据规则》第 62 条第 1 款①）规定：质证按照下列顺序进行：(1) 原告出示证据，被告、第三人与原告进行质证；(2) 被告出示证据，原告、第三人与被告进行质证；(3) 第三人出示证据，原告、被告与第三人进行质证；第 50 条②规定，质证时，当事人应当围绕证据的真实性、关联性、合法性，针对证据的证明力有无以及证明力大小，进行质疑、说明与辩驳。从这两条规定可以看出，质证的主体就是原告、被告、第三人，质证的方法就是质疑、说明和辩驳。实际上就是一方当事人举证，对方当事人质疑，举证的这一方再对质证方的质疑进行说明，说明了以后，作为质证方还可以发表反驳意见，当然，举证方也可以发表反驳意见，那就是辩驳。

那审价报告的质证主体及质证方法是什么样呢？质证主体是原告、被告，还是原告、被告+审价单位？我们再来看法律依据，2001 版《民事证据规则》第

---

① 2019 版《民事证据规则》第 62 条第 1 款将 2001 版《民事证据规则》第 51 条第 1 款中的“质证按照下列顺序进行”修改为“质证一般按下列顺序进行”，其余内容均无变化。

② 2019 版《民事证据规则》已删去该条规定。

60条第1款(2019版《民事证据规则》第82条第1款[①])规定,经法庭许可,当事人可以向证人、鉴定人、勘验人发问;第59条(《民诉法》第78条[②])规定:鉴定人应当出庭接受当事人质询。"发问""回答"对应于一般证据的质证方法是"质疑""说明",是由"质疑"和"说明"演变而来的。但是"辩驳"哪里去了呢?还是原告、被告之间来进行"辩驳"吗?那当然是,还是要原告、被告之间进行"辩驳",你不可能跟鉴定人员进行"辩驳",鉴定人员要保持中立性。因此,质证的主体是原告、被告、审价人员,也就是鉴定人,而不仅仅是原告和被告之间来进行。

在审价报告的质证中当事人通常的认识是什么?质证是审价报告当事人和审价人员之间质证,然后质证的方法是发问、回答,这种认识显然不对。原因就在于,审价报告也是证据的一种,既然是证据的一种,质证的主体与方法当然也必须遵循证据规则的有关规定,也就是说要有原告、被告,要有质疑、说明、辩驳。实际上就是说,质证的当事人是原告、被告、审价人员,质证的方法不只是发问和回答,还有原告、被告双方之间的辩驳。

那审价报告质证的顺序是怎么样的?比如就具体某一异议而言,是原告—审价人员—被告,被告—审价人员—原告之顺序进行质证,还是按原告—审价人员,被告—审价人员之顺序进行质证呢?

依法应该是前面的顺序。原因在于,原告与审价人员、被告与审价人员之间只完成了质疑和说明,也就是说"发问"跟"回答",而没有进行辩驳,辩驳能否在原告与审价人员、被告与审价人员之间进行呢?显然不行。前面说过,审价人员要保持中立性,就像法官一样,不能与当事人进行辩驳,辩驳只能在原告、被告双方之间进行。因此,从质证的方法出发,审价报告的质证顺序应该为前面一种,也就是说原告、被告分别与审价人员之间完成质疑、说明,原告与被告之间完成辩驳,否则质证是不充分的。我们前面介绍的【案例7】,法官组织质证的时候,就是这样做的,也就是说,原告对审价报告发表质疑,审价单位进行回答,回答完了以后,法官这个时候就问,被告有什么意见,被告提出意见以

---

① 2019版《民事证据规则》第82条第1款将2001版《民事证据规则》第60条第1款修改为:"经法庭许可,当事人可以询问鉴定人、勘验人。"

② 该条规定已经被《民诉法》第78条吸收,故未被纳入2019版《民事证据规则》。《民诉法》第78条规定:"当事人对鉴定意见有异议或者人民法院认为鉴定人有必要出庭的,鉴定人应当出庭作证。经人民法院通知,鉴定人拒不出庭作证的,鉴定意见不得作为认定事实的根据;支付鉴定费用的当事人可以要求返还鉴定费用。"

后,原告还可以发表意见。实际上就是原告先发问,鉴定人回答,回答完了以后,被告提出意见,原告对被告的意见再表示反驳意见,这样就在原告、被告间进行了辩驳。

那司法实践中,到底有哪些常见的问题呢?

第一,如法官不主动要求或不允许一方当事人对另一方当事人发表的异议表示意见怎么办?这种情况,如前面的【案例4】中法官就没有主动让一方当事人对另一方的异议表示意见,那怎么解决呢?我们应当跟法官提出,根据2001版《民事证据规则》对质证方法的规定,理应按原告—审价人员—被告,被告—审价人员—原告的顺序进行质证,这样阐明了以后,我们就可以要求发表意见,当然,我们还可以在辩论的时候发表辩驳意见。

第二,一方当事人能否对另一方的异议做出说明?比如,原告对审价报告进行质疑或发问,按道理,应该由审价单位来进行回答,审价单位回答不上来,能不能由被告做出说明呢?显然不行,否则,只能说明审价报告是假报告,不具有真实性、公正性。让原告有理由怀疑审价报告到底是谁出具的?在【案例7】中审价报告质证时就存在这样的问题。我们就有理由怀疑,这个审价报告不是审价单位出具的,而是被告出具的,否则,为什么我们对审价报告发问,审价单位回答不上来,而被告来主动回答?

第三,审价人员是否可以像当事人一样与一方当事人进行辩驳呢?那显然不行,前面说了,这是由鉴定人的中立性决定的。

第四点是,质证主体的代理人及专家证人。

代理人包括两类:一类是律师或公司法务人员,另一类是当事人的造价工程师,对有些案件而言,确实要参加。此外,我们可以选择专家证人对专门的问题做出说明或者向审价人员进行询问,它的法律依据是2001版《民事证据规则》第61条,[①]该条规定,就案件专门性问题进行说明,可以对鉴定人员进行询

① 该条规定已被《民诉法》第79条、《民诉法解释》第122条、2019版《民事证据规则》第84条所吸收。《民诉法》第79条规定:“当事人可以申请人民法院通知有专门知识的人出庭,就鉴定人作出的鉴定意见或者专业问题提出意见。”《民诉法司法解释》第122条规定:“当事人可以依照民事诉讼法第七十九条的规定,在举证期限届满前申请一至二名具有专门知识的人出庭,代表当事人对鉴定意见进行质证,或者对案件事实所涉及的专业问题提出意见。具有专门知识的人在法庭上就专业问题提出的意见,视为当事人的陈述。人民法院准许当事人申请的,相关费用由提出申请的当事人负担。”2019版《民事证据规则》第84条规定:“审判人员可以对有专门知识的人进行询问。经法庭准许,当事人可以对有专门知识的人进行询问,当事人各自申请的有专门知识的人可以就案件中的有关问题进行对质。有专门知识的人不得参与对鉴定意见质证或者就专业问题发表意见之外的法庭审理活动。”

问。司法实践中,我们可在有些案件中采用,申请专家证人出庭,目的是揭示审价报告的错误。专业的问题,审价人员可能会讲,若律师不懂。那很简单,我找一个专家来,由专家来询问,谁也无话可讲。

第五点是,质证意见口头的表达方式。

对于质证意见,第一种表达方式是直接说明异议;第二种表达方式就是质疑,也就是质询。它的好处就是,一方面,不清楚的我们弄清楚了,可以全面掌握审价报告的内容,可以更好地提出异议。经过质询,可以针对审价人员的回答,再提出异议;另一方面,可以通过质询,让法官了解审价单位的错误所在,是非常好的方法。比如在【案例7】里,我们就使用了质询的方法,对我们的发问,审价人员要么答非所问,要么以材料没有带、审价人员没有全部到庭为由进行搪塞。让法官认识到审价报告的错误非常明显。

那司法实践中存在什么问题呢?法官通常不愿意当事人通过质询方法提出异议,遇到这种情况,怎么来解决?我想,第一,不重要的,我们就放弃质询,直接说明异议;第二,重要的,如果法官不让我们通过质询来提出异议,我们要提出我们的理由:(1)你不让我质询,我不了解其中内容,无法质证,所以应当允许我提出质询;(2)提出法律依据,也就是2001版《民事证据规则》第59条、第60条第1款(《民诉法》第78条、[①]2019版《民事证据规则》第82条第1款[②])之要求,可以向审价人员发问,鉴定人应当出庭接受质询,这是法律规定的,法官当然要给当事人质询的权利。

第六点是,质证后应当提出要求。

这也是质证的要求之一,审价报告质证完了,应当提出要求:第一,对未做出正面回答的问题,要求正面回答;第二,对于一些错误,要求纠正;第三,视情况要求补充审价,或重新审价。

为了论证为什么要求补充审价或重新审价,可以从几个方面提出理由:第一,从质证过程来看;第二,从审价过程来看;第三,从鉴定报告本身存在的问题来看。

我们当事人通常的做法是什么?质证归质证,异议归异议,不提出要求,由

---

① 该条规定已经被《民诉法》第78条吸收,故未被纳入2019版《民事证据规则》。《民诉法》第78条规定:"当事人对鉴定意见有异议或者人民法院认为鉴定人有必要出庭的,鉴定人应当出庭作证。经人民法院通知,鉴定人拒不出庭作证的,鉴定意见不得作为认定事实的根据;支付鉴定费用的当事人可以要求返还鉴定费用。"

② 2019版《民事证据规则》第82条第1款将2001版《民事证据规则》第60条第1款修改为:"经法庭许可,当事人可以询问鉴定人、勘验人。"

法官决定。实际上,这样没有给法院进行很好的引导。你说归说了,提出异议,法院不理你,怎么办?当事人应当及时提出质证后的要求是什么?即要明确说明是补充鉴定、重新鉴定、纠正错误等。

这是我讲的质证的方法。

(三)审理程序及审价报告质证方法通常存在重大问题及解决方案

第一,审价人员存在认识偏差。鉴定人认为工程审价是审价人员的事,就是审价人员说了算。认识偏差最典型的体现就是代替法院行使审判权。一方面,在法院未对鉴定材料进行质证并认定的情况下,代替法院认定证据。表现在鉴定依据方面,通常表现为对缺乏真实性、合法性、关联性的证据材料,直接作为鉴定材料。鉴定材料应该经过法院质证并认定,不经过法院认定,就作为鉴定依据,审价单位这样做,在某种程度上,就是代替法院行使审判权。另一方面,对于法律问题,特别是关于双方当事人的约定的理解及解释问题等,代替法院做出认定。而这种认定建立在什么基础上呢?往往是主观臆断、曲解定额文件规定、虚构事实等。当然,据此不可能得出公正的鉴定意见。

比如前面讲过的【案例 7】就有这样的问题,这里简单回顾一下:如关于水下挖泥、水下抛石定额子目套用问题,合同约定:水下工程套用《93 建筑工程定额》,而是否套用、如何套用是法律问题。但是,审价单位的《审价报告》载明:实际施工过程中的部分工程内容和相应定额子目中的工程内容存在较大差异,应进行换算调整。该内容就存在主观臆断的错误,作出这样的判断毫无根据,相反,定额规定只有规定可以调整的才可以调整,而事实上,关于挖泥、抛石定额规定根本没有规定挖泥、水下抛石可以调整。

又如关于机械费是不是调整的问题,合同约定:适用定额相关文件。同样为涉及合同的理解与解释问题,属于法律问题。但审价单位的《审价报告》载明:合同附件中列明了取费内容,且在涉及《93 建筑工程定额》《93 市政定额》时没有列出允许进行机械费调整的项目栏。而事实上,施工合同附件根本没有这些内容。显然,审价单位是在虚构事实。《审价报告》还称:26 号文件"同时又说明 1996 年机械台班定额单价仅起指导作用"。事实上,26 号文件根本没有说明 1996 年机械台班定额单价仅起指导作用,该文件仅说明"单独和二次、再次装饰工程按'量价分离'原则,本定额单价仅起指导作用",其余工程均应按"《上海市统一施工机械台班费用定额》(1996)适用于执行《上海市统一施工机械台班费用定额》(1993)单价的建筑工程定额(1993)"执行。显然,审价单位在曲解定额文件规定。

我们如何来进行应对呢？我们能做的就是：第一，通过质询方法来揭示审价单位存在主观臆断、虚构事实、曲解定额文件规定等明显错误；第二，质证时明确提出鉴定材料的审核认定、鉴定材料中涉及的法律问题，应由法院依法做出认定，审价单位不应该代替法院做出认定，并通过口头及书面的形式请求法院依法做出认定，避免审价单位错误行使审判权并导致鉴定错误；第三，以缺乏依据等理由，申请重新鉴定。【案例7】里面，我们就是这么做的，最后才有了三个补充说明。

第二，审判人员也存在认识上的偏差。

审判人员的认识偏差主要表现为三种情况：第一种偏差的情况，应当认定的事实不及时予以认定，而是通过预设，也就是假设的方式来进行后续的程序。主要表现：(1)工程质量是否通过竣工验收尚未确定就委托司法审价；(2)双方当事人各主张一套审价方案，合议庭不经审查就要求审价单位按两种方案进行审价。这些实际上都隐含了一个假设，比如，假设通过竣工验收才需要司法审价，如果没有通过竣工验收，司法审价就没有意义，因为不具备支付的条件。而法官就在这里做了一个假设，即按工程通过了竣工验收，进行司法审价。然后，因为当事人双方各主张一套审价方案，合议庭不经审查就要求审价单位按两种方案进行审价。这也是假设两种方案都成立，进行审价。实际上，按照法律规定，法院应该对工程是不是通过竣工验收，及时予以认定；按照合同约定还是按照定额审价，应该做出认定。

为了说明审判人员的认识偏差，我们以案例来说明，这个案子是外地的律师同行在外地法院代理的。这个律师同行在代理中来咨询我，我给他提出过一些建议，后来他也采纳了我的建议。

【案例9】某工程款、质量、工期纠纷一审案

律师同行代理原告建设单位，就质量问题、逾期竣工等问题，起诉被告施工单位，要求被告施工单位就质量问题进行整改至合格，并承担违约金、赔偿金约900万元。

被告施工单位就原告建设单位拖欠工程款提起反诉，请求支付拖欠工程款约1500万元。施工单位称，合同价款确定方式原为固定总价方式2198万元，但是在履行合同过程中，建设单位基建处出具了《关于变更增加及减少的通知》，将合同价款的确定方式变更为按93定额、按实结算的方式，所以结算造价为3300万元。

这个案子在外地律师的要求下,合议庭先行就系争工程是否通过竣工验收进行质证。双方当事人分别提供了大量的相反证据,原告举证证明系争工程未通过竣工验收,被告举证证明系争工程通过了竣工验收。质证以后,合议庭中止审理,但未对系争工程是不是通过竣工验收进行认定。

后来,主审法官组织双方就审价事宜进行谈话,并通知审价单位到场。主审法官就两个问题征求双方当事人的意见。

第一,对由该审价单位审价有否异议?其中原告律师表示:系争工程至今没有通过验收,不具备支付工程结算款的条件,审价没有意义,不应进行审价。

第二,关于审价方案有什么主张?

施工单位说:根据建设单位基建处发出的《关于变更增加减少的通知》,按93定额、按实审价。律师同行原告律师表示:只应审变更增加减少部分,固定总价2198万元不应审价,即按约定的方案审价。

施工单位主张按93定额、按实审价缺乏依据。首先,施工单位提供的证据材料《关于变更增加减少的通知》,因内容缺乏真实性、不具有合法性,不能作为认定事实的依据;其次,建设单位提供了大量的证据证明,无论是约定还是实际履行,合同价款的确定方式均未改变固定总价的方式。

后来,主审法官表示:按两种方案进行审价,出具两个结论。被告施工单位申请的按93定额、按实审价方案,如得不到支持,被告施工单位承担审价费用等责任。然而,在系争工程是否通过竣工验收尚未通过合议庭审核认定的情况下,主审法官就委托司法审价;在双方当事人主张的审价方案完全不同的情况下,主审法官就决定按两种方案进行审价,而事实上,如经合议庭审查认定,只有依约审价一种方案。显然,这对原告不利,对被告有利。原因在于:

第一,工程质量尚未被认定为通过验收,就要审价,审价就意味着要支付结算价款;本来工程质量未经验收合格,还不具备支付价款的条件。

第二,按两种方案审价,除依约审价方案之结果,价款在2100万元左右外,还有一个按被告主张的按93定额、按实审价方案之结果,价款在3000万元左右。这显然会对原告构成压力。比如,如果要调解,按一般思路,原告、被告让一步,结算造价也是在2100万元至3000万元。而事实上,就是2100万元的鉴定结果,原告还要提出异议。这时候,若有另一结果3000万元存在,一般的异议,法院或审价单位还会采纳吗?那就相当难。

原告律师感觉到不利,就来问笔者:主审法官这样做合法吗?笔者认为,该主审法官存在严重的认识偏差。

第一,关于工程质量是否通过竣工验收的事实,在先行审理后应做出通过与否的认定,在未做出认定之前,不应进入司法审价。

质量验收合格是支付工程款的前提,证据质证以后,理应依法及时做出认定,这是法律的要求。依据就是最高人民法院《关于民事经济审判方式改革问题的若干规定》第 12 条的规定:经过庭审质证的证据,能够当即认定的,应当当即认定;当即不能认定的,可以休庭合议以后再予以认定。

第二,原告主张按约审价方案、被告主张按 93 定额、按实际方案审价,主审法官不经审查认定,即决定按两种方案审价。

首先,双方当事人主张不同方案,法院应依法对相关证据组织质证,并依据上述法律规定及时做出一种认定。而不应该不经审查,按两种方案审价。

其次,按何种方案审价,既是专业问题,也是法律问题。作为专业问题,审价单位可以自己先作出判断,待审价报告出来后,主审法官组织就审价报告进行质证,经质证如果需要,则要求审价单位进行补充鉴定,并按另一种方案出具结果。这个案子里,主审法官在进入审价之前就决定按两种方案审价的做法,显然干预了鉴定人的鉴定行为,让鉴定人就专业问题缺乏判断。

那如何来应对呢?笔者建议原告代理律师:第一,发表书面质证代理意见,阐明:系争工程未通过验收,要求法院依法做出验收未通过的认定,进而要求终止司法审价;第二,发表书面不同意按两种方案进行审价的意见,并表明质量验收合格后的审价方案只能是依约审价;第三,在审价过程中对按 93 定额、按实审价方案拒绝配合、对按该方案出具的《审价报告》质证时拒绝发表质证意见。

原告代理律师采纳了笔者的建议后,效果怎么样呢?法院是怎么来处理的呢?第一,就质量是否能够通过竣工验收,进行了司法鉴定,鉴定意见已经出来了,表明工程质量不能通过验收;第二,法官不可能依据按实结算方案认定系争工程的价款。这是原告的代理律师打听到的。

第二种偏差的情况,审判人员认为工程审价是审价单位的事,与法院无关,有错误也不是法院的错误。主要表现:

第一,在一方当事人明确表示某异议为法律问题,需要法院做出认定的情况下,法院仍然要求审价人员给出结论;第二,就某异议,审价人员认为属于法律问题,需要法院做出认定的情况下,法院仍坚持要求审价人员给出结论。

像这样的情况,我们如何来应对呢?第一,口头并书面详细阐明异议属于法律问题;第二,口头并书面指出法院要求审价人员给出结论欠妥。法院应就法律问题做出认定而非审价单位做出认定,审价单位仅应就专门问题进行鉴定，涉及法律问题当然应由法院认定。

第三种偏差的情况，审判人员以审价人员就当事人提出的异议进行了口头解释或回答，而且解释或回答尚属合理为由，认定鉴定报告可以作为认定工程造价的依据。

有些审判人员对审价人员的解释或回答到底是不是正确、是不是有依据或证据在所不问。有些公开刊登的二审的案例，以上述理由，认定鉴定报告可以作为认定事实的依据。而事实上，对于有些案件而言，这些解释或回答，在我看来，要么属于主观臆断，要么属于曲解规定，要么属于虚构事实等情况，并非真正的合理。

面对这样的情况，我们应该如何来应对呢？

第一，质证的时候，明确提出鉴定人的解释或回答是否为正面回答，回答是否正确，回答是否有依据或依据错误；第二，要求法院责成鉴定人进行书面回答；第三，质证后发表书面的质证意见，重点阐明鉴定人的解释、回答存在的问题：是答非所问、解释错误，还是缺乏依据或依据错误等；第四，辩论阶段进一步发表意见。

六、代理人的主要工作

我们简单概括一下，代理人在代理工程款纠纷案件中的主要工作是什么，我们再回过头总结一下前面讲的就很明确了：

第一，引导主审法官按照完善的审理程序进行审理；

第二，当发现主审法官滥用职权时及时提出口头与书面异议，必要时抄送审判长、庭长；

第三，与当事人、造价人员通力合作，就审价报告提出异议，异议内容要全面、具体、有理、有据；

第四，当发现审价单位代替法院行使审判权时，一方面要求审价单位纠正错误，另一方面要求法院就事实问题、法律问题由法院做出认定、适用，有必要的话，要求法院委托补充鉴定；

第五，就审价人员做出的解释、回答，尽可能在质证过程中发表进一步质证意见，如通过质证无法解决，在法庭辩论时进一步发表辩论意见；

第六，申请专家证人出庭或要求当事人的造价工程师一起作为代理人出庭，以解决专业的问题。

以上是本讲的全部内容，谢谢大家。

第三讲　建设工程工程质量纠纷案件*

本讲主要研讨建设工程工程质量纠纷案件诉讼代理法律实务问题。大家可能普遍觉得工程质量纠纷和工程造价纠纷一样，专业性非常强，办理这样的案件难度比较大，究其原因，主要在于对有关这类纠纷案件涉及的一些专业知识储备不足。我在这次讲座之前把自己办理的工程质量纠纷案件做了整理，整理之后发现，办理工程质量案件涉及的专业知识其实并不算多。我会把这些专业知识首先跟大家做一个介绍。我认为掌握了这些基本的专业知识之后，再办理工程质量纠纷案件在专业上就不会有太大困难，这些纠纷案件也不再像大家想象中那么难。

工程质量纠纷案件诉讼代理法律实务主要涉及五个方面的内容：

1. 工程质量的相关知识；

2. 就工程质量问题是提起反诉还是进行抗辩？若反诉，反诉请求如何确定；

3. 如何确定诉讼主体；

4. 举证责任分配及如何举证和质证；

5. 如何适用法律。

一、工程质量的相关知识

办理工程质量纠纷案件，主要涉及以下九大知识点。

---

* 本讲内容系根据本书作者于2008年4月13日为上海市律师协会组织的上海市律师业务培训讲座录音整理而成。为优化读者的阅读体验，本讲内容中涉及的相关规定已经根据最新出台的法律、法规、司法解释进行相应调整和更新，但本讲结构与主要内容仍基本保持不变。

(一)工程完工

通俗地讲,工程完工就是指工程做完了。严格地讲,就是指施工单位完成了合同约定的各项内容。

(二)竣工验收

工程完工以后,涉及另一个概念就是工程竣工验收。所谓竣工验收,是指工程完工以后,施工单位向建设单位提出竣工验收报告,然后勘察、设计、监理单位出具合格证明,再由建设单位组织勘察、设计、监理、施工等单位及专家进行的验收。

(三)甩项验收

甩项验收是竣工验收的一种,只不过是一种特殊情况。考虑到有些工程部位施工不具备条件或有些工程部位暂时不需要施工,所以仅就已经完成的工程进行竣工验收,这个验收就叫甩项验收。

甩项验收一般要求双方签订甩项验收协议,原因在于要对合同约定的范围和价款支付方式进行相应的调整。

(四)验收通过、未通过;验收合格、不合格

验收通过,是指经过验收,参加工程验收的勘察、设计、监理、建设单位各方形成了一致的认可意见;相反,各方未形成一致的认可意见,则为竣工验收未通过。合格对应验收通过,不合格对应验收未通过,这是验收的结果。

(五)竣工验收备案

竣工验收备案指建设单位应当自工程验收合格之日起 15 日内,依照规定,向工程所在地的建设行政主管部门备案。这个备案的重要性:只有办理了竣工验收的备案,才能办理房屋的产权证,竣工验收备案是办理房屋产权证的必备文件之一。

(六)缺陷责任期

在我国法律法规层面,并没有直接关于定义何为“缺陷责任期”的规定,与之相关的是《建设工程质量保证金管理办法》第 2 条和第 8 条的规定。第 2 条

规定："本办法所称建设工程质量保证金(以下简称保证金)是指发包人与承包人在建设工程承包合同中约定，从应付的工程款中预留，用以保证承包人在缺陷责任期内对建设工程出现的缺陷进行维修的资金。缺陷是指建设工程质量不符合工程建设强制性标准、设计文件，以及承包合同的约定。缺陷责任期一般为1年，最长不超过2年，由发、承包双方在合同中约定。"第8条规定："缺陷责任期从工程通过竣工验收之日起计。由于承包人原因导致工程无法按规定期限进行竣工验收的，缺陷责任期从实际通过竣工验收之日起计。由于发包人原因导致工程无法按规定期限进行竣工验收的，在承包人提交竣工验收报告90天后，工程自动进入缺陷责任期。"

住建部出台的2017版《建设工程施工合同(示范文本)》第1.1.4.4条则约定："缺陷责任期：是指承包人按照合同约定承担缺陷修复义务，且发包人预留质量保证金(已缴纳履约保证金的除外)的期限，自工程实际竣工日期起计算。"

最高人民法院民一庭在《原司法解释二理解与适用》一书中认为："缺陷责任期内，由承包人原因造成的缺陷，承包人负责维修，并承担鉴定及维修费用；如承包人未履行缺陷修复义务，则发包人可以按照合同约定扣除工程质量保证金，并由承包人承担相应的违约责任。缺陷责任期届满，发包人应当返还工程质量保证金……发包人返还工程质量保证金后，承包人仍应按合同约定的各部分工程的保修年限承担保修责任"，"缺陷责任期是扣留工程质量保证金的期限，缺陷责任期内承包人承担的是质量缺陷修复义务"。[①]

结合上述规定和观点，我们对"缺陷责任期"的定义归纳为：

缺陷责任期，是指施工单位根据合同约定履行缺陷修复义务的期限，从合同约定的起算日起计(通常为实际竣工之日或者通过竣工验收之日)，最长不超过2年，由发承包双方在合同中约定；在此期限内发包人按照合同约定扣留工程质量保证金，缺陷责任期届满，建设单位应当返还工程质量保证金。

(七)保修期

保修，是指对房屋建筑工程竣工验收后在保修期内出现的质量问题、质量缺陷进行修复，属于法定义务。保修期是指施工单位根据合同约定履行保修义务的期限，从工程竣工验收合格之日起开始计算。《建设工程质量管理条例》明确规定了工程的最低保修期限，合同约定的保修期不得短于该条例规定的最低

① 最高人民法院民事审判第一庭：《最高人民法院建设工程施工合同司法解释(二)理解与适用》，人民法院出版社2019年版，第181～182页。

保修期限。

以上七个概念,它们之间有何关系?从过程上来看,它们在时间上有先后的关系。首先有工程完工;再有竣工验收;验收的时候有特殊情况,甩项验收;验收的结果是什么?即第四个概念里面载明的通过、未通过,合格、不合格;然后,验收通过之后再有概念五,也就是竣工验收备案;同时,有了概念六、概念七,即缺陷责任期、保修期。从时间上看,缺陷责任期的起算时间可能早于保修期,保修期与缺陷责任期存在部分重合,在缺陷责任期届满后,保修期可能并未结束,承包人仍需要履行保修义务,直到保修期届满。

(八)工程质量缺陷

工程质量缺陷,是指房屋建筑工程质量不符合工程建设强制性标准、设计文件和合同约定。当然,工程质量缺陷范围很广,从这个概念出发,如果合同约定的质量标准是优良,而工程质量只达到合格,严格来讲这也属于工程质量缺陷的范畴,因为没有达到合同约定的优良标准。

(九)质量问题发生的阶段

将质量问题发生的阶段这一点专门列出来的原因在于不同阶段的工程质量问题的法律规定是不一样的,法律后果也不一样。大家只有认识了这几个阶段,才能正确处理工程质量问题。主要有哪些呢?第一,施工过程中发现的质量问题;第二,竣工验收过程中发现的质量问题;第三,缺陷责任期内发现的质量问题;第四,保修期内发现的质量问题;第五,保修期届满以后发现的质量问题。我们处理工程质量案件时,首先要判断哪个阶段发生了质量问题,然后,才能正确地适用法律。

以上内容是与工程质量纠纷案件相关的九个知识点。实际上有关工程质量纠纷案件,主要涉及的相关知识也就这么多,只要能够熟练掌握,便不像大家想象的那么困难。

二、就工程质量问题是提起反诉还是进行抗辩?若反诉,反诉请求如何确定?

(一)反诉还是抗辩

在司法实践中,就工程质量问题到底是反诉还是抗辩,存在争议。原告施工单位起诉被告建设单位要求支付工程欠款,建设单位常常会提出建设工程质量存在问题。从我代理的工程款纠纷案件来看,经常出现这种情况,本来应该反诉的内容作为答辩意见提出,并据此要求驳回施工单位的请求。另外还有一种情况,将本应属于反诉的证据材料当成本诉的证据材料向法院提交,这种情况非常多。

那么,就工程质量问题到底是提出反诉还是进行抗辩呢?我根据自己的办案经验和对现有司法实践的总结,分析得出的结论:要具体问题具体分析,但是,大多数情况需要提出反诉而不是抗辩。

首先,对于抗辩还是反诉的判断标准应从两方面入手:一是是否超过原告施工单位的诉讼请求范围;二是是否具有独立给付请求的内容。如果主张没有超过原告的诉讼请求范围,也没有请求给付内容,则应提出抗辩,否则应提出反诉。

结合上述标准,下列情形属于抗辩:(1)被告仅以工程质量问题主张减少工程价款;(2)被告提出原告在施工过程中存在偷工减料、未按图施工等情形,要求减少工程价款;(3)被告因原告拒绝维修工程而另行委托他人修复后,主张抵扣修复费用的;(4)根据最高人民法院民一庭在《原司法解释二理解与适用》中的观点,合同中约定了违约金或赔偿损失费用可以在工程款中抵扣,原告也表示同意一并抵扣,被告则可以抗辩而无须再提起反诉。①

下列情形应反诉或者另行起诉:(1)要求原告支付违约金或赔偿损失;(2)要求原告赔偿因质量不合格造成其他财产或者人身损害的;(3)要求原告承担返修义务或者赔偿损失的;(4)原告逾期完工,被告主张工期延误赔偿的。对于前述第2、3种情形,根据2021年1月1日起生效的《新施工合同司法解释一》第16条"发包人在承包人提起的建设工程施工合同纠纷案件中,以建设工程质量不符合合同约定或者法律规定为由,就承包人支付违约金或者赔偿修理、返工、改建的合理费用等损失提出反诉的,人民法院可以合并审理"之规定,也明确该等情形应当反诉,且人民法院可以将其与本诉合并审理。

其次,从司法实践的角度来看,大多数情况下需要提出反诉。施工单位要求建设单位支付工程款,建设单位常用的手段就是提出工程存在质量问题,质量问题不解决,工程款就不应该支付。但是,问题在于,通常施工单位主张工程

① 参见最高人民法院民事审判第一庭:《最高人民法院建设工程施工合同司法解释(二)理解与适用》,人民法院出版社2019年版,第167~168页。

款的时候，工程已经通过竣工验收了或者建设单位已经提前使用了工程。提前使用工程，在法律上，就视为工程竣工验收合格，当然，地基基础和主体结构除外。既然合格了，根据原《合同法》第279条(对应《民法典》第799条)的规定，建设工程竣工验收后合格的，发包人应当按照约定支付价款，因此发包人不能以工程质量存在问题拒绝支付工程款。如果建设单位在竣工验收合格或者已经提前使用工程的情况下，仍以工程质量存在问题提出抗辩说工程款不具备支付的条件，这个理由，法院显然是不予支持的。那不能抗辩工程欠款的请求，而质量确实存在问题，怎么办呢？实际上，这时候发包人只能提起反诉，要求施工单位修复并承担修复费用。所以，从司法实践的角度来讲，大多数情况下需要提起反诉，原因就在于竣工验收已经合格或者工程已经提前使用，可能还存在一些质量问题，但既然工程验收合格，就要支付工程款，对于存在的一些质量问题可以提起反诉，仅提出抗辩不能得到支持。

当然，也有两种特殊情况：

1. 建设单位就工程质量问题首先提起诉讼。

在这种情况下，建设单位已经起诉，不存在抗辩或反诉的问题。我们来看下面的案例。

【案例1】建设单位起诉施工单位要求整改、修复、改建工程直至合格纠纷案

笔者是代表建设单位的。建设单位将厂房工程发包给施工单位，合同工期为210天，合同价款为闭口价2198万元。施工过程中，施工单位施工质量很差，地坪开裂、凹面漏水、内外墙褪色、有开裂、立柱发生倾斜、开裂、横梁也有裂缝，工程质量存在严重问题。完工后进行竣工验收，因为存在大量质量问题没有获得通过。建设单位因此多次要求施工单位进行整改修复都没有结果，但是每到元旦、春节施工单位便会以拖欠农民工工资为由给建设单位施加压力，要求支付工程款，而实际的情况是工程款已经早付而且超付了。在这种情况下，一方面施工单位以拖欠农民工工资为由给建设单位施加压力，另一方面建设单位的厂房根本无法使用。此时，建设单位便委托我们起诉施工单位，要求施工单位整改、修复、改建工程直至达到质量合格的标准并承担工程逾期竣工违约金320万元及其他请求。

就本案而言，就不存在抗辩，因为施工单位没有起诉主张工程款，而是我们建设单位起诉要求整改修复直至工程质量合格。

2. 双方提出有相反证据，证明竣工验收合格或不合格。

在这种情况下，一方说质量合格了，另一方说质量没合格，法院也未能及时对证据做出认定。这个时候是提出抗辩还是提出反诉呢?我的建议是:一方面,要抗辩;另一方面,要反诉。

同样是【案例1】,建设单位起诉施工单位后,施工单位提起反诉要求建设单位支付拖欠工程款1500万元。施工单位主张工程通过竣工验收;在履行合同的过程中,双方变更了确定合同价款的方式,由闭口价变更为按实结算。据此,施工单位主张工程款为3300万元,扣除已经支付的1800万元,建设单位尚欠1500万元。在举证的过程中,双方均提供了关于工程是不是通过竣工验收的证据,施工单位提出了证据证明工程通过了竣工验收,建设单位举证证明未通过竣工验收。假设施工单位先起诉要求支付工程款,建设单位是以质量问题进行抗辩还是反诉呢?显然,建设单位需要以质量问题即工程未通过验收为由进行抗辩,因为建设单位有证据证明工程未通过竣工验收,既然工程未通过竣工验收,就可以抗辩施工单位主张工程款的请求不成立。但是,仅有抗辩是不够的,因为万一法院认定工程质量通过了竣工验收,这种情况下建设单位就支付工程款的案件就要败诉了。如果法院认定工程质量合格了,工程款的支付就是必然的,只不过是支付多少的问题。而建设单位如果这个时候提出反诉,万一法院认定工程质量经过竣工验收合格,法院在支持施工单位支付工程欠款请求的同时,仍会对工程质量的请求作出判决,从而使质量问题得以解决。如果建设单位不提出反诉,法院认定工程质量合格,那工程质量问题就解决不了,至少本案解决不了。

所以,诸如此类案件,首先要提出抗辩,但仅有抗辩还不够,还要在提出抗辩的同时提出反诉。当然,这个案子中为了解决工程质量是否通过竣工验收的争议,建设单位还提出了进行工程质量鉴定的申请,鉴定意见是工程质量存在大量问题,而且认定在工程质量存在这么多问题的情况下是不能通过竣工验收的。因此,虽然施工单位提出了证据证明工程通过了竣工验收,但从理论上而言,存在这么多质量问题是不能通过竣工验收的,请求支付工程款的诉讼请求显然得不到法院的支持。

(二)如果反诉,是请求修复还是要求赔偿修复费用

我们分已经修复和未修复两种情况来讨论:

1.建设单位已经另行委托第三方完成修复。

在这种情况下,反诉的请求只有一种,即要求承担修复费用。但是这里会有一些问题,实际发生的修复费用不一定能够全部得到法院的支持。下面举个

案例来说明：

【案例2】某房产公司与施工单位的围护结构质量纠纷案

在该案中，笔者代理建设单位房产公司。1994年9月21日，施工单位与房产公司签订《某花园基坑围护及桩基工程施工合同》，双方约定的承包范围是项目的钻孔灌注桩的施工及围护结构的设计和施工，总承包价为包干价970万元，一次包死，包安全、包加固、包抢险。在履行合同的过程中，施工单位将设计任务委托给某大学，设计方案经过政府主管部门的评审，也经过房产公司和监理单位的批准，然后施工单位就据此施工了。

但在土方开挖前，房产公司认为由施工单位委托设计并施工的这个围护结构存在安全隐患，便组织专家进行论证。经过论证，专家认为该围护结构设计方案没有考虑到围护结构路面上的荷载，比如汽车通过的荷载，汽车的重量没有考虑，同时施工中存在不规范施工行为，因此围护结构存在安全隐患，应采取加固措施。房产公司要求施工单位加固，根据合同约定，施工单位包安全、包加固、包抢险，而且是总价包死。而施工单位因为再做加固无法取得额外的加固费用，不愿意加固便直接离场。房产公司只能另行委托其他单位做了一些加固，但是最后开挖的时候，基坑旁边一个机械厂的厂房还是开裂了。

为此房产公司发生了加固费用287万元，后来双方对工程价款的结算无法达成一致意见，施工单位便就工程价款提起诉讼，而房产公司则就工程质量问题另行起诉。考虑到我们的反诉请求超过了500万元，而当时500万元以上案件归第一中级人民法院、第二中级人民法院审理，于是我们就质量问题向中级人民法院另行起诉，要求施工单位承担加固费用和逾期竣工违约金。

审理过程中，施工单位提出围护结构本身不存在质量问题，专家的论证结论不正确；即使围护结构存在质量问题，实施的加固方案也不合理、不经济。后来法院委托质量鉴定机构就工程质量是不是存在问题、如果存在问题是不是需要加固、如果需要加固实施的加固是否合理进行了鉴定。经过鉴定，鉴定机构除了对以上几个问题给出意见外，还另外提出了合理的加固方案，同时对合理的加固方案进行了估算，认为房产公司287万元的加固费用不合理，合理的加固方案估算价格为155万元。根据这样的鉴定意见，经过审理，法院认为施工单位应当承担主要责任，因房产公司和监理单位均同意了当时的设计方案故亦有过错，因此判决施工单位承担70%的责任，房产公司和监理单位承担30%的责任，施工单位承担109万元。而本案中建设单位实际发生的费用是287万元，法院支持了109万元。

这里有两个理由，一个是双方都存在过错，房产公司认可了设计方案因此出了问题也应该承担责任。当然对于这一点，笔者的意见是审查只是建设单位的权利而非义务，建设单位不应该承担30%的责任，但一般的司法实践还是认为既然建设单位认可了设计方案就应该承担相应的责任。当然，建设单位可以在合同中约定建设单位的同意并不免除施工单位的责任来降低或避免该等风险。另一个是修复方案本身不合理，进而导致法院没有按实际发生的修复费用支持建设单位的请求。

2. 质量问题没有修复。

在没有修复的情况下，涉及的问题是反诉请求如何来确定？即是请求修复，还是请求承担修复费用呢？

【案例3】某咨询案

某建设单位起诉施工单位要求承担修复费用450万元，被告施工单位在法庭上承认存在质量问题并同意修复，因此法官告诉原告代理人让原告撤诉再另行起诉要求施工单位修复。

问题便出来了，发生了质量问题，建设单位可否直接起诉要求施工单位承担修复费用？当然，这个修复费用并非实际发生的费用而是预估的费用。

从保修规定来看，发生了质量问题的处理办法是，建设单位先通知施工单位修复，如果施工单位拒绝修复，发包人才可以自行修复或者委托他人修复。《房屋建筑工程质量保修办法》第9条规定：房屋建筑工程在保修期内出现质量问题，建设单位或者房屋建筑所有人应该向施工单位发出保修通知，施工单位接到保修通知后应到现场核查情况，在保修书中约定的保修期内予以保修；第12条规定：施工单位不按工程质量保修书约定保修的，建设单位可以另行委托其他单位保修。这就是说，整个处理过程是建设单位先通知施工单位保修，施工单位不保修或者保修后仍不合格的，建设单位才能另行委托第三方修复。

前面的情况是质量问题发生在保修期内，还有一种情况是，竣工验收合格前有质量问题如何处理。

《原施工合同司法解释一》第11条（《新施工合同司法解释一》第12条[①]）规定："因承包人的过错造成建设工程质量不符合约定，承包人拒绝修理、返工或者改建，发包人请求减少支付工程价款的，应予支持。"根据该条款，我们可以

---

① 《原施工合同司法解释一》第11条被《新施工合同司法解释一》第12条修改为"因承包人的原因造成建设工程质量不符合约定，承包人拒绝修理、返工或者改建，发包人请求减少支付工程价款的，人民法院应予支持"。

看出，建设单位应该先通知施工单位修复，只有在施工单位拒绝修复时才能自行修复或者委托其他单位修复。

此外，《原施工合同司法解释一》第 8 条第 3 项①规定："承包人具有下列情形之一，发包人请求解除建设工程施工合同的，应予支持：……已经完成的建设工程质量不合格，并拒绝修复的。"该条规定也暗含着这样一种处理思路：如果发生了质量问题，建设单位应先通知施工单位修复，如果施工单位拒绝修复，建设单位可以解除施工合同，解除合同以后，再委托其他单位修复。

所以，无论是从保修的规定还是从竣工验收前发现质量不合格的规定来看，在没有约定的情况下，发生质量问题的处理方法就是先通知施工单位修复，施工单位拒绝修复的，建设单位才能委托他人修复。因此，发生质量问题后，在尚未修复时，首先通知施工单位修复，在施工单位拒绝修复的情况下，可以自行修复或者委托他人修复，发生费用再起诉要求承担赔偿修复费用。这是从上面的分析中得出的结论，也就是说不能直接起诉要求赔偿修复费用。但是在司法实践中，常常可以先起诉要求修复，如果在审理过程中发现修复不大可能，在双方认可的情况下，可以变更诉讼请求为要求承担修复费用。

再回到前面的【案例 3】，法院要求建设单位撤诉对不对呢？我们首先就要对建设单位是否履行了通知义务进行分析。如果没有通知过，施工单位不存在拒不履行保修义务的基础，按照前述规定，就不能直接请求赔偿修复费用。如果通知过，直接请求赔偿修复费用也是有问题的，因为在修复尚未进行的情况下就不存在修复费用的赔偿问题，除非对方同意，否则从理论上讲，建设单位不能直接要求赔偿修复费用。

一般情况下，反诉的时候，建设单位会怀疑施工单位的修复能力，要求施工单位直接赔偿修复费用，这种情形如何处理呢？这里我给大家介绍个经验，就施工单位提起的工程款支付请求，建设单位认为还有工程质量问题没解决，想提起反诉要求施工单位承担修复费用，为避免施工单位同意修复的情形发生，此时的诉讼请求如何确定比较合适呢？我们在设定诉讼请求的时候，可以写请求修复并承担修复费用。比如在【案例 3】中，我们在诉讼请求中就不要首先提出请求赔偿修复费用，我们的请求应当设定为请求对质量修复并承担修复费用，这样这个案子就能得到很好的解决。

最后要讲的一个问题是，发生了质量问题，施工单位拒绝修复，建设单位是

① 该条规定已于 2021 年 1 月 1 日废止。

起诉请求施工单位修复并承担费用，还是自行先修复后请求赔偿修复费用呢？这个问题是我们律师在提供法律服务的时候，要为当事人决策的。

两者的差别在于：

如果起诉请求修复并承担修复费用，诉讼时间会很长，尤其是要求承担修复费用，时间会更长，因为需要鉴定，而鉴定的时间是不计入审理期限的。如果此时工程无法使用，建设单位的损失会很大。

如果委托他人直接修复后再起诉要求赔偿修复费用，修复好了工程可以正常使用，但会存在另一个问题，就是修复费用不一定能够得到法院的全面支持。

依照我个人的观点，如果工程质量问题很严重导致工程根本无法使用，还是要先委托他人进行修复，修复以后再起诉请求赔偿修复费用。因为修复费用毕竟小，最后不能得到法院支持的部分会比较小，但是如果工程不能正常使用，损失会很大，而对该等损失进行举证则会很困难。所以在这种情况下，我个人一般建议当事人先委托他人进行修复，修复后再起诉要求施工单位赔偿修复费用。

三、如何确定诉讼主体

在工程质量纠纷案件中如何确定被告？我们先从发包人横向角度来看，也就是从发包人直接签约的主体来看，发包人会跟勘察、设计、施工单位直接签订合同。发包人是将参与工程建设的主体均作为共同被告起诉，还是选择主体作为被告起诉呢？在司法实践中，通常存在三种方案，各有利弊。

（一）方案一：将参与工程建设的各个主体作为共同被告

发包人、勘察单位、设计单位、施工单位、监理单位、材料、构配件供应单位均是建设工程质量问题的责任主体，均有可能导致建设工程质量缺陷，所以应该承担相应的责任。从理论上讲，发生了工程质量问题，发包人可以将勘察、设计、施工、监理、材料供应单位一同作为被告起诉，要求他们共同承担责任。下面我们来看一个案例：

【案例4】某建设单位就质量问题起诉施工、设计、监理单位纠纷案

在这个案子里，笔者代理监理单位，笔者的一位同事代理设计单位。建设单位因为娱乐总会的柱梁出现裂缝，向法院提起诉讼，要求设计单位、施工单位、监理单位负责修复并承担修复费用，实际上这个诉讼请求设置的还是恰当的。案件审理中,经过司法鉴定,发现屋面找坡层是细石混凝土施工,与图纸设计规定的填充膨胀珍珠岩(类似海绵的东西,质量很轻)不符,而由于使用细石混凝土导致房屋屋面发生超载以致房屋柱梁开裂。施工单位称,使用细石混凝土施工是因为当时在图纸会审过程中发现图纸上没有明确屋面找坡材料,后各方建议使用C20细石混凝土,并且均在会议纪要上签字同意。另外,司法鉴定过程中还查出屋面的厚度做薄了,没有达到图纸的要求,图纸规定的是15cm,而实际施工的是12cm。

一审法院审理以后认为,关于由C20细石混凝土造成的质量问题由设计单位承担85%的修复费用,施工单位承担15%的修复费用;关于屋面板做薄了需要加固的费用,由于施工单位没有按图施工,监理单位没有尽到监理职责,所以双方各承担50%的加固费用。一审判决后,设计、监理单位均以程序违法、适用法律错误为由向中级人民法院提起上诉。二审法院经过审理以后认为,原审判决违反程序、适用法律错误,据此作出裁定,撤销原审判决、发回重审。后来在重审过程中,法院对建设单位代理人代理工作不满意,问他把几家单位都告了,到底是合同纠纷还是侵权纠纷?几个被告应该分别承担多大的责任?还说不要把所有的问题一股脑地扔给法院,而建设单位的代理人则坚持要求设计、施工、监理单位应共同承担责任。法院经过重审后,作出一审判决,所有修复费用由施工单位承担,设计、监理单位履行修复过程中的设计、监理义务,也就是说,修复方案由设计单位做,修复过程中监理单位履行监理义务,发生的修复费用由施工单位承担。施工单位不服一审判决,提出上诉,后来中级人民法院作出改判,判决施工单位承担30%的责任,设计单位承担40%的责任,建设和监理单位共同承担30%的责任。

就本案而言,发包人起诉采取的方案就是起诉多主体,将设计、施工、监理单位一起作为被告,要求修复并承担修复费用。但是,对发包人来说,也有几个不利的地方。第一个就是前面所说的,法院会比较反感,比如上述案例重审过程中一审法官对发包人的代理人就比较反感,不分清责任、把难题交给法院。当然本案中由于建设单位是当地的企业,法院重审一审的判决还是对建设单位比较有利的。第二个就是被告很多,一方面各个被告会相互推脱责任,另一方面也不排除各个被告都将责任推给发包人的情况。上述案例重审一审过程中设计、监理单位就提出发包人也要承担责任,显然对发包人不利。

当然,本案中还涉及一个问题,就是多主体诉讼涉及的诉讼标的种类不一样,可否合并审理?

从定性上讲,设计、施工合同是建设工程合同,监理合同不是建设工程合同而是委托合同,将设计、施工、监理单位作为共同被告起诉,诉讼标的即法律关系不一样,依法不应该合并审理。当然本案重审二审的法官还是做得很不错的,认定建设单位和监理单位之间是委托与受托关系,进而判决建设单位和监理单位共同承担30%的责任,而对建设单位与监理单位各自承担多少责任予以回避,从而很好地解决了这个问题。

(二)方案二:将施工单位作为被告,如果判决发包人承担责任以后,其他责任主体有责任的话,另行提起诉讼解决

这种方案的不利之处就在于要起诉两次,有利之处是法院不会反感,且设计、监理单位还可以帮助发包人作证。

(三)方案三:将施工单位作为被告,在诉讼过程中,视情况考虑是否追加被告

这个方案介于方案一和方案二之间,先将施工单位作为被告,如果审理过程中发现设计、监理单位也有责任,再将设计、监理单位追加为被告。

以上三个方案,我们到底如何选择呢?考核标准有两个:一个视造成工程质量问题的责任主体而确定,如果是施工单位的责任,则采取方案二;如果设计、施工单位均有责任,则采取方案一比较合适。当然,也可以视情况,先起诉施工单位,如果审理过程中发现其他单位也有责任,再将其追加为共同被告。

以上三个方案针对的都是按份责任,如果承担的是连带责任,则需要将各连带责任主体作为共同被告起诉或者在诉讼中追加为共同被告。

最后,我们再从纵向的角度来看,是将总包人列为被告,还是将总包人、分包人、实际施工人作为共同被告来起诉呢?根据《原施工合同司法解释一》第25条(《新施工合同司法解释一》第15条)和《建筑法》第29条的规定,可以将总包人、分包人、实际施工人作为共同被告起诉,因为总包人、分包人、实际施工人承担的是连带责任。

四、举证责任分配及如何举证和质证

(一)举证责任如何分配

首先,发包人如果认为工程质量存在问题,就应该向法院提供初步的证据

材料,比如照片或者一些现场的记录。提供初步证据之后,如果承包人认为工程质量没有问题或者质量问题不是由承包人引起,则承包人应该提出一些反驳的证据。一方面发包人认为工程质量存在问题,另一方面承包人又认为工程质量不存在问题,这个时候发包人就应该申请鉴定。下面我们来看一个案例,看看建设单位反诉存在什么样的问题。

【案例5】某建设单位反诉施工单位要求赔偿漏做项目工程量损失以及未按图施工造成的损失案

在这个案子里,笔者代理的是施工单位。施工单位在某项目工程竣工后因建设单位拖欠工程款提起诉讼,建设单位提出反诉,要求施工单位赔偿漏做项目工程量损失180万元以及未按图施工造成的损失240万元。施工单位为主张工程款提出了工程竣工验收合格的报告,建设单位为了支持自己的请求提供了自行编制的漏做项目工程量清单及未按图施工造成的损失计算书。其中未按图施工造成损失的计算办法是先将未按图施工的项目费用剔除,之后再由施工单位按图施工并承担施工费用。审理过程中,建设单位提出审价申请,审价单位对已完工工程进行审价并且也对漏做项目进行了审价并在工程款中扣除,当然,最后实际扣除的部分很少,只有几万元。但是,就建设单位主张的未按图施工损失赔偿,审价单位称该部分属于隐蔽工程,需要专门的鉴定部门出具鉴定报告后才能确定。后来法院经过审理,对建设单位主张的未按图施工造成的损失,即对工程重新进行施工的费用不予支持,理由:第一,该工程已经通过建设单位的竣工验收;第二,未按图施工项目均为隐蔽工程,而建设单位未提出任何证据证明未按图施工,建设单位自行计算的损失不能作为证据采纳;第三,建设单位未提出鉴定申请。

就本案而言,建设单位在反诉施工单位要求赔偿未按图施工损失的时候,在举证方面存在很多问题。首先,未提供初步证据;其次,在审价单位提出未按图施工部分均为隐蔽工程需要专门机构鉴定的情况下,建设单位没有提出鉴定申请,所以,最后法院没有支持建设单位主张的未按图施工损失赔偿请求。

(二)如何举证

举证涉及申请鉴定的问题,对此应当注意以下问题。

首先,申请鉴定的主体是发包人。

其次,申请鉴定的事项及要求。这个内容非常重要。我们申请工程质量鉴定的时候往往只说工程质量有问题,实际上申请鉴定的时候鉴定事项和要求是非常多的。下面我们来看看一般需要申请哪些鉴定事项并提出哪些鉴定要求:第一,是不是存在质量问题?质量问题产生的原因是什么?质量问题存在的范围、分布情况是怎样?第二,在存在质量问题的情况下,修复方案的鉴定。如果有质量问题,需要鉴定修复方案。当然,是指起诉或反诉赔偿修复费用的情况。第三,修复方案出来后,修复方案造价的鉴定。第四,视案件的情况,我们需要提出鉴定的要求,特别是要明确鉴定的依据、标准。所以,对于申请鉴定的事项和要求,我们要全面而具体,否则鉴定报告可能会偏离方向。

我们回过头来看【案例1】,作为【案例1】中建设单位的代理人,我在鉴定申请书中提出了以下六条鉴定事项及要求:第一,系争工程在目前存在质量问题的情况下,是否具备《建筑工程施工质量验收统一标准》的验收标准和条件。这里我就明确了鉴定的依据是《建筑工程施工质量验收统一标准》,因为除了要对质量作出判断外,还要对本案的其他请求,比如逾期竣工违约金的请求有帮助。第二,系争工程在存在质量问题的情况下,是否达到设计要求。第三,系争工程在存在问题的情况下,是否影响结构安全。第四,系争工程在存在问题的情况下,是否影响使用功能。第五,是否需要做出加固或者修复方案,如果需要加固或修复,请出具加固或修复方案。第六,对具体的修复方案进行造价鉴定。

最后,是不是准许鉴定?是不是准许鉴定,并不是说原告起诉后要征求被告的意见或者被告反诉后要征求原告的意见,而是由法院来决定。有时候法院问我们是否同意鉴定,我们不方便回答时可以不回答,而是将问题抛给法院,甚至在法院同意鉴定的情况下,我们可以提出不同意鉴定的异议。法院考虑是否鉴定的时候,一般会考虑三个因素:第一,是不是专业的问题。第二,引起质量问题的原因是不是存在争议。如果没有争议就不需要鉴定。第三,能否进行鉴定。这个问题很重要,因为当事人申请鉴定,法院一般都会同意鉴定,而实际上有些情况下是不能鉴定的(详见本书“建设工程司法鉴定实务”章节内容),这时候我们就要提出反对意见。

(三)鉴定报告的质证方法

一般证据的质证方法,大家都很清楚,围绕证据的真实性、关联性、合法性、证明力大小、证明力有无进行质疑、说明和辩驳。我们鉴定报告的质证方法是什么呢?概括了一下,就是对鉴定报告的内容进行质询,然后是要求鉴定单位进行回答,还有原被告之间的辩驳。我在工程款纠纷案件诉讼代理法律实务讲座中(详见本书“工程款纠纷案件法律实务”章节内容)对鉴定报告的质证方法做了详细的阐述,这里就只做个简单的介绍。

从法律规定的角度来看,我们对鉴定报告如何质询、回答、辩驳以及针对怎样的内容呢?2019 版《民事证据规则》第 36、40 条给出了明确的答案。第 36 条规定了审判人员应该对鉴定书进行审查的内容,当然,我们质证的时候也要围绕该内容进行。第 40 条规定了要申请重新鉴定的内容,当然,我们质证的时候要特别围绕重新鉴定的情形进行质询。我们在质证的时候要明确地针对内容,就必须依据这两条规定的内容来看鉴定报告存在哪些问题,不要偏题,包括我们今后写质证意见也要围绕这两条的规定,特别是第 40 条规定,比如鉴定机构没有鉴定资质、鉴定严重违反程序、鉴定意见明显依据不足。我们质证的时候要跟这些内容关联,否则,就会偏离方向。

从司法实践的角度来看,质量鉴定报告的重点质证内容到底是哪些呢?

这里我做了一个总结:第一,鉴定单位的主体资格。我们先来看一个案例。

【案例 6】铝窗保修期届满后发生破碎纠纷案

某外资房产公司于 20 世纪 90 年代初在上海新建办公楼一幢,外墙工程的发包方式是由某中外合资公司设计并施工,设计、施工图纸和参数的审核由境外的设计师事务所进行。在 2003 年保修期满以后,大楼距地面 50 米处一铝窗突然破碎,而该大楼位于繁华地带,容易导致重大伤亡事故,所以外资房产公司非常重视,就委托某设计院进行了质量鉴定,经过鉴定认为外墙玻璃幕墙不符合规范的要求,存在安全隐患,需要采取措施。房产公司便委托我们就如何处理、该采取何种措施出具法律咨询意见。对该问题,涉及的基础问题就是"设计院出具的鉴定报告能否作为认定质量问题及产生原因的依据"。我们认为,不能将设计院出具的鉴定报告作为认定质量问题及产生原因依据,原因之一就是鉴定机构是设计院,设计院不具有质量鉴定的主体资格。

第二,实际的鉴定内容是否符合法院的要求或者超出了法院要求的范畴。因为对于鉴定,根据《原施工合同司法解释二》第 15 条(《新施工合同司法解释一》第 33 条①)的规定,法院要根据当事人申请及查明案件事实的需要,确定委托鉴定的事项、范围、鉴定期限等,通常是以委托书的形式出具,因此,超出了鉴定范围的鉴定,当然无效;不符合委托鉴定要求的,肯定就偏离方向了。

第三,委托鉴定的材料是不是具有真实性、合法性。《原施工合同司法解释

① 《新施工合同司法解释一》第 33 条删除了《原施工合同司法解释二》第 15 条中"并组织双方当事人对争议的鉴定材料进行质证"中的"双方",其余内容均无变化。

二》第 15、16 条（《新施工合同司法解释一》第 33、34 条[①]）的规定，法院应当组织当事人对鉴定材料进行质证，只有确定了真实性、合法性的鉴定材料才能提交给鉴定机构，以决定哪些材料作为鉴定的依据。必要的时候，我们还要提出反证。经质证不具有真实性、合法性的鉴定材料不能作为鉴定依据。

第四，鉴定的依据是否存在问题。鉴定的依据发生问题主要有两种情形：情形之一，使用错误的鉴定依据，比如【案例 6】中设计单位出具的鉴定报告里，把铝窗当成幕墙，采用玻璃幕墙的规范作为鉴定依据。情形之二，鉴定依据是不是具有针对性。比如【案例 6】中设计单位依据的幕墙规范不是当时设计、建造时的规范，而是刚刚颁布的规范。而若追究责任，用现在的规范去套当时的设计显然是没有针对性的。

第五，是不是有明确具体的鉴定意见，当然，明确的鉴定意见可以包括确定性意见以及选择性意见。

第六，就专业疑难问题或者鉴定意见明显对我方当事人不利的情况下，我们要申请专家证人出庭做出说明，并且询问鉴定人。这里我介绍一个经验，在某些情况下，质量鉴定报告可能对我们非常不利，而我们作为律师对工程又不了解，或者即使你懂，法官也会认为你是律师不懂工程，怎么办呢？我们只能借助专家证人出庭说明并且询问鉴定人。其法律依据就是 2019 版《民事证据规则》第 84 条的规定。

（四）鉴定单位通常存在的问题及应对办法

通常有三大问题：

1. 没有根据鉴定事项和鉴定要求出具鉴定意见。

比如我介绍的【案例 1】，我提出了那么多鉴定事项和要求，但是鉴定单位没有按照申请的内容给出意见，其中一个就是没有给出整个工程是否符合《建筑工程施工验收统一标准》的验收要求和条件，鉴定单位回避了这个问题。这个问题虽然对于工程质量问题的争议没有什么大问题，但是对工期的请求，问题很大，如果不符合竣工验收条件和要求，就意味着工程竣工验收不合格，逾期竣工违约金就可以追究到竣工验收合格为止。这种情况下，我们就要求鉴定单位质证的时候要给出明确的意见。我们首先提出了书面的要求，然后在质证的时候再口头提出要求。当然，最后鉴定单位给出了明确的鉴定意见，即质量不

① 《新施工合同司法解释一》第 34 条与《原施工合同司法解释二》第 16 条内容无变化。

合格。

2. 出具含糊不清的鉴定意见。

比如鉴定意见为“基本符合”“基本合格”等。同样也是在【案例1】中,鉴定机构给出的意见也是基本符合、基本合格,那我们就口头和书面提出,要求鉴定机构给出明确的鉴定意见,如“合格”或“不合格”,鉴定出来是什么意见,就给出什么意见,而不能出具基本符合、基本合格此类含糊不清的意见。

3. 鉴定时间严重超期。

无论是造价鉴定、质量鉴定还是工期鉴定,都经常发生严重超期的情况,如何应对此类情况呢?方法之一,鉴定之前,法院组织鉴定见面会的时候,我们要明确鉴定时间;方法之二,如果超期鉴定,我们要求按准备会的笔录,请求加快出具鉴定报告;方法之三,如果发生以上情况后,鉴定单位仍然拖延的话,根据《司法鉴定人登记管理办法》第31条的规定,司法鉴定人在司法鉴定执业活动中因故意或重大过失行为给当事人造成损失的,其所在的鉴定机构依法承担赔偿责任以后,可以向有过错的鉴定行为人追偿。这个规定就表明:我们可以追究司法鉴定机构的民事赔偿责任,我们可以提出如果工程质量鉴定拖的时间太长,工程无法使用,我们可以要求鉴定机构赔偿损失。至少我们可以利用这一条给鉴定单位施加压力,督促其加快鉴定。

(五)我们代理人在举证、质证中存在的问题及应对办法

代理人在举证、质证容易存在以下五个问题:

1. 发包人就工程质量存在的问题未提供初步证据,【案例5】就出现了这种情况。

2. 发包人在质量是否存在问题、质量产生原因存在争议的情况下不申请鉴定,刚才【案例5】也出现了这种情况。

3. 对于无法鉴定的质量问题,法院准许鉴定而没提出异议。

这种情况很糟糕,按照我们前面讲到的鉴定的标准,对于无法鉴定的质量问题是不应该进行鉴定的,而这个时候我们有些代理人往往不提出异议。不提出异议导致的结果,一个是诉讼时间延长,另一个是鉴定报告出来之后再完全推翻鉴定意见有很大的难度;鉴定单位要收取鉴定费用,按规定在不能鉴定的情况下鉴定单位是要拒绝鉴定的,但是鉴定机构收费之后,即使无法开展鉴定工作,鉴定单位也往往会给出鉴定意见,而给出了鉴定意见之后,费用就不能退回。而往往这种情况下给出的鉴定意见不能客观公正,但是要推翻却很困难,

因为首先鉴定单位就不同意,他收了钱一般不愿意退,而且这个鉴定费用非常高;其次,申请鉴定的一方当事人也不同意,鉴定报告出来之后,不管怎样,对申请方都是有利的;最后,鉴定是法官准许的,法官一般也不同意推翻。这种情况下,申请人不同意、鉴定人不同意、法官也不同意,问题就比较麻烦。总之,我们应该反对鉴定的,就明确反对,不要等交了钱,报告出来之后再说报告怎么有问题。我们来看一个案例。

【案例 7】某分包企业起诉总包企业遭反诉纠纷案

某分包企业起诉总包企业拖欠工程款 210 万元。起诉后遭总包企业反诉,要求返还多支付的工程款 700 万元并赔偿修复费用 550 万元。该案件于 2006 年 11 月起诉,1 年多以后,也就是 2008 年 1 月初,在该案的造价鉴定报告以及质量鉴定报告出来以后,分包企业找到笔者,要委托笔者与原代理律师一起代理这个案子。接受委托后,通过研究案情我发现,反诉涉及的质量问题是指地坪有裂缝,实际上已经被新地坪所覆盖而且业主已经使用,而建造新地坪的主要原因在于:第一,原来设计的时候,业主没有给出机械荷载的重量;该项目是 EPC 项目,包设计、包施工,交钥匙合同,且总价包干。第二,承包商即总包企业在设计时,为降低成本,设计未达到相应的设计标准,该用的钢筋少用了,该用的混凝土标号也降低了,所以实际上设计是有问题的。这是建造新地坪的主要原因。此外,总包单位在建造新地坪之前从未通知分包单位质量存在问题并进行保修。从技术上讲,新地坪已经覆盖原地坪并已经使用生产,实际上根本无法进行鉴定,特别是无法鉴定裂缝的分布情况。一个新地坪,五万多平方米,已经覆盖了原来的地坪,怎么去鉴定原来裂缝的分布和大小情况呢?修复费用又从何而来呢?所以,像这种案件,在总包提出鉴定申请之后,我们作为分包人的代理人就一定要提出异议,反对鉴定。而在本案中,原代理人没有提出异议,而显然鉴定意见对分包人十分不利。

4. 无法把握质证的重点,而且最大的问题是缺乏针对性。

还是在【案例 7】中,原代理人起草的质证报告的异议及意见是这么写的:第一,鉴定报告确定原地坪设计钢筋放置为顶层下 20cm 缺乏依据。实际上,这是个常识,钢筋上面均设有 20cm 的保护层,而且图纸上也有该设计。代理人提出这个异议有问题。第二,鉴定报告未对地坪进行全面探测和取芯检测,得出的鉴定意见是不准确的。这个点说到了,但是没有针对 2001 版《民事证据规则》第27、29条(对应2019版《民事证据规则》第40、36条[①])的规定,与法律规定很好地衔接起来。第三,取芯检测数量未达到规范要求。这一点也是只讲了一半,即未达到规范要求。但更应强调的是,因该取芯行为严重违反了规范要求,鉴定意见是不能作为证据使用的。然后,原代理人提出了很多意见,分析了地坪裂缝产生的可能原因、部分质量问题的补救措施和费用以及地坪质量问题的责任承担,而实际这些内容跟质证都是没有关系的,而且也只是单方面的主观的意见。

我接手这个案件之后,我起草的质证意见是这样的:第一,总包企业提出的质量鉴定申请不应该得到准许,因为新地坪已经覆盖并使用,无法鉴定裂缝大小、分布情况、修复方案及费用。第二,鉴定机构出具的鉴定报告完全背离了法院出具的委托书里面载明的鉴定内容及要求,完全是答非所问。委托书要求鉴定机构对原告施工的工程质量是否存在问题,如存在质量问题鉴定修复整改费用,但是鉴定机构出具的鉴定意见中,只提及原地面混凝土存在局部混凝土贯穿裂缝问题,而对这些问题的具体部位、范围大小没有给出意见,也没有给出修复整改费用。第三,鉴定报告中载明的鉴定意见因鉴定的方法严重违反国家标准的要求,不能客观地反映事实情况。对于这类鉴定,国家是有标准的,比如标准规定:1万平方米要探测20个点,本案中5万平方米就要探测100个点,而鉴定单位只取了8个点,严重违背了标准的要求,当然不能客观地反映实际情况。第四,总包企业提出的鉴定申请应该依法驳回,鉴定报告完全背离了鉴定委托

---

① 现《民事证据规则》第40条将2001版《民事证据规则》第27条"当事人对人民法院委托的鉴定部门作出的鉴定结论有异议申请重新鉴定,提出证据证明存在下列情形之一的,人民法院应予准许:(一)鉴定机构或者鉴定人员不具备相关的鉴定资格的;(二)鉴定程序严重违法的;(三)鉴定结论明显依据不足的;(四)经过质证认定不能作为证据使用的其他情形。对有缺陷的鉴定结论,可以通过补充鉴定、重新质证或者补充质证等方法解决的,不予重新鉴定"修改为"当事人申请重新鉴定,存在下列情形之一的,人民法院应当准许:(一)鉴定人不具备相应资格的;(二)鉴定程序严重违法的;(三)鉴定意见明显依据不足的;(四)鉴定意见不能作为证据使用的其他情形。存在前款第一项至第三项情形的,鉴定人已经收取的鉴定费用应当退还。拒不退还的,依照本规定第八十一条第二款的规定处理。对鉴定意见的瑕疵,可以通过补正、补充鉴定或者补充质证、重新质证等方法解决的,人民法院不予准许重新鉴定的申请。重新鉴定的,原鉴定意见不得作为认定案件事实的根据"。现《民事证据规则》第36条将2001版《民事证据规则》第29条"审判人员对鉴定人出具的鉴定书,应当审查是否具有下列内容:(一)委托人姓名或者名称、委托鉴定的内容;(二)委托鉴定的材料;(三)鉴定的依据及使用的科学技术手段;(四)对鉴定过程的说明;(五)明确的鉴定结论;(六)对鉴定人鉴定资格的说明;(七)鉴定人员及鉴定机构签名盖章"修改为"人民法院对鉴定人出具的鉴定书,应当审查是否具有下列内容:(一)委托法院的名称;(二)委托鉴定的内容、要求;(三)鉴定材料;(四)鉴定所依据的原理、方法;(五)对鉴定过程的说明;(六)鉴定意见;(七)承诺书。鉴定书应当由鉴定人签名或者盖章,并附鉴定人的相应资格证明。委托机构鉴定的,鉴定书应当由鉴定机构盖章,并由从事鉴定的人员签名"。

的内容和要求，鉴定的方法严重违反了国家标准的要求，不具有科学性，因此该鉴定报告应该撤回，人民法院应该依法认定总包企业对是否存在质量问题承担举证不能的责任。这是我起草的对质量鉴定报告的异议，主要围绕是否能够完成鉴定、地坪是否存在质量问题、修复费用是多少、鉴定标准是否违背了标准的要求而不能客观反映实际情况等内容发表意见，显然和原来的质证内容是不一样的。

从上面的案例可以看出，无论对工程质量鉴定报告、工期鉴定报告还是造价鉴定报告的质证，一定要有很强的针对性。针对性从何而来，实际上就是对照2019版《民事证据规则》第36、40条的规定以及法院的委托书，提出质证报告而且要论证充分、透彻。

5. 鉴定意见严重错误的情况下，当事人没有及时申请专家证人出庭说明或者询问专家证人。

需要注意的是，专家证人不受举证期限的限制，和一般证人不一样，因此我们作为代理人，在发现鉴定意见严重错误的情况下，应当及时申请专家证人出庭，以进行释明，为推翻鉴定报告提供依据。

五、如何适用法律

（一）工程质量责任范围

第一，参与工程建设的各方都是工程质量问题的主体，都有可能要承担责任；第二，有共同责任，共同责任里面又分按份责任和连带责任；第三，双方责任，也就是发包人和其他建设主体各自承担责任。

（二）承担责任的方式

承包人承担责任的方式：修理、返工、改建、减少价款、质量不合格造成其他损失的还要承担损失赔偿责任。

发包人承担责任的方式：提供的材料不符合强制性标准且经承包人催告后仍不改的，承包人有权解除合同并要求赔偿损失。另外，由于提供的材料不合格造成第三人损失的，发包人也应当承担赔偿责任。

（三）发包人擅自使用未经竣工验收的后果

《原施工合同司法解释一》第13条(《新施工合同司法解释一》第14条[①])规定:"建设工程未经竣工验收,发包人擅自使用后,又以使用部分质量不符合约定为由主张权利的,不予支持;但是承包人应当在建设工程的合理使用寿命内对地基基础工程和主体结构质量承担民事责任。"实际上,这条规定有三层意思:第一,发包人承担责任;第二,发包人仅对擅自使用部位的质量问题承担责任;第三,承包人在建设工程的合理使用寿命内对地基基础工程和主体结构质量仍要承担责任。

这里问题就出现了。大家思考一下,擅自使用未经竣工验收的工程,而质量问题早已出现且已为双方知悉,承担主体是谁?如果单从上述司法解释字面上的规定来看,发包人需要承担责任。但是,我认为质量问题已经为双方所知悉,是谁造成的,谁就应该来承担责任,这是我个人的观点。

另一个问题是,擅自使用经过验收但验收未通过的工程,验收时发现的质量问题的承担主体是谁?如果单从上述司法解释字面上的规定来看,我还是认为质量问题是谁造成的,谁就应该来承担责任。但是,有些法官认为应该由发包人承担责任。当然,如果我们代理发包单位,我们还是应该紧扣上述司法解释的规定,主张这种情况下不应该由发包人承担责任。因为该条解释只是规定了未经验收的情况,而现在的情况是工程已经验收了,只不过验收没通过,发生了质量问题是谁造成的,谁就应该来承担责任。

还有一个问题是,发包人擅自使用,承包人是否需要履行保修义务?就上述司法解释的文义来理解,一旦工程未经验收擅自使用后,承包人便对工程除地基及主体结构外的质量问题不承担责任了。当然,有些法官认为,即使发包人已经擅自使用了工程,承包人仍需要履行保修义务,因为是否承担保修义务与提前使用无关。

这是我给大家介绍的涉及未经竣工验收的三个应当思考的问题,当然在不同的案子里面,我们需要根据不同的情况,具体问题具体分析。

以上是本讲的全部内容,谢谢阅读。

---

① 《新施工合同司法解释一》第14条将《原施工合同司法解释一》第13条中的"不予支持"修改为"人民法院不予支持",其余内容均无变化。

第四讲　建设工程工期纠纷代理法律实务*

本讲内容是建设工程工期纠纷案件诉讼代理法律实务，主要包括四项内容：

1. 工期的相关知识；
2. 如何确定诉讼请求；
3. 举证责任的分配和证明标准；
4. 从相关事实的认定，看如何举证和质证。

一、工期的相关知识

工期的相关知识是办理工期纠纷案件的基础，而实际上这些相关知识不多。重点需要解决四组概念问题，掌握了这四组概念，代理工期纠纷诉讼案件就基本没什么问题了。

（一）工期

通俗地讲，工期就是进行工程施工的期限，即一个工程要施工多长时间；也就是开工日期与竣工日期之间的日历天数，包括节假日。按照建设部发布的《建设工程施工合同（示范文本）》中的规定，工期是指发包人、承包人在施工合同中约定的包括节假日在内的总承包天数。

（二）开工日期、完工日期、竣工日期

这里将从三个层面展开讲解。首先，从一般角度讲，开工日期就是指开始

* 本讲内容根据 2008 年 4 月 13 日笔者在上海市律师协会举办的律师业务培训讲座录音整理而成。为帮助读者理解和掌握，在修订过程中特增加了《民法典》及相关配套司法解释的有关内容。

施工的日期,完工日期就是指完成工程施工的日期,竣工日期是指工程完成施工并且通过竣工验收的日期或者竣工验收通过的情况下承包人提交竣工验收报告的日期。完工日期和竣工日期是两个不同的概念,不同之处在于竣工日期与竣工验收通过有关,只有竣工验收通过才有竣工日期一说,验收不通过则谈不上竣工日期,但是验收不通过是存在完工日期的。两者之间的关系就是,先有完工日期,再有竣工日期。与工期界定有关的是竣工日期,因为与验收有关。

其次,从约定的角度进行定义,就有约定开工日期、约定竣工日期。《建设工程施工合同(示范文本)》中的表述:发包人、承包人在协议中约定的承包人开始施工的绝对或相对日期就是约定的开工日期,发包人、承包人在协议中约定的承包人完成施工的绝对或相对日期就是约定的竣工日期。

最后,从实际履行角度进行定义,实际开工日期就是指实际开始施工的日期,实际竣工日期是指实际完工并且通过竣工验收的日期或者在验收通过的情况下提交竣工验收报告的日期。

(三)工期延误、工期顺延

工期延误又称延误工期,实际上是指工程拖期了,比如工期是 1 天的,由于某种原因实际上 2 天才完成,那么工期就延误了 1 天。工期顺延又称顺延工期,是指发包人的原因或其他非承包人的原因造成的工期拖延,根据合同约定可以顺延相应天数的工期。比如工期是 2 天,但由于发包人未及时提供图纸,造成工程停工 1 天,实际工期就是 3 天,工期是延误了 1 天,但是发包人的原因造成,按照约定这种情况下就可以顺延 1 天工期。

工期顺延和工期延误是什么样的关系?工期延误是工期顺延的必要条件之一,只有工期发生了延误,才有可能申请工期顺延。工期延误是前提,有了这个前提才可能有工期顺延,如果没有这个前提也就是工期没有延误,就不能顺延工期。但在司法实践中,这一点常常被忽略,如拖欠工程款,实际上并未造成停工或者减缓施工,而是仍然正常施工,但是法院常常认为,这种情况下可以工期顺延,免除施工单位的责任。这里存在的问题在于:若没有工期延误,何来工期顺延?

(四)关键线路、非关键线路

什么是关键线路?为了完工,有多条线路的工作需要去做,其中一条线路上任何工作的延误都会造成工期的延误,这个线路就叫关键线路。比如,要完成一项工程,有三条线路的工作要做,齐头并进,第一条线路工作完成需要 15 天,第二条线路工作完成需要 10 天,第三条线路工作完成需要 5 天,项目工期为 15 天。而此时,如果第一条线路的工作延误了,整个项目的工期就延误了,整个项目的工期就是第一条线路的工期,在这种情况下,第一条线路就叫关键线路。什么叫非关键线路呢?还是结合上面的例子来谈,如果第三条线路上有个工作延误了,延误了 3 天,跟第一条线路的期限仍然相差很远,而且不会对整个项目的工期造成影响,那么第三条线路就叫非关键线路。也就是说,为了完工,有多条线路的工作需要去做,其中一条线路上部分工作的延误不会造成整个项目工期的延误,那么这个线路便是非关键线路。

再举个日常生活的例子,家里有两口锅用于做饭,一口是铝锅,另一口是铁锅。铝锅用来煮饭,这是一个线路,这个线路上需要 1 小时;铁锅用来炒菜,炒两个菜,各需要 20 分钟,这也是一个线路。吃饭实际上要等的时间就是煮饭的 1 小时。这样的情况下,煮饭就是关键线路,因为如果煮饭的时间延长了 10 分钟,那么吃饭需要等的时间就是 1 小时 10 分钟;炒菜的线路就是非关键线路,因为如果炒菜延误了 10 分钟,炒菜线路仍只需要 50 分钟,吃饭需要等的时间仍然是 1 小时,没有造成整个过程的延误。因此,关键线路上的工作延误会导致工期延误,非关键线路上的工作延误并不会影响竣工日期,造成整个项目的工期延误。

但是需要注意的是,关键线路、非关键线路、关键工作和非关键工作并不是一成不变的,在一定条件下,关键线路与非关键线路,关键工作与非关键工作可以相互转化。比如,当采用了一定的技术组织措施,缩短了关键线路上有关工作的持续时间,就有可能使关键线路发生转移,使原来的关键线路变成非关键线路,而原来的非关键线路却变成关键线路。相反,如果非关键线路上的非关键工作延误超过一定时间后,则使得该线路成为关键线路,其工作延误会造成整个项目的工期延误。

二、如何确定诉讼请求

(一)合同无效的情况下,逾期竣工损失赔偿的诉讼请求如何确定?

通常理解,合同无效的话,工期约定也是无效的,从而也谈不上逾期竣工,更谈不上逾期竣工违约金。但是,《新施工合同司法解释一》第 6 条规定的施工合同无效情形下主张损害赔偿的举证与裁判方法,实际上给合同无效情形下发包人主张逾期竣工赔偿损失留出了空间。《新施工合同司法解释一》第 6 条第 1

款规定:“建设工程施工合同无效,一方当事人请求对方赔偿损失的,应当就对方过错、损失大小、过错与损失之间的因果关系承担举证责任。”第 2 款规定:“损失大小无法确定,一方当事人请求参照合同约定的质量标准、建设工期、工程价款支付时间等内容确定损失大小的,人民法院可以结合双方过错程度、过错与损失之间的因果关系等因素作出裁判。”

下面首先介绍一个在《新施工合同司法解释一》出台前的案例。

【案例 1】某分包单位与某接受再分包单位纠纷案

在这个案子里,笔者代表接受再分包单位,起诉分包单位要求支付工程款 500 万元,分包单位反诉要求接受再分包单位返还分包单位多支付的工程款 67 万元,并偿还垫付的民工工资 58 万元,赔偿缺陷整改费用 44 万元,延误赔偿费用 55 万元。关于工期,分包单位申请工期鉴定,笔者代表接受再分包单位,对工期鉴定申请表示了反对,笔者提出了以下几点理由:

第一,合同是再分包合同,按照法律规定再分包合同无效,合同无效,合同中关于工期的约定也无效,也就谈不上逾期竣工,更谈不上逾期竣工违约金。

第二,鉴定单位没有工期鉴定资格,因为目前为止尚没有工期鉴定单位,造价工程师也不具备工期鉴定的资格。

第三,工程中途停止了,没有竣工日期,谈不上逾期竣工。

但是,法院并未采纳笔者的意见,委托了某造价咨询公司进行鉴定,出具了关于逾期竣工违约金造价的审计报告,认定延误工期是 9 天,每天 5 万元,逾期竣工违约金为 45 万元。

质证阶段,笔者的态度很明确:

第一,鉴定单位不是进行造价鉴定,而是工期违约金鉴定,工期违约金不是造价,造价工程师没有相应的工期鉴定资格,既然没有相应的鉴定资格,根据 2001 版《民事证据规则》第 27 条(2019 版《民事证据规则》第 40 条[①])的规定,

---

① 2001 版《民事证据规则》第 27 条规定:“当事人对人民法院委托的鉴定部门作出的鉴定结论有异议申请重新鉴定,提出证据证明存在下列情形之一的,人民法院应予准许:(一)鉴定机构或者鉴定人员不具备相关的鉴定资格的;(二)鉴定程序严重违法的;(三)鉴定结论明显依据不足的;(四)经过质证认定不能作为证据使用的其他情形。对有缺陷的鉴定结论,可以通过补充鉴定、重新质证或者补充质证等方法解决的,不予重新鉴定。”2019 版《民事证据规则》第 40 条将其修改为:“当事人申请重新鉴定,存在下列情形之一的,人民法院应当准许:(一)鉴定人不具备相应资格的;(二)鉴定程序严重违法的;(三)鉴定意见明显依据不足的;(四)鉴定意见不能作为证据使用的其他情形。存在前款第一项至第三项情形的,鉴定人已经收取的鉴定费用应当退还。拒不退还的,依照本规定第八十一条第二款的规定处理。对鉴定意见的瑕疵,可以通过补正、补充鉴定或者补充质证、重新质证等方法解决的,人民法院不予准许重新鉴定的申请。重新鉴定的,原鉴定意见不得作为认定案件事实的根据。”

鉴定报告当然不能成立。

第二,分包单位提供的证据材料均是总包和分包双方的来往函件,分包单位将总包说的延误天数拿来作为证据,这个证据不能采信,合同没有相对性,而且函件也写得很含糊,也不能证明延误的事实。

后来,法院要求补充鉴定,补充鉴定的时候鉴定单位也觉得没道理,实体上没法证明,而且审价单位也确实没有鉴定资格,所以我就建议因原鉴定报告鉴定依据不足且审价单位无鉴定资质故请求法院依法予以撤回。

最终,法院认定,一方面,从现有证据来看,通过鉴定报告无法得出再分包单位延误的工期;另一方面,系争合同无效,分包单位依据再分包合同向接受再分包单位主张延误工期违约金依据不足,所以不支持分包单位要求支付违约金的请求。

在这个案例中,法院不支持延误工期违约金的理由之一就是再分包合同无效,延误工期违约金缺乏依据。但现在根据《新施工合同司法解释一》的规定,发包人可以主张因承包人原因导致工期延误的赔偿责任。只是要根据第 6 条第 1 款的规定完成举证责任。

《新施工合同司法解释一》第 6 条对应的是《原施工合同司法解释二》第 3 条,两个条文的内容没有变化。对该条项下两款规定的理解,我需要强调一下(关于该条规定的详细阐述,请参见本书“施工合同司法解释二的理解与适用暨影响和要求”篇):

(1)第 1 款规定:“建设工程施工合同无效,一方当事人请求对方赔偿损失的,应当就对方过错、损失大小、过错与损失之间的因果关系承担举证责任。”

根据《原司法解释二理解与适用》,这款规定的是施工合同无效时的缔约过失责任。[①] 实践中,施工单位一般很少去主张,建设单位也很少主张。但是,我认为这款规定并不仅限于适用于缔约过失责任,在履行无效合同过程中如果发生“违约”导致损失,也可依据该款约定请求赔偿。

(2)第 2 款规定:“损失大小无法确定,一方当事人请求参照合同约定的质量标准、建设工期、工程价款支付时间等内容确定损失大小的,人民法院可以结合双方过错程度、过错与损失之间的因果关系等因素作出裁判。”

这款实际上规定的是因“履行”无效施工合同导致的损失大小诉讼请求的

① 参见最高人民法院民事审判第一庭:《最高人民法院建设工程施工合同司法解释(二)理解与适用》,人民法院出版社 2019 年版,第 77 页。

裁判依据,而非规定的损失大小无证据证明情况下的裁量办法。"损失大小"指的是主张损失大小的诉讼请求无法确定,而不是损失大小本身无法证明,而且可以参照施工合同约定的违约责任条款确定。

(二)合同约定的逾期竣工违约金和逾期向小业主交房的违约金的诉讼请求能否并存?

司法实践中,关于逾期竣工违约金通常有两种诉讼请求:一种是如果合同中约定了逾期竣工违约金,一般直接请求施工单位承担逾期竣工违约金;另一种是请求施工单位承担因逾期竣工导致逾期交房及逾期办理小产权证而赔偿给业主的违约金,这种请求通常存在于合同没有约定逾期竣工违约金的情况下。

那么,这两个诉讼请求是否可以并存?

司法实践中,一般仅支持约定的逾期竣工违约金,如果合同约定了逾期竣工违约金,发包人再请求赔偿因逾期交房而支付给小业主的违约金的话,法院一般不予支持。理由之一是,逾期交房的违约金是建设单位与小业主之间的约定,对施工单位没有约束力,这是合同的相对性决定的;理由之二是,施工合同签订在前,预售合同签订在后,发包人因逾期交房而支付给小业主的违约金不属于施工单位在签订合同时能够预见或者应当预见因逾期竣工可能造成的损失范围,依法不应当由施工单位承担赔偿责任。

另一个问题是,如果合同中没有约定违约金,发包人要求施工单位承担赔偿给小业主的违约金,能否得到法院的支持?

这个问题要看具体情况,重点考察以下几点内容:第一,建设单位是否存在实际损失、是否已经赔偿了小业主;第二,建设单位的损失是不是由逾期竣工造成的以及逾期竣工是否是施工单位的原因造成;第三,逾期交房支付的违约金比例是否过高。

三、举证责任的分配和证明标准

这部分是非常重要的内容,特别是证明标准。工期违约金纠纷案件的举证责任怎么来分配?证明标准是什么?

(一)举证责任分配

举证责任分配主要解决"谁举证"的问题,我发现实践中举证方面比较混乱。在工期纠纷中，发包人只要举证证明承包人的实际工期超过了合同约定的工期就行了，合同约定100天，施工单位施工了200天，发包人只要证明施工了200天就行，也就是说发包人只要将合同约定的工期、实际工期进行比较就能得出工期延误的天数，因此发包人只要举证证明这两点：合同约定的工期多久、实际工期多久。而承包人的举证责任是怎样的呢？承包人如果主张自己不应当承担逾期责任，则应当举证证明自己具有工期顺延的正当理由，而且要证明工期顺延的天数大于或者等于工期实际延误的天数。

然而，2017版《建设工程施工合同（示范文本）》中载明：由于承包人导致逾期竣工，承包人需要承担违约责任。该约定是否意味着：如果逾期竣工，发包人请求承包人承担逾期竣工违约责任的时候举证责任在发包人而非承包人？

《建设工程施工合同（示范文本）》不是说由于承包人导致逾期竣工，承包人才需要承担违约责任吗？这个约定有没有改变前面我讲的举证责任分配的规则呢？其实在司法实践中，发包人也常常会举证证明承包人工期延误是由于承包人出现工程事故导致的，实际上发包人是不需要举证的。我认为，上述约定并没有改变举证责任的分配规则，即使合同中作出上述约定，但是举证责任仍然在承包人，为什么呢？因为举证责任是程序法的规定，程序法的规定不能通过约定来改变，就像不动产纠纷由不动产所在地的法院管辖一样，显然双方当事人是不能通过约定改变这一管辖的。所以，由《建设工程施工合同（示范文本）》的约定不能得出举证责任发生改变的结论，举证责任仍在承包人。

（二）证明标准（主要解决证据是否能够证明待证事实的问题）

什么叫证明标准？所谓证明标准，是指承担举证责任的一方提供证据对待证事实加以证明所要达到的程度。

在工期纠纷中，发包人主张工期延误，承包人则一般以存在工期顺延情形进行抗辩。对于工期顺延的证明标准，《新施工合同司法解释一》第10条第1款规定："当事人约定顺延工期应当经发包人或者监理人签证等方式确认，承包人虽未取得工期顺延的确认，但能够证明在合同约定的期限内向发包人或者监理人申请过工期顺延且顺延事由符合合同约定，承包人以此为由主张工期顺延的，人民法院应予支持。"据此，承包人申请工期顺延未得到确认，但只要能举证证明其是在约定的期间内提出申请，且申请的事由符合合同约定，人民法院就可以支持承包人提出的工期顺延的主张。也就是说，承包人在约定的时间里申请顺延，同时顺延的事项确实属于合同约定的可以顺延的事项，即使发包人不确认,人民法院也应予以确认。

在上述规定未出台时,大致有两种裁判思路:其一,只要发包人有违约行为,基本上就免除承包人的责任。其二,除了证明有工期顺延的事由以外,还要证明上述事由确实导致了工期的延误,证明两者之间存在因果关系,以及证明实际延误的天数,这一要求很高。所以工期违约金纠纷案件要么按照第一种思路,不承担责任,要么按照后一种思路,承担全部责任。《新施工合同司法解释一》第10条第1款的规定优化了逾期竣工违约金裁判思路,因为承包人如果有申请则按照申请来认定,如果没有,就有可能不支持承包人的抗辩。

我们来看一个案例,这个案例发生在《新施工合同司法解释一》出台前。

【案例2】二审将一审不支持建设单位逾期竣工违约金诉请完全改判案

一审法院认为:建设单位拖欠工程款、没有按合同约定提供足够的供电量、加层引起工程量增加、设计变更、材料提供不到位等原因导致工程延期竣工,现建设单位要求施工单位支付延误工期的罚款的请求缺乏事实依据、理由不能成立,对建设单位的逾期竣工违约金请求不予支持。

二审法院认为:建设单位依约定按月支付工程进度款,因此施工单位以工程款未到位作为建设单位要求支付逾期竣工违约金的抗辩理由不能成立;双方对供电量供应不足的问题,有往来函件,施工单位对该事实也表示了认可,现施工单位以此为由,认为可以要求延期竣工违背了诚信原则,本院不予支持;加层导致了工程量的增加,但是没有按照双方的约定予以签证,施工单位要求顺延的理由不能成立;设计变更、材料提供不到位与竣工延期没有必然的联系,施工单位亦不能证明两者之间的因果关系,因此本院不予支持。故施工单位认为逾期竣工的责任人是建设单位的理由不能成立,其应当承担相应的违约责任,违约金按实际延误的天数309天,以及投标书约定的工程造价2800万元,每天万分之四计算,施工单位需承担违约金346万元。

本案中,一审和二审的判决完全相反。原因就在于施工单位提供的证据无法达到工期顺延309天的证明标准。按照顺延工期的证明标准,施工单位需要证明确实存在顺延的事项、实际延误的天数,且在关键线路上即有因果关系,而实际上施工单位未提供实际延误的天数及因果关系的证据证明以上事项。因此,一审法院对证明标准的把握是有问题的。施工单位仅举证证明了可能引起工期延误的因素,比如设计变更、工程量增加、图纸延误,这些因素有可能导致工期延误,但是没有举证证明这些因素确实导致了工期延误以及实际延误的天数,从《民事证据规则》的角度来看,施工单位没有达到相应的证明标准,即高度盖然性证明标准,否则,就应该承担相应的举证不能的责任。所以,一审法院的判决实际上是错误的。

《原司法解释二理解与适用》一书认为,承包人证明工期顺延的事实应达到高度可能性的证明标准,以承包人主张发包人延期支付工程款而工期顺延为例,承包人的证明应当满足如下条件:

一是工程款未予以支付系发包人原因,非承包人原因。

二是因工程款延迟支付导致工程无法正常进行,承包人不能正常支付工人工资、购买材料、支付机械设备租赁费等。工程迟缓或者停工,影响整体工期。

三是承包人提出了工期补偿要求,通常应该有书面证据,包括停工申请、付款申请、索赔报告、签证单、会议纪要、信函等。①

四、从相关事实的认定,看如何举证和质证

在这个部分,我主要讲法院对事实如何来认定,举证和质证实际上就是根据事实如何认定来进行的。

(一)实际开工日期的认定

《新施工合同司法解释一》第 8 条明确规定了"如何认定实际开工日期":

1. 开工日期为发包人或者监理人发出的开工通知载明的开工日期。

2. 开工通知发出后,尚不具备开工条件的,以开工条件具备的时间为开工日期;因承包人原因导致开工时间推迟的,以开工通知载明的时间为开工日期。

3. 承包人经发包人同意已经实际进场施工的,以实际进场施工时间为开工日期。

4. 发包人或者监理人未发出开工通知,亦无相关证据证明实际开工日期的,应当综合考虑开工报告、合同、施工许可证、竣工验收报告或者竣工验收备案表等载明的时间,并结合是否具备开工条件的事实,认定开工日期。

对于上面的认定方法,有必要补充说明:

1. "开工通知"与"开工报告"。

开工通知是由发包人或监理人发给承包人的通知,开工报告则是承包人发

① 参见最高人民法院民事审判第一庭:《最高人民法院建设工程施工合同司法解释(二)理解与适用》,人民法院出版社 2019 年版,第 143~145 页。

给发包人或监理人,记载开工时间,发包人或监理人经审核作出同意施工的意见。在工程实践中,开工通知使用的比较少,开工报告使用的比较多。

2. 如何理解“开工条件”。

从上述认定方法来看,不论按照哪种情形进行认定,具备开工条件都是前提。

一般而言,发包人需要提供的开工条件包括:(1)办理完行政审批手续,如施工许可证;(2)有可以施工的施工现场(完成土地征用、清除地上地下障碍物、房屋拆迁、保证施工用水、用电、道路畅通、地面平整等工作);(3)提供勘察资料、文件;(4)提供施工图纸;(5)按照约定的时间和要求提供原材料、设备、场地、资金、技术资料等。承包人需要提供的开工条件包括:(1)施工人员已到位;(2)施工机械设备已进场;(3)承诺垫资已到位;(4)材料已进场等。

因此,从上面可以看出,具备上述开工条件,不是发包人或承包人单方就可以完成的,发包人和承包人均有义务,且任何一方迟延,都会造成事实上无法开工。而若发生纠纷,开工条件是否具备的事实也应由相应责任方举证证明。

需要注意的是,如果原本属于发包人应当提供的开工条件,但若在合同中约定转移给承包人的,则变更为承包人需要满足的条件,若承包人没有办理,则承包人应当承担不利后果,开工时间不予推迟,造成延误的工期不予顺延。

3. 如何理解“承包人经发包人同意实际已经进场施工”。

重点在于理解“施工”二字,若进场只是进行施工前准备,如进行临时道路、临时设施的施工等,则不属于“施工”。这一点施工单位要注意,这里是指进场“施工”。另外,在施工许可证取得时间较晚的情况下,经常使用该方法认定实际开工日期。

(二)竣工日期的认定

当然,竣工日期的认定是指实际竣工日期的认定。《新施工合同司法解释一》第9条规定,当事人对建设工程实际竣工日期有争议的,按照以下情形予以认定:

1. 建设工程经竣工验收合格的,以竣工验收合格之日为竣工日期。

2. 承包人已经提交竣工验收报告,发包人拖延验收的,以承包人提交验收报告之日为竣工日期。

3. 建设工程未经竣工验收,发包人擅自使用的,以转移占有建设工程之日为竣工日期。这是竣工日期的认定方法。

为什么未经竣工验收发包人擅自使用的，会以转移占有建设工程之日为竣工日期呢？主要有三点理由：第一，发包人在工程未竣工验收的情况下擅自使用工程违反了法律规定，应当承担相应的法律责任；第二，发包人使用工程，表明其已经实现了合同的目的；第三，发包人已经使用了工程再进行竣工验收的话就可能出现责任不清晰的问题，因为工程已经使用过。

我们看一个案例，这个案例很有意思，看一下是不是以提前使用的日期作为认定竣工日期的依据。

【案例3】某室外装修工程纠纷案

本案中，笔者代理的是建设单位。

某施工单位就建设单位拖欠工程款提起诉讼，被告建设单位就施工单位逾期竣工提出反诉，诉讼过程中双方对实际竣工日期存在争议。原告认为，被告在工程未经竣工验收的情况下，提前于2003年12月6日使用了工程（家具店开张），所以应依法确定实际竣工日期为2003年12月6日。被告建设单位认为，实际竣工日期为2004年3月底。我提出了以下理由：第一，该工程为室外工程，谈不上使用或不使用，不装修的话室内也可以使用，室内不使用室外实际上也保持在使用状态，故不适用《原施工合同司法解释一》第14条（《新施工合同司法解释一》第9条①）提前使用以转移占有建设工程之日为竣工日期的规定。另外，室外工程也谈不上转移占有，能够转移占有的只能是室内的房屋建筑。第二，家具店开张的时候，施工单位室外装修工程仍有部分工程未做完，完成的时间为2004年3月底，所以事实也证明该工程没有竣工，既然没有竣工，就谈不上竣工日期。法院经过审理认为，原告的主张成立，适用《原施工合同司法解释一》第14条（《新施工合同司法解释一》第9条②）的规定。笔者想，是不是适用上述规定，关键是看合同的目的是否已实现，也就是上面分析的为什么以转移占有为竣工日期的理由之二。实际上，在本案中，合同的目的已经实现，家具店已经开张，室外装修的目的也就是家具店开张，既然家具店已经开张，合同的目的已经实现，一般从公平的角度还是认定以家具店开张的日期为竣工日期，而不考虑是否还有些工作没有做完。

【案例3】说明，工程未经竣工验收擅自使用以转移占有之日作为竣工日期

---

① 《新施工合同司法解释一》第9条将《原施工合同司法解释二》第14条中的“按照以下情形分别处理”修改为“人民法院应当分别按照以下情形予以认定”，其余内容均无变化。

② 《新施工合同司法解释一》第9条将《原施工合同司法解释二》第14条中的“按照以下情形分别处理”修改为“人民法院应当分别按照以下情形予以认定”，其余内容均无变化。

的认定方法中,在某些含糊不清的情况下,就要考察合同的目的是不是已经实现,实现了就认定实际竣工,没实现就要据理力争。

此外,约定的竣工日期是否发生了变更?这种情况很多,我们来看上编第三讲的【案例1】,备忘录是否变更了双方合同约定的竣工日期?

在该案例中,建设单位要求施工单位承担逾期竣工违约金,计算到起诉之日即2006年4月13日,金额为320万元,关于工期双方约定为210天,开工日期是2003年8月28日,竣工日期是2004年4月15日,每延误一日承担万分之四的违约金。由于质量问题,工期一拖再拖,导致房屋无法使用,造成原告建设单位的损失。被告主张的抗辩理由有两点:一个是双方于2004年10月28日签署了备忘录,该备忘录表明双方变更了约定的竣工日期,即竣工日期由2004年4月15日变更为2004年11月30日。备忘录中写到:双方在履行合同的过程中,施工单位在工程质量、进度、工程进度款未能按双方约定的条款履行,多次提出违背合同原则的要求,现就工程竣工日期等事宜订立备忘录,双方确认凡是动工的项目必须于2004年11月30日前竣工。另一个是2005年2月1日,双方签订了协议书,该协议书表明双方又将竣工日期变更为2005年3月15日。协议书写到:双方商定施工单位承包的工程,合同内容包含已经动工的工程必须于2005年3月15日之前完工结束,包括发现的质量缺陷整改完毕。

那么,被告主张的竣工日期由2004年4月15日变更为2004年11月30日,之后又变更为2005年3月15日的请求是否成立呢?实际上,从工程惯例的角度看,从当事人真实意思的角度来看,竣工日期没有发生变更,因为在施工单位逾期竣工以后,作为建设单位总要向施工单位提出要求明确具体的竣工日期,而此时施工单位会根据实际情况设定一个实际能够完工的日期,并且双方往往会形成一个备忘录或者会议纪要,这个实际上是工程惯例。比如,工程约定的竣工日期是10月11日,施工单位没有按期竣工,作为建设单位肯定很着急,询问施工单位到底什么时候能完成,施工单位说12月,据此形成一个会议纪要,这并不是说双方变更了合同原来约定的竣工日期。本案中,法官就反问施工单位"你认为变更了吗?"显然法官也认为竣工日期没有变更,还是原来的4月15日。这一点我们要注意。但是就这一点,实践中有些法院会认定竣工日期发生了变更,而从严格的角度、工程惯例来说,是没有发生变更的。我们作为律师提供非诉讼法律服务的时候,要考虑在工程实践中如何约定该种情况,避免法院理解上述情形变更了合同约定的竣工日期。

（三）工期顺延的认定

在《原施工合同司法解释二》出台前的司法实践中，法院对于认定工期能否顺延主要有四种认定方法：两种定性的方法和两种定量的方法。

从定性的角度有两种认定方法，第一种是只要有影响工期顺延的因素存在，就认定工期可以顺延，免除施工单位工期延误的责任。比如设计变更了、工程量增加了，大家都认为这种情况下通常可以顺延工期，所以不管你延误多少天，都免除施工单位的责任，判决发包人反诉请求不成立，实际【案例2】中就有这种因素。第二种是影响工期的因素确实导致工期延误，但是没有办法证明具体的天数，这时候有些法院也免除施工单位的责任，比如【案例2】中的一审法院。当然，有些是可能影响工期拖延的因素，比如说拖欠工程款、设计变更、提供材料不到位，还有一些比如说加层，这从定性的角度来讲肯定是导致工期延误的，但是在【案例2】中施工单位并没有证明具体的天数，而一审法院免除了施工单位的责任，判决建设单位败诉。

从定量的角度也有两种认定方法，第一种是进行工期鉴定；第二种是由法院自行认定。下面我介绍一下我代理的两个工期案件。

【案例4】某工期鉴定纠纷案

这个案子里，笔者代理的是施工单位。

施工单位起诉建设单位要求其支付工程欠款并承担逾期付款的利息，建设单位反诉要求施工单位赔偿因施工单位导致的案外人损失并承担逾期竣工的违约金340万元。审理过程中，原告施工单位就工期延误的原因在于建设单位拖欠工程款、工程量增加，与被告另行发包的工程交叉施工进行了举证。此后，法院要求原告施工单位申请工期鉴定，原告提出申请后，法院委托了造价咨询事务所进行了工期鉴定，鉴定之后确立了系争工程合理的工期是1995年9月18日至1997年11月2日，也就是说可以从1997年9月18日顺延到11月2日，共顺延了45日，而实际竣工日期为1997年12月30日，延误了58天。法院经过审理之后判决施工单位承担逾期竣工违约金192万元。本案中，工期顺延的认定就是从定量的角度去认定，委托工期鉴定机构进行鉴定确认。

上面的案例是从定量的角度，进行了工期鉴定的案例。下面我们再看一个法院自行认定的案例。

【案例5】某法院自行认定纠纷案

这个案子里，笔者代理的是建设单位。

判决书载明：关于施工设计方案变更导致工期延长的签证合计为1046.33台时，因这笔误工日的争议，施工单位将1046.33台时除以一台机器每天施工24小时折算延误的天数不合理，因为有43个桩需要钻孔，每个孔平均需要24小时20分，现在现场至少有五台机器在同时施工，所以以一台桩机施工折算不符合实际情况。法院又认为，建设单位以桩机一天工作24小时折算不科学，应当以桩机一天工作8小时计算。鉴于43个桩孔的分布，其施工对相邻钻孔的影响程度无法确定，法院确认1046.33台时按五台桩机正常施工，每台桩机正常施工8小时，来折抵工期延误26.16天。

在这个案子里，法院就自行认定了工期延误的天数。

以上是我介绍的司法实践中四种认定工期的方法，即两种定性的方法和两种定量的方法。实际上，上述每一种认定方法都是有问题的。

第一，从定性的角度看，只要存在影响工期延误的因素就认定工期顺延，显然是不对的，因为这些因素是否确实影响了工期、是不是在关键线路上、实际影响的天数都没有证据证明。

第二，从定性的角度，确实能证明这些因素导致了工期延误，但是不能证明具体的天数，这种认定标准也是有问题的。以上这两种定性的认定方法都是对施工单位有利的，按照这种标准要追究施工单位的责任基本不可能。以上两种从定性的角度进行认定的方法均未达到证明的标准。

第三，从定量角度进行工期鉴定，这里的问题是工期鉴定意见不能作为工期顺延天数的认定依据。这就涉及一个颇有争议的问题，工期问题究竟是否适宜启动鉴定，对此，我们就反对和支持工期鉴定的理由都来做一些详细介绍。

第一种观点认为，工期不应当进行鉴定的理由主要有如下几点：

首先，工程造价咨询单位没有工期鉴定资格。法律、法规明确规定了建设工程质量、工程造价和资产评估等鉴定单位的资质等级及鉴定范围，但未就建设工程施工的工期颁发专门工期鉴定资质。根据《民诉法》第76条第1款“当事人申请鉴定的，由双方当事人协商确定具备资格的鉴定人”以及2001版《民事证据规则》第29条（2019版《民事证据规则》第36条第2款①）的规定“审判人员对鉴定人出具的鉴定书，应当审查是否具有下列内容：……（六）对鉴定人鉴定资格的说明……”工程造价咨询单位作出的工期鉴定意见显然不能作为证

① 2019版《民事证据规则》第36条第2款将2001版《民事证据规则》第29条第1款第6项修改为：“鉴定书应当由鉴定人签名或者盖章，并附鉴定人的相应资格证明。委托机构鉴定的，鉴定书应当由鉴定机构盖章，并由从事鉴定的人员签名。”

据使用。

其次,鉴定单位的造价工程师根本没有能力进行工期鉴定,工期跟造价完全是两回事,有造价工程师资格并不意味着能进行工期鉴定。既然没有鉴定资格,又没有鉴定能力,得出的意见往往是荒唐可笑的。比如【案例 4】的工期审计报告中载明:1997 年 10 月 19 日,建设单位还在出具设计变更通知单,而设计变更通知单完成的时间需要 14 天,因而合理的竣工日期应该从 10 月 19 日向后递延 14 天即 1997 年 11 月 2 日。非专业人士看上去会觉得有道理,认为设计变更单出来之后必须经过一定时间的施工才能完成,实际上这是有问题的。因为设计变更单、技术核定单是根据履约的进度不断出现的,没有施工到某阶段的时候往往没有技术核定单、设计变更单,只有施工到一定部位的时候才会出现技术核定单、设计变更单,所以从专业的角度,这个根本不能成为工期顺延的理由。但是,审计单位却以这样一个理由阐明竣工日期可以顺延到 11 月 2 日,而对工程量、拖欠工程款不予理睬,实际上跟工程实践是不一样的。工期鉴定对谁有利呢? 实际上,鉴定单位偏袒谁就对谁有利。

最后,我国还未制定相关工期延误司法鉴定国家标准和行业标准、技术规范。工期延误鉴定往往要依赖于“该专业领域多数专家认可的技术标准和技术规范”,但究竟何种技术方法是业内通行公认的技术方法,在中国司法实务中,还是颇具争议的。因此,鉴定所依据的技术规范的缺失,也是中国司法实务中不宜启动工期鉴定的原因。

第二种观点认为,工期应该可以委托某些机构进行司法鉴定,理由主要有以下几点:

首先,我们可以在部分权威文本中寻得支持工期鉴定的一些依据。如住房城乡建设部发布的《建设工程造价鉴定规范》[①]第 5.7.2 条规定:“当事人对鉴定项目工期有争议的,鉴定人应按以下规定进行鉴定:1. 合同中明确约定了工期的,以合同约定工期进行鉴定;2. 合同对工期约定不明或没有约定的,鉴定人应按工程所在地相关专业工程建设主管部门的规定或国家相关工程工期定额进行鉴定。”另外,《中华全国律师协会律师办理建设工程法律业务操作指引》第 125 条第 1 款规定:“如果当事人对造成工程工期延期的原因、责任存在争议,律师应向当事人建议向法院或仲裁机构提出工期鉴定申请,通过鉴定确定工期延

① 住房城乡建设部发布国家标准《建设工程造价鉴定规范》,编号为 GB/T51262-2017。

期的天数、延期的原因、责任承担主体及应承担的违约金、损失的数额。”①

根据《民诉法》②和《全国人民代表大会常务委员会关于司法鉴定管理问题的决定》③的相关规定，鉴定活动应当针对的是事实查明中的专门性问题。因此，若能够确定工期问题是事实查明中的专门性问题，往往很可能使得法院同意启动工期鉴定。实践中，一些法院也会认可某些机构出具的工期延误鉴定报告。

其次，实践中，交由法官自行认定工期顺延情况也是存在问题的。因为工期的认定，专业性很强，法院很难有这样的鉴定能力，造价工程师都没办法解决。比如【案例5】，如何从工程的角度认定工期顺延的天数呢？应从事实的角度进行认定，原来的方案是不需要扩孔的，现在的方案需要扩孔，两者差异的时间才是应当顺延的工期，也就是说施工单位只需要记录两者实际的施工日期，两者之间的差异就是应当顺延的工期。显然法院认定的方法也是有问题的，原因就在于这是一个专业问题，法院无法判断。一般来说，法院自行认定对建设单位不利，对施工单位有利，原因就在于施工单位提供的证据材料无法达到工期顺延的证明标准，实际是可以认定施工单位举证不能的责任，而法院认定了顺延的日期在一定程度是免除了施工单位的举证责任，对施工单位有利。因此，司法实践中对工期顺延的认定方法都是存在问题的。这一情况直接导致了法官的自由裁量权很大，我们代理律师对于逾期竣工违约金案件进行判断、预测结果，难度非常大，四种方法都可以用，但四种方法都存在问题，都有很大的不确定性。比如【案例2】中二审法院完全改判了一审判决，就是因为采用了不同的证明标准，又如【案例4】中鉴定单位根本没有鉴定能力和鉴定资质，再如【案例5】中法院就专业性问题自行做出认定也存在问题。

我认为，对于工期的认定，应当统一认定的标准、认定方法，认定的标准前面我已经提到过，至于认定的方法，认定的机构还是可以有的，比如建造师，监理单位，他们负责工期的管理，对工期还是有能力管理的，应该让他们加入鉴定的队伍中来，然后委托他们进行综合鉴定，而不是单单由造价师来鉴定。我另

① 中华全国律师协会发布，2009年8月汇编。

② 《民诉法》第76条规定：“当事人可以就查明事实的专门性问题向人民法院申请鉴定。当事人申请鉴定的，由双方当事人协商确定具备资格的鉴定人；协商不成的，由人民法院指定。当事人未申请鉴定，人民法院对专门性问题认为需要鉴定的，应当委托具备资格的鉴定人进行鉴定。”

③ 《全国人民代表大会常务委员会关于司法鉴定管理问题的决定》规定：“一、司法鉴定是指在诉讼活动中鉴定人运用科学技术或者专门知识对诉讼涉及的专门性问题进行鉴别和判断并提供鉴定意见的活动。”

外还遇到一个非常荒唐的案子，将工程逾期竣工纳入造价鉴定，显然这不属于造价鉴定，我对此提出异议，后来这个鉴定报告被撤回了。

实际上，工期顺延鉴定往往对承包人是很不利的，因为按照原来的裁判思路，只要证明发包人图纸延误、工程款拖欠，至于承包人的违约责任，法院往往就不大考虑或考虑的很少了。但如果去申请鉴定，结果就不同了，原因：首先，没有哪家单位有鉴定资质；其次，鉴定出来，鉴定报告会说明发包人、承包人都有责任。所以如果按照原来的裁判思路，申请工期顺延鉴定，施工单位必定承担违约责任。按照《新施工合同司法解释一》的规定，在无顺延申请的情况下，由承包人承担所有违约责任，此时如果提出工期顺延申请的鉴定，可能会对双方的责任予以认定划分，但是鉴定结果不会对承包人完全有利。

下面我们来看一个案例。

【案例 6】某外国工程分包合同仲裁纠纷案

这是一个在沙特的 EPC 项目，我们代理的是总包单位，分包是一家民营企业。工程延期了一年的时间，总包要求没收银行保函，银行拒付，起诉银行，后银行败诉。后来分包打总包官司说拖欠工程款，总包则提出追究分包逾期竣工违约金。事实上，国内公司工期顺延是家常便饭，因为按国内的司法实践往往不会承担责任。但是如果国内公司到国外施工情况就大不一样了，国外按照 FIDIC 条款，工期延误必须承担责任。此时总包就找到分包，向分包主张逾期竣工违约金，所以案子就发生了。

分包单位按照原来法院的审判思路，提供了 18 版图纸，提出合同约定的竣工日期都已经到了，总包还在提供图纸，于是分包主张需要延长工期。施工单位往往是这样抗辩的。但是这个案子是在贸仲，笔者作为总包代理人就提出，分包的这种抗辩思路不对，因为 EPC 合同本来就是边设计边施工，合同只约定提供几套图纸，没有约定什么时候必须提供。此外，笔者还提出了两种观点：

第一，合同里只约定了两种情况下可以工期顺延：(1) 不可抗力；(2) 甲方通知停工。只有存在这两种情况时才可以顺延工期，显然本案并不适用。

第二，退一万步讲，即使图纸延误属于工期顺延的情况，但分包没有按合同中约定的 28 天提供索赔意向报告，没有提供视为工期不顺延。

据此，我们说服了仲裁委，仲裁委合议庭采纳了我们的意见，要求分包单位承担责任。后来分包单位在申请鉴定时又提出了工期的鉴定。作为总包我们不能同意，一旦同意任何鉴定单位都会得出结论是总包的责任导致，而能不能顺延工期，其实需要看合同约定，但鉴定人不会看相关合同约定，所以我们坚决不能同意。后来,仲裁委也没有鉴定,分包迫于压力就调解了。另外,本案工程在国外,如果按照国内的规定难以追究分包的责任,但业主向总包追究责任,由国际工程仲裁庭来审理,按照 FIDIC 条款一定会追究到总包的责任。业主会主张总包延期了就是总包的责任,而且总包的举证不可能到位,因为分包没有在合同约定的时间内完成,总包也无法在约定的时间完工。所以笔者就提出,如果总包追究不到下家(分包)的责任,下家还要总包承担停误工损失;然后总包跟上家(业主)一打还要败诉,向业主承担违约责任。这种情况下,我们作为总包承担了两倍责任,这显然是不公平的。最后仲裁庭还是接受了我们的意见。

另外,需要承包人注意的是,《新施工合同司法解释一》第 10 条第 2 款规定:"当事人约定承包人未在约定期限内提出工期顺延申请视为工期不顺延的,按照约定处理,但发包人在约定期限后同意工期顺延或者承包人提出合理抗辩的除外。"

因此,如果合同明确约定承包人未在约定期限内提出工期顺延申请视为不顺延的,一般应按照约定处理。这就要求承包人在约定的时间里,依据约定的理由,提出顺延申请,而且要写明顺延时间。在工程实践中,承包人往往做的更多的是图纸延误了,于是向业主发函提出图纸延误将要导致承包人停工,但这不算工期顺延的申请。所以,工期顺延申请要做好。此外,承包人未在约定期限内提出工期顺延申请视为工期不顺延有两种例外情形:第一,后来发包人同意工期顺延的,即改变了合同的约定;第二,合理的抗辩理由。如果在整个约定的期限里都没有申请工期顺延,很难认为有合理的抗辩理由。但如果有一份会议纪要载明今后的工期顺延到结算的时候统一来办理,是可能认为是合理的抗辩理由。因为会议纪要约定了,到最后工期顺不顺延,可以成为合理抗辩理由。相反,站在发包人角度,这也可以有两种理解,发包人虽然在结算时可以处理,但是仍然应遵循合同约定,承包人在约定的期限中仍应提出顺延申请。

最后,再简单讲几种影响工期的因素。

影响因素一:施工许可证。但是,没有取得施工许可证已经开始施工,司法实践中一般以实际施工开始日为开工日期而不是以施工许可证发放日为开工日期。

影响因素二:拖欠工程款。拖欠工程款并导致工程停工或减缓施工,则工期可以顺延,但需要证明延误的天数及拖欠工程款与延误天数之间的因果关系。另外,按照工程进度付款,经过审价发现实际价款比合同价款超出很多,那是不是能够以这个理由认为拖欠工程进度款呢?我认为是不能的。因为进度款是按照约定支付的,而施工单位也未对此提出异议,故不能以此作为拖欠工程款的依据。

当然,最高人民法院民事审判庭第一庭主持出版的《民事审判指导与参考(2003 年第 2 卷)》有这样一个案例:一审法院浙江省高级人民法院认定,工程合同约定暂定价是 12,650 万元,工期是 327 天,由此推算每天的工程量为 386,850 元,实际工程造价鉴定是 19,396 万元,工期应当顺延 174 天,所以杭州公司认为中城公司拖延工期应当承担违约责任的抗辩理由和事实不能成立,理由就是工程量增加了,原来的工程量除以工期就是每天完成的工程量,增加的工程量除以每天完成的工程量就是应当顺延的工期。显然这种认定方法是错误的,因为施工单位对建设单位拖欠工程款没有表示异议。另外,即使拖欠工程款,但有没有停工、缓慢施工导致工期确实延误,这也是要证明的问题,而本案中施工单位对拖欠工程款是否导致工期延误没能提供证据证明。

影响因素三:设计变更。设计变更是不是导致工期顺延,取决于设计变更是不是在关键线路上、与工期延误有没有因果关系。如果不在关键线路上,当然不能导致工期顺延。图纸延误、增加工程量也是这样来判断,并不是工程量增加了,工期就必须顺延,如果增加的工程量不在关键线路上,无论增加多少都不会影响工期,当然,因增加工程量而导致非关键线路转化为关键线路,则也会影响工期。

以上是本讲的全部内容,感谢阅读。

第五讲　工程建设造成周边建筑物损害赔偿*

大家好,我们今天讲座的内容是工程建设造成周边建筑物损害赔偿纠纷案件诉讼代理法律实务。要讲好这个内容,我想主要从四个方面来介绍:

1. 典型案例案情介绍;
2. 该类案件涉及的四个法律问题和两种法律关系;
3. 处理该类案件的关键;
4. 典型案例剖析。

一、典型案例案情介绍

【案例】顶管施工造成地上建筑物开裂,建设单位行使追偿权纠纷案

在这个案件里,笔者作为施工单位的代理人,提供了出具诉前法律意见书及诉讼代理法律服务。

某施工单位参加世界银行贷款的某市政项目国际招投标,并且中标。中标后双方采用了FIDIC合同条件1988年第4版文本进行签约,承包范围:沉井施工、顶管施工、泵房施工、阀门井施工、配电间施工、道路围墙施工;合同价款:8828万元;工期为2年,自1994年9月18日开工,1996年9月18日竣工。1994年9月18日开工后,顶管工程于1996年8月10日竣工,1997年12月31日经过市政公司验收并于1998年5月8日经过质监站核验,顶管、沉井工程质量被评定为优良,泵房、阀门井、配电间工程质量被评定为合格。1998年9月

* 本讲内容系根据2004年12月笔者在广州为某部委干部学院组织的培训讲座之录音整理而成。同时根据《民法典》相关规定进行了补充和调整。

24日,审价事务所出具了审价报告,工程竣工决算价格为9002万元。经过双方对账,截至2000年4月5日,市政公司共支付工程款8268万元,尚欠734万元。

在施工过程中发生了如下情况:

当地下顶管施工至某居民住宅楼时,两幢住宅楼发生不均匀沉降,出现墙体开裂、门窗开启不便、厨房及卫生间局部区域瓷砖大面积脱落、地坪冒浆等现象。为此,施工单位立即将上述情况通知建设单位和市重大工程建设办公室,并及时采取了施工技术措施防止损失扩大。

工程竣工以后,受损民房居民纷纷上访,市政府有关部门非常重视,并进行了多次协调,协调的意见包括:

第一,为了社会稳定,决定对居民的房屋进行维修并进行补偿。发生的费用先由市政公司从冻结施工单位的工程款中支付,然后由责任方承担。

第二,对事故发生的原因由施工单位委托鉴定。

第三,市政府有关部门根据鉴定结果组织专家对责任方以及责任大小进行认定。

根据上述协调意见,协调处理主要有如下几点结果:

第一,此次事故对外发生的费用1211万元,市政公司从其冻结的施工单位工程款1500万元中予以支付。(需要说明的是,除本案涉及的工程外,施工单位还承包了市政公司另一个工程,两个工程一共被冻结了1500万元)

第二,顶管施工遇到暗浜是造成事故的原因(根据1997年9月12日鉴定单位出具的《民房结构安全检测报告》结果认定)。

第三,专家对事故责任划分的意见:施工单位承担主要责任75%,市政公司承担次要责任25%。专家认为:(1)顶管穿越住宅楼引起墙体裂缝是因施工遇到暗浜引起的。(2)根据该工程合同条款和P. C1/3. 2合同澄清问题解答会议纪要,主要责任在承包商。(需要说明的是:经查,此处工程合同条款究竟指哪一条款不明确,所以无法判断;会议纪要上并没有各方盖章认可,合同也没有约定该会议纪要是合同文件的组成部分)(3)考虑到不利的外界条件,一个有经验的承包商难以预见的因素,业主应给予一定的补偿。

施工单位对上述协调处理结果表示异议,于是委托我们就此次纠纷的解决出具法律咨询意见书,包括对拖欠工程款、安全事故的责任承担、工期违约金发表意见。其中,对于安全事故的责任承担,我们发表的法律意见为施工单位不承担法律责任。

2001年5月15日,施工单位向中级人民法院提起诉讼,要求支付拖欠工程款734万元,支付逾期付款违约金177万元,共计911万元。

2001年8月2日,市政公司提出反诉,请求支付赔偿款1211万元;支付扣款不足的违约金34万元;支付工期违约金347万元(又称误期赔偿费,市政公司认为1996年12月31日竣工,比合同约定的竣工日期9月18日延误了105天,按约定每日违约金为合同价款的万分之四);支付水电费6万元,共计1598万元。

本诉和反诉请求金额共计为2509万元,其中,反诉超过本诉请求金额687万元。

经过一审法院审理,法院于2002年9月6日作出判决。审理耗费了1年3个月的时间。判决结果为,关于本诉:支持施工单位支付工程款734万元的请求,不支持逾期付款违约金请求,原因是诉讼时效丧失。关于反诉,支持市政公司工期违约金请求192万元;支持市政公司水电费用请求6万元;不支持赔偿款1211万元、扣款不足的违约金请求。

一审判决后,双方均不服,提出上诉。2004年7月28日,经过近2年的二审,高级人民法院作出判决,改判支付市政公司赔偿费348万元。

就本案而言,我们认为,一审法院的判决是对的,二审法院的判决因为了平衡某些因素,实际上二审法院的判决是值得商榷。以上是案情的介绍,后面我们再进行具体分析。

二、该类案件涉及的四个法律问题和两种法律关系

工程建设造成周边建筑物损害赔偿纠纷案件涉及的当事人比较多,至少包括建设单位、勘察单位、设计单位、监理单位、施工单位以及受损害方等。围绕该类纠纷分析各方当事人之间存在的法律关系对于确定各方当事人的法律责任具有非常重要的意义。下面我就该类纠纷涉及的四个主要法律问题进行介绍并归纳其涉及的两种法律关系。

(一)该类案件涉及的四个法律问题

首先,我介绍一下此类纠纷涉及的需要解决的四个主要法律问题:

问题一:因工程建设造成周边建筑物损害时,作为受到损害的周边建筑物的所有人或使用人应该按照何种法律关系向建设单位要求修复和赔偿?

问题二:因工程建设造成周边建筑物损害时,作为受到损害的周边建筑物

的所有人或使用人是否可以将建设单位、施工单位作为共同被告要求他们承担共同的责任?因为施工行为虽然是由施工单位进行的,但是建设工程毕竟是建设单位筹资建造并发包给施工单位施工的。

问题三:建设单位承担责任以后,建设单位根据何种法律关系向参与工程建设的责任方进行追偿?

问题四:建设单位是否可以对参与工程建设的责任方追偿对外发生的全部赔偿额?

这是我们需要解决的四个问题,这四个问题解决好了,实际上存在的几种法律关系也就回答清楚了,同时对整个案件的把握也就非常清楚了。

关于问题一和问题二,我认为:周边建筑物的所有人或使用人与建设工程的所有人或使用人为相邻关系,工程建设造成周边建筑物损害,建设单位应当承担特殊侵权的民事责任,建设单位应当按照无过错责任原则独立地向受害人承担民事责任。也就是说,受到损害的周边建筑物的所有人或使用人只能要求建设单位承担财产损害赔偿责任,而不能将建设单位、施工单位列为共同被告要求其共同承担法律责任,且这种责任是无过错责任。

我们下面分别来看为什么这么说。

原《民法通则》第 83 条(《民法典》第 288 条)规定:"不动产的相邻各方,应当按照有利生产、方便生活、团结互助、公平合理的精神,正确处理截水、排水、通行、通风、采光等方面的相邻关系。给相邻方造成妨碍或者损失的,应当停止侵害,排除妨碍,赔偿损失。"①这是关于相邻关系的规定,周边建筑物所有人或使用人与建设工程的所有人或使用人应为相邻关系。

同时原《民法通则》第 106 条第 2 款(《民法典》第 1165 条第 1 款)规定:"公民、法人由于过错侵害国家的、集体的财产,侵害他人财产、人身的应当承担民事责任。"②原《民法通则》第 106 条第 3 款(《民法典》第 1166 条)规定:"没有过错,但法律规定应当承担民事责任的,应当承担民事责任。"③前者规定的是一般侵权的民事责任,后者规定的是特殊侵权的民事责任。

一般侵权的民事责任,是指行为人由于过错侵害他人的财产或者人身依法

---

① 该条款内容已经调整为《民法典》第 288 条:"不动产的相邻权利人应当按照有利生产、方便生活、团结互助、公平合理的原则,正确处理相邻关系。"

② 该条款内容已经调整为《民法典》第 1165 条第 1 款:"行为人因过错侵害他人民事权益造成损害的,应当承担侵权责任。"

③ 该条款内容已经调整为《民法典》第 1166 条:"行为人造成他人民事权益损害,不论行为人有无过错,法律规定应当承担侵权责任的,依照其规定。"

应当承担的民事责任,其构成要件:第一,行为违法(包括作为和不作为);第二,有损害事实;第三,违法行为和损害事实之间具有因果关系;第四,主观过错。而特殊侵权的民事责任,是指不要求完全符合一般侵权民事责任的四个构成要件,而是根据法律的特别规定,应当对他人的财产、人身损害承担赔偿责任。两者的主要区别:第一,一般侵权的民事责任主观上适用过错责任原则即有过错承担民事责任、无过错不承担民事责任,受害人对侵权人是否有过错承担举证责任。特殊侵权的民事责任适用严格责任原则,也称无过错责任原则,即没有过错也要承担民事责任;或者适用过错推定责任原则,即加害人能证明自己没有过错才不承担责任,否则就推定其有过错并承担责任;再或者适用公平责任原则,即对于损害的发生加害人、受害人双方均没有过错,法院视情况由双方分担损失的原则。第二,一般侵权的民事责任由原《民法通则》第 106 条第 2 款(《民法典》第 1165 条第 1 款)作出了原则性的规定,而特殊侵权的民事责任由法律特别规定。

在《民法典》生效前,原最高人民法院《关于贯彻执行〈中华人民共和国民法通则〉的若干意见(试行)》(以下简称《若干意见》)第 103 条规定:“相邻一方在自己使用的土地上挖水沟、水池、地窖等,或者种植的竹木根枝伸延,危及另一方建筑物的安全和正常使用的,应当分别情况,责令其消除危险,恢复原状,赔偿损失。”根据该条的规定,结合原《民法通则》第 83 条(《民法典》第 288 条)和第 106 条(《民法典》第 1165 条)的规定,周边建筑物的所有人和工程建设单位实际上是相邻关系,工程建设造成周边建筑物损害的建设单位要根据《若干意见》第 103 条的规定承担特殊侵权的民事责任,而且这个责任是无过错责任。因为《若干意见》第 103 条未提到要有过错才承担责任,所以没有过错也要承担责任。

2021 年 1 月 1 日《民法典》生效后,其物权编第七章相邻关系第 295 条规定:“不动产权利人挖掘土地、建造建筑物、铺设管线以及安装设备等,不得危及相邻不动产的安全。”根据该规定可知,周边建筑物的所有人与建设单位为相邻关系,建设单位负有不得危及相邻不动产安全的义务,与上述观点相印证。

此外,《民法典》第 1240 条还规定了高度危险侵权责任:“从事高空、高压、地下挖掘活动或者使用高速轨道运输工具造成他人损害的,经营者应当承担侵权责任;但是,能够证明损害是因受害人故意或者不可抗力造成的,不承担责任。被侵权人对损害的发生有重大过失的,可以减轻经营者的责任。”若因为工程建设中高空、高压、地下挖掘活动造成周边建筑物损害的,受到损害的周边建筑物的所有人或使用人可以依据《民法典》第1240条主张“经营者”按照无过错责任原则承担高度危险责任。

那么，这里的“经营者”到底是建设单位还是施工单位？实践中法院对建设单位、施工企业谁才是《民法典》第1240条规定的“经营者”存在不同的裁判。

我们认为，施工单位与建设单位签订施工合同，对外不进行经营行为，不属于这里所指的“经营者”。最高人民法院民法典贯彻实施工作领导小组主编的《中华人民共和国民法典侵权责任编理解与适用》针对第1240条有如下表述：“本条将承担法律责任的主体明确为经营者，是指从事高压、高空、地下挖掘活动或者对高速轨道运输工具享有运行支配和运行利益的人。经营者是向消费者提供其生产、销售的商品或者提供服务的自然人、法人或者其他经济组织，它是以营利为目的从事生产经营活动并与消费者相对应的另一方当事人。”[①]施工单位仅按要求进行工程建设，不向消费者提供商品或服务，不是与消费者相对应的另一方当事人，也不对工程项目享有运行支配和运行利益，因此，施工单位不是这里所指的“经营者”，也即，不是第1240条规定的高度危险作业的责任承担主体。

最高人民法院在有关案例[②]中也认为，施工单位的施工行为是按照建设单位的意思而进行的，是受建设单位的指示进行施工，不属于原《侵权责任法》第73条(《民法典》第1240条)所指的“经营者”，不应当承担高度危险责任。因此，我们认为，根据《民法典》第1240条的规定，若因为工程建设中高空、高压、地下挖掘活动造成周边建筑物损害的，受到损害的周边建筑物的所有人或使用人可以依据《民法典》第1240条要求建设单位按照无过错责任承担高度危险责任。

关于问题三我的结论：建设单位与参与工程建设的勘察单位、设计单位、施工单位存在合同关系，如果周边建筑物损害系某一个或几个违约方造成的，则违约方应当承担违约责任，建筑单位要求某一方或某几方承担责任的行为系依据合同行使追偿权的行为。由于建设单位与参与工程建设的他方具有合同关系，与勘察设计单位有勘察设计合同关系、与施工单位有施工合同关系、与监理单位有委托监理合同关系，因此建设单位在向受害人承担民事赔偿责任后，可以依据合同关系和履约事实向上述过错方追偿。

---

① 最高人民法院民法典贯彻实施工作领导小组主编：《中华人民共和国民法典侵权责任编理解与适用》，人民法院出版社2020年版，第616~617页。

② 参见(2018)最高法民申855号、(2016)最高法民申1316号。

《建筑法》第五章建筑安全生产管理规定中规定了建设各方的安全注意义务,其中主要是第37条规定的设计单位的安全注意义务即建筑工程设计应当符合建筑工程安全规范和技术规范,保证工程的安全性能,第38~41、44、47、51条规定了施工单位安全注意义务即制定安全技术措施、施工现场采取维护安全、防范风险的措施、对相邻的建筑物等可能造成损害的应当采取安全防护措施、采取措施保护地下管线、执行安全生产责任制度、采取措施防止安全事故发生、不得违章指挥或违章作业、发生事故时应当采取措施减少人员伤亡和事故损失。第40、42、49、50条规定了建设单位的注意安全义务,即向施工单位提供与施工现场相关的地下管线资料、按照国家有关规定办理申请批准手续、涉及建筑主体和承重结构变动的装修工程,建设单位应当在施工前委托原设计单位或者具有相应资质条件的设计单位提出设计方案、房屋拆除应当由具备保证安全条件的建筑施工单位承包。如果建筑工程安全事故损害相邻建筑物是由于勘察、设计、施工单位、监理单位违反上述安全注意义务造成的,建设单位可以根据上述法律规定向过错方主张权利。

关于问题四,建设单位是否可以对参与工程建设的责任方追偿对外发生的全部赔偿额呢?我认为:建设单位的追偿权实际上是受到限制的,很难向参与工程建设的责任方追偿到对外发出的全部赔偿额。下面我们分几种情况来讨论:第一,建设单位没有过错。如果建设单位没有过错,过错在于勘察单位、设计单位、施工单位、监理单位中的任何一方或多方,那么建设单位有权向一方或多方主张权利要求全部赔偿。第二,建设单位有一定的过错。如果建设单位与勘察单位、设计单位、施工单位、监理单位中的一方或多方均有过错,则属于混合过错,责任方应该按照过错大小承担相应的责任,也就是说建设单位行使追偿权的时候要考虑自身的过错,也要对自身的过错承担一定的责任,建设单位就不能向他方主张全额赔偿。第三,建设单位没有履行防止损失扩大的义务。建设工程安全事故损害相邻建筑物的时候,建设单位客观上有义务防止损失扩大,否则建设单位无权就扩大的损失部分向责任方追偿。因为原《合同法》(现《民法典》合同编)规定在一方违约的情况下,另一方有防止损失扩大的义务。所以,建设单位的追偿权也会受到防止损失扩大的义务的限制,如果建设单位履行了,就可以全额追偿,如果没有履行或者履行不到位,建设单位的追偿权是受到相应的限制的,不能就扩大的损失要求其他责任方赔偿。

(二)该类案件涉及的两种法律关系

以上是我对这四个问题的回答,根据对上面四个问题的回答,我总结一下此类纠纷共涉及两种法律关系:一是外部关系;二是内部关系。外部关系即受损害方与建设单位之间的关系,这是一种相邻关系或高度危险责任侵权法律关系,分析这种关系主要解决受损害方应该如何行使索赔权。内部关系即建设单位与参与工程建设的主体包括勘察、设计、施工、监理之间的法律关系,这是一个合同关系,分析这种关系主要解决建设单位向受害方赔偿后如何向其他参与方行使追偿权的问题或最终损害结果如何在建设工程参与责任方之间进行分配的问题。

三、处理该类案件的关键

处理该类案件主要解决以下几个问题。

(一)如何正确地认定事实

如何来认定事实呢?就是通过事故鉴定来确定事故发生的原因。如何来鉴定呢?

第一,鉴定需要从两个不同的法律关系反映事故发生的原因:第一个是从相邻关系或高度危险责任侵权法律关系的角度确定事故发生的原因;另一个是从参与工程建设各方的角度确定事故发生的原因。实践中,有的鉴定报告只从一个法律关系的角度出具报告,这样就需要再从另一个法律关系的角度出具鉴定报告。当然也有一个鉴定报告包含了两个方面的内容。在案件代理过程中,当事人常常不能认识到这一点,明明是从相邻关系或高度危险责任侵权法律关系的角度下的结论,却误认为是从参与工程建设各方的角度出具的结论并以此作为追究施工单位责任的依据。

第二,从相邻关系或高度危险责任侵权法律关系的角度鉴定需要注意的事项。首先,需要考虑受损建筑物本身是否存在质量问题。实践中,有些建筑物本身存在质量问题,而工程施工正好在该建筑物周边进行,受损害方常常借此机会将建筑物本身的质量问题转嫁给建设单位。其次,受损建筑物周边的其他工地对其是否有影响。实践中也存在多个工地围绕着一个建筑物同时施工的情形,这也是在鉴定的时候需要考虑的。

第三,从参与工程建设的各方的角度鉴定需要注意的问题。(1)需要考察勘察、设计、施工、监理方的责任问题;(2)需要考虑不同施工单位之间的责任问题,如地下围护结构、基坑开挖和地上结构部分是由不同单位施工的,那就要考虑这些施工单位之间的责任问题;(3)鉴定报告同时要考虑建设单位存在的责任问题。

(二)如何正确地适用法律

对如何正确适用法律应把握以下几点:

第一,正确认识纠纷的法律关系。我前面讲到工程建设造成周边建筑物的损害中存在两种法律关系:一个是相邻关系或高度危险责任侵权法律关系,也就是一种特殊侵权的法律关系;另一个是建设单位与参与工程建设的其他主体勘察、设计、施工、监理之间的法律关系,这是一个合同关系。两种法律关系的法律规定不一样,法律后果也不一样。

第二,必须做到正确地提起诉讼请求。作为周边建筑物的所有权人或使用人,是要求修复还是要求折价赔偿呢?我认为如果没有修复,可以请求修复,或者在已经请求修复而未修复的情况下要求折价赔偿。如果自行修复,费用又如何来确定呢?这时就要看有没有合同?有没有施工图纸?有没有支付款项的凭证?这些都非常重要。周边建筑物的所有权人或使用人要主张由建设单位承担修复费用就必须有合同、施工图纸、支付款项的凭证,才能得到法院的支持。另外,没有发生的费用是不是可以主张呢?比如主体结构已经纠偏了,但是装修的事情还没做,在这样的情况下,对未发生的费用是不是可以提出诉讼请求予以主张呢?我认为一般情况下是不可以的,除非对方同意。那在对方不同意的情况下怎么办呢?只能等受损害方装修好了以后再根据装修的合同、装修图纸以及装修过程中的付款凭证等主张赔偿。

第三,注意不要遗漏被告。需要根据过错的大小、因果关系确定各被告承担的责任份额。是否存在过错的判断方法就是查找合同的相关约定以及法律规定,是否有约定、法定义务没有履行并与损害结果有直接或间接的因果关系。如果有,该单位也是过错方,也应当承担责任。我们不能轻易地遗漏被告,遗漏了被告实际上建设单位的追偿权就会受到限制。

第四,要考虑是否存在混合过错。也就是说,建设单位是否也有过错。比如事故发生以后,是否采取了措施防止损失扩大。如果建设单位本身对事故的发生有过错,或者没有对损失扩大采取措施或者措施不到位,在这样的情况下,建设单位也需要承担一定的责任。

(三)施工单位作为第三人申请参加诉讼是合法的且对建设单位、施工单位有利

为了正确地确定事实,避免因事实确定错误导致建设单位对外承担责任以后难以对参与工程建设的各方追偿,避免施工单位因未参加对外赔偿纠纷的处理导致最后法院判决对不应当由其承担责任的部分也要承担赔偿责任。因此,虽然施工单位不是相邻关系或高度危险责任侵权法律关系的主体,也可以作为第三人主动申请参加诉讼,诉讼中可以利用其自身的技术、经济优势尽可能地减少损失。施工单位作为第三人参加诉讼对建设单位有利,对自身也有利,而且是符合法律规定的。

四、典型案例剖析

在前面介绍的案例中,为什么说一审判决施工单位不承担赔偿责任是对的,而二审判决承担一半责任是值得商榷的呢?

一审中,专家意见由建设单位作为证据提交法庭,经过法庭质证和法庭辩论环节,一审法院最终并没有采纳专家意见,为什么呢?我们首先看专家对责任的划分存在的问题。专家的意见认为施工单位承担75%的责任,建设单位承担25%的责任,专家的这个意见能否作为判决的依据呢?专家应该对什么问题有权发表意见呢?显然,专家有权对事故产生的原因发表意见,比如前面说到的经专家确认的顶管施工遇到暗浜是事故发生的原因,专家只要确认这一点就可以了。而对于责任方、责任大小,专家无权发表意见,因为专家是技术人员,并不熟悉法律,也不熟悉合同的约定,专家也不了解法律上对责任划分的判断规则。因此,专家对此发表意见实际上是主体错误,因为专家无权对事故的责任方以及责任方的责任大小发表意见。实际情况也说明专家发表的意见是不正确的,表现:专家认为根据合同条款以及合同澄清问题解答纪要,主要责任在于承包商。实际上我前面讲到,专家意见中没有指明根据合同具体哪一条,而专家所依据的合同澄清问题解答纪要实际上双方均未签字盖章,也没有作为合同组成部分,不具有约束力。退一步讲,即使会议纪要第9点规定的“顶管施工应保证沿线地面上建筑物的安全,如对地面上建筑物影响由投标商负责”有约束力,根据事故发生的原因,施工单位也不需要承担责任,因为施工单位只能对

自己施工的安全负责,而不能对勘察、设计的过错负责。所以专家意见第二点认为施工单位承担75%的责任是主观臆断,没有考虑合同的约定,也没有考虑法律的规定,他本身也不是法律问题的专家,当然不能给出正确的意见。另外,专家的第三点意见认为考虑到不利的外界条件,一个有经验的承包商难以预见的因素,业主应给予一定的补偿。应该说,专家对施工顶管遇到暗浜的情形认定为是一个有经验的承包商难以预见的因素,这个认定是正确的,但是适用法律是错误的。理由就在于,根据FIDIC合同的规定,在一个有经验的承包商无法预见的情况下,因工程建设造成损害的风险应该由建设单位来承担,而免除施工单位的责任。所以应该由建设单位对受损害方承担全部的责任,而不仅仅由建设单位承担一定的补偿责任。所以,专家的意见是错误的,不能作为法院判决施工单位承担责任的依据。

其次,一审法院判决施工单位不承担赔偿责任是有事实和法律依据的,依法、依约施工单位是不应该承担责任的。(1)顶管施工遇到暗浜是事故发生的原因,而暗浜应该是谁勘察出来的呢?是勘察单位应该勘察出来的。既然勘察单位没有勘察出暗浜,勘察单位就应该承担责任。而作为建设单位,按照《建筑法》的规定,其应该将勘察资料交给施工单位,且资料必须是完整的、真实的、全面的。本案中,建设单位交给施工单位的资料显然未显示暗浜,故就建设单位和施工单位之间建设单位应该承担责任。(2)正如专家所认定的一样,这是一个有经验的承包商无法预见的情形,既然无法预见,根据FIDIC合同通用条款第13条的规定,应该免除施工单位的责任,应由建设单位来承担。从这个角度来讲,施工单位也是不需要承担责任的。(3)合同中还约定,施工单位按照合同约定去施工不可避免地造成损害的风险由建设单位来承担。也就是说,施工单位按照图纸施工不可避免地造成了损害,应该免除施工单位的责任,这也是FIDIC合同条款的规定。所以,本案中,对施工单位按照图纸施工不可避免地造成的损害,施工单位当然不应该承担责任。(4)因为勘察单位没有发现暗浜,勘察资料也是错误的,没有准确地反映地质状况。在这样的情况下,设计单位根据勘察资料设计的设计文件也是错误的。实际上,如果勘察单位勘察出暗浜的话,设计单位在设计管线走向时也就不可能从暗浜的下面穿过。那么施工单位根据错误的设计图纸导致的事故损失显然不应该承担责任,而是应由设计单位承担,当然设计单位可以说是勘察单位的责任。

以上是本讲全部内容,谢谢大家!

>中编

第一讲　业主方建设工程施工合同管理法律实务*

大家好，今天我要讲的内容是《原施工合同司法解释一》和《原施工合同司法解释二》的应用与针对业主方的施工合同管理法律实务。其中《原施工合同司法解释一》是指 2005 年 1 月 1 日起施行的最高人民法院《关于审理建设工程施工合同纠纷案件适用法律问题的解释》，《原施工合同司法解释二》是指 2019 年 2 月 1 日起施行的最高人民法院《关于审理建设工程施工合同纠纷案件适用法律问题的解释（二）》。所谓业主方，通常就是指建设单位，或者说是指发包人。法律实务，就是指法律法规在工程实践以及司法实践中如何来运用。关于施工合同司法解释应用与针对业主方的施工合同管理法律实务，实际上就是说业主方如何将施工合同司法解释运用到施工合同管理中。为了使大家更加清晰地了解本讲内容，我将从以下六个方面进行讲解：

1. 举办该讲座的必要性、特点和目标；
2. 合同总体策划阶段存在的法律问题及应对策略；
3. 招投标阶段存在的法律问题及应对策略；
4. 签订建设工程施工合同阶段存在的法律问题及应对策略；
5. 建设工程施工合同履行阶段存在的问题及应对策略；
6. 纠纷处理阶段存在的法律问题及应对策略。

---

* 本讲内容系根据作者于 2005 年 10 月 22 日为上海交通大学管理学院举办的“中国房地产董事长、总裁研修班”的讲课录音整理而成。

一、举办本讲座的必要性、特点和目标

(一)《原施工合同司法解释一》和《原施工合同司法解释二》对业主方建设施工合同管理提出了众多要求

1. 规避签订黑白合同。

《原施工合同司法解释一》和《原施工合同司法解释二》均规定黑白合同按白合同结算工程价款。所谓白合同,在实行备案制度时是指经过招投标程序签订并在住建部门备案的合同,也就是《原施工合同司法解释一》第 21 条规定的"备案的中标合同";在住房城乡建设部《关于修改〈房屋建筑和市政基础设施工程施工招标投标管理办法〉的决定》取消备案制度之后,白合同仅指经过招投标程序签订的合同,也就是《原施工合同司法解释二》规定的"中标合同"。所谓黑合同,则是指在白合同之外,针对同一施工项目另行签订且与白合同实质性内容存在差异的其他合同或补充协议。在《原施工合同司法解释一》出台前,司法实践中涉及黑白合同的纠纷一般按照黑合同处理,这是因为黑合同既是双方当事人的真实意思表示,也是双方实际履行的合同。在《原施工合同司法解释一》出台后,就要按照白合同,即"备案的中标合同"来结算了。而在《原施工合同司法解释二》出台后,虽然也是按照白合同结算,但这里的白合同仅是指中标合同,与是否备案无关。另外,《原施工合同司法解释二》还规定,工程范围、工期、质量等实质性内容也需要按照白合同确定。我们下面来看一个关于黑白合同的案例:

【案例 1】北京首例黑白合同案

基本案情详见上编第一讲【案例 3】。

那我们来看看这个案子里的有关问题:

问题一:法院认定白合同有效、黑合同无效,但是否确如法院所述,应当认定白合同有效、黑合同无效呢?原告在《原施工合同司法解释一》生效前起诉,根据《原施工合同司法解释一》第 28 条第 2 款,法院无法就该案适用《原施工合同司法解释一》第 21 条有关黑白合同按白合同结算的规定进行审理,故认定白合同有效、黑合同应背离白合同实质性内容而无效,应按有效的白合同进行结算。但我认为,该案中不管是白合同还是黑合同均无效。原因在于,白合同实际并非双方当事人的真实意思表示,而是双方通谋虚伪的表示,根据民法有关意思表示的基本理论,通谋虚伪的表面行为是无效的,故白合同应属无效;同

时,由于该项目在当时属于强制招标项目,黑合同的签订未经过招投标,违反《招标投标法》"必须进行招标"相关强制性规定,也应属无效。因此,我认为白合同与黑合同都是无效合同。《民法典》第146条规定也印证了我的观点:"行为人与相对人以虚假的意思表示实施的民事法律行为无效。以虚假的意思表示隐藏的民事法律行为的效力,依照有关法律规定处理。"根据该规定,虚假意思表示的白合同无效,黑合同效力根据相关法律规定单独认定,其因违反强制性规定而无效。

问题二:由于签订黑白合同,工程最终结算价款超出"市场价"24.5%,超额部分高达4609万元。什么是"市场价"呢? 该案中黑合同约定的价格真正体现了市场价,也是当事人的真实意思表示,应以黑合同项下的价格作为"市场价"。因此,黑白合同的签订将导致房地产公司成本严重失控。因此,业主方要规避签订黑白合同,一旦签订黑白合同,发生争议时根据《原施工合同司法解释二》之规定按照白合同结算,对业主方而言往往是非常不利的。

下面,我们再看一个案例。

【案例2】某工程项目施工合同文件审查案

某国有企业某项目进行施工发包,准备于2005年2月月底签约,签约文本采用原建设部1999版《建设工程施工合同(示范文本)》,包括:A.协议书、专用条款、通用条款,其中专用条款第23.2款约定:"本合同价款采用93土建综合定额、93安装定额和93装饰定额计价方式确定,"第26款约定:"按核实后的当月完成工作量80%支付";B.施工补充合同,其中第2条约定:"乙方愿意带资至合同总价的50%",第3条约定:"工程造价组成部分:93土建综合定额下浮6%,93安装定额下浮6%,93装饰定额下浮12%,93综合定额所包含的内容不套用装饰定额,采用中准价的材料价格下浮1%。"

上述A、B两份文件是典型的黑白合同:A文本是经招投标并已备案的合同,是白合同;B文本是补充协议,变更了白合同的实质性内容,未备案,是黑合同。这两份合同不同之处在于:一方面,对价款的确定方式不同,白合同约定按照定额计算且不下浮,但黑合同约定下浮;另一方面,对价款支付方式的约定也不相同,白合同约定按照进度支付80%,而黑合同约定需要垫资施工至合同总价的50%才开始支付进度款。

上述A、B两份合同签订于《原施工合同司法解释一》出台后,如果在合同履行过程中产生纠纷,基于《原施工合同司法解释一》按照白合同结算的规定,业主方主要面临以下几点风险:

其一，施工单位主张按照白合同约定的不下浮方式确定工程价款，但业主方主张按照黑合同约定的6%下浮率确定价款。如果因此发生纠纷，业主方起诉至法院肯定会败诉。其二，施工单位可以依据白合同主张业主方拖欠工程进度款，并依据白合同采取停工措施并据此主张顺延工期、费用索赔，最终导致项目进度失控甚至烂尾，给业主方造成重大损失。虽然黑合同明确约定需要垫资至合同总价款的50%再支付进度款，但在施工单位无力垫资的情况下，很可能提出按照白合同约定的80%进度款支付比例执行。而业主方如不按白合同约定支付就构成拖欠工程进度款，施工单位就可以此为由主张停工并要求赔偿停工损失或工期顺延等。如果业主方具备一定资金实力，项目还能正常建设，但若业主方无力筹集资金，就只能停工了。停工之后如果造成烂尾，将损失惨重。因此，签订这样的黑白合同，风险是非常大的。

2. 谨慎对待不作为默示承认条款。

除规避签订黑白合同，业主方还应谨慎对待默示失权条款：既要规避对自身不利的不作为默示承认条款，也要认识到不作为默示承认的前提条件。不作为默示承认是指特定条件下将当事人的不反对拟制为同意，适用不作为默示承认具有严格的前提条件——法律或合同文件对此作出了明确规定或约定。不作为默示承认条款在竣工结算环节较为常见。如果当事人约定承包商提交竣工结算文件后，业主方应当在约定的期限内回复，逾期不回复视为认可承包商结算文件，则构成标准的不作为默示承认条款。按照该条款，一旦施工单位提交竣工结算文件但业主方未在约定的期限回复，施工单位就可依据决算书里面载明的价款向业主方主张结算价款。《建设工程施工合同（示范文本）》（2013/2017版）示范文本通用条款共设置30处不作为默示承认条款，包括承包人不作为默示条款7处、发包人不作为默示条款14处和监理人不作为默示条款8处。因此，如果直接采用示范文本且不在专用条款作出特别约定，发包人不及时作为时被拟制为默认同意的风险非常突出，因此，发包人须格外注意规避示范文本中的这些风险条款。

《原施工合同司法解释一》出台前，即便当事人约定承包商提交结算书后发包方在约定的期限内不答复视为认可，但案件由法院受理后，法官通常不会适用该默示条款，而是直接委托审价或以各种理由委托审价。《原施工合同司法解释一》出台以后，由于其中第20条（《新施工合同司法解释一》第21条）规定当事人约定发包人在约定期限内不对竣工结算文件予以答复视为认可时，应按照约定执行，司法实践也遵照该规定执行。此外，《原施工合同司法解释二》也专门针对工期顺延申请中不作为默示承认的原则与例外作出了规定,具体将在下文展开分析。

下面我们举个案例来看看是不是适用逾期不结算视为认可结算:

【案例3】高院008号建设工程施工合同纠纷案

该案由笔者作为施工单位的代理人提供了诉讼阶段的代理法律服务。该案反映出发包人往往对《原施工合同司法解释一》"逾期不结算,结算报告为结算依据"的规定缺乏正确认识。

该案中,某施工单位通过参加费率招标中标某电厂工程,合同约定水工工程按上海市93定额并结合中标费率进行计价,合同暂定价款为4000万元,且业主方在收到施工单位递交的竣工结算报告后60天内进行核实,给予确认或提出修改意见。

该工程按期竣工,验收质量等级为优良。竣工验收通过后,施工单位提交了竣工结算报告,但业主方要求施工单位提供水下挖泥、水下抛石等原始资料,如船名、船号、吨位、数量;而施工单位认为双方已经就水下挖泥、水下抛石等工程量办理过签证,且合同仅约定结算时按照竣工图纸、签证等文件进行结算,未约定须提供原始资料,因此不愿提供。双方争执不下,业主方收到施工单位递交的竣工结算报告后未在60天内进行核实,亦未能在此期间给予确认或提出修改意见,更未支付任何结算款。

施工单位随后起诉至高级人民法院,提出依约、依法应确定工程结算造价即竣工结算报告载明的造价为9200万元,并据此提出诉讼请求4600万元(工程款4200万元、利息400万元)。关于"依约、依法",施工单位提出约定依据是业主方应当在收到施工单位递交的竣工结算报告后60天内进行核实,给予确认或提出修改意见;法律根据是原建设部第107号令(《建筑工程施工发包与承包计价管理办法》)第16条第1款第2项规定,"发包方应当在收到竣工结算文件后的约定期限内予以答复。逾期未答复的,竣工结算文件视为已被认可"。

业主方未能在证据交换届满前提供证据证明其在施工单位提交结算文件后60天内其提出过确认或修改意见,主审法官认同了笔者代表施工单位提出的理由,未明确同意业主方提出的司法审价要求。但证据交换结束后,主审法官通过电话要求笔者方同意司法审价,笔者表示不同意,除非业主方同意在春节前支付1000万元。业主方表示不同意支付,主审法官也表示不可能。

由于双方分歧过大,调解失败,法院组织正式开庭。未参与证据交换的审判长、另一审判员均认同笔者方的代理思路,并且顺利进入法庭辩论阶段,但因主审法官提醒,审判长中止了辩论程序,并且声明:如合议庭决定审价则委托审价,否则将再次开庭。这说明,经过庭审程序,审判长和另一名审判员也认为工程结算造价已经确定的观点确有道理,但因数额特别巨大,难以据此迳行判决。

庭后,主审法官就审价问题再次组织调解。经调解,业主方同意在春节前支付900万元,施工单位同意审价。春节前,施工单位收到了900万元。

从该案庭审过程可以看出,无论是主审法官还是审判长,对是否应依约、依法认定工程结算造价为9200万元均没有十足把握。一方面,因涉案金额巨大,担心不审价会引起很大问题,且这也不符合此前的司法实践;另一方面,又认为我们讲得也很有道理。另外,从业主方同意在春节前支付施工单位900万元换取施工单位同意审价的条件来说,业主方的代理人对于这个问题的结论也没有把握。

抛开法院审理因素,从客观角度而言,此种情形下是否真的可以"依约、依法"认定系争工程的竣工结算造价为9200万元,而无须司法审价?

首先,"依约、依法"中所谓的"法",是原建设部的107号令,属于部门规章,而最高人民法院的相关文件、会议纪要表明,部门规章通常不宜直接作为法律进行适用,不宜写入判决书。那像原建设部107号令这样一份部门规章能不能作为参考依据呢?实际上也不宜作为参考依据。因为是否审价涉及双方当事人的巨大利益,就像法院所说的,审价的话,可能施工单位提出的结算金额的10%~30%就没了;不审价的话,只能完全按照施工单位的主张进行结算,一分钱也不能少。所以从这个层面来看,原建设部107号令不宜作为裁判法律适用依据或参考依据。因此,这个部门规章是不能作为"依约依法"的"法"来适用或参考的。

其次,从《原施工合同司法解释一》第20条(《新施工合同司法解释一》第21条)规定来看,也不能直接根据合同约定以施工单位提出的结算金额为准。《原施工合同司法解释一》第20条规定:"当事人约定,发包人收到竣工结算文件后,在约定期限内不予答复,视为认可竣工结算文件的,按照约定处理。承包人请求按照竣工结算文件结算工程价款的,应予支持。"但该案施工合同并没有约定业主方在约定期限内不答复即视为认可竣工结算文件,因此不满足适用该规定的条件,不能直接以施工单位提交的结算文件认定结算金额。

最后,从施工单位在逾期60天后仍催告业主方要求结算的函件看,施工单位也不认为期限届满后结算价款已经视为认可了,因为施工单位还在要求业主方结算工程价款,既然要求结算工程价款,就说明工程价款还没确定。当然,笔者在庭上所说的此结算并非彼结算，只是为了维护施工单位的利益而已。客观上来说，这里的结算是工程结算的意思。

因此，就该案而言，系争工程竣工结算造价不能"依约、依法"认定为9200万元，还是应当根据审价结果确定。

这个案例给我们什么启示呢？在当时的司法实践中，无论法官、当事人还是代理人，对《原施工合同司法解释一》的规定都不够熟悉。如果本案业主方代理人重点阐明《原施工合同司法解释一》第20条的适用要件——当事人需要约定"业主方收到竣工结算文件后，在约定期限内不予答复，视为认可竣工结算文件"才视为竣工结算文件被认可，业主方也不需要以先行支付900万元换取同意审价，法院也会更果断地依职权同意业主方的审价要求。

3. 及时回应承包人提出的工期顺延申请并做好签收记录。

工期是发包人在施工项目中非常关注的合同履行情况之一，特别是对于房产企业而言，工期意味着交房、回款，一旦出现工期延误，项目实施将遭受重大不利影响。因此，发包人往往会在施工合同中严格限定工期调整，通常会采用"工期顺延必须经过监理单位或发包人书面确认"以及"未在约定期限内提出工期顺延时，工期不顺延"等条款。但这些条款是否能够完全防范工期风险呢？《原施工合同司法解释二》第6条（《新施工合同司法解释一》第10条）给出了明确的答案。

《原施工合同司法解释二》第6条（《新施工合同司法解释一》第10条）规定："当事人约定顺延工期应当经发包人或者监理人签证等方式确认，承包人虽未取得工期顺延的确认，但能够证明在合同约定的期限内向发包人或者监理人申请过工期顺延且顺延事由符合合同约定，承包人以此为由主张工期顺延的，法院应予支持。当事人约定承包人未在约定期限内提出工期顺延申请视为工期不顺延的，按照约定处理，但发包人在约定期限后同意工期顺延或者承包人提出合理抗辩的除外。"

该规定表明，即使合同约定工期顺延需要经过监理单位或发包人书面确认，对于施工单位在约定期限内提出的具备法定或约定理由的工期顺延申请，如果监理单位或发包人未予以确认，当双方对工期是否顺延产生争议时，法院还是会依法根据实际情况判断是否应当顺延工期。并且，在合同约定逾期不提出工期顺延申请视为放弃的情形下，只要承包人能够提出正当的工期顺延理由、未及时申请顺延的理由以及相应证据，法院也会予以支持。

根据该规定，发包人今后仅以"未经书面确认"以及"逾期提交申请"为由拒绝顺延工期，将不会得到法院支持。该规定对于发包人履约过程中的风险管理提出了新的要求。发包人应对施工单位提出的工期顺延申请予以特别关注，具体而言，一方面，应当妥善保管这类申请函件的签收记录，用以证明施工单位是否在合同约定的期限内提出；另一方面，应当在约定的期限内审查工期顺延申请是否符合合同约定或相关法律法规规定，及时作出同意或拒绝工期顺延的回复，并保存相关的证明文件。

（二）建筑市场虽然属于买方市场，但许多业主方并没有获得真正有利的合同管理地位，业主方项目管理并不轻松

所谓“建筑市场属于买方市场”，是指施工单位多、施工项目少。僧多粥少，按道理应当是业主方说了算，业主方始终处于有利的合同管理地位，但实际情况并非如此。实践中，业主方在合同管理中往往处于不利地位，业主方的项目管理工作并不轻松。这主要体现在以下几个方面：

第一，交房前的被动地位。工期可以说是开发商的“生命线”，如果工期延误，业主方就无法按计划开盘预售，无法按约定向小业主交房，不但不能如期回笼项目开发的巨额资金成本，还要承担逾期交房的违约责任。因此，施工单位往往以此为要挟，要求业主方增加合同价款或提高工程款支付比例，否则就缓工甚至停工。此时，业主方显然处于非常被动的地位。

第二，结算或者诉讼时的被动地位。例如，在现场工程师或监理已经为施工单位办理提高合同约定单价、增加工程量等内容的签证情况下，发包人即使对签证内容有异议，也难以在司法实践中推翻这类签证。尤其是在施工单位通过贿赂现场工程师或监理等不正当手段获取签证时，业主将因此遭受成本损失。

第三，发包人签约模式所导致的自身被动地位。对于上文提到的黑白合同、发包人选择招投标程序却又采用“二次议标”“价格谈判”等方式签约的情形，由于针对同一项目存在多份合同，或者所签订的合同与招投标确定的价款、施工内容、工期等实质性内容存在差异，施工单位在进场后往往会选择性履行对其有利的合同，引发纠纷。此时，由于《原施工合同司法解释二》明确规定“按白合同履行”和“按招投标文件及中标通知书结算”，故最终确定的结算依据往往对发包人不利。

第四，施工单位不配合管理导致的被动地位。施工项目中，发包人基于自身在前期的强势地位，会与施工单位签订对自身较为有利的施工合同。例如，

针对配合指定分包管理、解除合同、施工单位退场等内容作出有利于自身的约定。然而，在实践中，施工单位并不会严格按照合同的约定配合发包人的管理。比如，发生了合同解除的事由，发包人解除合同并要求施工单位退场，但施工单位往往提出各种理由拒绝退场。即便发包人成功清退施工单位，但由于变更合同备案、重新办理施工许可证等环节仍然需要原施工单位配合，发包人仍处于被动地位。再如，在一些发包模式下，需要总包单位配合发包人与其指定分包单位签订三方协议，但总包单位往往也不会无条件配合。因此，在管理施工单位时，发包人往往处于被动地位，此时不得不对施工单位作出一定妥协，满足其部分利益诉求，才能让施工单位配合管理。

（三）小结

从上述常见情形可以看出，尽管建筑市场是个买方市场，但许多业主方并未真正获得利于自身合同管理、履约的优势地位，往往面临造价失控、工期延误、质量不合格等重大风险。那么，怎样做才能改变这个局面，有效规避风险，就是本讲座所要探讨的内容，也是举办本讲座的必要性。

在本讲中，我将施工合同划分为五个阶段进行讲解，包括总体策划阶段、招投标阶段、签约阶段、履约阶段和纠纷处理阶段。这五个阶段是根据我在工程管理实践和工程纠纷司法实践中的经验整理出来的，这种划分有利于业主方了解施工合同管理的全过程，以便更全面、深入地改善施工合同的管理现状。同时，我将把《原施工合同司法解释一》和《原施工合同司法解释二》的相关规定贯穿到施工合同从策划到纠纷处理的各个阶段，并结合我自身办理的案例进行讲解。

本次讲座希望达到的目标是，让大家能够更加了解《原施工合同司法解释一》和《原施工合同司法解释二》，掌握有利的合同管理地位、技巧和方法，有效地防范造价失控、逾期竣工等风险，为精细化的施工管理创造条件。

二、合同总体策划阶段存在的法律问题及应对策略

（一）合同总体策划的概念和地位

合同总体策划阶段常常被业主方忽略，但这一阶段对业主方非常重要，且其重要程度更甚于招投标阶段和签约阶段。所谓合同总体策划，就是在项目实施之前或项目实施前期，将合同签订与实施有重大影响的决策事项，包括但不

限于业主方情况、承包商情况、工程特点、环境特点、政治环境、法律环境等各类因素，融合成不同方案进行比较后确定项目实施方案、合同主要内容的最优解的行为。我们来简单地分析一下这个概念：(1)合同总体策划阶段是在项目实施之前或项目实施前期；(2)合同策划的对象是对合同的实施和签订有重大影响的决策事项；(3)合同策划的依据是业主方实际情况、承包商实际情况、工程特点、环境特点(政治环境、法律环境等)等因素；(4)策划的方法是经过多方案比较后确定最优方案。

合同总体策划在合同管理中具有怎样的地位呢？我认为可以这样概括：有效的合同管理可以确保项目总目标的实现，而合同总体策划对项目总目标的实现起着决定性的作用。

(二)总体策划阶段存在的问题

总体策划阶段存在的问题，大致可以概括为两类。第一，不进行合同总体策划，做到哪儿算哪儿，“需要”签合同时不具备条件也要签，或者在条件具备后才签合同。“不具备条件也要签”往往导致履约过程中产生纠纷，“具备条件后再签”往往又会影响整个项目的工期和房屋交付。第二，虽然进行合同总体策划，但策划脱离实际，未能根据业主方情况、承包商情况、工程特点、环境特点(政治环境、法律环境等)等因素进行合同总体策划，这往往导致业主方处于不利的合同管理地位。

(三)如何进行总体策划

需要进行总体策划的内容很多，下面仅就其中几个重大部分介绍如何进行策划，包括项目的施工发包模式、业主方的管理模式、其他的策划事项，我们逐个来看。

1. 项目的施工发包模式

根据我在建筑房地产单位从事合约管理的经历和多年从事建筑房地产法律服务的经历，我总结出实践中主要存在以下三种发包模式：(1)平行发包模式，即业主方将项目主体结构工程发包给一个施工总承包单位，然后将机电安装工程、弱电工程、铝合金门窗工程、装修工程等专业工程再分别发包给机电安装工程承包商、弱电工程承包商、铝合金门窗工程承包商、装修工程等专业工程承包商；(2)施工总承包模式，即业主方将项目全部发包给施工总承包单位，且施工总承包单位又将主体结构以外的专业工程分包给专业工程承包商，如机电安装工程承包商、弱电工程承包商、铝合金门窗工程承包商、装修工程等专业工程承包商;(3)施工总承包加指定分包模式,即业主方将工程全部发包给一个施工总承包单位,且同时将一些专业工程指定给指定分包商,让这些被指定的专业承包商成为施工总承包的分包人,这叫总承包加指定分包模式。

如何选择合适的施工发包模式呢?做好选择的前提是区分、比较各类施工发包模式的优缺点。

(1)平行发包模式的优缺点

平行发包模式的优点是可以节约成本,因为所有的工程内容都由业主方直接签订合同,但存在三项缺点。其一,业主方虽然找了施工总承包单位,但施工总承包单位对其他专业工程不承担总包的工期、质量、安全等责任,因为这些专业承包商与施工总承包单位之间并没有合同关系,而是与业主方直接签约。在缺乏合同关系的情况下,业主方不可能要求施工总承包单位承担相应的责任。其二,对于需要招投标的项目,业主方需要在每次选择专业承包商并签订相关合同之前履行招投标程序,这耗时费力,成本较高且可能对工期产生不利影响。其三,由于各专业承包商分别与业主方建立合同关系,这些专业分包工作的所有协调、管理事项都要由业主方完成。在业主方协调、管理不力时,可能出现交叉施工等情况,影响整个项目的工期,并可能造成施工总承包单位、专业承包商向业主方主张因此产生的停窝工损失。

(2)施工总承包模式的优缺点

施工总承包模式主要具有两项优点,但也存在两项缺点。优点之一是减少招选程序,由于所有的工程内容都发包给了施工总承包单位,再由施工总承包单位进行分包,对于应当招投标的项目,业主方仅进行一次招投标即可。优点之二是施工总承包单位需要承担总包责任,对总包范围内全部工程内容的工期、质量、安全承担责任并进行管理。缺点之一是成本高,所有的专业工程都发包给了施工总承包单位,并由施工总承包单位确定专业分包人,施工总承包单位往往收取较高比例的总包管理费。缺点之二在于弱化了业主方对项目的控制能力,由于所有专业承包商与业主方之间都没有合同关系,且分包工程款由施工总承包单位支付而不是由业主方直接支付,业主方对项目的控制能力就会差一些。

(3)施工总承包加指定分包模式的优缺点

施工总承包加指定分包模式也具有优缺点。优点之一是节约成本,因为专业承包商都由业主方指定,业主方可以确定分包价格,且分包人对施工总承包单位缴纳的管理费一般在3%～5%，这也是施工总承包单位在投标的时候就已向业主方承诺的。优点之二在于施工总承包单位需要承担总包责任。分包人虽然由业主方指定，但都与施工总承包单位签订了分包合同，属于施工总承包单位的分包商，故施工总承包单位要对分包人实施管理并承担相应的总包责任。尽管存在上述优点，但施工总承包加指定分包模式需要规避直接指定分包的相关风险。住建部《工程建设项目施工招标投标办法》《房屋建筑和市政基础设施工程施工分包管理办法》等部门规章明令禁止建设单位指定分包，且《原施工合同司法解释一》将直接指定分包出现质量问题作为业主方对质量缺陷承担过错责任的情形之一，这是这一发包模式主要存在的两个问题。

既然三种发包模式都各有优缺点，那么该如何选择项目发包模式呢？根据以往的工程实践和司法实践，我认为平行发包模式主要适合于业主方管理力量非常强的项目；施工总承包模式一般适用于厂房工程的发包，因为厂房工程业主方的管理力量一般比较薄弱，找一个施工总承包单位来管理各分包单位比较有利；施工总承包加指定分包模式主要用于一些境外投资的大型办公楼、酒店、商业设施等项目。

了解各种发包模式的特点有助于业主方规避选择发包模式时常见的一些误区。例如，采用平行发包模式时，业主方常常误认为土建施工总承包单位需要对其他平行承包单位承担总包责任，典型的表现是将其他平行承包单位表述为业主方直接分包，并在施工总承包合同中约定总包管理和配合费，或签订补充协议约定所谓的“总包管理和配合”并据此支付总包管理及配合费。但实质上，施工总承包单位就其他平行承包单位并不承担工期、质量等责任，因为这些专业分包人是与业主方签订合同，而不是与施工总承包单位签订合同，施工总承包单位的施工范围只是土建内容，不包含业主方直接分包的内容。因此，在施工总承包单位并非签约主体，且其工程范围不包含平行发包的工程范围的情况下，即便业主方支付了总承包管理费及配合费，施工总承包单位也有权提出抗辩，主张不承担总包管理责任。

2. 业主方的管理模式

目前市场上可选择的业主方管理模式我归纳认为主要有以下三种：(1)“业主方管理+监理管理质量(+审价所审价)”模式，这通常适用于国内工程的管理；(2)“业主方管理+监理管理质量+测量师事务所管理造价、合同”模式，这一般适用于境外投资的一些房地产项目；(3)“业主方管理+项目管理公司管理+监理管理质量+(测量师事务所管理造价、合同)”模式，这一般适用于境内外资项目、国内市政工程项目。

对于上述三种管理模式，业主方如何合理选择？我认为主要的衡量因素包括三点。第一，业主方自身的管理力量。如果业主方自身管理能力较强，可以不需要由测量师事务所管理造价合同，也不需要项目管理公司管理项目，可以选择第一种模式，即“业主方管理+监理管理质量（+审价所审价）”模式。第二，项目管理公司的数量与能力。项目管理公司进行项目管理是境外通行的管理方法，但拿到国内不一定就能适用、行得通，这种管理方法的适用性与项目管理公司的数量和能力密切相关。如果有较多可供选择的项目管理公司，且项目管理公司的管理能力很强，业主方的选择余地会比较大，就不妨采用第三种模式，即“业主方管理+项目管理公司管理+监理管理质量+（测量师事务所管理造价、合同）”模式。第三，成本因素。聘请项目管理公司费用较高，业主方自行管理则可节省一定管理费用。

下面，我们来看两个案例，看看这两个案例里面反映的管理模式到底是好是坏，给了我们怎样的启示。

【案例4】由境外项目管理公司管理案

该案例中，业主方采用的管理模式为“业主方管理人员管理+项目管理公司管理+监理质量管理+测量师事务所造价、合同管理”模式。

这是一个大中型综合房地产开发项目，总建筑面积约20万平方米。人员安排方面，业主方工程管理人员包括两名高级管理人员（其中一名年薪非常高，约50万美元/年）和配备较为齐全的各专业人员共二十名；项目管理公司管理人员九人，包括四位主管、四位助手和一位经理，管理费用为工程建安成本的2%（项目建安成本约2亿美元，管理费约为400万美元）；监理公司除了总监外，还配置了各专业监理工程师；测量师事务所参与人员共四人，管理费用约占建安成本的0.5%，约为100万美元。

组成该项目的“三控制”人员分别为：(1)质量控制人员，由监理、项目管理公司、业主方的人员组成；(2)进度控制人员，由项目管理公司和业主方的人员组成；(3)造价控制人员，由测量师事务所、项目管理公司和业主方的人员组成。

这种模式存在的问题是，质量、进度和造价控制存在重复管理、多头管理的情况。这一方面会导致业主方管理成本上升，另一方面也将造成多头管理，承包商不知道该听谁的，也容易引起业主方内部矛盾，从而导致管理混乱。

后来，这个项目在施工过程中遇到了东南亚金融危机，业主方首先终止了与项目管理公司的服务合同，然后解聘了一名高级管理人员，并进一步充实了自身的管理人员数量。该项目目前早已建成并投入使用，基本上实现了投资的目标。

这个案例可以反映，业主方不宜选用重复多头的管理模式，否则会造成管理混乱，成本上升。遇到金融危机以后，该案例中业主方解聘项目管理公司和一位年薪过高的高级管理人员后，也将项目管理得很好，可见此前的管理模式是重复多余的。

【案例5】由国内房地产公司代建案

该案例中，业主方采用了“业主方管理人员管理+项目管理公司管理+监理质量管理”的管理模式。项目的规模是大型厂房工程，建筑面积约10万平方米。

该项目中，业主方全权委托项目管理公司进行管理，这个项目管理公司实际是当地开发区的一个房地产公司，管理的范围非常大，包括选择招标代理单位、监理单位、总承包、施工单位，甚至连业主方的律师也是由房地产公司推荐的。然而，房地产公司的管理力量并不强，甚至存在在施工阶段与施工总承包单位、分包单位串通的嫌疑。而业主方自身的管理力量又非常薄弱，总经理、副总经理不懂工程，工程部经理也不得力，管理人员更是由返聘的退休人员组成。由于业主方无法控制充当项目管理公司的房地产公司，导致项目管理十分混乱，主要表现在以下几个方面：

第一，业主方自身认识混乱，未能正确认识到自身与房地产公司的关系实际是委托与受托关系，业主方作为委托方随时可以解除合同。由于未能认识到这一点，导致业主方对房地产公司的不当管理行为束手无策。

第二，房地产公司通过组织招标确定的中标价格严重脱离市场价格，且增设了包括2000万元总包管理费在内的众多费用，导致成本严重失控。

第三，房地产公司在管理过程中不履行管理职责。在施工总承包单位和其他分包单位以合同不作为默示承认条款作为依据要求索赔的情况下，房地产公司仍不加以重视，反而我行我素，不发出异议函，且对施工单位发出的进度款申请也不进行审核，进而导致争议：一方面，总承包单位和部分分包单位主张业主方拖欠工程款；另一方面，业主方认为不但其未拖欠工程款，还存在工程款超付的情况。

在这样的情况下，由于各方对工程款支付产生重大争议，施工总承包单位和分包单位停止施工，工期遭受严重影响，且造价严重失控，最终导致该项目实际造价超出合理价格的30%~40%。

本案中，业主方委托笔者为其提供法律服务，但经过几次会谈，笔者发现其管理过于混乱，因此没有接受委托为其提供非诉讼法律服务。不幸的是，一年后，施工总承包单位和分包单位起诉业主方，要求业主方支付拖欠的工程款并承担巨额索赔。最终，该项目未建设完成的厂房被拍卖，也就是说，业主方辛辛苦苦组织建造的厂房在基本快要造完的时候被拍卖了，业主方的目标显然没有实现。

这个案例给我们的启示：业主方选择项目管理公司进行项目管理时，不能脱离国内实际情况，必须加强自身对项目的控制，必须加强对项目管理公司的监督，否则，一旦委托了像本案中的房地产公司这样的管理公司进行项目管理，自身却又无法进行有效监督，就很有可能使项目管理一步步变为失控的状态，并最终导致项目目标无法实现。该案中，不但业主方的工期、质量、造价目标没有实现，最后就连工程也被拍卖了，损失惨重。

3. 其他策划事项

第一，项目是否属于必须招标的项目，是首先需要进行策划的事项之一。这需要根据《招标投标法》的规定，对照《必须招标的工程项目规定》《必须招标的基础设施和公用事业项目范围规定》规定的项目范围、合同价款标准进行判断。如果必须招标的项目未经招投标就选定了供应商，会导致合同无效。这个问题下文也会重点讲解。

第二，到底采用固定总价合同、固定单价合同、成本加酬金合同还是可调价格合同，也需要进行策划。这是非常重要的一项策划内容，策划得当可以较好地控制造价，否则很可能导致造价失控。

第三，项目签约计划，也就是应当在什么时候签订哪些合同，需要事先有一个总体计划，不能做到哪儿算哪儿，更不能不具备条件也要签或者等具备了条件再签，否则很可能导致工期失控、项目管理混乱或者质量出现问题。

还有一些其他策划事项，我这里就不一一介绍了。

三、招投标阶段存在的法律问题及应对策略

（一）违反《招标投标法》的强制性规定，可能导致合同无效，进而可能导致所签订的合同不产生双方预期的法律效果

强制性规定是指含有“禁止、不得、应该、必须”等字样的法律条款。《招标投标法》里的强制性规定主要包括四类，分别是必须招标的规定、导致中标无效

的强制性规定(共六种情形)、责令改正的强制性规定(共四种情形)、违反《招标投标法》的其他强制性规定。但并非违反这四类强制性规定的合同一律无效,根据原《合同法》第52条第5项及原《合同法司法解释(二)》第14条规定,违反效力性强制性规定的合同才无效。《原施工合同司法解释一》第1条第3项明确规定"建设工程必须进行招标而未招标或者中标无效",也就是说,对于《招标投标法》而言,只有违反了必须进行招标而未招标或者中标无效这两类强制性规定,施工合同才会被认定为无效,其他强制性规定不会导致施工合同无效。

【案例6】某住宅项目弱电工程合同签订案

该案中,笔者接受某房地产开发企业的委托提供项目全过程法律服务。该房地产开发企业就某住宅项目通过"总包+指定分包+直接发包"的方式进行发包。业主方首先通过招投标方式选定的施工总承包单位并签订总包合同,约定总包范围包括住宅项目土建、安装、装饰等工程,其中部分机电工程(含弱电、消防等工程)为指定分包工程,但电梯工程、专业配套工程不属于总包范围,由业主方直接发包。项目施工过程中,业主方拟将弱电工程对外签约,笔者向项目管理部提供了适用于房地产开发企业、施工总承包单位、指定分包单位三方签订的指定分包合同文本,要求他们根据该合同文本制作弱电工程分包合同,但项目管理部并未使用该合同文本,而是按照直接发包的方式起草了《弱电工程承包合同》,签约主体为业主方与弱电施工单位。后来,笔者向项目管理部阐明利害关系,项目管理部最终按照笔者提供的指定分包合同文本,重新起草了《弱电工程分包合同》。对此,可以分析如下两个问题。

第一,项目管理部按照直接发包的方式起草的《弱电工程承包合同》是否违法?

按照项目建设时适用的《工程建设项目招标范围和规模标准规定》(目前已失效),住宅项目必须进行招投标,如果按项目管理部制作的《弱电工程承包合同》签约,则意味着业主方撇开了施工总承包单位,在未进行招投标的情况下直接发包弱电工程,显然违背了住宅项目必须实施招标投标的规定,将导致《弱电工程承包合同》被认定为无效。

第二,按照指定分包合同文本签约,签订的《弱电工程分包合同》是否违法?如果按照指定分包合同文本签约,则因指定分包的合同性质仍属于分包合同,而且总包是通过招投标方式进行的,总包范围包括指定分包工程的范围,所以签订《弱电工程分包合同》并不违反必须招投标的规定,合同有效。

这个案例说明，法律法规规定必须招投标的项目，如果业主方单独将项目中的指定分包工程拿出来直接与指定分包人签订合同，如果该分包工程价款达到了必须招标的标准，就需要进行招投标，否则该合同将被认定为无效。

(二)通过招标投标但未能获得合理的低价

我们都知道，招投标的主要目的是在投标人资质和履约能力达标的前提下获得合理低价的服务，但实践中未能获得合理低价的原因是什么呢？这可以从下面两个案例得出一些启发。

【案例7】某外商独资企业厂房工程招投标签约案

该案中，笔者作为施工单位代理人提供签约过程中的法律服务。新加坡某外商独资企业新建厂房一幢，在设计单位仅提供土建及钢结构初步设计文件和安装工程设计参数的情况下，邀请了A、B、C、D四家单位进行投标。按照当时适用的法律法规，外商独资企业新建厂房不属于必须招标的范畴，可以不进行招投标。厂房工程技术要求并不高，该外资企业进行邀请招标的目的非常清楚，就是为了获得合理的低价。应当说，外商独资企业的出发点是好的。

开标结果显示，A的投标价格最低，为1300万元，B、C、D的投标价格比A的投标价格分别高出100万元、200万元不等。该外商独资企业根据价格最低原则，确定A施工单位中标。

中标后，双方在签约阶段产生存在分歧，对拟采用的合同价款确定方式意见不一。外商独资企业主张采用固定总价的方式确定合同价款，目的是将合理的低价约定到合同中去，并能够真正实现招投标确定的合理的低价。A施工单位主张采用固定单价方式确定合同价款，原因有：第一，投标价格中工程量存在低估的现象，但是项目的单价比较高，如采用单价包干方式，在竣工结算时就能够弥补低估工程量导致的亏损，并同时发挥单价比较高的优势，增加利润；第二，安装工程因没有确定的工程量、没有明确安装材料、设备类型、品牌等，故工程造价无法确定性。为此，双方进行了多轮谈判，但是都没有结果。

此后，A施工单位聘请笔者以造价工程师名义参与谈判，虽然未能从名义上改变固定总价合同的价款确定方式，但通过对工程变更的特别定义，使合同价款确定方式名为总价包干，但实为按实结算、单价包干。

具体做法是：我在合同专用条款第29条“设计变更”中约定：“由于本合同签订时尚无施工图，故工程变更是指今后施工图与承包商提交的投标报价文件相比，分部分项工程项目的增加或减少、项目内容的变化、项目工程量的增加或减少等。”这是对设计变更的定义，也就是说，今后施工图只要和投标报价文件中的内容不一致，都构成设计变更。由于双方采用示范文本作为基础文本，示范文本中就有条款约定发生工程变更时，合同价款可以调整，在这样的情况下，结合上述“工程变更”的定义，合同价款其实是可以调整的。

投标单价高、工程量偏低，给施工单位通过设计变更的约定达到按实结算的结果提供了条件，最终导致业主方的目的落空。具体而言，业主未获得合理低价主要存在两方面原因：第一，业主方在招标时未能统一报价基础，因此无法对各个施工单位的投标价格进行实质评审比较，只能简单地以“谁的投标价格最低，谁的价格就是合理低价”的形式标准确定中标人。事实上，如果将报价基础统一为A施工单位的报价基础，即统一按A施工单位列出的工程项目、项目内容、项目的工程量进行计算，在不考虑履约过程对造价的影响的情况下，B、C、D三家施工单位提供的报价都会比A施工单位的价格低得多。因此，业主方并不能通过此类招投标获得真正的合理低价。第二，未能了解、掌握施工合同条款之间的关联性、合同价款确定方式与工程变更的关系，导致招投标确定的“低价”未能通过固定总价合同方式实际确定下来。

下面再来看一个案例。

【案例8】投标人擅自缩小招标范围纠纷案

该案中，笔者接受业主方委托为其提供法律咨询服务。该业主方通过招投标方式确定新建厂房的承包人，并通过固定总价方式确定合同价款。为此，业主方提前准备了施工图纸和工程量清单，但是工程量清单中缺少了铝合金门窗清单项目，而投标须知中明确说明招标范围包括铝合金门窗。

六家单位被邀请参加投标，最终A施工单位中标。在履约过程中，A施工单位提出：合同范围不包括铝合金门窗工程，需要就此增加工程造价。业主方认为，招标文件特别提到承包商需要就铝合金门窗进行报价，但在查阅A施工单位提供的投标文件和合同条款后发现，A施工单位的投标报价中没有含有铝合金门窗的报价，有关合同范围的约定也未能明确表示包括铝合金门窗工程。

对此，主要有两个问题需要分析。

问题一：A施工单位能否要求就铝合金门窗工程增加工程造价？

对此，无论根据双方签订的合同还是合同签订的过程，笔者倾向于认为A施工单位均有权主张增加铝合金门窗部分的价款。首先，合同约定的承包范围不包括铝合金门窗工程，A施工单位自然有权就铝合金门窗工程要求增加造价。其次，合同经要约与承诺一致即宣告成立，建设工程合同招投标的过程中，投标是要约,中标是承诺,招标只是要约邀请。由于投标(要约)中未对铝合金门窗报价,该投标经业主方确认中标(承诺),故铝合金门窗工程的价款当然不在合同价款内。

问题二:导致业主方不得不增加造价或者成本失控的原因是什么?

第一,评标委员会评标出现差错致使业主方受损。这个差错可能是故意,也可能是过失。但就本案而言,笔者更倾向于故意,因为招标文件中已经明确说明铝合金门窗属于招标范围,应进行报价,评标的时候就应该审查是否有该项报价。第二,签约阶段对承包范围、合同价款等条款的约定存在错误。既然招标文件中含有铝合金门窗工程,承包范围、合同价款中就应该约定清楚。

从上述两个案例可以看出,经过招投标评审获得"低价",并不一定是最终落到实处的"低价",不一定代表业主方有效控制了项目成本。对此,应该如何落实经过评审的最低投标价格,确保获得合理低价呢?我认为需要针对上述两个案例中未能获得合理低价的原因来对症下药。

方法之一是统一报价基础。在方案图设计阶段,统一的报价基础就是定额,取费标准由投标人填报,投标人竞争的是取费的费率;在施工图设计阶段,统一的报价基础是工程量清单,然后由评标委员会进行评标。但要注意的是,有了施工图和工程量清单,在投标人报价的时候,要特别注明投标人不能变更工程量清单,如果投标人认为工程量清单有问题,应当另行列出或者补充,而不能修改招标人的工程量清单。工程量清单一旦变更,评标便无法进行,各投标人的报价孰高孰低就没有了统一的评判标准。我曾经在一个项目上发现,尽管发包人制作了工程量清单,却允许投标人在认为工程量清单存在错漏时予以修改,结果每个投标人报上来的工程量清单都不一样,导致根本无从评标,且因时间紧迫,业主方无法全面评审,最终并未获得合理的低价。

方法之二是要加强评标管理。

【案例8】中,评标委员会没有认真审查投标价格中是不是包括铝合金门窗工程的报价,这可能是过失,也可能是故意。所以,除了由评标委员会评审各投标报价,业主方自身也要加强监督并实际参与。

如果业主方在招标时能够把握这两点方法,则能够较大程度地提升获得合理低价的可能性。

(三)中标通知书发出后未签订建设工程施工合同的法律后果及预防办法

实际中经常发生中标通知书发出以后不签订施工合同的情况,有些情况是由招标人不签订施工合同导致，有些情况是由中标人不签订施工合同导致，这会产生哪些法律后果，又该如何防范相应风险呢？

下面分两种情况来讨论分析：

第一种情况，未签订建设工程施工合同且未施工，其法律后果是合同未成立，对合同未能签订负有过错的一方需要对对方承担缔约过失责任。从理论上分析，要约（投标文件）承诺（中标通知书）达成一致时合同就已成立，但由于原《合同法》第270条规定建设工程合同应当采用书面形式，因此中标通知发出但未签订书面施工合同时施工合同实际仍未成立，此时对合同未签订负有过错并导致对方受损的一方需要承担缔约过失责任。

第二种情况，未签订建设工程施工合同但是已经开始施工，其法律后果是合同成立，拒签合同的一方承担包括预期可得利益在内的违约责任。原《合同法》第36条（《民法典》第490条第2款）规定："法律、行政法规或者当事人约定采用书面形式订立合同，当事人未采用书面形式但一方已经履行主要义务，对方接受的，该合同成立。"而同时原《合同法》也规定，依法成立的合同是合法有效的。也就是说，虽然双方未签订书面合同，但是合同已经开始履行而且对方接受的，则合同成立并且生效。既然合同已经生效，那再拒绝签订书面合同就构成违约，此时违约方应该承担包括预期可得利益在内的违约责任。

当然，也有观点认为，按照"要约—承诺"的合同成立方式，只要中标通知书送达就意味着施工合同关系已经成立，合同权利义务按照招标文件、投标文件和中标通知书确定，至于当事人未签订书面合同的后果，也应根据《招标投标法》及招投标文件的约定进行处理。[①]

无论未签订合同会有怎样的不利后果，对于业主方而言，防止中标通知书发出中标人不签订合同是一项重要的工作。对此，可以要求投标人在投标时缴纳投标保证金，并在中标后将投标保证金转化为履约保证金。收取保证金后，如果投标人中标但拒绝签订合同，业主方就可以没收其缴纳的投标保证金。当然，收取投标保证金的数额及比例应当符合《招标投标法实施条例》《工程建设项目施工招标投标办法》《工程建设项目货物招标投标办法》《工程建设项目勘察设计招标投标办法》等法规规章的相关规定。

---

① 参见最高人民法院民事审判第一庭：《最高人民法院建设工程施工合同司法解释（二）理解与适用》，人民法院出版社2019年版，第237~241页。

四、签订建设工程施工合同阶段存在的法律问题及应对策略

(一)未将通过招标投标方法获得的合理低价固定到合同中,导致合理低价的丧失

【案例9】某塑料厂误将固定价格合同理解为总价包干合同导致成本失控案

本案中,笔者接受施工单位委托,作为其代理人提供了结算过程的非诉讼法律服务。该塑料制品厂新建一幢厂房,其根据设计单位提供的施工图纸编制了工程量清单,并邀请了六家施工单位进行投标。A施工单位投标报价采取将工程量清单中小数点移位的办法故意减少了工程量(所谓移位的办法,就是将10,000平方米按1000平方米来报价),同时抬高项目单价,并将总价控制在其成本价上下。

评标的时候,因评标委员会在评标时审阅不仔细,未发现工程量清单中小数点的位置变化,认定A施工单位的投标价格最低,并推荐其中标。

结算时,双方对如何进行结算产生争议。业主方认为,无论根据招标文件还是双方签订的合同,合同价款均按照固定价格的方式确定,即除非发生设计变更,合同价款不得调整。但施工单位认为,虽然招标文件、合同中规定了固定价格的价款确定方式,但固定价格并非指总价包干。同时,合同专用条款中特别约定了"竣工工程量按实结算"等内容。因此,该合同实际采纳的是单价包干的价款确定方式,并非业主方所称的总价包干的价款确定方式。根据双方签订的合同的专用条款第23.2款,"本合同价款采用(1)方式确定——(1)采用固定价格合同,合同价款包括的风险范围:合同价格即为招投标中的中标价格。竣工工程量按实结算,以业主方委托有审价资质的单位提交审计报告为准"。最终,该案采用了"单价包干、工程量按实结算"的方式进行结算。

分析本案,既然业主方以施工图、工程量清单进行招标,其肯定会使用总价包干的方式确定合同价款并将此方式贯彻到合同条款之中。事实上,其在招投标过程中也贯彻了以总价包干的方式确定合同价款的思路。但为什么说本案合同最终采纳的是单价包干的价款确定方式呢?

要解决该问题,首先需要了解单价包干合同与总价包干合同的概念和区别。

单价包干合同与总价包干合同是指《建设工程施工合同(示范文本)》

(2013/2017 年版)与《建设工程工程量清单计价规范》(GB50500-2013)中所规定的"单价合同与总价合同"。

关于单价合同,《建设工程施工合同(示范文本)》(2013/2017 年版)通用条款第 12.1.1 条规定:"单价合同是指合同当事人约定以工程量清单及其综合单价进行合同价格计算、调整和确认的建设工程施工合同,在约定的范围内合同单价不作调整。"《建设工程工程量清单计价规范》(GB50500-2013)第 8.2.5 条规定:"单价合同的计量:承包人完成已标价工程量清单中每个项目的工程量后,发包人应要求承包人派员共同对每个项目的历次计量报表进行汇总,以核实最终结算工程量。"

关于总价合同,《建设工程施工合同(示范文本)》(2013/2017 年版)通用条款第 12.1.2 条规定:"总价合同是指合同当事人约定以施工图、已标价工程量清单或预算书及有关条件进行合同价格计算、调整和确认的建设工程施工合同,在约定的范围内合同总价不作调整。"《建设工程工程量清单计价规范》(GB50500-2013)第 8.3.4 条规定:"总价合同的计量:除按照发包人工程变更规定引起的工程量增减外,总价合同各项目的工程量时承包人用于结算的最终工程量。"

根据上述规定可知,虽然单价合同与总价合同中的"价"都是固定价,在风险范围内都不作调整,但前者的"价"不包含工程量,工程量按实结算,而后者的"价"则包含工程量,工程量在风险范围内也不作调整。

本案中,承发包双方既在专用条款中约定了合同价款确定方式采用固定价格方式,又约定了竣工工程量按实结算,故本案所涉合同应认定为单价包干合同。事实上,最终的结算也是按照单价包干的方式来确定的。

(二)签订黑白合同,根据《原施工合同司法解释二》按照白合同结算

《原施工合同司法解释二》第 1 条第 1 款(《新施工合同司法解释一》第 2 条第 1 款)规定:"招标人和中标人另行签订的建设工程施工合同约定的工程范围、建设工期、工程质量、工程价款等实质性内容,与中标合同不一致,一方当事人请求按照中标合同确定权利义务的,人民法院应予支持。"

因此,针对同一工程存在黑白合同时应按白合同结算。黑白合同导致业主方可能面临的风险我在上面已经讲过了,对于如何规避黑白合同,我认为有以下三个解决方法:(1)尽量不签订黑白合同。如果想要获得合理的低价,就进行正式的招投标,真正的招投标基本上是能够获得合理低价的;(2)如果要签订,

要找个合理的理由，签订补充协议，并且备案；（3）重新招标、投标，以获得合理的低价，然后重新签订合同。

（三）签订了无效合同，发生纠纷时不产生当事人预期的法律效果

《原施工合同司法解释一》和《原施工合同司法解释二》针对施工合同无效、合同效力转化、按有效处理的情形及无效后果进行了规定（见表1）。

表1 《原施工合同司法解释一》与《原施工合同司法解释二》对比

	《原施工合同司法解释一》	《原施工合同司法解释二》
合同无效	第1条　建设工程施工合同具有下列情形之一的，应当根据合同法第五十二条第（五）项的规定，认定无效： （一）承包人未取得建筑施工企业资质或者超越资质等级的； （二）没有资质的实际施工人借用有资质的建筑施工企业名义的； （三）建设工程必须进行招标而未招标或者中标无效的。 第4条　承包人非法转包、违法分包建设工程或者没有资质的实际施工人借用有资质的建筑施工企业名义与他人签订建设工程施工合同的行为无效。	第1条第2款　招标人和中标人在中标合同之外就明显高于市场价格购买承建房产、无偿建设住房配套设施、让利、向建设单位捐赠财物等另行签订合同，变相降低工程价款，一方当事人以该合同背离中标合同实质性内容为由请求确认无效的，人民法院应予支持。 第2条第1款　当事人以发包人未取得建设工程规划许可证等规划审批手续为由，请求确认建设工程施工合同无效的，人民法院应予支持……
合同效力转化	第5条　承包人超越资质等级许可的业务范围签订建设工程施工合同，在建设工程竣工前取得相应资质等级，当事人请求按照无效合同处理的，不予支持。	第2条第1款　当事人以发包人未取得建设工程规划许可证等规划审批手续为由，请求确认建设工程施工合同无效的，人民法院应予支持，但发包人在起诉前取得建设工程规划许可证等规划审批手续的除外。

续表

	《原施工合同司法解释一》	《原施工合同司法解释二》
按有效合同处理	第6条第1款　当事人对垫资和垫资利息有约定，承包人请求按照约定返还垫资及其利息的，应予支持，但是约定的利息计算标准高于中国人民银行发布的同期同类贷款利率的部分除外。 第7条　具有劳务作业法定资质的承包人与总承包人、分包人签订的劳务分包合同，当事人以转包建设工程违反法律规定为由请求确认无效的，不予支持。	第2条第2款　发包人能够办理审批手续而未办理，并以未办理审批手续为由请求确认建设工程施工合同无效的，人民法院不予支持。
无效后果	第2条　建设工程施工合同无效，但建设工程经竣工验收合格，承包人请求参照合同约定支付工程价款的，应予支持。 第3条　建设工程施工合同无效，且建设工程经竣工验收不合格的，按照以下情形分别处理： （一）修复后的建设工程经竣工验收合格，发包人请求承包人承担修复费用的，应予支持； （二）修复后的建设工程经竣工验收不合格，承包人请求支付工程价款的，不予支持。 因建设工程不合格造成的损失，发包人有过错的，也应承担相应的民事责任。	第3条　建设工程施工合同无效，一方当事人请求对方赔偿损失的，应当就对方过错、损失大小、过错与损失之间的因果关系承担举证责任。 损失大小无法确定，一方当事人请求参照合同约定的质量标准、建设工期、工程价款支付时间等内容确定损失大小的，人民法院可以结合双方过错程度、过错与损失之间的因果关系等因素作出裁判。

一般而言，合同有效与合同无效的法律效果差异较大：第一，合同有效则施工单位必须履行施工义务，但合同无效时，施工单位可以随时不履行合同；第二，合同有效时，施工单位须严格按照合同履行相关义务，合同中的相关约定可

以作为实现项目管理目标的抓手，使业主方实现项目管理目标具有一定确定性，但合同无效时，相关约定不具有约束力，施工单位不履行或违反约定时并不一定会产生预期的违约赔偿或惩罚效果，实现项目管理的目标没有确定性。

但是，基于《原施工合同司法解释一》和《原施工合同司法解释二》上述关于合同无效后果的规定，在支付工程款以及承担损害赔偿责任方面，有效和无效的后果差异并不大。关于工程款支付，根据《原施工合同司法解释一》第2、3条（对应《新施工合同司法解释一》第793条）的规定，合同无效但竣工验收合格时，相应工程款仍应参照合同约定支付；关于损害赔偿责任，虽然合同无效时不存在违约责任，但根据《原施工合同司法解释二》第3条的规定，仍可以参照合同相关约定主张损害赔偿。

（四）合同有效，但是合同主要条款约定模糊、前后矛盾，条款之间未能体现关联性、整体性、逻辑性，导致当事人在履行过程中产生争议

【案例10】因工程承包合同约定混乱导致2900万元争议案

本案中，笔者为某大型日资企业提供法律咨询服务。

2001年6月2日，甲方（业主方）与乙方（施工单位）签订《工程承包合同》，主要约定：

第1条：工程的名称为上部结构、隔断、天棚、装饰；建筑面积为24,000平方米；

第2条：工程承包方式为包工包料；

第3条：工程承包范围为一次性包干；

第4条第1款：工程合同造价为人民币6100万元；

第4条第2款：工程付款按沪建行经字（1989）第83号文件规定办理；

第4条第3款：合同价款调整方法为施工过程中发生的变更、增减项目、要经甲、乙双方签证，以及材料调价和收费标准的调整、人力不可抗拒的灾害等，可以对本合同工程价款随时进行调整，并按调整后的价款收取进度款；

第5条：工程计划为自2001年3月2日起开工至2001年8月12日止全部竣工；

第6条第4款：乙方在开工前应组织有关人员学习和熟悉图纸，参与设计交底，编制施工图预算，编制施工组织设计等一切施工准备工作；

第10条：工程结算：工程验收后，乙方应在30天内提出竣工结算，甲方在

接到结算后,如有不同意见,应在10天内向乙方提出,否则视为同意乙方主张,双方应在15天内办完全部结算手续。

第17条:其他条款

(1)合同签订后,预付工程造价的50%;

(2)结构完成后,预付工程造价的30%;

(3)工程完成后,经甲方验收合格后一次性付清。

施工单位于2001年3月20日进场施工并按时竣工。其间,业主方按照双方约定及时支付了工程进度款共计人民币6100万元,但施工单位未能按照约定于工程验收之日起30天内向业主方提出竣工结算。此后,业主方通过口头、书面等方式多次催告施工单位提交竣工结算书及结算资料,施工单位不但不提交竣工结算书及结算资料,反而认为不需要结算。因此,业主方只能单方面委托审价事务所进行工程结算造价鉴定。经鉴定,该项目工程结算造价为人民币3200万元。由于业主方实际支付了人民币6100万元工程进度款,故施工单位超额收取工程款高达人民币2900万元。为此,业主方要求施工单位返还多收取的工程款。

本案的争议焦点在于是否需要进行竣工结算,双方对此产生了激烈的纷争。

业主方主张合同第10条明确约定了竣工结算,就应该进行竣工结算。施工单位对此提出反驳,其认为合同是一次性定价包干,无须结算。业主方反驳,认为合同从未约定一次性定价包干,只约定了工程承包范围一次性包干,合同第4条明确约定工程量、价款、取费标准等均可调整,与一次性定价包干矛盾,且根据合同第6条第4款,施工图预算还没编制,一次性定价包干缺乏基础。

施工单位对此仍然不服,提出合同第17条约定工程完成后经甲方验收合格后一次性付清。事实上,甲方已经付清6100万元,这包括工程完成后最后一次约定的付款,既然已经支付了所有的款项,业主方以自己的行为表明不需要进行结算。此外,合同未约定竣工结算的依据与方法,故当然无须进行竣工结算。

此后,双方经协商达成一致,由施工单位退还业主方300万元,且业主方今后的工程施工由施工单位以最优惠的价格承接,具体按93定额结合信息价下浮10%计价。当然,这个结果对施工单位是非常有利的,一方面明显存在巨额超付的项目只退了300万元,另一方面还能继续承接业务,且93定额下浮10%几乎是上海的市场价格,十分有利。

这起案件中，主要有两方面原因引起双方争议。

1. 合同约定存在问题，导致双方产生争议。

第一，承包范围与合同价款确定方式混为一谈。合同第3条约定工程承包范围为一次性包干。工程承包范围是指工程图纸所涉及的内容，或者对土建、安装、装饰等施工内容的约定，而一次性包干是合同价款的确定方式（总价包干方式）。规范表达时，该条款应修改为"工程承包范围为工程图纸里面涉及的内容"或"工程价款的确定方式为总价包干方式"。

第二，合同约定了两种完全不同的付款方式。一方面，合同第4条第2款约定工程付款按沪建行经字（1989）第83号文件规定办理，第83号文件规定每个月月前预付当月工程进度款的一半，月末支付当月工程进度款的另一半。另一方面，合同第17条约定签订后预付工程造价的50%，结构完成后支付工程造价的30%，工程完工并经甲方验收合格后一次性付清工程款。显然，第17条的约定和第4条的约定是完全不同的，第17条约定按形象进度付款，而第4条约定按每个月的工程进度付款。

第三，合同约定了两种不同的价款确定方式。如果将合同第3条理解为工程价款的确定方式，那么该条约定的是总价包干。而合同第4条第1款约定工程合同造价为人民币6100万元，第4条第3款又约定工程价款的调整方法以及按照调整后的价款收取进度款，不但工程增减可以引起项目可以调整工程价款调整，而且材料调价和收费标准的调整也可以引发工程价款调整，根据该条款，这个合同不是总价包干合同，连单价包干合同也不是。因此，合同第3条与第4条第1、3款约定存在重大矛盾，实际上约定了两种价款截然相反的价款确定方式，一种是固定总价的价款确定方式，另一种是可调价的确定方式。

第四，工程结算与付款缺乏衔接。合同第10条对工程结算进行了约定，工程验收后，乙方应在30天内提出竣工结算，甲方在接到结算书后，如有不同意见，应在30天内向乙方提出，否则视为同意乙方主张；而第17条约定，工程完工后一次性付清工程款。对此，既然第10条已经约定了进行工程结算，最后的付款金额就需要根据工程结算的结果来支付，而不是按照第17条第3款的约定在工程验收完工后一次性付清工程价款的20%（也就是1600万元）。那么结算与付款条款应如何约定才能顺畅衔接呢？我认为可以对第17条第3款约定作此修改：工程完工后经甲方验收合格且经甲、乙双方确认结算造价以后一次性付清余款。这样修改之后与合同第10条就能够衔接上，不会产生矛盾。由于本案合同并没有进行这样的约定，使结算与付款之间缺乏衔接，进而导致双方产生重大争议。

2. 领导换届。

导致双方产生争议的第二点是领导人员的变更。由于后任领导对前任领导所签订的合同或所做的行为不予确认，加之合同约定本身不清楚明确，导致合同履行严重不顺畅。因此，为避免产生争议，应当在合同条款中加强约定，避免应当约定而未约定、约而不定、约定矛盾等情况发生，如果约定得非常清楚，那么即使领导换届，合同后续履行受到影响的可能性也比较小。

（五）采用示范文本签约时，缺乏对“不作为默示条款”的处理

我在上面已经介绍了不作为默示条款和这类条款可能引发的一些问题。《建设工程施工合同（示范文本）》（1999 年版）中共有 13 处的不作为默示条款，其中 12 处系针对业主方；《建设工程施工合同（示范文本）》（2013/2017 年版）中，不作为默示承认条款大幅增加至 30 处，其中针对发包人和监理人的不作为默示条款仍有多达 14 处和 8 处。显然，这些约定对业主方是非常不利的，如果直接采用示范文本，又不在专用条款作出特别约定，发包人不及时作为被拟制为默认同意的风险非常突出。

业主方应如何防范这类风险呢？一种方法是按照《建设工程施工合同（示范文本）》签约就严格按照《建设工程施工合同（示范文本）》来执行，但这对业主方管理人员的管理能力要求太高了，实际很难做到，对业主方还是很不利的。因此，在做不到严格按照《建设工程施工合同（示范文本）》履行的情况下，可以在专用条款对通用条款进行适当修改，改变对业主方不利的通用条款约定。譬如，可以在不作为默示通用条款对应的专用条款部分，约定不适用相应通用条款。当然，施工单位可能会拒绝签署这样的专用条款。这种约定很可能导致施工单位将变更价款的要求提交给业主方后，业主方半个月、一个月甚至一年都不确认，却没有任何不利后果，这对施工单位是很不公平的；并且，对施工进展不可缺少的指令、要求而言，施工单位发给业主方后半个月、一个月甚至一年都没有回音，施工单位也无法继续组织有效施工。在施工单位不同意此类条款的情况下，还可以用一些变通的约定方法，譬如，不在专用条款中直接约定不适用相应的通用条款，而是约定：如果发生通用条款所约定的业主方不在约定期限内回复即视为认可承包人相关请求的情形，承包商应当在约定期限届满后合理期限内（如 5 日内）向业主方发出书面催告函，催告业主进行回复并提出回复的合理宽限期（不少于 5 日），同时提示业主方催告内容是根据通用条款某某条款

不作为默示认可的约定作出的，如果业主在宽限期内仍不确认就视为认可。业主方的管理人员在收到这样的函件之后，往往都会非常重视。既然重视了，一般都会有所回复。采用这种方式，能够一定程度避免在针对业主方的不作为默示条款无法删去时，业主方因管理不力处于被动地位所致的相关风险。

（六）不重视特别条款的设立，可能导致承担混合责任的风险

例如，某承包商承包一个围护结构工程，包设计、包施工，总价确定，合同还约定业主方、监理单位应当审查、批准承包商委托设计单位设计的围护结构。但就是这样一个包设计、包施工的围护结构工程，经过业主方、监理单位审核以后还是发生了问题，导致了安全事故。此时，安全事故的责任应当由谁来承担呢？作为工程人员来说，既然包设计、包施工，这肯定是由承包商施工单位承担全部责任。但是这样的案件如果诉到法院，法院却不会这么认为。原因就在于这个围护结构的设计方案经过了业主方和监理单位批准。业主方和监理单位既然批准了当然要承担责任，要和施工单位共同承担责任，只是业主方、监理单位承担小部分责任，施工单位承担大部分责任。

业主方管理人员可能对此非常不满，既然已经把工程发包给了施工单位，怎么还让业主方承担责任呢？审查设计方案实际上是业主方的权利，行使权利难道还要承担责任吗？这显然在逻辑上是讲不通的，但在司法实践中就会产生上面所说的后果。因此，对于这样的情况，要专门在合同条款中约定：业主方、监理单位对围护结构设计方案的审查不免除或减轻施工单位应当承担的责任。这样约定之后，即便发生安全事故并诉到法院，业主方也不会因为审查了设计方案而对安全事故承担责任。

（七）业主方的自身管理制度虽然规定了签证的授权，但由于未约定至施工合同，对施工单位不发生效力

有些房地产开发企业的管理制度是比较完善的，就建设工程合同管理专门制定了合同管理办法，其中对签证的授权进行了明确规定。譬如，现场代表、甲方代表可以办理不超过 3 万元的签证，3 万元以上的签证要由公司的总经理来确定。但这样的一个授权制度，一定要约定到施工合同中，否则对施工单位没有任何约束力。对施工单位而言，只要甲方代表在上面签字盖章了，签证就发生效力，是双方协商一致的结果，应该作为工程价款结算的依据。此时，业主方拿出自己公司的建设工程合同管理办法，主张甲方代表无权办理 3 万元以上的

签证,是没有用的。所以,业主方如果想用内部制度的规定约束承包方,就应当把相关规定作为合同条款加入施工合同中,这样才会对承包方发生约束力。

(八)通过招标投标获得了合理的低价并已固定到合同中,但由于未约定履约保证金或未约定擅自终止合同的法律后果,导致施工单位以解除合同相威胁,要求增加合同价款

这一点实际要解决的问题是,业主方在施工单位低价中标后如何防止施工单位单方毁约。

【案例11】某施工单位低价中标后试图单方解除合同以避免扩大损失案

本案中,笔者接受施工单位委托,为其单方解除合同所需承担的责任出具了法律意见书。国内某施工单位参加世界银行贷款的某项目污水总管工程的邀请招标,并以最低价中标,承发包双方以专门用于世界银行贷款项目的FIDIC合同文本作为签约文本签署了《工程施工合同》,合同价款为3851万元。

合同履行过程中,施工单位项目经理发现如果不能通过索赔增加费用,施工单位将发生严重亏损,主要亏损项目包括:

1. 三个沉井周边需要增加围护,如不能获得索赔,则该项亏损额为360万~400万元。

2. 管材报价偏低,如果不能以变更名义增加价款,该项亏损额约为400万元。亏损原因在于,施工单位与某混凝土制品有限公司(业主方通过设立相关条件的方法,实际指定该制品公司供应管材)签订协议书,约定成品管(3500×2500×320)单价为18,000元(7200元/米),实际购买单价为17,650元(7060元/米),但《工程量清单》项目编号2.1.5成品管供应(直径3500)的单价为5895元/米,报价如此之低的原因在于该制品公司口头答应中标后可按5800元/米供货。然而,中标后,制品公司不承认其口头承诺,最终还是按照7060元/米的高价供货,导致施工单位的亏损。

3. 顶管施工费偏低,《工程量清单》项目编号为2.1.7管道(直径3500)施工费为1200元/米,而当时市场价格约为3800元/米,如果不能获得索赔,该项亏损额约为900万元。

按最理想的情况估计,如果第1项、第2项获得索赔,第3项不能获得索赔,履行该合同将可能亏损1000万元。按最坏的估计,如果上述索赔均不能成立,将亏损1700万元,亏损比例高达44%。

在这样的情况下,施工单位当然不愿意继续履行这份合同,否则做得越多

亏得越多。施工单位提出业主方存在一定违约行为,例如,部分接收井、工作井的场地未能及时提供,影响工程施工进度,试图以业主方违约为由解除合同。

对此,我向他们出具了一份法律意见书,主要分析了下列事项。

1. 施工单位能否单方终止合同。

其一,需要确定的是《工程施工合同》的效力。如果存在导致合同无效的情形,作为施工单位可以主张不予履行以避免损失扩大。但经审查并向上述文件资料以及向施工单位管理人员了解情况,本案并不存在任何导致合同无效的情形。

其二,需要确定施工单位是否有权单方解除合同。施工单位称业主方迟延移交有关场地影响其施工进度,这种情况能否认定为严重违约或者根本违约呢?实际上,虽然业主方迟延移交有关场地之行为确实属于违约行为,但难以认定该违约行为系严重违约行为,合同中也未约定发生该种情形时施工单位有权单方解除合同。并且,根据届时适用的法律法规,业主方迟延移交场地也无法被认定为符合法定解除合同的条件。因此,施工单位并不享有单方解除权。

其三,需要分析施工单位在不享有单方解除权的情况下,擅自解除合同的法律后果。

对此,《工程施工合同》约定十分明确。该合同通用条款第60.1条约定:“如果合同由于承包商严重违约而终止,项目监理应发出一份对已完工程和已订购材料的支付证书,但应扣除至发出该证书之日承包商所收到的预付款和合同专用条款中所表明的未完工程价值的一定比例。此后发生的误期赔偿费不再适用。如果应向业主方支付的金额超过了应向承包商支付的金额,则其差额成为承包商欠业主方的债务。”专用条款第60.1条约定:“当发生合同通用条款第60.1款的情况时,为继续完成工程,业主方将从应支付给承包商的款项中,扣除一部分作为额外费用,该费用占剩余工程价值的比例为120%。”

上述约定表明,如果施工单位在不享有解除权的情况下单方解除合同,业主方有权从应支付给施工单位的款项中扣除未完工程价值的120%,不足的部分成为施工单位对业主方的债务。

显然,120%的扣除比例不符合常理。假设3851万元合同价款只完成了其中的851万元,剩余3000万元还没完成,按照合同专用条款第60.1条,对于已完成且应支付给施工单位的851万元工程款,需要从中扣除剩余3000万元的120%即3600万元,这显然不符合常理。根据原《合同法》违约金过高申请调低的规定,违约金不合理地高于实际损失时,施工单位可以在诉讼中申请法院调低违约金。就该工程而言,业主方在施工单位无权解约时的实际损失将包括:(1)业主方因选择其他承包商发生的相关费用;(2)业主方另行选择承包商完成未完工程价款与施工单位完成未完工程按合同约定应获得的价款之差额损失,该差额损失的大小施工单位基本无法控制,可能达到或甚至超过施工单位继续履行《工程施工合同》的亏损额;(3)因合同终止而导致的工期延误损失,该损失可能会参照中国人民银行同期贷款基准利率或世界银行贷款利率计算;(4)因合同终止而增加的管理费用等损失。

从这个角度来看,施工单位擅自解除合同的后果非常严重,因为业主方再找另一家施工单位完成剩余工程时,差额也要由施工单位来承担,这样还不如由施工单位自行完成。

另外,关于财产的处置,合同通用条款第61.1款约定:"如果承包商严重违约造成合同终止,则现场的所有材料、承包商拥有的设备、施工机械、临时工程和本合同的工程均应认为是业主方的财产,这些财产可由业主方处置。"这对施工单位也是十分不利的。

2.对保函的处理。

根据合同约定,业主方有权要求开具保函的银行无条件地支付预付款担保金额4,786,732.26元以及履约担保金额3,851,154.84元;在银行无条件地向业主方支付预付款担保金额和履约担保金额后,银行有权向施工单位上级总公司索偿,如在3天内未收到款项,银行还有权从施工单位上级总公司在中国建设银行系统开立的账户予以划收。这对施工单位及其所在集团公司是非常不利的。

3.对施工单位因承包该工程对外签订但尚未履行完毕的合同的处理。

对于施工单位因承包该工程签订的《工矿产品购销合同》(合同标的额约为2040万元),业主方并没有义务受让施工单位在《工矿产品购销合同》项下的权利义务。如果业主方不愿意受让施工单位在《工矿产品购销合同》项下的权利义务或者制品公司不同意合同权利义务的概括转让,则施工单位需要对制品公司承担《工矿产品购销合同》项下的违约责任。

同样地,对于施工单位就该工程已经签订但尚未履行完毕的其他合同、协议,如果业主方或合同相对方不接受合同权利义务的概括转让,施工单位也需要承担该等合同项下的违约责任。

4.施工单位可能需要承担一定的行政责任。

当时适用的《工程建设项目施工招标投标办法》(2003年5月1日施行的

七部委第30号令，现已失效）第84条第2款规定："中标人不按照与招标人订立的合同履行义务，情节严重的，有关行政监督部门取消其二至五年参加招标项目的投标资格并予以公告，直至由工商行政管理机关吊销营业执照。"因此，除承担上述民事责任，施工单位擅自解约还有可能承担包括取消投标资格、被吊销营业执照在内的严重行政责任。

收到笔者出具的法律意见书之后，施工单位意识到了擅自解约的严重性，硬着头皮把这个工程做完了。

从这个案例中我们可以看出，如果业主方没有收取履约保证函，没有约定擅自终止合同的法律后果，而业主方又不增加工程价款，则承包商在亏损达到44%的情况下，肯定会终止合同。作为业主方，要学习这种做法，不仅要通过招投标获得合理低价、将合理低价约定到合同中，更要通过收取履约保函、详尽约定擅自终止合同的法律后果等方式防止施工单位擅自毁约。这样才能真正保证项目目标实现。

五、建设工程施工合同履行阶段存在的问题及应对策略

（一）签证存在的问题及可采取的措施

这部分内容详见本书《建设工程签证法律实务》，这里就不作介绍了。

（二）履行合同过程中，因业主方疏忽或故意，导致合同价款及价款确定方式的约定被变更，致使业主方利益受损

我们来看下面的案例。

【案例12】自破闭口价导致固定低价被打开纠纷案

业主方与施工单位签订《施工及总承包管理合同》，约定：施工单位承建某大厦工程，工程范围为工程施工图纸所表明的全部土建、机电安装施工与施工工程管理；合同价款为地下室土建工程总价包干人民币1078万元，开办费为人民币150万元，地上部分土建造价及机电工程的造价由施工单位编制预算书，经业主方审定后确定。合同对工程款支付、工期、违约责任也作出了相应约定。

签约后，施工单位进场施工，在完成地下室主体结构后向业主方提交了地下室主体结构的决算书。业主方审核后出具了《地下室主体结构工程价款说明》。在该说明中，业主方确认地下室主体结构土建与安装（埋管）工程的工程造价为1480万元。随后，业主方在《支付工程价款利息月报表》中确认全额支

付地下室工程款及利息,其中,地下室主体结构土建与安装(埋管)工程工程款款额为1480万元。

工程竣工以后,施工单位向业主方提交了竣工结算报告,业主方委托某审价师事务所进行审价。由于审价单位审了2年也没能出具审价报告,施工单位提起诉讼,要求支付整个工程拖欠的工程款478万元及利息65万元。审理过程中,业主方就工期违约金190万元、质量违约金111万元提起反诉。

法院对司法审价报告中的双方没有异议、有异议但均未能提供反证的结论予以确认,对于地下室主体结构土建与安装工程的工程造价,其确认为1480万元,而未按照以闭口价计算的1278万元进行认定,两者相差202万元。法院的理由是,业主方在履约过程中自行打开了合同中双方约定的闭口价1078万元,《地下室主体结构工程价款说明》《支付工程价款利息月报表》均证明了业主方自行打开闭口价的事实,这种情况下业主方再主张按闭口价进行结算没有依据。对于业主方的反诉请求,法院认为,由于业主方未在2年内提出违约金主张,相关债权的诉讼时效已经届满,对反诉请求不予支持。

这起案件给我们的启示:一般来说,约定闭口价对业主方有利而对施工单位不利。如果对施工单位非常不利,施工单位总是希望在履约过程中推翻闭口价约定,作为业主方的管理人员千万不能疏忽大意,不要因为履约行为导致闭口价被打开。

(三)履行合同的过程中,放弃追究施工单位逾期竣工违约金的权利

我们来看下面的案例。

【案例13】《会议纪要》有关记录几乎被法院确认为业主方同意变更合同约定工期的纠纷案

某施工单位承建了某房地产开发公司的高层房屋施工项目,在离合同约定的竣工日期仅1个月的情况下,房地产开发公司与施工单位召开协调会议,并形成会议纪要。

会议纪要载明:根据双方商定的计划,要在1996年8月上旬完成全部房屋的竣工交付,故对以前的一些遗留问题和现在亟须解决的问题进行磋商,双方以合同为依据,达成共识,其中,施工单位应对涉及电梯安装的过程予以配合,双方确认力争在1996年8月上旬将本工程全部竣工并交付使用。

法院审理后认为:施工单位关于双方在会议纪要中已经商定工程力争在1996年8月上旬完成竣工并交付使用,系双方对竣工日期重新约定的主张不能

成立。原因在于该约定具有不确定性,以及房产开发公司否认对竣工日期的重新调整,故竣工日期仍应以合同约定的日期为准。

法院以两点理由否认了施工单位的主张,其中一个是约定的不确定性。试想,如果去除"力争"、变"上旬"为"10 日",法院还会认定约定具有不确定性吗?既然具有确定性,又是会议纪要,这种情况下法院当然不会否定施工单位的主张。法院会认定为双方重新约定了竣工日期,从而认为房产开发公司放弃了主张逾期竣工违约金的权利。

这个案例说明,业主方在履约过程中一不小心可能就会放弃了追究施工单位逾期竣工违约金的权利。本案《会议纪要》的约定正好具有不确定性,避免了业主方的风险。但如果双方《会议纪要》确认 8 月 10 日竣工,施工单位认为竣工日期变更为 8 月 10 日的主张就可能会被法院认可,在这样的情况下,如果施工单位在 8 月 10 日之前完工,就无须承担违约责任。

(四)忽视合同约定按照经验管理工程,导致施工单位按照不作为默示承认条款主张权利

《原施工合同司法解释一》第 20 条规定:"当事人约定,发包人收到竣工结算文件后,在约定期限内不予答复,视为认可竣工结算文件的,按照约定处理。承包人请求按照竣工结算文件结算工程价款的,应予支持。"该条就是不作为默示承认约定在竣工结算过程中的适用规则。另外,上文也提到,《建设工程施工合同(示范文本)》中存在多个针对业主方的不作为默示条款,如果按照示范文本签约,对业主方非常不利。因此,如果业主方管理人员忽视合同约定,以经验管理工程项目,不在合同约定的时限内对施工单位的各项申请作出及时回应,就很有可能构成合同约定的不作为默示承认情形,导致业主方丧失对重要事项的否认权或异议权。

(五)履约过程中,施工单位以业主方违约为由主张解除合同,对业主方施加压力,要求增加合同价款

《原施工合同司法解释一》对于原《合同法》规定的单方解除合同的情形进一步作出了细化。在《原施工合同司法解释一》出台之前,对于业主方或者施工单位来说,能否依法单方解除合同,实际上具有极大的不确定性。在《原施工合同司法解释一》对合同的单方解除情形进行明确之后,对施工单位而言,要在业主方违约的情况下单方解除合同,就有了明确依据。如果合同约定的价格很

低，而业主方又存在《原施工合同司法解释一》第 9 条（对应《民法典》第 563 条以及第 803 条第 2 款）规定的违约情形，施工单位便会提出解除合同，给业主方施加压力以要求增加价款。

《原施工合同司法解释一》第 9 条规定："发包人具有下列情形之一，致使承包人无法施工，且在催告的合理期限内仍未履行相应义务，承包人请求解除建设工程施工合同的，应予支持：（一）未按约定支付工程价款的；（二）提供的主要建筑材料、建筑构配件和设备不符合强制性标准的；（三）不履行合同约定的协助义务的。"该条规定的施工单位单方解约情形非常明确，一旦业主方发生这些违约情况，且未在通知的合理期限内改正，承包商就可以行使合同解除权。

在这种情况下，如何防范施工单位以业主方违约为由行使合同的解除权呢？我们的解决方法就是，合理限制施工单位的合同解除权。

第一种方法是约定排除解除权。对于《原施工合同司法解释一》第 9 条规定的施工单位单方解约情形，双方可在合同中特别约定不适用。

第二种方法是约定单方解除合同的特别程序或条件。即约定如果施工单位要解除合同，则必须履行一定的程序或达到一定条件，为了达到限制解除权的目的，可以约定复杂的解除程序以及较严苛的解除条件。譬如，针对未按约定支付工程款解除合同的情形，可以采用 1999 版《建设工程施工合同（示范文本）》的通用条款，约定：业主方逾期付款，承包商可向业主方发出要求付款的通知，业主方收到承包商通知后仍不支付，可与承包商协商延期付款协议；业主方不按约付款，双方又未达成延期付款协议，导致无法施工，承包商可停工，停止施工超过 56 天，业主方仍不支付，则承包商有权解除合同。该程序显然比《施工合同司法解释》第 9 条规定的程序复杂，施工单位要解除合同就必须履行该程序，这在客观上限制了施工单位合同解除权的行使。

六、纠纷处理阶段存在的法律问题及应对策略

（一）工程建设中有关施工合同的几类典型纠纷

根据我长期为建筑房地产企业提供争议解决服务的经历，工程建设项目中，发包人与承包人之间有关施工合同的纠纷主要集中在四种情形：（1）拖欠工程款纠纷；（2）工程质量纠纷；（3）工期违约金纠纷；（4）工程建设造成周边的损害赔偿纠纷。

(二)业主方在处理建设工程施工合同纠纷中存在的问题

第一,未对纠纷进行正确研判,导致败诉。

第二,解决纠纷缺乏主动性,往往采取“拖”的策略,最终导致诉讼,且诉讼结果往往不如协商解决纠纷的结果有利。

譬如,如果业主方工作人员因过失或恶意串通签署了对业主方不利的签证,业主方可能以这些签证违背事实或者签署人员存在故意或与施工单位恶意串通为由拒绝结算,待施工单位起诉至法院后,业主方往往难以举证证明签署签证是恶意串通行为,此时,法院一般不会采信业主方的抗辩,而是会采纳这类签证的内容并据此增加造价。

第三,在“拖”的过程中不注意主张逾期竣工违约金等反索赔的权利,导致诉讼时效届满,权利丧失。

施工单位一般会定期向业主方主张工程款,但是业主方认为工程存在质量问题、逾期竣工等情况时,可能不会以书面形式向施工单位主张权利。在此情况下,如果经过3年,业主方再主张工程质量存在问题要求修复并赔偿损失,或主张工程逾期竣工违约金,对方可以提出时效抗辩,法院会因此驳回业主方的相关反诉请求。

第四,对司法审价报告不能进行有效质证。

这主要体现在未全面提出异议、提出的异议法官无法理解、提出的异议缺乏证据支持、提出的异议不具体等方面。即便司法审价报告确定的价款并未能反映工程实际造价,由于业主方自身缺乏相关举证能力,最终仍以司法审计报告作为确定总投资、结算款的依据,导致业主方承受重大损失。

我们来看下面的案例。

【案例14】工程造价确定纠纷案

下文摘录了法院判决书的部分内容,可以从中看出法院采纳工程造价审价报告的思路。

判决书载明:“双方当事人对系争工程中上部土建造价1820万元、地下室安装造价32万元、安装签证造价没有异议,本院予以确认;审价报告中关于系争工程中竣工图编制费5.5万元、扣除招投标费1.85万元、扣除水电费40万元、增加主材费18.6万元,审价部门的依据充分,而双方对此均没有提出充足的证据推翻审价部门的意见,故本院对审价报告中该四项金额予以确认。至于地下室部分造价、安装部分造价,本院分别确认1480万元、498万元……”

根据判决书的上述内容,可以看出法院对审价报告的认定方法主要包含三个层次:第一层次是对无异议部分的予以认定;第二层次是对存在异议但无充足证据推翻审价意见的,根据审价单位的意见予以认定;第三层次是对存在异议且有充足证据推翻审价意见的,法院按异议予以认定。

第五,不能正确对待反诉。

业主方往往在施工单位主动提起诉讼后盲目反诉,或者不及时合理提出反诉。盲目反诉会导致浪费案件受理费用和律师费用;应当反诉但未提出反诉,则导致放弃了吞并对方诉讼请求的机会,如原本能够要求施工单位承担逾期竣工违约金却未追究,能够就质量问题要求施工单位赔偿修复费用却未要求。当然,对于逾期竣工违约金、质量问题要求修复并承担修复费用的请求,业主方仍然可以另行提起诉讼,但这显然不如在本诉案件中一并提出反诉简便快捷、节约诉讼成本。

(三)对纠纷情况的研判

应对工程款纠纷案件,首先需要针对案件情况进行研判。只有进行了正确的研判,才能避免发生上述第一、二、五种问题。

研判案件情况主要包括:(1)判断案涉合同的效力,合同有效与无效的法律效果截然不同,这已经在上面提过;(2)是否存在逾期竣工、质量问题,如果存在则可考虑提起反诉;(3)如果提起反诉,是否存在证据不足的情况,是否存在充足的证据支持反诉请求;(4)对于反诉诉请,诉讼时效是否已经届满。

如果能从以上四个方面对案件进行充分研判,就容易对案件有一个较为清晰的认识,从而决定是否能采取拖延的策略、是否提起反诉。

(四)针对司法审价报告的质证方法

正确的质证方法应该做到以下几点:

第一,有不同专业领域的人员共同参与且内部分工明确。参与质证的人员既要包括造价工程师,又要有律师。造价工程师负责造价审核、查找证据材料,律师则负责从法律角度审核合同约定、证据材料,判断审价报告所附的审价材料能否作为证据使用。

第二,质证意见的起草、转化和完善。在造价工程师和律师分工参与的情况下,需要分别由造价工程师和律师针对司法审价报告从各自的专业角度提出异议、发表意见,然后由律师将造价工程师的异议转化为法律语言,以质证意见的形式提出，这样才能被法庭所接受。如果将造价专业意见直接提交法庭，法官可能很难理解，不能理解就谈不上接受、认可这些意见。

第三，质证要做到全面提出异议、以法官能够理解的语言提出异议、提出异议附有证据支持、提出的异议具体详细，且质证应当围绕审价单位及其人员是否具有相关资质、是否存在应当回避的情形，审价报告的格式是否规范，司法审价的程序是否合法合规、方法是否正确，审价报告的依据是否真实、合法、完整，审价报告是否违背当事人已经达成一致的相关文件等要点展开。只有满足上述要求，质证才是清晰、直观、容易被理解的，才能反映审价报告中不合理、不正确的内容，让法庭接受所提出的质证观点。

（五）业主方主张逾期竣工违约金的方法

首先，应当确保合同有效。如果合同无效，主张逾期竣工违约金难以获得法院支持，即便根据《原施工合同司法解释二》第 3 条第 2 款（《新施工合同司法解释一》第 6 条第 2 款）规定可以主张参照无效合同确定损失大小，但这最终是否能够参照合同约定取决于法官的自由裁量权，存在较大的不确定性。

其次，应当将举证标准约定到合同中。提出这一点，主要是因为有些法院在施工图纸延误、逾期支付工程款的情况下，往往就会免除施工单位逾期竣工的违约责任，但实际上这种证明标准并不合理。正确、合理的证明标准是证明存在设计变更、图纸延误、逾期付款等情形，且证明该等情形与工期延误之间存在因果关系，只有达到这样的证明标准，施工单位才能不承担工期违约责任。否则，施工单位则应当承担逾期竣工违约责任。然而，这种合理的证明标准并未被所有法院采纳。因此，最好能把这种合理的举证标准约定到合同中，即约定施工单位需要举证证明导致延误工期的事由存在、该等事由与工期延误之间具有因果关系（延误因素发生在关键线路上）、导致工期延误的具体天数，并在反诉案件审理过程中引导法官采用约定的举证标准进行审判。

最后，业主方要在项目竣工后及时提出主张，确保诉讼时效不届满，不要发生仅口头提出主张逾期竣工违约金或工程质量赔偿，却未发出书面材料的情况。如果在 3 年的诉讼时效期间未发出过书面主张，诉讼时效可能就被认定届满了，相关权利的实现无法得到保障。

（六）质量纠纷案中业主方通常存在的几种错误认识

错误认识一：将竣工验收合格前发现的质量问题误认为是保修期限发生的

质量问题。竣工验收合格前发生的质量问题和保修期限内发生的质量问题在性质上截然不同,且引发的法律后果也不相同。前者需要在竣工验收解决,否则工程不能通过竣工验收,对工期可能产生影响;后者并不影响工期,由负有保修义务的一方在保修期内完成修复即可。

错误认识二:误认为保修期间发生的质量问题如果不是由施工单位造成,施工单位就不需要修复,或者施工单位负有保修义务且应承担修复费用。无论保修期间发生质量问题系何种原因造成,施工单位都负有保修义务,但对于非因施工单位造成质量问题,修复费用不是由施工单位承担,而是由责任单位承担。

错误认识三:误认为保修期届满后就丧失了质量损害的赔偿请求权。对于保修期内发生的质量问题,如果在保修期提出了修复请求但施工单位未完成修复,业主方仍有权要求施工单位进行修复或赔偿替代履行的费用。对于施工造成的质量问题,参照承揽合同中质量瑕疵担保责任的规定,如果业主方在缺陷责任期内发现并通知施工单位修复,施工单位应当承担质量瑕疵担保责任。如果施工单位知道或者应当知道其施工导致存在质量问题或瑕疵,则业主方的通知不受上述期限限制。

错误认识四:误认为工程交付使用后的质量责任分为两个阶段:一是工程质量保修责任阶段;二是损害赔偿责任阶段,而且保修期届满后才进入损害赔偿责任期(地基与主体结构除外)。事实上,工程质量保修期和损害赔偿责任期都从工程竣工验收合格后的第二天开始计算,不存在起算的先后问题,只不过地基和主体结构以外的其他工程的工程质量保修期较短,届满的时间比较早,而损害赔偿责任期届满的时间比较晚。

错误认识五:误认为保修期届满后业主方就不能追究参与工程建设的各方责任。对于施工单位而言,其保修责任确实会因为保修期的届满而消灭,但其质量瑕疵担保责任不一定会因为缺陷责任期的届满而消灭。对于设计单位而言,如果保修期届满后发生的质量问题是工程设计原因导致,业主方仍有权要求设计单位承担相应责任,但要注意避免诉讼时效的届满问题。

最后进行总结,业主方想要在施工合同的管理中实现“质量合格”“按期竣工”“造价合理”的三大目标,应当完成以下四个方面的工作:(1)确保合同有效;(2)有效防范成本失控、逾期竣工无法获得赔偿风险;(3)项目管理规范到位;(4)尽可能限制发生纠纷后法官使用自由裁量权的范围。如果能够做好这些工作,就能在较大程度上促进上述三大目标的实现,从而促进实现项目管理的总目标。

以上是本讲的全部内容,谢谢大家。

第二讲　业主方建设工程施工合同标准文本评审法律实务*

大家好,我今天讲的主要内容是《建设工程施工合同》标准文本(以下简称《施工合同》标准文本)评审和使用方法,主要包括五个方面的内容:

1.《施工合同》标准文本的评审过程;

2.《施工合同》标准文本的特点;

3.《施工合同》标准文本评审中的主要问题及解决方案;

4.《施工合同》标准文本组成、使用前提条件、使用办法及使用中需要注意的问题;

5. 后续尚需跟进的地方。

一、《施工合同》标准文本的评审过程

下面我们来看《施工合同》标准文本的评审过程是怎样的。

1. 审查合同。主要从三个角度进行审查:第一,审查合同及条款的合法合规性;第二,审查合同条款及文件的严密性;第三,审查合同约定可操作性。

2. 提出完善方案。主要从以下三个方面提出:第一,根据审查《建设工程施工合同》的结果,提出完善方案;第二,从《原施工合同司法解释一》对发包人提出的要求角度,提出完善方案;第三,从工程实践及司法实践对发包人提出的要求角度,提出完善方案。

3. 结合审查情况及完善方案,起草《关于〈建设工程施工合同〉的法律咨询

* 本讲内容根据 2006 年 7 月 19 日作者为某房地产开发集团公司举办的《建设工程施工合同》文本(该文本计划用于该集团公司下属企业的各个项目)评审及该文本使用办法的讲座录音资料整理而成。

意见》。

4. 与房地产开发企业合同制作小组人员讨论审查情况及完善方案。

5. 完善《施工合同》标准文本并形成初步完善稿。完善的重点主要包括以下四个方面：第一，完善关于发包模式及指定分包的相关条款；第二，完善关于发包人、监理单位、总监理工程师、发包人代表等职权设置及职权的约定；第三，完善关于合同文件组成及解释问题、适用法律问题、不作为默示承认问题、逾期竣工违约金问题、合同解除的解决方案的约定；第四，完善关于其他问题的解决方案的约定。

6. 针对房地产开发企业的反馈意见，进一步完善《施工合同》标准文本。

二、《施工合同》标准文本的特点

经过对《建设工程施工合同》的标准文本评审以后，我们会发现这个标准文本的特点主要体现在以下五个方面：第一，标准文本具有合法合规性；第二，标准文本具有严密性；第三，标准文本具有可操作性；第四，标准文本满足《原施工合同司法解释一》对发包人签约提出的要求；第五，标准文本满足工程实践、司法实践对发包人签约提出的要求。

总的来说，标准文本有利于发包人获得有利的合同管理地位，有利于建设项目三大管理目标的实现，有利于发包人进行规范化管理。

三、《施工合同》标准文本评审中的主要问题及解决方案

（一）关于合同标准文本采用何种发包模式的问题

关于该房地产开发集团企业的特点，我们经过研究，最后决定采用的发包模式是“总包+指定分包”的模式。选择了这种发包模式，在《建设工程施工合同》即总包合同中如何来约定该发包模式呢？我们做了系统的研究以后，针对“总包+指定分包”的发包模式设置了相应的条款，分别是：

第一，协议书第 2 条工程承包范围。关于这个条款，将“总包+指定分包”模式里的指定分包工程纳入工程承包的范围内进行约定。

第二，协议书第 3 条工期。对于该条款，明确约定包括指定分包工程的工期，也就是说，工期包括总包工程和指定分包工程的所有工期。

第三，协议书第 5 条合同价款。专门约定“总包+指定分包”模式里面，总包

自行施工的合同价款以及指定分包的合同价款,两者之和就是合同的总价款。

第四,通用条款第 1.14 款工程。对于通用条款第 1.14 款工程的描述,特别注明含指定分包工程。

第五,通用条款第 1.15 款合同价款。对于通用条款第 1.15 款合同价款的约定,特别注明含指定分包工程合同价款。

第六,通用条款第 1.19 款工期。对于通用条款第 1.19 款工期的约定,特别注明含指定分包工程。

第七,通用条款第 1.22 款竣工日期。对于通用条款第 1.22 款竣工日期的约定,特别注明含指定分包工程。

第八,通用条款第 10.1(14)、(15)、(23)、(24)项。通用条款第 10.1 款是关于承包人工作的约定,我们来看看第 10.1(14)、(15)、(23)项是怎么约定的:

10.1(14)　承包人作为总包单位需为指定分包人提供施工配合及便利,包括:提供垂直运输、现有脚手架、临时照明及施工场地,提供现场用电、用接水点,提供在现场搭设办公室、材料、设备堆场的场地和加工场地等。同时,承包人必须对指定分包人的质量、进度等进行监督管理。相关总包管理和配合费已含在合同价款中。

该项约定了承包人要为指定分包单位提供施工及配合便利,同时对指定分包单位的质量和进度进行监督、管理。

10.1(15)　提供指定分包人的进场计划,对指定分包人的工作进行检查、督导,且对成品及半成品进行保护。

该项约定了总包单位对指定分包单位要履行的义务。

10.1(23)　在施工过程中,承包人负责各分包单位(含指定分包单位)的协调管理工作,收集分包单位(含指定分包单位)的有关技术资料与产品质量资料,做好整个工程的竣工图及竣工资料。

该项约定了总包单位需要对指定分包单位做好协调工作并且做好整个工程的竣工图和竣工资料,包括指定分包工程。

以上各项归纳起来,通用条款第 10.1(14)、(15)、(23)项专门约定了承包人对发包人指定分包人所要承担的义务。

第九,通过通用条款、专用条款第 13 条对指定分包进行进一步的约定。

我们先来看通用条款。

13.1　发包人按照招标文件要求进行分包的部分工程,称为指定分包工程,指定分包工程属于承包人的承包范围但并不由承包人施工,也不在本合同价款范围内,由发包人通过招标等方式选定的其他承包人(以下简称指定分包人)完成。具体指定分包工程由发包人、承包人在专用条款中约定。承包人有义务与发包人及其指定分包人签订指定分包合同。否则,承包人需要向发包人承担违约金,违约金数额由发包人、承包人在专用条款中约定,且发包人有权将指定分包工程另行发包,直至解除本合同。此外,承包人对指定分包工程负有总包管理和配合责任。

这个条款实际上约定了什么叫指定分包工程、总包单位与指定分包单位要签订合同以及总包单位不签订合同要承担违约责任。

合同价款一般应包括指定分包合同的价款,但是由于该公司的特殊情况,故特别约定,指定分包属于工程承包范围,但是指定分包工程的价款不在合同总价款之内。

13.2 承包人与指定分包人之间的关系系分包合同关系,并不因为发包人参与签订指定分包合同而改变分包性质,即承包人需要就指定分包工程向发包人承担责任,这些责任包括工程质量、进度、安全、协调等责任。指定分包人的任何违约或疏忽均视为承包人的违约或疏忽。

该条款实际上进一步明确了承包人与指定分包人的关系本质上是一个分包合同的关系,并不因为分包人为发包人指定而改变分包性质,承包人仍要承担总包对分包的责任。

13.3 承包人按照本合同约定履行对指定分包工程的总包管理及配合义务后,有权获得总包管理和配合费,各指定分包工程的总包管理和配合费由发包人、承包人在专用条款中约定,并已经或视为已经包含于本合同价款中。总包管理和配合费由发包人按进度向承包人支付。

该条款进一步明确了承包人对指定分包人的管理和配合有权获得总包管理费和配合费。

13.4 在工程实施过程,发包人有权利对其认为有必要的部分工程进行指定分包,承包人对此不得有异议。

该条款实际上是为发包人设定了进一步指定分包的权利。

我们再看看专用条款第13条是怎么约定的,主要包括两个条款:

13.1 下述工程属于发包人指定分包工程:……

该条款对指定分包工程的内容予以明确;同时在该款中也约定,承包人违反约定不与发包人、指定分包人签订指定分包合同的,每一次违反,承包人都要向发包人承担违约金。

13.3 指定分包工程的总包管理和配合费分别为……

该条款内容由双方协商一致约定，比如，幕墙工程的总包管理和配合费是多少、机电工程是多少。

第十，通过通用条款、专用条款第24.3款约定指定分包工程工期。

通用条款24.3约定了指定分包工程工期。

专用条款24.3约定了指定分包工程的工期包含于合同工期内，双方对指定分包工程工期要求另作了特别约定。

以上是通过十个方面对我们选择的“总包+指定分包”模式进行的约定。显然，该模式不是通过一个条款就能约定清楚的。以上我们就通过十个方面对该种模式予以约定，这样的约定才比较明确、全面。

下面我们看一个思考题：工程承包范围、合同价款、工期、工程等条款中不约定包含指定分包工程内容，可能会导致何种结果？

首先，对招标投标的影响。如果工程承包范围、合同价款、工期、工程等条款中均不约定包含指定分包工程内容，在履行总包合同的过程中发包人将一些专业工程指定分包单位，然后由总包单位与指定分包单位签订合同，则如果这个项目是必须招投标的项目，而指定分包合同的签订没有经过招投标，故这个合同根据《原施工合同司法解释一》第1条（《新施工合同司法解释一》第1条[①]）的规定是无效的。

其次，对指定分包工程责任主体的影响。如果工程承包范围、合同价款、工期、工程等条款中均不约定包含指定分包工程内容，如果业主参与三方签约，承包人就会提出：既然指定分包工程不属于其承包范围并且合同标准文本也没有约定含指定分包工程，那么承包人对指定分包工程不承担义务，所以万一指定分包工程工期延误或者工程质量出现问题，其责任应由业主及指定分包单位承担，而与承包人无关。

（二）关于指定分包人的选择方法

指定分包人有哪些选择方法呢？第一，可以采用公开招标的方式；第二，可以采用邀请招标的方式；第三，通过议标的方式选择指定分包人。当然《招标投标法》颁布之后，议标方式已不属于招标方式。

---

① 《新施工合同司法解释一》第1条将《原施工合同司法解释一》第1条中的“根据合同法第五十二条第（五）项”修改为“依据民法典第一百五十三条第一款”，其余内容均无变化。

到底如何来选择指定分包人呢？经过分析之后，我们认为内部邀请招标方式比较适合该房地产开发集团企业。该企业作为国有企业为什么可以不公开招标呢？原因：一方面，公开招标在选择总承包人的时候已经进行；另一方面，可以避免工作量大，指定分包人不熟悉不易合作。为什么选择内部邀请招标？《原施工合同司法解释一》第12条（《新施工合同司法解释一》第13条）规定，发包人直接指定分包的工程出了质量问题，发包人要承担责任。选择内部邀请招标实际上可以不被认定为直接指定分包单位，从而避免发包人就指定分包工程承担责任。但是，这种方式也存在问题。总包人要求参加投标，否则可能投诉发包人未通过公开招标方式确定分包人，或投诉发包人将总承包人承包范围内的工程指定分包单位。这样的投诉是否成立呢？

我认为是不成立的，原因在于施工总承包招标时已经将指定分包工程列入招标范围，即指定分包工程已经进行过公开招标，所以发包人无须再通过公开招标方式确定分包人。

此外，发包人可以将总承包人承包范围内的工程指定分包，理由有两个：第一，这是国际惯例。像我们境内的一些外商投资项目，特别是上海的一些工程都是采用的“总包+指定分包”的模式。因此，从国际惯例的角度来讲，发包人可以将总承包人承包范围内的工程指定分包。第二，招标文件及总包合同中均有专门约定，对于专业的工程由发包人指定分包。作为发包人当然可以将总包范围内的工程指定分包给其他单位。

（三）总承包人拒绝参与签订指定分包合同怎么办

总承包人拒绝参与签订指定分包合同是我们在实践中碰到的问题。我们通过在总包合同里设立通用条款第13.1款来解决这个问题：

通用条款13.1　承包人有义务与发包人及其指定分包人签订指定分包合同。否则，承包人需要向发包人承担违约金，违约金数额由发包人、承包人在专用条款中约定，且发包人有权将指定分包工程另行发包，直至解除本合同。

该条款的约定包含四层内容：第一，总包人必须与指定分包人签订指定分包合同；第二，如果总包人不签订指定分包合同，总包人要承担违约金；第三，如果总包人不签订指定分包合同，发包人有权将指定分包工程另行直接发包；第四，总承包人拒绝参与签订指定分包合同的话，发包人有权解除《建设工程施工合同》。

（四）关于发包人、监理单位、总监理工程师、发包人代表、成本工程师、专业工程师职权约定问题

对此我们分几个小问题来讨论。

第一，FIDIC 中咨询工程师地位和角色是怎样的呢？首先咨询工程师是发包人和承包人的中间人，同时还是设计者、施工监理、准仲裁员及业主的代理人。因此，实际上 FIDIC 合同中工程师充当了很多角色，是比较复杂的。

第二，在国内《建设工程施工合同（示范文本）》体系中，工程师（包括总监理工程师、发包人代表）地位是怎样的呢？

在 1999 版文本中，工程师是施工监理和业主的代理人，而不是中间人或准仲裁员。

而在 2017 版文本中，监理人的地位类似于 FIDIC 文本中的约定，体现了以监理人为中心实施施工合同管理，且监理人享有暂时解决承发包双方争议的权利；而发包人代表则是发包人代理人，负责处理施工现场与发包人有关的具体事宜。

第三，《建设工程施工合同（示范文本）》与 FIDIC 合同文本关于咨询工程师约定方法有什么不同点和相同点呢？

我们先来看一下不同点：1999 版文本中，通用条款中仅约定了工程师，并明确工程师包括总监理工程师、发包人派驻的工程师，对工程师不作总监理工程师、发包人派驻工程师的划分；专用条款中再分别列出总监理工程师、发包人派驻工程师，并分别列明各自的职权，同时约定了对总监理工程师的职权限制。

FIDIC 文本通用条款中仅约定了工程师；专用条款中，也仅约定了工程师，并约定对工程师进行职权限制约定：需要取得发包人批准才能行使的职权。

比较 1999 版文本和 FIDIC 文本，我们可以看出：相同点在于通用条款中均仅出现工程师。不同点：首先，前者的发包人代理人包括总监理工程师、发包人派驻的工程师，后者的发包人代理人仅包括工程师。其次，前者对总监理工程师有职权限制约定而对发包人派驻的工程师无职权限制；后者对工程师职权有限制约定。

2017 版文本与 1999 版文本相比较，相同点在于均有约定监理工程师的职权及其职权限制。不同点：首先，2017 版文本将 1999 版文本中的“工程师”区分成“监理人”和“发包人代表”，并对监理人设置了专门条款；其次，除通用条款第 4 条外，在其他条款中涉及监理人具体工作的内容（包括流程、方法、期限）也

更加明确；再次，在通用条款中，监理人的权限得以扩大，如可通过第 4.4 款“商定或确定”条款对涉及质量、价格、工期等内容享有暂时解决争议的权利；最后，明确了监理人无权修改合同，且无权减轻或免除承包人应当承担的责任。

2017 版文本与 FIDIC 文本相比较，相同点：首先，对监理人均设置了专门条款；其次，几乎在每个通用条款中均出现了监理人、工程师的职责或权利的约定；最后，均约定了“商定或确定”条款，赋予总监理工程师暂时解决争议的权利。不同点：FIDIC 文本通用条款仅有工程师，而 2017 版文本的通用条款及专用条款中均将“工程师”区分为监理人及发包人代表。

第四，采用《建设工程施工合同（示范文本）》签约双方通常会遇到哪些问题？

采用 1999 版文本，通常遇到的问题：通用条款中出现工程师，而在专用条款出现总监理工程师、发包人代表的职权时，用概括性语言进行约定，没有对应性，要么相互交叉，要么约定不明，容易导致在诉讼中处于不利地位。

而采用 2017 版文本，通常存在的问题：首先，通用条款第 12 条，约定了监理人审核承包人提交的工程量报表，审查进度款付款申请单，对总价合同支付分解表进行审核等，而这些造价相关的专业工作，目前大部分监理人不能胜任。其次，若对监理内容及监理权限约定不明或错误，将导致承发包就签证效力产生争议。最后，若监理人职权与发包人代表职权约定不明产生交叉，将导致具体工作难以协调。

第五，我们在《施工合同》标准文本中对代理人的职权以及职权划分的约定。

首先，代理人有哪些呢？在标准文本中，我们约定代理人包括总监理工程师、发包人代表、成本工程师、专业工程师。

其次，代理人职权范围，并非发包人所有职权均由代理人行使，有些由发包人直接行使，有些暂时尚未作出明确约定由谁行使。未约定由谁行使的，通过通用条款第 7.4 款解决。我们来看一下第 7.4 款的规定：

7.4　合同中涉及发包人的职权没有委托给总监理工程师或发包人代表或总监理工程师和发包人代表共同行使的，则由发包人法定代表人行使或由发包人法定代表人另行出具书面委托书委托他人行使，由法定代表人行使职权时可以通过在书面文件上加盖法人公章的形式进行。

再次，代理人职权有哪些？如何分配？我们来看看一些参考依据：第一个是发包人职权与代理人职权的设置，即发包人职权哪些由代理人行使。示范文本中发包人与监理及发包人代表职权的区分：发布指令、通知、要求、审查批准、认可、确认、答复等由监理或发包人代表进行，与双方的协商（合同争议、处理索赔、审批工程延期）由监理或发包人代表进行；承担义务（付款/工作/材料供应）、承担责任由发包人自行进行，与承包人达成补充协议由发包人进行。从示范文本的区分方法中我们可以得出结论：并非所有职权均由监理及发包人代表行使，监理及发包人代表行使的主要为程序性的职权，义务、责任、签约由发包人进行；职权的具体履行方法并不明确，有些要财务部进行，有些要工程部进行，有些要采购部进行，而且有些职权的行使并不明确细化。我们再来考察一下 FIDIC 合同文本：发包人权利包括推荐指定分包商的权利、解除合同权利、提起仲裁权利、运走不合格材料权利等；发包人职责与义务由发包人执行和承担。

前面解决的是代理人的职权和发包人的职权设置问题，下面要解决的是代理人职权划分及限制的问题。我们来看 GF-2007-0202《建设工程委托监理合同（示范文本）》[以下简称《监理合同（示范文本）》]约定的与施工合同履行有关的监理人权利及限制（见表 2）。

表 2 《监理合同（示范文本）》监理人权利及限制

序号	职权	限制与否
1	分包人的认可权	—
2	工程设计中存在技术问题，向设计人的建议权	建议提高造价或延长工期，征得发包人同意
3	工程设计不符合标准，要求设计人更改	书面报告发包人
4	审批施工、组织设计及技术方案	
5	组织协调	重要协调事项向发包人报告
6	有权发布开工令、停工令、复工令	事先向发包人报告
7	材料和施工质量检验权：有权通知承包人停止使用材料，有权通知停工整改、返工	—
8	进度检查、监督权，工程实际竣工日期提前或超过合同规定的竣工期限的签认权	—

续表

序号	职权	限制与否
9	在工程价格范围内，工程款支付审核和签认权，工程结算的复核确认权与否决权（未经总监理工程师签字确认，发包人不支付工程款）	—
10	对承包人义务进行变更（如严重影响工程费用或质量、进度等，则须发包人事先批准）	有授权；事先批准
11	发包人、承包人对对方的任何意见和要求，均先向监理提出，由其研究处理意见，再与双方协商	—

此外，《监理合同（示范文本）》在委托人权利中约定：发包人对工程设计变更的审批权，也就是说工程设计变更由发包人审批。

从上述约定我们可以得出如下结论：需获得总监理工程师批准的仅为对承包人的义务进行变更；设计变更的审批权为发包人。

我们再来看看《GB50319－2013 建设工程监理规范》（以下简称《监理规范》）中规定的总监理工程师职权及限制。《监理规范》中规定总监理工程师的职权包括审核分包单位资格；审查施工组织设计、（专项）施工方案、应急救援预案；审查开复工报审表，签发开工令、工程暂停令和复工令；检查施工单位现场质量、安全生产管理体系的建立与运行；审核施工单位的付款申请，签发工程款支付证书，审核竣工结算；审查和处理工程变更；调解建设单位与施工单位之间的合同争议，处理费用与工期索赔；验收分部工程，组织审查单位工程质量检验资料；审查施工单位竣工申请，参与工程竣工验收。

以上是《监理合同（示范文本）》以及《监理规范》对总监理工程师职权的确定以及对职权的限制，上述约定、规定的总监理工程师的职权非常大，不太适合现在的工程实践情况，也不适合该房地产开发集团企业的情况，所以有必要进行修改、完善。

我们在《施工合同》标准文本重新划分了总监理工程师及发包人代表、专业工程师、成本工程师的职权，对总监理工程师的职权进行了限制（见表3）。

表 3 《施工合同》与《监理合同》对职权的限制变化

序号	《监理合同》约定	《监理合同》限制与否	《监理规范》规定	《施工合同》标准文本中的修改
1	分包人的认可权	—	审核分包单位资格	总监理工程师审核
2	工程设计中存在技术问题,向设计人的建议权	建议提高造价或延长工期,征得发包人同意	—	—
3	工程设计不符合标准,要求设计人更改	书面报告发包人	—	—
4	审批施工组织设计及技术方案	—	审查施工组织设计、(专项)施工方案	送交代表与总监理工程师,但批准为发包人代表
5	组织协调	重要协调事项向发包人报告	—	—
6	有权发布开工令、停工令、复工令	事先向发包人报告	审查复工报审表,有权发布开工令、停工令、复工令	由发包人代表行使
7	材料和施工质量检验权:有权通知承包人停止使用材料,有权通知停工整改、返工	—	检查工程材料、设备是否合格,检查施工单位现场质量	检查和返工由总监理工程师或发包人代表进行
8	进度检查、监督权,及工程实际竣工日期提前或超过工程施工合同规定的竣工期限的签认权	—	当建设单位与施工单位对工期延期产生争议,监理出具评估意见	发包人代表提出进度改进措施,提交总监理工程师进行工期顺延初审、发包人代表确认

续表

序号	《监理合同》约定	《监理合同》限制与否	《监理规范》规定	《施工合同》标准文本中的修改
9	在工程价格范围内，工程款支付审核和签认权，工程结算的复核确认权与否决权（未经总监理工程师签字确认，发包人不支付工程款）	—	审核施工单位的付款申请，签发工程款支付证书，审核竣工结算，审查处理工程变更	总监理工程师确认进度款
10	对承包人义务进行变更；如严重影响工程费用或质量、进度等，则须发包人事先批准	有授权；事先批准	—	—
11	发包人、承包人对对方的任何意见和要求，均先向监理机构提出，由其研究处理意见，再同双方协商	—	调解建设单位与施工单位之间的合同争议	—
12	业主对设计变更有审批权	—	组织审查和处理工程变更	总监理工程师签发设计变更通知单、专业、成本、代表签字有效
13	索赔	—	处理费用与工期索赔	—

以上是我们所作的修改，实际上是对《监理合同（示范文本）》和《监理规范》里面的一些权利进行了限制，对没有明确的一些权利进行了明确。

最后，我们再来看看代理人职权如何来约定呢？由于职权约定散落于各个通用条款与专用条款中，所以可以不作出概括性约定，以防止总监理工程师与发包人代表职权交叉，引发发包人利益受损。对于代理人需要批准才能行使的职权设置方法就是约定由总监理工程师和发包人代表共同行使。对于《监理合同(示范文本)》发包人以书面形式通知承包人的监理职权与《建设工程施工合同(示范文本)》约定的总监理工程师职权不一致怎么来处理呢?我们通过通用条款第6.8款来处理:

6.8 如本合同中约定的总监理工程师职权与《建设工程委托监理合同》中约定的监理职权或根据本通用条款6.1发包人以书面形式通知承包人的监理职权不一致的,则以本合同中约定的总监理工程师的职权为准。

也就是说,监理合同中约定的监理工程师职权与施工合同的约定不一致的,以施工合同中约定的监理工程师的职权为准。

(五)关于合同文件的组成及优先解释顺序问题

1.标准文本采用的合同文件的组成及优先解释顺序

通用条款第2.1款:

2.1 组成合同的各个文件应该是一个整体,彼此相互解释,互为说明。除专用条款另有约定外,组成本合同的文件及优先解释顺序如下:

(1)发包人、承包人双方法定代表人签字并加盖法人公章的补充合同、补充协议;

(2)本合同协议书、补充条款;

(3)本合同专用条款和附件(保修协议书、分包工程确认单和询标承诺函件等);

(4)中标通知书;

(5)招标书(包括招标答疑、招标会议纪要)及其附件;

(6)本合同通用条款;

(7)标准、规范及有关技术文件;

(8)图纸;

(9)投标书及其附件;

(10)工程量清单和设备材料清单;

(11)工程报价单或预算书;

(12)发包人、承包人有关工程的洽商、变更等书面记录和文件,这些记录和文件主要包括合同履行过程中的有关通知、指令、工程会议纪要、信件、数据电文(电报、电传、传真、电子数据交换和电子邮件)等,在合同履行过程中以时间先后顺序,之后的优于之前的。

特别解释：第 12 项合同文件内容如果与顺序在前的合同文件之约定相违背，则对发包人、承包人均不具有约束力。

2. 相关疑问的澄清

主要有四个疑问：

疑问一：顺序为第 1 项的发包人、承包人双方法定代表人签字并加盖法人公章的补充合同、补充协议与第 12 项工程会议纪要为什么不在同一顺序？

这是为了区分补充合同、补充协议与工程会议纪要的不同：补充合同、补充协议，往往涉及对合同中没有约定的内容进行补充约定，或者对合同已有的约定进行变更，如计价方式等；而工程会议纪要一般为按照合同约定履行形成的记录，一般不宜对合同约定进行补充，或变更合同约定。

疑问二：为什么在第 2.1 款最后有一个“特别解释”？

因为工程实践中常常会发生第 12 项列出的合同文件，实质上变更合同约定的情况；一旦发生诉讼，法院往往会按第 12 项中的合同文件认定进行了合同变更，而该变更往往对施工单位有利，所以特别作出上述约定。

疑问三：第 12 项合同文件载明的信件、数据电文往往是单方意思表示，且数据文件难以得到法院认可，是否应该删除？

不删除的原因：首先，单方意思表示可以作为合同文件；其次，数据文件是否得到法院认可，并不影响其成为合同文件。一旦发生诉讼，如果数据文件得到法院认可方视为合同文件，否则不作为合同文件，这与信件是一样的。

疑问四：招标书排在第 5 项、投标书排在第 9 项是否合法？

FIDIC 文本、国内 1999 版示范文本中均是投标书顺序在前，招标书顺序在后，原因在于招标书为要约邀请，而投标书为要约，前者形成时间早于后者，故上述约定符合“从新”的惯例。此外，法律也并没有关于投标书顺序必须在招标书顺序之前的强制性规定，所以，第 2.1 款的顺序不违反法律的强制性规定。

3. 关于第 2.3 款约定

2.3　履行合同过程中，承包人向发包人、总监理工程师、发包人代表、专业工程师、成本工程师提交的任何待核实、审核、批准、回复、确认的申请、通知、报告、要求、资料等，只有在同时满足下列两个条件时，才视为上述主体认可或接受或确认。否则，不能视上述主体认可或接受或确认，即使部门规章、地方法规或地方规章中有视为认可或接受或确认之规定。

（1）在协议书、补充条款、专用条款或通用条款中有关于逾期不核实、不审核、不批准、不回复、不提出异议、不提出意见或不确认视为认可或接受或确认之特别约定；

(2)承包人向上述主体提交的任何待核实、审核、批准、回复、确认的申请、通知、报告、要求、资料等必须完全符合合同约定和总监理工程师、发包人的指令(包括但不限于完全符合提交的期限、提交的程序、提交的内容要求等)。

为什么我们作出该约定呢？首先，在履行合同过程中，施工单位常常以通知、报告、申请等文件资料已经提交，发包人未审核且未给出回复意见或提出异议，从发包人不作为角度出发认为应视为认可，而依法该观点并无依据，但从情理角度往往让发包人处于被动地位。其次，部门或地方规章以及部门规范性文件或者政府部门制订的示范文本，往往规定或约定某种情况下视为认可，故承包人常常主张发包人默示承认。依法上述规章、文件不能作为法律直接适用，但并不排除法院据此对一些并不严重影响双方重大利益的事项做出认可的认定。最后，需要特别注意的是，根据《原施工合同司法解释二》第 6 条(《新施工合同司法解释一》第 10 条[①])之规定，作为发包人可以在合同中明确约定承包人提交工期顺延申请的期限，若逾期不提交的，则视为工期不顺延(关于《原施工合同司法解释二》第 6 条关于工期顺延的理解与适用问题，详见本书上编第四讲)。

4. 关于第 2.4 条、第 2.5 款约定

2.4　除非发包人代表在承包人发出的工程施工联系函或其他报告、文件上签署明确意见，否则，发包人代表签名或其他人的签名(即使其签署意见)仅表示发包人对该份文件的签收，不能作为发包人意见或结算的依据。

该款约定实际上是表明发包人的代表在文件上签字或签名但并没有表示意见的话，仅表示发包人收到该文件而不是表示同意或者认可。这是针对发包人代表在某些文件上签字但没有表示意见的情况下双方容易产生争议的情形。某些情况下，发包人代表的签字仅表示其收到了该文件，而承包人则可能误认为该签字表示发包人认可该文件，故该条作出特殊规定，避免产生类似争议。

2.5　发包人代表、成本工程师、专业工程师、总监理工程师行使职权时发出的书面文件必须是本人的签字，只有项目章而没有本人签字的，该文件对发包人、承包人均没有约束力。

该款明确规定，项目章对外不具有相应的效力，必须以发包人代表、成本工程师、专业工程师、总监理工程师的签字为准。

---

① 条文内容无变化。

5. 判断《建设工程施工合同》标准文件组成与建设工程合同文件组成是否一样

《建设工程施工合同》标准文件组成和建设工程合同文件组成是不一样的：建设工程合同文件的组成包括所有的合同文件，前面我讲到共有12项合同文件；而《建设工程施工合同》标准文件是房地产开发集团企业适用于下属的一些项目公司或者工程项目上的一个标准合同文本，由通用条款、专用条款以及相关附件组成，只是建设工程合同文件的一部分。

（六）关于适用法律问题

1. 关于适用法律的约定。

首先，直接约定，通用条款第3.2款对适用法律和行政法规直接约定："本合同文件适用中华人民共和国的法律、行政法规有：《中华人民共和国合同法》、《中华人民共和国建筑法》、《中华人民共和国仲裁法》、《中华人民共和国民法通则》、《中华人民共和国民事诉讼法》等现行有效的有关法律、行政法规"，把适用的范围限制在法律、行政法规，而不包括部门规章。

其次，间接约定，通用条款第2.3款。我们来看一下：第2.3款规定，履行合同过程中，承包人向发包人、总监理工程师、发包人代表、专业工程师、成本工程师提交的任何待核实、审核、批准、回复、确认的申请、通知、报告、要求、资料等，只有在同时满足下列两个条件时，才视为上述主体认可或接受或确认。否则，不能视上述主体认可或接受或确认，即使部门规章、地方规章中有视为认可或接受或确认之规定。也就是说，第2.3款间接约定了合同不适用部门规章、地方规章。

最后，排斥约定。明确表明部门规章、地方规章不适用于本合同。

2. 为什么作出这样的约定？如果约定适用现行有效的有关法律、法规、规章会导致何种后果？

实际上有一些规章是很不利于发包人的。我们来看看有哪些：

比如，2014年2月1日施行的住建部令第16号《建筑工程施工发包与承包计价管理办法（2013）》。

《建筑工程施工发包与承包计价管理办法（2013）》第18条第1、2款规定："工程完工后，应当按照下列规定进行竣工结算：（一）承包方应当在工程完工后的约定期限内提交竣工结算文件。（二）国有资金投资建筑工程的发包方，应当委托具有相应资质的工程造价咨询企业对竣工结算文件进行审核，并在收到竣工结算文件后的约定期限内向承包方提出由工程造价咨询企业出具的竣工结算文件审核意见;逾期未答复的,按照合同约定处理,合同没有约定的,竣工结算文件视为已被认可。非国有资金投资的建筑工程发包方,应当在收到竣工结算文件后的约定期限内予以答复,逾期未答复的,按照合同约定处理,合同没有约定的,竣工结算文件视为已被认可;发包方对竣工结算文件有异议的,应当在答复期内向承包方提出,并可以在提出异议之日起的约定期限内与承包方协商;发包方在协商期内未与承包方协商或者经协商未能与承包方达成协议的,应当委托工程造价咨询企业进行竣工结算审核,并在协商期满后的约定期限内向承包方提出由工程造价咨询企业出具的竣工结算文件审核意见。(三)承包方对发包方提出的工程造价咨询企业竣工结算审核意见有异议的,在接到该审核意见后一个月内,可以向有关工程造价管理机构或者有关行业组织申请调解,调解不成的,可以依法申请仲裁或者向人民法院提起诉讼。发承包双方在合同中对本条第(一)项、第(二)项的期限没有明确约定的,应当按照国家有关规定执行;国家没有规定的,可认为其约定期限均为28日。"

再如,2004年10月20日施行的(财建〔2004〕369号)《建设工程价款结算暂行办法》(财政部、建设部联合发布)。

《建设工程价款结算暂行办法》第9条第1款规定:"承包人应当在合同规定的调整情况发生后14天内,将调整原因、金额以书面形式通知发包人,发包人确认调整金额后将其作为追加合同价款,与工程进度款同期支付。发包人收到承包人通知后14天内不予确认也不提出修改意见,视为已经同意该项调整。"

第10条第2款规定:"收到变更工程价款报告一方,应在收到之日起14天内予以确认或提出协商意见,自变更工程价款报告送达之日起14天内,对方未确认也未提出协商意见时,视为变更工程价款报告已被确认。"

第13条规定,工程进度款结算与支付应当符合下列规定:发包人收到承包人报告后14天内未核实完工程量,从第15天起,承包人报告的工程量即视为被确认,作为工程价款支付的依据,双方合同另有约定的,按合同执行。

第16条第1款规定,发包人收到竣工结算报告及完整的结算资料后,在本办法规定或合同约定期限内,对结算报告及资料没有提出意见,则视同认可。

第21条规定,工程竣工后,发、承包双方应及时办清工程竣工结算,否则,工程不得交付使用,有关部门不予办理权属登记。

如果约定适用这些规章会导致对发包人非常不利的后果。比如,逾期不结算就视为认可结算而不管合同里面是不是有逾期不结算视为认可的约定,只要合同约定了适用16号文或369号文,承包人就可以主张逾期不结算视为认可结算,承包人还可以主张工程结算没有结清,从而拒绝交付工程,而且承包人还可以通知有关部门不予办理大产证。

所以,如果约定适用这些规章,对发包人是非常不利的,故我们通过以上条款直接约定了适用法律、行政法规,间接约定了不适用部门规章、地方规章,并且明确排除了其他一些规章的适用,以避免不利后果的发生。

(七)关于不作为默示承认问题

这里我主要讲两点内容。

第一,发包人不作为默示条款在实践中对发包人的管理水平要求过高。

什么叫不作为默示承认呢?通俗地讲,就是指你应该做而你没做,就视为你做了。发包人不作为默示条款,就是合同中约定的发包人应该做而发包人没做就视为发包人做了的条款。因为发包人的管理往往跟不上,合同虽然约定了发包人应该怎么做,但实际在合同履行过程中,发包人仍然是按照常规的办法来管理,而根本没有看合同的约定。如果适用这些不作为默示条款,因为发包人管理水平的限制,对发包人是非常不利的。

第二,解决方案。

如何来解决呢?有两个方法。一个是尽可能避免约定发包人不作为默示条款;另一个是如果避免不了,则增加约定明示催告程序。如通用条款第45.4款:发包人收到承包人送交的竣工验收报告后21天内不组织验收,或验收后7天内不提出修改意见,则承包人需要通过书面形式催告发包人组织验收或提出修改意见。其中,书面催告函中需要载明承包人是根据合同通用条款第45.4款发出的催告,发包人经过上述催告后在7天内仍不组织验收或提出修改意见的,视为竣工验收报告已被认可。

通过这种方法的约定来达到提示发包人管理人员的目的。也就是说,如果约定了不作为默示条款,要增加明示催告程序。

类似的约定方法还包括通用条款第24条、第25条、第43.4款、第49.3款。

24.1　承包人应当按照协议书约定的开工日期开工。承包人不能按时开工,应当不迟于协议书约定的开工日期前7天,以书面形式向总监理工程师和发包人代表提出延期开工的理由和要求。总监理工程师和发包人代表应当在接到延期开工申请后48小时内以书面形式答复承包人。总监理工程师和发包人代表在接到延期开工申请后48小时内不答复,则承包人需要通过书面形式催告总监理工程师和发包人代表答复,其中,书面催告函中需要载明承包人是根据合同通用条款第24条发出的催告,总监理工程师和发包人代表经过上述催告后仍不答复的,视为同意承包人要求,工期相应顺延。总监理工程师、发包人代表不同意延期要求或承包人未在规定时间内提出延期开工要求,工期不予顺延。承包人应当按照协议书约定的开工日期开工。

25　暂停施工。

总监理工程师和发包人代表认为确有必要暂停施工时,应当以书面形式要求承包人暂停施工,并在提出要求后48小时内提出书面处理意见。承包人应当按总监理工程师和发包人代表要求停止施工,并妥善保护已完工程。承包人实施总监理工程师和发包人代表做出的处理意见后,可以书面形式提出复工要求,总监理工程师和发包人代表应当在48小时内给予答复。总监理工程师和发包人代表未能在规定时间内提出处理意见,或收到承包人复工要求后48小时内未予答复,则承包人需要通过书面形式催告总监理工程师和发包人代表答复,其中,书面催告函中需要载明承包人是根据合同通用条款第25条发出的催告,总监理工程师和发包人代表经过上述催告后24小时内仍不答复的,承包人可自行复工。因承包人原因造成停工的,由承包人承担发生的费用,工期不予顺延;因发包人原因造成停工的,导致工期延误的顺延工期,如给承包人造成损失的,赔偿承包人损失。

43.4　监理单位和发包人在收到承包人提出现场计量要求后7天内未进行现场核实,也未提出延期核实计量要求,则承包人需要通过书面形式催告监理单位和发包人核实,其中,书面催告函中需要载明承包人是根据合同通用条款第43.4款发出的催告,监理单位和发包人经过上述催告后3天内仍不核实,则视为接受承包人提出的计量内容。

49.3　发包人未能按合同约定履行义务、发生错误以及应由发包人承担责任的其他情况给承包人造成费用损失时,承包人应按下列程序向发包人代表提出索赔:

(1)索赔的事件发生后28天内,向发包人代表提出索赔意向通知。逾期不提出的,视为放弃索赔;

(2)在提出索赔意向通知后28天内,向发包人代表提交赔偿费用损失的索赔报告及有关资料;

(3)发包人代表在收到承包人提交的索赔报告和有关资料后,于28天内给予答复，或要求承包人进一步补充索赔理由和证据；

(4)发包人代表在收到承包人提交的索赔报告和有关资料后28天内未予答复或未对承包人作进一步要求，则承包人需要通过书面形式催告发包人代表答复或做出进一步要求，其中，书面催告函中需要载明承包人是根据合同通用条款第49条发出的催告，发包人代表经过上述催告后7天内仍不答复的，视为该项索赔已被认可；

(5)当索赔事件持续进行时，承包人应当阶段性向发包人代表提出索赔报告，在该事件终了后28天内，向发包人代表提交索赔的有关资料和最终索赔报告。索赔答复程序与本款(3)、(4)的约定相同。

(八)关于逾期竣工违约金约定技巧问题

我们先看下列约定方法对发包人有何不利影响：本合同因承包人原因不能按照协议书约定的竣工日期竣工或发包人同意顺延的工期竣工的，应承担违约责任。

在逾期竣工违约纠纷中，举证责任分配方法是怎样的呢？发包人只要证明实际开工、竣工日期之间的期限大于合同约定的开工、竣工日期之间的期限，就说明施工单位逾期竣工了；而承包人要举证证明延误工期的原因不在于承包人而在于发包人或非承包人的原因。但是上述约定，一旦诉讼，承包人很可能提出：发包人要追究承包人的逾期竣工违约金，必须举证工期延误是承包人的原因造成的，如果发包人举证不能，就不能追究承包人的约责任，这可能会误导法官。从上述约定看，容易误认为发包人应举证证明是承包人的原因导致了工期延误，所以说这种约定方法对发包人是不利的。

那我们应该如何约定才有利于发包人呢？我们是这样约定的：

26.3　承包人未按照约定的期限内完成本工程，或者未能在相应的期限完成本工程中某单项工程，承包人应承担违约责任，向发包人支付专用条款约定的违约金和延期损失赔偿费。

这样约定就不会导致法官要求发包人举证证明因承包人的原因导致工期延误，否则，免除施工单位的逾期竣工违约责任。

当然，是不是根据“本合同因承包人原因不能按照协议书约定的竣工日期竣工或发包人同意顺延的工期竣工的，应承担违约责任”这一约定，举证责任就变为由发包人承担即由发包人举证证明工期延误的原因在于承包人呢？实际上也并不能得出这样的结论，因为举证责任的分配是诉讼法上的规定，双方当事人不能约定排除。就像专属管辖,即使双方约定不适用专属管辖,这种约定也是无效的。前述约定方法改变了举证责任的分配,违反了诉讼程序规定,显然是不正确的,这种约定是无效的。举证责任的分配仍然是由施工单位举证证明工期延误的原因不在自己,而前述约定并没有改变举证责任的分配。

(九)关于变更价款的约定

我们来看两点内容。

第一,约定方法。

通用条款第43.1款　本条款只适用引起工程造价调整的工程变更,因工程变更对合同价款的调整按下列方式进行:

(1)合同中已有适用于变更工程的价格,按合同已有的价格变更工程价款;

(2)合同中只有类似于变更工程的价格,可以参照类似价格变更工程价款;

(3)合同中没有适用或类似于变更工程的价格,按专用条款约定的计价规则(含下浮率)进行计算。

专用条款第43.1款计价规则:

(1)适用的现行主要标准及工程量计算规则或工程实物量计算规则如下:……

(2)取费方式如下:……

(3)材料价格的取定方法:……

(4)下浮率:……

(5)变更价款编制方法采用当地相关部门批准的建设工程计价软件。

第二,如果专用条款第43.1款不约定会有什么后果?

《原施工合同司法解释一》第16条(《新施工合同司法解释一》第19条[①])规定,当事人对建设工程的计价标准或者计价方法有约定的,按照约定结算工程价款。因设计变更导致建设工程的工程量或者质量标准发生变化,当事人对该部分工程价款不能协商一致的,可以参照签订《建设工程施工合同》时当地建设行政主管部门发布的计价方法或者计价标准结算工程价款。

该条规定表明,如果合同通用条款或专用条款中没有约定变更价款的计算方法,就按照建设行政主管部门发布的计价方法或者计价标准结算工程价款,

① 《新施工合同司法解释一》第19条将《原施工合同司法解释二》第16条中的"工程价款结算参照本解释第三条"修改为"依照民法典第五百七十七条",其余内容均无变化。

那就谈不上下浮率的问题,显然对发包人是不利的,工程实践中,每个工程都或多或少的有一些下浮率。

(十)关于合同解除问题

这里主要讲三点内容。

第一,合同解除的种类。

包括协商解除,也就是双方协商一致解除合同;约定解除权的解除,也就是说双方约定在具备某种条件的时候,一方可以以发出通知的形式单方解除合同;法定解除,也就是发生法律规定的某种情形时,一方向另一方发出解除合同的通知解除合同。

几种解除的不同:约定解除权的解除和法定解除需要发出通知,通知到达时即解除,无须形成双方协议;而协商解除,无须发出通知,但双方需要形成解除合同的协议。

第二,标准文本中合同解除的约定种类。

56　合同解除

56.1　发包人承包人协商一致,可以解除合同。

该款约定的是协商解除的情形。

56.2　承包人具有下列情形之一的,发包人有权解除合同:

(1)明确表示或者以行为表明不履行合同主要义务的;

(2)合同约定的期限内没有竣工验收合格,且在发包人催告的合理期限内仍未竣工验收合格的;

(3)已经完成的建设工程质量不合格,并拒绝修复的;

(4)将承建的工程非法转包或违法分包的;

(5)承包人的其他违约行为致使合同无法继续履行的。

该款约定的是约定解除权的情形,在发生以上情形时发包人具有单方解除合同的权利。

56.3　承包人有权解除合同的约定:

1.发包人未按约定支付工程款后,承包人向发包人发出了要求付款的通知,发包人收到通知后28天内仍不按要求付款,也不与承包人协商签订延期付款协议,则承包人可以停止施工,停止施工超过56天的,承包人有权解除合同。

2.发包人具有下列情形之一,致使承包人全面停止施工,且在催告后的56天内仍未履行相应义务,承包人有权解除合同:

(1)提供的主要建筑材料、建筑构配件和设备不符合强制性标准的；

(2)不履行合同约定的协助义务的。

该款约定的是约定解除权的情形，在发生以上情形时承包人具有单方解除合同的权利。

56.4　一方依据第56.2、56.3款约定要求解除合同的，应以书面形式向对方发出解除合同的通知，通知到达对方时合同解除。对解除合同有争议的，按本合同第50条关于争议的约定处理。

该款约定的是行使单方面解除合同权利时，应发出书面解除合同通知。

56.5　承包人依据第56.3款约定解除合同后，承包人应妥善做好已完工程和已购材料、设备的保护和移交工作，按发包人要求将自有机械设备和人员撤出施工场地。发包人应为承包人撤出提供必要条件，支付以上所发生的费用，并按合同约定支付已完合格工程价款。已经订货的材料、设备由订货方负责退货或解除订货合同，不能退还的货款和因退货、解除订货合同发生的费用，由发包人承担，因未及时退货造成的损失由责任方承担。除此之外，发包人应当赔偿因合同解除给承包人造成的损失。

56.7　发包人依据第56.2款约定解除合同后，承包人应妥善做好已完工程和已购材料、设备的保护和移交工作，按发包人要求将自有机械设备和人员撤出施工场地。发包人应为承包人撤出提供必要条件，所发生的费用由承包人承担，发包人按合同约定支付已完合格工程价款。已经订货的材料、设备由订货方负责退货或解除订货合同，不能退还的货款和因退货、解除订货合同发生的费用，由承包人承担，因未及时退货造成的损失由责任方承担。除此之外，承包人应向发包人支付解除合同时尚未施工及未完成部分之对应合同价款数额的一定比例的违约金，该比例由双方在专用条款中约定；并赔偿因合同解除给发包人造成的全部损失，包括但不限于：

(1)工程成果的购买人或租用人因延期交楼或延期办理房地产证而向发包人提出的全部索赔；

(2)发包人因解除合同而发生的发包人继续推进该项工程实际需要的工程费用，含发包人的管理费用、监理单位增加的监理费用等；

(3)发包人另行发包给他人之合同价款与解除合同时尚未施工及未完成部分之对应合同价款之差额。

上述两款约定的是合同解除后的清理办法。

56.8　合同解除后，不影响双方在合同中约定的结算和清理条款的效力，也不影响一方向另一方要求承担违约金等违约责任。

该款约定合同解除不影响结算、清理条款的效力。

56.9 如承包人不履行或不按约定履行部分合同义务的,经发包人催告后仍不履行的或不按约定履行的,发包人有权解除部分合同,承包人应向发包人支付解除部分合同之对应合同价款数额的一定比例的违约金,该比例由双方在专用条款中约定。此外,承包人还应赔偿发包人因解除部分合同给发包人造成的全部损失,赔偿的范围与第56.7款相同。

该款约定的是发包人部分解除合同的权利。

第三,承包人解除合同的法定条件及约定限制。

《原施工合同司法解释一》第9条(对应《民法典》第806条第2款①)规定了承包人行使法定解除权的条件。而在该司法解释出台之前,根据《合同法》的法定解除条件适用在建设工程合同上,承包人若解除合同,往往把握不准到底能不能解除,解除合同不具有确定性,在这样的情况下,承包人不会轻易地要求解除合同;而《原施工合同司法解释一》第9条规定,使承包人的法定解除权有了更强的可操作性,在这样的情况下,承包人可能会因上述条文明确了施工单位的法定解除权而滥用合同解除权,从而借此给发包人施加压力要求增加价款。因此,我们有必要对承包人的合同解除权进行必要的限制,防止承包人滥用合同解除权。

我们如何来约定限制呢?实际上刚才我说到的第56.3款就约定了一些限制。比如,第一种情况,拖欠工程款的问题,承包人要解除合同的话会受到哪些限制呢?

56.3.1 发包人未按约定支付工程款后,承包人向发包人发出了要求付款的通知,发包人收到通知后28天内仍不按要求付款,也不与承包人协商签订延期付款协议,则承包人可以停止施工,停止施工超过56天的,承包人有权解除合同。

该项约定明确了承包人在发包人拖欠工程款时解除合同的限制条件:第一,发包人未按约定支付工程款;第二,承包人需要向发包人发出了要求付款的通知;第三,发包人收到通知后28天内仍不按要求付款,也不与承包人协商签

① 该条规定已于2021年1月1日废止,其部分内容被《民法典》第806条第2款所吸收。《民法典》第806条第2款规定:"发包人提供的主要建筑材料、建筑构配件和设备不符合强制性标准或者不履行协助义务,致使承包人无法施工,经催告后在合理期限内仍未履行相应义务的,承包人可以解除合同。"删去了《原施工合同司法解释一》第9条中"未按约定支付工程价款"的合同解除条件。

订延期付款协议；第四，承包人停工；第五，承包人停工超过56天。承包人在满足了以上五个条件后才能行使合同解除权，这些条件实际上限制了承包人的合同解除权。因为根据《原施工合同司法解释一》第9条的规定，承包人行使合同解除权的条件：第一，发包人未按约定支付工程价款；第二，致使承包人无法施工；第三，发包人在催告的合理期限内仍未履行义务。显然合同第56.3款第1项的约定比《原施工合同司法解释一》第9条规定的程序复杂、完善，而且时间长，承包人不能轻易解除合同。

我们再来看第二种情况，关于发包人主要构件、材料、设备不符合强制性标准、不履行协助义务等情况下承包人解除权的限制。

56.3.2 发包人具有下列情形之一，致使承包人全面停止施工，且在催告后的56天内仍未履行相应义务，承包人有权解除合同：(1)提供的主要建筑材料、建筑构配件和设备不符合强制性标准的；(2)不履行合同约定的协助义务的。

该项约定了承包人此种情况下解除合同的条件：第一，发包人提供的主要建筑材料、建筑构配件和设备不符合强制性标准或不履行合同约定的协助义务；第二，承包人全面停止施工；第三，发包人在催告后56天内仍未履行义务。而《原施工合同司法解释一》第9条规定的此种情况下承包人解除合同的条件：第一，发包人提供的主要建筑材料、建筑构配件和设备不符合强制性标准或不履行合同约定的协助义务；第二，致使承包人无法施工；第三，发包人在催告的合理期限内未履行义务。显然该项的约定比《原施工合同司法解释一》规定的解除权行使条件更明确，限制了承包人的合同解除权，避免了给发包人的管理带来困难。

（十一）关于索赔与变更的关系问题

这里讲四点内容。

1. 变更价款确定与费用索赔是不是一回事？

首先，我们看1987版FIDIC合同条件。第51.1款变更、第52.1款变更的估价、第52.2款工程师确定费率的权利——关于变更的约定、第53.1款索赔通知、第53.2款同期记录、第53.3款索赔的证明、第53.5款索赔的支付——关于索赔费用的约定。在1999版、2017版FIDIC施工合同条件（红皮书）中，也均将变更和索赔的事项、程序明确分开约定。

因此，从上述条款中，我们可以看出，FIDIC合同条件中变更价款和费用索赔不是一回事。

其次,我们再来看国内示范文本:

在 1999 版文本中,第 29 条约定工程设计变更、第 31 条约定变更价款、第 36 条约定索赔(既包括费用索赔也包括工期索赔);在 2017 版文本中,第 10.1 款约定变更的范围、第 10.3 款约定变更程序、第 10.4 款约定变更估价、第 19.1 条约定索赔(包括增加费用及延长工期)。

因此,从上述条款中可见,国内示范文本中变更价款和费用索赔是通过两个程序、两个条款分别规定的,变更和索赔不是一回事。

2. 为什么施工过程中常常施工单位不提出索赔呢?

原因主要有以下三点:首先,约定归约定,不按照约定履行。我前面讲到,工程实践中,管理人员往往不是按照合同约定来管理,而是按照工程惯例来管理、按工程签证或工作联系单来履行。其次,通过办理签证方式获得索赔价款。最后,通过结算过程中结算索赔价款。所以,在工程实践中往往看不到施工单位单独提出索赔。

3. 错误观点是先办理签证,签证签不下来,再索赔。

该部分内容在本书"工程签证法律实务"章节已详细论述,此不赘述。

4. 索赔与工期顺延的关系。

从 1999 版文本来看,工期顺延实为承包人有权索赔的内容之一:

第一,通用条款第 1.21 款对"索赔"作出的定义是"指在合同履行过程中,对于并非自己的过错,而是应由对方承担责任的情况造成的实际损失,向对方提出经济补偿和(或)工期顺延的要求"。

第二,通用条款第 36.2 款进一步明确索赔的程序,即"发包人未能按合同约定履行自己的各项义务或发生错误以及应由发包人承担责任的其他情况,造成工期延误和(或)承包人不能及时得到合同价款及承包人的其他经济损失,承包人可按下列程序以书面形式向发包人索赔:……"

第三,通用条款第 13.1 款中约定的"(1)发包人未能按专用条款的约定提供图纸及开工条件;(2)发包人未能按约定日期支付工程预付款、进度款,致使施工不能正常进行;(3)工程师未按合同约定提供所需指令、批准等,致使施工不能正常进行;(4)设计变更和工程量增加;(5)一周内非承包人原因停水、停电、停气造成停工累计超过 8 小时;(6)不可抗力;(7)专用条款中约定或工程师同意工期顺延的其他情况"等事项,实际上是"对于并非自己的过错,而是应由对方承担责任的情况"的列举。

从2017版文本来看,虽然删除了对于"索赔"的定义,但在第19.1款中约定"承包人认为有权得到追加付款和(或)延长工期的,应按以下程序向发包人提出索赔",并将工期顺延的情形散落在第5、7、11条和第13条进行约定且均未约定相应的程序,更加明确了工期顺延通过索赔程序解决。

因此,国内1999版、2017版文本都将工期顺延作为索赔的内容之一,而这也与1999版、2017版FIDIC施工合同条件的国际工程实践相吻合。[①]

(十二)关于竣工结算迟延对办理产权证的影响问题

根据建设部369号文的规定,未办理竣工结算,施工单位可以拒绝交付工程,建设行政主管部门也可以不办理产权证。为了避免建设部369号文对交付及办理产权证造成影响,我们在标准文本中通过间接的方法排除了建设部369号文的适用,我们看具体条款:

46.5 工程竣工验收合格之日起28天内,承包人未能向发包人递交竣工结算报告及完整的结算资料,造成工程竣工结算不能正常进行或工程竣工结算价款不能及时支付,由承包人负责。承包人若不按时申报结算资料,则发包人可自行进行结算,特别包括调减项目和因承包人违反相关条款而应确认的扣款,承包人须无条件接受结算结果。

46.7 承包人应在项目竣工验收签发交接证书之日起2个月内无条件地协助发包人办理完竣工验收"结算核准单"及入伙相关政府手续。承包人必须按政府办理房产证要求和发包人要求提供以上资料,若因承包人的原因导致发包人不能按时办理入伙相关政府手续和房产证,承包人承担相应责任(包括承担工程成果的购买人或租用人因发包人延期交楼或延期办理房地产证而向发包人提出的全部索赔)。

以上是关于竣工结算迟延对办理产权证影响的解决方案,一是承包人不提供材料的情况下发包人自行结算;二是交付之日起2个月内承包人无条件协助发包人办理竣工验收的结算核准单及入伙相关政府手续否则承包人承担赔偿

---

① 根据1999版、2017版FIDIC施工合同条件第20条的约定,"如果承包商根据本合同条件的任何条款或参照合同的其他规定,认为他有权获得任何竣工时间的延长和(或)任何附加款项,他应通知工程师,说明引起索赔的事件或情况。该通知应尽快发出,并应不迟于承包商开始注意到,或应该开始注意到,这种事件或情况之后28天",即竣工时间的延长属于承包人的索赔内容之一。值得注意的是,在1987版FIDIC合同条件中,索赔范围仅为费用(第53.1款索赔通知、第53.2款同期记录、第53.3款索赔的证明、第53.5款索赔的支付),而对于竣工期限的延长,则单独约定在第44.1款。由此可见,在国际工程实践中,索赔内容实际上从费用索赔扩大至费用和工期索赔。

责任。

(十三)关于超时退场可能导致逾期向小业主交房问题

我们在标准文本里也有专门的约定:

1.23 实际竣工日期:指承包人完成工程施工并合格地通过竣工验收之日,但如承包人未按照通用条款第45.11款约定退场,则实际竣工日期以竣工验收合格后承包人实际退场完毕之日为准。

该约定表明,承包人不退场视为承包人没有竣工。

45.11 承包人应按照发包人要求的时间,全部(包括承包人临时设施)撤离本施工场地。否则,实际竣工日期以竣工验收合格后承包人实际退场完毕之日为准。同时发包人有权向承包人收取地租,地租金额由发包人自行决定,发包人有权在工程结算款或余款中扣除地租金额。

该约定表明,施工单位应及时退场,不退场就要向发包人承担逾期竣工的违约责任,同时发包人有权在工程结算款或余款中扣除承包人的地租金额,促使承包人及时退场。

(十四)关于竣工档案的移交时间及约束条件问题

竣工档案的移交也是经常困扰发包人的问题,常常导致无法竣工备案,所以我们也要设立专门的条款约束承包人,促使承包人及时移交竣工档案。我们是用如下条款约定的:

38.3 工程竣工验收合格,承包人按发包人代表要求按时退场后30日内,发包人支付至合同价款的90%(如发生工程量减少,发包人可视情况调低该付款比例)。竣工验收合格后,承包人应成立售后服务小组,及时妥善处理客户投诉质量问题,移交所有现场有关资料。在双方完成结算且承包人按照合同及档案管理部门要求移交了档案资料后,发包人支付至结算工程总价的95%。

45.2 工程具备竣工验收条件,承包人按国家工程竣工验收有关规定,向发包人提供完整竣工资料及竣工验收报告。工程竣工验收合格后7日内,承包人应按有关档案管理规定向发包人移交整个工程档案资料,并依据档案管理部门的要求,负责或协助发包人向档案管理部门移交工程档案资料。双方在专用条款中具体约定提供竣工资料、档案资料的要求及内容。

根据第38.3款的约定,如果承包人不移交竣工档案就无法获得相应的工程结算价款,这是对竣工档案移交时间的一个限制,从而促使档案资料能够及时地移交。

(十五)关于工程保险问题

我们通过第52条进行了约定。

52.1 工程开工前,发包人为本工程办理建设工程一切险并为施工场地内的自有人员及第三者人员生命财产办理保险,支付保险费用。运至施工场地内用于本工程的材料和待安装设备,由发包人办理保险,并支付保险费用。发包人可以将上述有关保险事项委托承包人办理,费用由发包人承担。

52.2 承包人必须为职工办理社会保险,必须为从事危险作业的职工办理意外伤害保险,并为施工场地内自有人员生命财产和施工机械设备办理保险,支付保险费用。承包人具体需要保险的事项由双方在专用条款中约定。

52.3 发包人和承包人可在专用条款中约定保险事项。

为什么约定发包人购买建筑工程一切险及第三者责任险?这主要是基于以下两方面的考虑:首先,一般由发包人购买,特别约定除外;其次,如承包人购买,对于指定分包工程需要特别约定方可纳入到保险范围。否则,将遗漏保险范围。因为承包人购买保险往往只为自己施工的那部分工程办理保险,而对指定分包工程有可能没有纳入保险范围,这样就遗漏了保险范围。所以由发包人购买建筑工程一切险及第三者责任险更合适,当然也可由发包人委托承包人购买,但需要对承包人说明指定分包工程也要纳入到保险范围,否则就遗漏了保险范围。

(十六)关于履约保函问题

我们通过第53条进行了约定。

53.1 发包人承包人为了全面履行合同,应互相提供以下担保:

(1)发包人向承包人提交支付担保,担保方式为银行支付保函,保函金额由双方在专用条款中具体约定,担保有效期应当截止到本工程验收合格之日。

(2)承包人在中标通知书发出后28天内向发包人提供履约担保,担保方式为无条件、不可撤销银行履约保函(见附件9,A版:无固定期限的履约保函;B版:有固定期限的履约保函),对于担保金额及选用A版或B版保函格式,由双方在专用条款中具体约定,选用A版无固定期限的履约保函时,保函有效期应当截止到本工程交接证书签发之日起满3个月,选用B版有固定期限的履约保函时,保函期限应当截止到合同约定竣工日期之日起满6个月。

(3)承包人在中标通知书发出后 28 天内应向发包人提交经过发包人认可的与合同约定预付款同等数额的银行预付款保函。

这一款实际上约定了发包人应当向承包人提供支付担保,承包人应当向发包人提供履约担保,担保的方式是无条件的不可撤销的银行保函,一种是无固定期限的保函,另一种是有固定期限的保函,另外承包人还要向发包人提供预付款保函。

53.2　上述各项银行保函到期前,如担保事项尚未结束,提供银行保函的一方应当在原银行保函到期 14 日前继续办妥银行保函,续办保函内容与原保函内容一致。如承包人不在上述日期前续办保函,则发包人有权根据履约保函向保证人索赔担保金额。

这一款主要约定了保函到期前要对保函续保,承包人如果不续保,发包人有权根据履约保函向保证人索赔担保金额。

53.3　协议书签订后,如果承包人发生任何一种违约情形,而需要向发包人承担违约金、赔偿发包人的损失等时,在履约保函的有效期内,发包人有权向保证人提出索赔,保证人应在收到发包人的索赔通知时无条件地在担保金额范围内向发包人支付索赔款项,而无须征得承包人的同意。发包人取得索赔款项后,书面通知承包人,说明导致索赔的原因及数额。

这一款明确了发包人有权向保证人提出索赔,保证人必须无条件支付,发包人取得索赔款项后,应当书面通知承包人,说明导致索赔的原因及数额。

53.4　如果发包人在履行本合同中,由于资金不足或非不可抗力等原因给承包人造成损失时,在支付担保书的有效期内,承包人应书面通知发包人,说明导致索赔的原因,并及时向保证人提出索赔文件,保证人应无条件就担保金额向承包人支付索赔款项,并无须征得发包人的同意。

这一款约定了支付保函动用的相关内容。

53.5　发包人和承包人还可在专用条款中约定其他担保方式及担保事项。

以上是标准文本中关于履约保函的约定,我们概括一下:

(1)保函的性质:无条件,所谓无条件,就是指权利人可以直接向保证人要求支付,保证人必须支付。不可撤销,指承包人一旦向发包人开具保函,承包人或银行不能撤销该保函。有固定期限,指保函有确定的起止时间。无固定期限,指保函的截止时间为竣工之后 6 个月。

(2)保函的作用:促使对方履行合同,在对方不履行合同的情况下,我们可以启动保函,要求保证人来支付。

如约定保函期限至被保证人签发工程交接证书之日,将可能产生何种后果?签发工程交接证书实际上确定了工程竣工的日期,如果保函期限在这个时候届满,建设单位要动用保函追究施工单位的逾期竣工违约金就不可能了。所以,约定保函期限至被保证人签发工程交接证书之日是不妥当的,没有将逾期竣工违约金包含在保函的范围之内。

保函将到期但工程尚未竣工,如何处理?前面我们讲到,建设单位可以要求施工单位续保,如果施工单位不续保,建设单位就可以行使保函赋予的权利,要求保证人支付款项。

(十七)关于低价中标问题

第一,低价中标后,承包人的对策。

承包人低价中标后,往往会通过一些措施来增加工程价款,承包人通常采取的措施:通过签证、索赔增加价款;主张合同无效,让发包人作出补偿或变更合同价款约定;主张合同价款低于成本价,主张合同为可变更、可撤销合同;针对发包人违约行为,主张解除合同,避免损失扩大;以中止合同履行为由,让发包人做出让步。

第二,面对低价中标,标准文本中有何针对性约定?

建设单位如何防范施工单位在低价中标以后通过一些手段来增加工程价款呢?针对施工单位可能采用的一些手段,我们在标准文本中作了如下约定:

首先,工程变更约定:第 41、42、43 条。

就是说如果施工单位想通过工程变更的方法来增加工程价款,将受到合同约定的限制:有相同的项目就按照相同的价格计价,有相似项目就按相似项目的价格计价,如果没有相同或相似项目的价格,就按照当地的定额取一定的下浮率计价。这样施工单位想通过工程变更来增加价款就比较困难了。

其次,第 35 条约定承包人承诺合同价款。

35.1 合同价款由发包人和承包人依据中标通知书中的中标价或双方约定的造价在协议书内约定。承包人承诺合同价款不低于其成本价。

通过该项的约定,就可以阻止承包人低价中标以后要求索赔的情况。

再次,第 56 条将法定解除合同条件进行限制约定。

前面我讲到,低价中标以后,承包人想把发包人的行为定性为可以解除合同的行为然后解除合同,解除合同之后承包人又不退场而是要求增加价款。所以,我们通过第 56 条将法定解除合同的条件和程序予以限制,使承包人不能轻易提出解除合同。

最后，约定明确具体的法律后果。

通过约定明确具体的法律后果，让承包人对解除合同望而却步。我们在标准文本中约定如下：

48.2 承包人不履行合同义务或不按合同约定履行义务，应当承担违约责任，赔偿因其违约给发包人造成的损失。当发生下列情况时，承包人除了应当根据专用条款的约定向发包人承担违约责任外，还需要赔偿由此给发包人造成的全部损失，包括但不限于工程成果的购买人或租用人因延期交楼或延期办理房地产证而向发包人提出的全部索赔，等等。

(1)承包人未按照协议书约定的竣工日期或发包人代表按照通用条款第26条同意顺延的工期竣工；

(2)工程质量达不到协议书约定的质量标准；

(3)承包人不履行合同义务或不按照合同约定履行义务的其他任何情况。

56.7 发包人依据第56.2款约定解除合同后，承包人应妥善做好已完工程和已购材料、设备的保护和移交工作，按发包人要求将自有机械设备和人员撤出施工场地。发包人应为承包人撤出提供必要条件，所发生的费用由承包人承担，发包人按合同约定支付已合格完工的工程价款。已经订货的材料、设备由订货方负责退货或解除订货合同，不能退还的货款和因退货、解除订货合同发生的费用，由承包人承担，因未及时退货造成的损失由责任方承担。除此之外，承包人应向发包人支付解除合同时尚未施工及未完成部分之对应合同价款数额的一定比例的违约金，该比例由双方在专用条款中约定；并赔偿因合同解除给发包人造成的全部损失，包括但不限于：

(1)工程成果的购买人或租用人因延期交楼或延期办理房地产证而向发包人提出的全部索赔；

(2)发包人因解除合同而发生的发包人继续推进该项工程实际需要的工程费用，含发包人的管理费用、监理单位增加的监理费用等；

(3)发包人另行发包给他人之合同价款与解除合同时尚未施工及未完成部分之对应合同价款之差额。

以上条款实际上是约定了承包人违约之后，发包人若按照合同约定解除合同，承包人需要承担的责任。这些责任会让承包人考虑违约的后果，从而促使承包人在低价中标以后也要按照合同约定继续履行合同。

四、《施工合同》标准文本组成、使用前提条件、使用办法及使用中需要注意的问题

第一，标准文本由五个部分组成，包括协议书、通用条款、专用条款、补充条款、附件。协议书适用原《合同法》（现《民法典》合同编）的要求，通用条款适用于所有的建设工程，专用条款是根据工程的特点、发包人特点对相应的通用条款进行具体化、补充或者修改，附件主要是关于合同中涉及的格式。

第二，使用前提条件。使用该标准文本需要具备如下四个前提条件：招标时施工图纸已经完成；合同价款的确定方式为固定总价方式；适用于“总包+指定分包+少量直接发包”的施工发包模式；不涉及深化设计，如涉及深化设计，则需要在补充条款中作出特别约定。

第三，使用方法及需要注意的问题：

1. 需要根据项目、发包人的具体情况对通用条款进行具体化、补充、修改。

2. 具体化、补充、修改通用条款时，需要阅读相应的通用条款，然后作出正确的专用条款约定，避免约定不具有针对性，“答非所问”。

3. 约定需要具有操作性，怎么做就怎么约定。

4. 专用条款空格处尽可能作出具体约定，避免空白。如专用条款第 43.1 款关于计价规则的约定。

5. 能在专用条款中约定的事项，不在补充条款中约定，避免在补充条款中约定的内容与通用条款或专用条款之约定相矛盾。

6. 通用条款、已经具体、补充、修改后的专用条款及相关附件应在编制招标文件时纳入招标文件，避免中标后无法作出对发包人有利的约定。

五、后续尚需跟进的地方

最后简单讲五点内容。

第一，关于发包人、代理人（总监理工程师、发包人代表等）职权的划分，包括发包人与代理人之间职权的划分，即哪些职权授权代理，包括总监理工程师与发包人代表之间代理权的划分及限制，需要在使用该文本过程中进行完善。

第二，鉴于发包人管理人员管理工程的现状，一下子很难做到完全按合同约定的方法履行合同，故在设置通用条款时，对发包人管理人员管理工程时尚

难做到的地方，针对性作出了对发包人有利的约定；而该情况，对于承包人而言，没有作出对承包人有利的约定。待发包人管理人员能够严格按合同约定履行后，再修改上述约定，以便对发包人、承包人约定相对公平。

第三，有些约定与法律规定尚不完全一致。

第四，需要根据今后的司法实践、《原施工合同司法解释一》等情况做出调整。针对在使用该文本中遇到的问题，进行修改完善。

第五，今后对工程实践中、司法实践中新出现的疑难问题，再作出针对性的约定。

以上是本讲的全部内容，谢谢读者。

第三讲　工程签证法律实务*

大家好，今天我讲的内容是工程签证法律实务，这一讲，我主要讲以下八个方面的内容：

1. 工程签证的概念；
2. 工程签证的法律特征；
3. 工程签证的分类以及分类的意义；
4. 工程签证的重要性及签证存在的问题；
5. 工程签证的构成要件；
6. 签证的效力及过失签证、恶意签证的效力；
7. 施工单位如何进行工程签证；
8. 建设单位如何防范乱签证（包括恶意签证与过失签证）。

一、工程签证的概念

（一）签证

所谓签证，按照《新华字典》的解释，就是签署文件，而且是办理出入境手续时，出入境机构办理的有关文件。

（二）工程签证概念的由来

工程签证作为建筑行业的习惯用语，与日常生活语词中的签证含义不同。现今，教科书、法律、行政法规或者建设部颁布的行政规章中，暂时还没有工程

* 本讲内容系根据 2007 年 5 月 25 日作者为某部委干部学院在青岛组织的建设工程招标投标及施工合同管理培训班的讲课录音整理而成；另作者多次为该干部学院在呼和浩特、张家界、杭州、厦门、深圳、昆明等城市组织的建设工程招标投标及施工合同管理培训班宣讲该讲内容，并于 2005 年 6 月 18 日受邀为某著名房地产公司举办该讲座。

签证的统一概念。在各个版本的建设工程施工合同示范文本中,也只能稍稍觅得一点工程签证定义的踪迹。1999 版示范文本(GF-1999-0201)通用条款 2.1:"……合同履行中,发包人承包人有关工程的洽商、变更等书面协议或文件视为本合同的组成部分。"该种表述其实就包含了签证在内。2013 版示范文本(GF-2013-0201)通用合同条款 1.1.5.5 中首次出现了"签证"这一名词:"暂列金额:是指发包人在工程量清单或预算书中暂定并包括在合同价格中的一笔款项,用于工程合同签订时尚未确定或者不可预见的所需材料、工程设备、服务的采购,施工中可能发生的工程变更、合同约定调整因素出现时的合同价格调整以及发生的索赔、现场签证确认等的费用。"2017 版示范文本(GF-2017-0201)沿用了这一条款。虽然正式文本中还未有对于签证的统一定义,但无论是在工程实践还是司法实践中,业内人士都比较熟悉工程签证所代表的含义。因此,可以说工程签证的概念源于实践。

(三)工程签证的概念

工程签证,是指工程承发包双方的法定代表人及其授权代表等在施工过程及结算过程中对确认工程量、增加合同价款、支付各种费用、顺延竣工日期、承担违约责任、赔偿损失等内容所达成一致意见的补充协议。工程签证的概念主要由几个方面组成:第一,签证的主体是工程承发包双方的法定代表人及其授权代表;第二,签证发生的时间是在施工过程或结算过程中;第三,签证的内容是确认工程量、增加合同价款、支付各种费用、顺延竣工日期、承担违约责任、赔偿损失等;第四,签证的性质是达成一致意见的补充协议。

二、工程签证的法律特征

我们再从法律特征的角度来认识一下工程签证。工程签证主要有以下法律特征:首先,工程签证具有补充协议的性质,是双方协商一致的结果,是双方法律行为。其次,工程签证的法律后果是基于双方意思表示的内容而发生的,比如,顺延工期、增加费用、承担违约责任、赔偿损失等。再次,工程签证涉及的利益已经确定或者在履行后确定,可直接或者与签证对应的履行资料一起作为确定工程价款的依据。这里分两种情况讨论:(1)对于签证时签证事项已经发生或者履行完毕的签证,可以直接作为计算工程价款的依据。比如前面所讲的,垃圾外运完毕以后,建设单位与施工单位办理一个签证,说明是多少的数量,单价为多少,合价为多少,办理签证时垃圾已经运出去,这样的一个签证可以直接作为结算工程款的依据。(2)对于签证时尚未发生或者未履行完毕的签证,必须与签证履行资料结合在一起,才能作为计算工程价款的依据。比如,原来打算建造26层的大楼,在建造之前,办理了一个建造28层的签证,这个签证在办理时还没有履行,若作为结算工程价款的依据,还需要把26层至28层的履行资料收集起来,只有将签证和履行资料结合在一起,才可以作为结算工程价款的依据。最后,对于国内工程而言,工程签证是施工过程中的例行工作,签证前的有关书面或口头证据的取得、保管、书面化显得并不重要,因为签证已经明确了相关内容。司法实践中,《原施工合同司法解释一》第19条规定:"当事人对工程量有争议的,按照施工过程中形成的签证等书面文件确认。承包人能够证明发包人同意其施工,但未能提供签证文件证明工程量发生的,可以按照当事人提供的其他证据确认实际发生的工程量。"《原施工合同司法解释二》第6条规定:"当事人约定顺延工期应当经发包人或者监理人签证等方式确认,承包人虽未取得工期顺延的确认,但能够证明在合同约定的期限内向发包人或者监理人申请过工期顺延且顺延事由符合合同约定,承包人以此为由主张工期顺延的,人民法院应予支持。当事人约定承包人未在约定期限内提出工期顺延申请视为工期不顺延的,按照约定处理,但发包人在约定期限后同意工期顺延或者承包人提出合理抗辩的除外。"这两条分别对工程量签证和工期签证在争议解决过程中的效力着重进行了肯定,是现行法律框架内对于工程签证的主要规定。《原施工合同司法解释一》第19条规定了签证可以在工程量争议中,优先作为事实认定的根据。《原施工合同司法解释二》第6条规定,在当事人之间存有关于签证确认顺延的约定时,即便是未取得发包人或监理人确认的签证,若顺延事由符合要求,那么法院也应当支持工期顺延。

三、工程签证的分类以及分类的意义

这部分内容是我自己加以总结的。我认为,工程签证主要有八大分类方法。

(一)从项目控制的目标来分

项目控制有三大目标:质量、工期、造价,我们的签证可以分为工期签证、费用签证、工期+费用签证(既有工期的顺延又有费用的增加)。

这样分类的意义是，施工单位在办理费用签证的同时要注意办理工期签证，避免承担逾期竣工违约责任。

（二）从签证的表现形式来分

签证的表现形式有很多。不是说，文件名叫工程签证就是工程签证，文件名是工作联系单、工程联系单、会议纪要、备忘录、报告就不是工程签证。只要这些文件具有前面讲的工程签证的法律特征，就可以认为是工程签证。

这样分类的意义是，对施工单位而言，不一定非要出现"工程签证"的字样才算工程签证，因为对于写工程签证字样的签证单，建设单位比较反感，往往不容易获得签证，但写工作联系单、工程联系单、报告、预算书、会议纪要、备忘录等，只要双方签字确认，形成了一致意见，都算是工程签证；对建设单位而言，不要被施工单位所采用的签证文件名所迷惑，不要以为工作联系单、工程联系单、报告、预算书等不是签证，从而导致过失签证的发生。

（三）从合同约定的角度来分

从合同约定的角度，工程签证可以分为变更合同约定的签证、补充合同约定的签证、澄清合同约定的签证。变更合同约定的签证是指改变原合同约定的签证；补充合同约定的签证是原合同没有约定，后来重新约定而办理的签证；澄清合同约定的签证是指原合同约定模糊或者有矛盾而办理的签证。

这样分类的意义是，作为建设单位要防范的是变更合同约定的签证，因为有些约定对施工单位不利，施工单位在履约过程中，希望办理变更合同约定的签证，而这些往往是从施工单位的自身利益的角度考虑，比如把不利的价格改掉。所以从建设单位的角度，要严控办理变更合同约定的签证。当然，从施工单位的角度，如果要增加费用，顺延工期，尽量去办理一些必要签证。

（四）从签证时签证事项是否已经发生或者履行完毕的角度来分

从签证时签证事项是否已经发生或者履行完毕的角度，工程签证可以分为签证时签证事项已经发生或履行完毕的签证和签证时签证事项还没有发生或履行完毕的签证。

这样分类的意义：对施工单位而言，对于签证时签证事项还没有发生或履行完毕的签证，还要注意搜集履行方面的证据材料，这样才能和工程签证结合在一起作为结算工程价款的依据。否则，如果缺少了履行材料，万一发生纠纷或诉讼,建设单位可以以这个签证发生时签证内容没有发生或履行完毕而且现在没有履约资料来抗辩施工单位没有履行,从而主张不应支付费用。

(五)从签证主体之一建设单位签证人员的主观方面来分

从签证主体建设单位签证人员的主观方面,工程签证可以分为正常签证、过失签证和恶意签证。

这样分类的意义是,对于建设单位而言,要防范过失签证和恶意签证。

(六)从签证的时间来分

从签证的时间,工程签证可以分为正常签证和补签证。正常签证是指履约过程中应该办理的签证;补签证是指在履行过程没有办理签证而在结算过程中补签的签证。

这样分类的意义是,从建设单位的角度,应该防范补签证,因为补签证往往不属实。当然,防范补签证有一定的难度,补签证的签证日期通常不是写实际时间,而是倒算至施工期间,建设单位比较难以防范,后面我也会介绍如何防范。相反,对于施工单位,施工期间没有办理签证,在结算阶段尽量补上,这对施工单位是有利的。

(七)从签证载明的价款确定方式是否完善的角度来分

从签证载明的价款确定方式是否完善的角度,工程签证可以分为工程量签证和价款签证。所谓工程量签证是指只确认了工程量的签证;而价款签证不仅有工程量还有价款,在某种程度上相当于一个合同。

这样分类的意义是,对于工程量签证无非是确定一个事实,完成了多少工程量。而价款的签证相当于一个合同,有量有价。这样分类有什么意义呢?经常会发生当事人提出来,某个签证的工程量不对。这个签证能不能被推翻呢?如果工程量签证确实与实际情况不一样,而实际情况又可以通过勘查计算出来的,我认为是可以推翻的。怎么推翻呢?工程量签证相当于一个书面证据,但现场有实物,实物证据的效力高于书面证据的效力,这是证据规则里面所规定的,在这样的情况下,应该按照实物证据来认定工程量,当然也就推翻了工程量签证。

（八）从签证的外延来分

从签证的外延的角度，工程签证还可以分为广义的签证和狭义的签证。狭义的签证就是我刚才讲的签证的概念；广义的签证还包括质量验收合格所办理的质量签证。当然，我们本讲所讨论的签证是指狭义的签证。

四、工程签证的重要性及签证存在的问题

工程签证对施工单位十分重要，各类签证的办理质量，直接影响项目的效益。主要表现在如下几个方面：

第一，通过工程签证，施工单位可以增加结算价款。对于低于成本价的项目，可以通过变更签证索赔增加收入，弥补成本的不足，对于正常的合同价款，当发生成本变化时，通过变更签证索赔同步增加收入。第二，通过工程签证，施工单位可以顺延工期，避免在逾期竣工的情况下向建设单位承担逾期竣工的违约责任。第三，发生工程款拖欠导致成本增加时，可以通过签证索赔同步增加收入。第四，项目成本能否得到控制，离不开分包提出签证的妥善处理。

关于以上重要性，换个视角来看，就要求建设单位，不要乱签证，也就是说，不要发生恶意或过失签证。如果发生恶意或过失签证，就会导致建设项目成本的增加，本来盈利的房地产项目，可能因为办理了一些恶意或过失签证，而导致结算价款的增加。因为成本的增加，项目可能变成亏损。所以对建设单位来说，工程签证也同样重要。

那么，建设单位也好，施工单位也好，在工程签证中到底存在哪些问题呢？

（一）施工单位在工程签证中常见问题

1. 施工单位常见问题一：应该办理的签证没有办理。下面我们先看一个案例。

【案例 1】某施工单位与市政公司工期违约金纠纷案

在这个案子中，笔者作为施工单位的代理人，提供了出具法律意见书的非诉讼法律服务以及诉讼代理法律服务。

通过这个案例笔者想说明的问题是，施工单位因为应该办理的签证没有办理，导致承担逾期竣工违约责任 191 万元。

我们来看看案件的基本情况：

某施工单位参加某世界银行贷款的市政项目国际招投标,并且中标。中标以后,双方采用了FIDIC合同条件1988年第4版文本进行签约。承包范围约定为沉井施工、顶管施工、泵房施工、阀门井施工、配电间施工、道路围墙施工;合同的价款为8828万元;工期是2年,自1994年9月18日开工,1996年9月18日竣工。

履约情况:1994年9月18日工程开工,顶管工程于1996年8月10日竣工,1997年12月31日经过市政公司验收并于1998年5月8日经过质监站核验:顶管、沉井工程质量被评定为优良,泵房、阀门井、配电间工程质量被评定为合格。1998年9月24日,审价事务所出具了审价报告,工程竣工决算价格为9002万元。经过双方对账,截至2000年4月5日,市政公司共支付工程款8268万元,还欠734万元。

在施工过程中发生如下的情况:(1)在顶管穿越民房时,民房发生不均匀沉降,造成房屋开裂的安全事故;(2)由于泵房、阀门井、配电间、道路围墙工程与市政公司另行发包的安装工程交叉施工,市政公司口头提出只要顶管施工完工就算完工,其他工程可以不算在考核工期的范围内。

工程竣工以后,受损民房居民纷纷上访,市政府有关部门非常重视,并进行了多次协调,协调意见包括:(1)为了社会的稳定,决定对居民的房屋进行维修并进行补偿,发生的费用先由市政公司从冻结施工单位的工程款中支付,然后由责任方承担;(2)对事故发生的原因由施工单位委托鉴定;(3)根据鉴定结果由市政府有关部门组织专家对责任方及责任大小进行认定。

根据协调意见,事故协调的处理结果主要包括以下几个方面:

1. 对外发生费用1210万元,市政公司从其冻结的施工单位工程款1500万元(除本案涉及工程款外,施工单位还承包了另一工程,两个工程共冻结1500万元)中予以支付。

2. 1997年9月12日,鉴定单位出具《民房结构安全检测报告》表明,顶管施工遇到暗浜是造成事故的原因。

3. 市政府有关部门组织专家作出认定结论:施工单位承担主要责任75%,市政公司承担次要责任25%。主要理由如下:(1)顶管穿越住宅楼引起墙体裂缝的原因是施工遇到暗浜引起的;(2)根据该工程合同条款和P1.3.2合同澄清问题解答会议纪要,主要责任在承包商;(3)考虑到不利的外界条件,一个有经验的承包商难以预见的因素,业主应该给予一定的补偿。

施工单位对协调处理结果表示异议,就委托笔者方就合同纠纷的解决出具法律意见书，包括对拖欠工程款、安全事故的责任承担、工期违约金三方面发表意见。笔者方出具的法律意见书主要内容包括：第一，拖欠的工程款应予支付。这个是毫无疑问的。第二，施工单位对安全事故不应当承担责任。原因就在于：事故是暗浜引起的，承担责任的主体只能是建设单位与勘察单位。同时合同还约定了免责条款，免责条款包括施工单位按图施工发生的事故，施工单位不承担责任；对于并非由于施工单位的设计引起的事故，施工单位不承担责任。而实际上，暗浜是因为勘察单位没发现，设计单位当然没有根据正确的勘察结果进行设计，设计本身也是错误的。所以，施工单位根据合同免责条款是可以免责的，不是自己的设计造成的事故，不承担责任；按图施工不可避免地造成事故，施工单位也不承担责任。故笔者方出具的结论是，施工单位对这起安全事故不承担责任。第三，对于工期违约金方面，笔者方认为，因施工单位没有对市政公司的承诺进行书面化，即没有办理工期签证，施工单位要承担部分责任。也就是说，当时市政公司另行发包的安装工程与施工单位施工的土建工程交叉施工时，市政公司口头表示只要顶管施工完成就算完成，但双方没有形成签证。如果形成签证，笔者方认为就不应当承担责任，否则，还是要承担责任，因为合同范围内的内容施工单位并没有在约定的时间内完成。

2001 年 5 月 15 日，笔者方代表施工单位向中级人民法院提起诉讼，请求支付拖欠款 734 万元，支付逾期付款违约金 177 万元，总共 911 万元。2001 年 8 月 2 日，市政公司提出反诉，请求支付赔偿款 1210 万元，支付扣款不足的违约金 34 万元，支付工期违约金 347 万元（在 FIDIC 条款中又称误期赔偿费，市政公司认为 1996 年 12 月 31 日竣工，比合同约定的竣工日期 9 月 18 日延误 105 天，按约定每日违约金为合同价款的万分之四计算得到的违约金为 347 万元），支付水电费 6 万元，总共 1598 万元。本诉和反诉请求金额合计为 2509 万元，其中，反诉超过本诉请求金额 687 万元。

2002 年 9 月 6 日，经过中级人民法院一年零三个月的审理，一审作出判决：对于本诉，支持施工单位支付工程款 734 万元的请求，不支持逾期付款违约金的请求，理由是，逾期付款违约金因两年内未主张，故诉讼时效丧失。对于反诉，支持市政公司工期违约金请求 192 万元，支持市政公司水电费用请求 6 万元，但是对于赔偿款 1210 万元以及扣款不足违约金的请求没有支持。一审判决后，双方对一审结果不服，均提起上诉。

2004 年 7 月 28 日，经过近两年的审理，高级人民法院作出终审判决：改判支持市政公司赔偿费 348 万元，其他均维持了原来的判决。为什么会支持市政公司赔偿费348万元呢？因为在二审过程中，除了诉讼涉及的民房受损外，其他民房也发生了一定的开裂情况，政府建设行政主管部门进行协调，并发文：对于新的民房开裂和原来的民房开裂的责任承担，由施工单位与市政公司各承担50%。市政公司把此文件提供给了法院，但是没有作为证据。如果作为证据，笔者方认为这是一起典型的行政干预司法审判的行为。案子还在审理过程中，行政部门发了一个责任大小认定的文件，但是市政公司不作为证据，笔者方就无法更多地表达意见。不作为证据没问题，但是文件提交给了法院，还是会对法院的法官有一定影响。对于建设行政主管部门的文件，法院不得不考虑，所以在这样的情况下，法院迫于压力，认定施工单位承担50%的责任。当然，为了平衡双方的关系，二审法院以一审法院仅认定的部分损失额为696万元为依据，而其他损失额因未审计故未作认定。实际上审计后亦可作出认定，二审法院在此不予认定完全是平衡双方关系。

我们再来看看，这个案子里关于工期审理的情况到底是什么样的？我们在审理中提出：由于泵房、阀门井、配电间、道路围墙工程与市政公司另行发包的安装工程交叉施工，施工过程中，市政公司曾经做出顶管完工就算工程竣工的口头承诺。因顶管在1996年8月10日就已经完工了，故实际的竣工日期应该确定为1996年8月10日，实际竣工日期落在合同约定的竣工日期9月18日内，故不存在工期违约的情况。但是市政公司对于上述承诺不予认可。施工单位提出另一抗辩理由：合同约定的竣工日期后市政公司还在发放变更图纸。法院认可了这一抗辩理由，考虑一定的施工期间，认定工期顺延49天，延误58天，而后判决施工单位承担191万元的逾期竣工违约金。

在这个案子里，大家想一想：当时如果办理了一个工期签证，即办理一个变更合同约定的竣工日期的标准签证，也就是说，将实际竣工日期认定标准由原来约定的基本完工标准变更为以顶管完工就算完工为标准，施工单位还会承担191万元的逾期竣工违约金吗？显然不会。这就说明我们施工单位在办理签证时存在的问题之一就是，应该办理的签证没有办理，而导致承担逾期竣工违约责任。

2. 施工单位常见问题二：办理了工程签证，但因缺乏必要的构成要件，不能作为增加合同价款或者工期顺延的直接证据。

前面说的是没有办理签证导致承担逾期竣工违约责任，下面我要讲的是虽然办理了签证，但因缺乏必要的构成要件而不能作为增加合同价款或者工期顺延的直接证据。我们来看案例。

【案例2】某施工单位与房产公司工期违约金纠纷案

在这个案子里，笔者作为房产公司的代理人，提供了诉讼代理法律服务。

通过这个案例想说明的问题是，施工单位办理了签证，但因签证不符合构成要件，不能作为工期顺延的依据。下面我们来看看案件的具体情况：

1994年9月21日，某施工单位与房产公司签订《某花园基坑围护及桩基工程施工承包合同》。双方约定：施工单位承包范围：项目钻孔灌注桩工程的施工、基坑围护结构的设计、施工；总承包价为人民币970万元；其中，钻孔灌注桩承包价为人民币793.2万元，基坑围护结构承包价为人民币176.8万元，这里含设计费；该总承包价为施工单位包干价，一次包死，包括包安全、包加固、包抢险等费用；工程总工期为100个日历天，自1994年9月22日进场到12月30日前向房产公司移交施工场地止；一切工期顺延事项发生后需在3天之内办理文字手续，否则不能因此计算顺延工期；非上述原因，工程不能按规定工期完成的，施工单位需承担违约责任；若施工单位提前竣工，每提前一天，房产公司奖励人民币1万元，若施工单位逾期，每逾期一天，施工单位承担工期违约金人民币1万元，奖惩款项竣工结算时一并处理。

合同签订以后，施工单位进行了钻孔灌注桩施工，并由其按约委托某大学对基坑围护结构进行设计。后来，由于施工单位的施工质量低下，出现了不少问题。经过市科技委专家评估，认定原设计达不到安全要求。为了避免重大事故的发生，原设计单位另行出具了加固图。由于施工单位是总价包干，所以它不愿意进行加固施工，其于1995年5月22日与房产公司协商一致后，将施工场地移交给房产公司并撤离场地。

此后，房产公司委托其他施工单位按照加固图进行了树根桩、压密注浆、钢管支撑和混凝土压顶及圈梁的加固。但是，终因施工单位遗留的隐患造成局部地方位移超过50毫米，致使某机械厂房屋开裂。为此，房产公司采取了抢险措施。

此后，施工单位与房产公司进行了长达5年的结算，但最终没有达成一致意见。起初，施工单位认为房产公司仍需要支付人民币200万元工程款，而房产公司认为加固费用、抢险费用、逾期竣工143天（1994年12月31日至1995年5月22日）之违约金143万元均应由施工单位承担，不同意支付任何数额的结算价款。

后来，施工单位通过组织民工追讨工资的形式给房产公司施加压力，经过政府有关部门协调以后，房产公司同意支付80万元了结结算争议，但施工单位不同意该数额。

2000年4月,施工单位向区法院提起诉讼,要求房产公司支付工程款200万元。后来,房产公司委托我们提起反诉,要求施工单位支付基坑围护结构加固费用328万元、支付房屋开裂抢险费59万元、支付保险费26万元、支付工期延期的违约金143万元,共计556万元。

对于反诉,区人民法院认为诉讼请求超过级别管辖的规定,要求我们另行向中级人民法院起诉。后来,我们代理房产公司向中级人民法院提起诉讼。这个时候,区人民法院认为,中级人民法院案件审理与本诉有利害关系,需要等中级人民法院审理结果出来后,再恢复审理。中级人民法院认为,工期延期的违约金请求与本诉审理结果有利害关系,需要等本诉审理以后,再由房产公司另行起诉,并判决施工单位需要支付加固费用109万元。施工单位上诉于高级人民法院,高级人民法院维持原判。

后来,区人民法院判决房产公司应支付施工单位132万元。房产公司也上诉了,中级人民法院维持原判。

此后,房产公司另行向区人民法院提起诉讼,要求支付逾期竣工的违约金143万元。针对该请求,施工单位提供了大量签证,这些签证以工作联系单形式来表现,认为竣工日期完全可以顺延至实际竣工日期,其不应该承担工期违约金。但是,区人民法院最后还是判决施工单位承担了140万元的工期违约金。施工单位上诉以后,中级人民法院维持原判。

综上所述,三个案件、六次判决,结果施工单位仍需要向房产公司支付117万元,这里还不包含诉讼费、鉴定费、律师费等,而非房产公司向施工单位支付80万元,施工单位损失惨重。

那么,施工单位提供的签证为什么没有能够成为工程竣工日期顺延的依据呢?我们来看一个工作联系单:工程名称:某钻孔灌注桩;建设单位:上海某某有限公司;监理单位:上海某某监理公司;工作联系单上的栏目有两个,包括联系事由和监理意见;联系事由:我工程处开挖埋设护筒时,在(1-R)-(1-S)×(1-17)轴内的C67号桩位护筒坑内0.6米深处,遇到原始的花岗岩浆砌基础,其中最大花岗岩板块规格为2米×3米×0.25米,并延至C66号桩位护筒桩坑内,给C66、C67两桩位护筒的埋设施工带来很大困难,造成C66号桩位护筒开挖至2.5米,C67号桩位护筒开挖至2.7米,两桩位护筒开挖直径达3米,因而延误台时达144小时之久,请予签证认可。监理意见:检查情况属实,上面加盖了监理公司现场监理专用章。主送单位:建设单位和监理单位;抄送单位:某某工程总公司上海公司。类似这样的工作联系单有很多,累积的签证数量很多,但是没有被法院作为认定工期可以顺延的直接证据,后面我会分析为什么这些签证没有被法院作为工期顺延的直接证据,从而导致施工单位承担140万元逾期竣工违约金。

(二)建设单位在工程签证中常见问题

上面介绍了施工单位在工程签证中通常存在的问题。关于签证的构成要件,在后面我会专门讲到。下面我们来探讨一下建设单位在工程签证中通常见哪些问题?建设单位在工程签证中,通常存在两大问题:一是办理了过失签证;二是办理了恶意签证。下面我们分别通过案例予以分析说明。

1. 建设单位常见问题一:办理了过失签证。

【案例3】某施工单位与房产公司工程结算纠纷案

本案中,笔者作为房产公司的代理人,提供了结算审价阶段的非诉讼法律服务。

通过这个案例想说明的问题是建设单位存在过失签证的问题。

1999年11月28日,施工单位与房产公司签订《工程施工承包合同》一份,双方约定:工程内容为新建、改扩建共计7个单项工程,面积约7万平方米,楼层数分别为9层、12层、16层;承包范围为红线范围内施工总承包,包括土建工程、装饰工程、给排水、电气工程、空调、设备安装、配套设施等工程;合同承包价暂估8000万元,以双方核定的工程预算为进度款拨款依据,工程实际造价以工程决算为准;工程款按当月甲方审定的实际完成工作量的90%,于下月5日前支付给乙方;工程造价的计算方法为:(1)以施工图纸、设计文件、经济签证为依据,按上海市建设委员会规定的现行工程定额和有关工程造价的政策性文件确定工程预决算;(2)施工项目均按三类工程或国营企业三级企业计取综合管理费;(3)工程量按设计图纸的设计文件计算确定,非图纸设计范围内的施工项目工程量经甲方现场代表签证按实结算;(4)施工期间内工程材料价格按上海市工程定额管理总站颁发的定额文件和同期《上海工程造价信息》指导价的算术平均值为标准;主要材料(铝合金、外墙材料、玻璃)由乙方提供样品、资料及报价,经甲方认定方可采购;定额及文件以外的材料、设备由乙方选样经甲方认定,按市场价进行决算。

后来,房产公司对施工单位每月付款申请进行审核,并及时予以支付。施工过程中发生了大量的工程变更,双方签署了大量的技术核定单、工程联系单和经济签证。截至完工日，房产公司已支付给施工单位1.1亿元，比合同暂估价8000万元超付了3000万元。

因施工单位编制的工程决算造价为1.45亿元，故其以房产公司拖欠工程款3500万元为由，拒绝交付工程。后经过政府有关部门协调，房产公司又支付了施工单位300万元，施工单位才移交了工程。

此后，房产公司发现施工单位上报的决算金额远远高于同类住宅的工程造价，遂在委托审价单位进行审价的同时，又委托我们律师提供审价过程中的非诉讼法律服务，这些服务包括提供审价依据、审核签证、索赔的有效性、从房产公司的角度对审价过程中审价单位与施工单位之间的争议提供论证意见等。

审价单位出具的初步结果为工程结算造价为1.07亿元。施工单位接到初步审价结果以后，提出了大量的异议，涉及要求增加金额近1700万元，即施工单位认为结算造价应该为1.24亿元。异议主要表现在一些工程签证上，对于这些工程签证从不同的角度可以得出不同的结论。从司法实践的角度来看，这些签证中有约1000万元的签证可以作为工程款结算的依据。但是，从工程的角度来看，这些签证却存在很大的问题。

后来，房产公司又委托某审价单位进行了重新审价，发现这1.07亿元中工程量的计算仍存在大量问题，如钢筋用量明显超算等，涉及应核减金额近1000万元。

最后，房产公司与施工单位进行了协商，房产公司通过给施工单位两套价值大约为200万元的房屋了结了工程结算价款争议。实际上，最终双方确认的工程结算价款为人民币1.15亿元。

为什么我前面说对于其中1000万元的签证，从司法实践的角度来看可以作为结算的依据，但是从工程实践的角度来看却存在很大的问题呢？也就是说，存在我讲的过失签证的问题。我们来看看这些签证存在的具体问题：

第一，通过签证约定的开办费用为工程造价的2%，折算后达32元/平方米。而按市场的合理价格开办费用一般为10元/平方米，这一项就多计了154万元。我们可以把这个签证形成的原因归结为对行情不了解，行情是10元/平方米，而签证为32元/平方米，这个签证从工程角度来讲是有问题的，是一个过失签证。

第二，把外墙涂料的市场价错误地签证为外墙涂料直接费。原因可以归结为对“市场价”与“直接费”不同缺乏认识。市场价和直接费是两个不同的概念，将外墙涂料的市场价错误地签证为外墙涂料直接费，当然是一个过失签证。

施工单位曾经给房产公司打过一个报告，内容如下："我司负责施工的某广场及某小区外墙涂料工程，经双方领导在 3 月 23 日下午查看现场样板后，确定采用浅色系列'立邦丙烯酸外墙漆'，直接费单价为 40 元/平方米。3 月 24 日早晨，贵司领导通知再做 4 块深、中色系列外墙漆样板，经双方 3 月 28 日下午现场确定采用中色系列亚光油性'立邦丙烯酸外墙漆'，由于颜色发生变化，增加了中色调色用的颜料粉，故需增加 3 元/平方米，调整后的直接费单价为 43 元/平方米，如广场选用深灰色、裙房及线板选用深色系列外墙漆，需在原浅色价格基础上增加 12 元/平方米，即直接费的价格为 52 元/平方米。请贵司审核给予确认。"房产公司领导在该报告上 43 元/平方米和 52 元/平方米两处专门用笔圈出，并将该两个价格在旁边分别修改为 42 元/平方米和 48 元/平方米，然后在上面签字盖章。这份以报告形式表现的签证，存在的问题是什么呢？房产公司和施工单位领导谈的时候谈的是外墙漆的市场价，而施工单位很狡猾，在打报告时将市场价改为直接费。很显然，这样的一个签证是对市场价和直接费两个概念的不同缺乏认识而导致的过失签证。直接费到市场价要滚一些费率，当然高一些，所以价格严重失控。

第三，将铝合金门窗的市场价格错误地签证为工程直接费。与前面提到的原因相同，也是由于对市场价和直接费的错误理解，导致过失签证。施工单位将铝合金门窗的报价提供给房产公司，在报价说明中写明本报价为工程直接费，不包括管理费、间接费、税金等，而实际上，双方领导谈的时候，施工单位的报价单并非指工程的直接费，而是指市场价，将市场价错误理解为直接费，而导致过失签证。

第四，将费用已经包含在其他直接费内的临时施工道路、临时施工排水另行签证。原因可以归结为对定额不熟悉，实际上，根据上海的 93 定额，除了直接费之外，还有 3.5%的其他直接费，在直接费的基础上乘以 3.5%可以计算到其他直接费的数额。其他直接费包括临时施工道路、临时施工排水项目。既然 93 定额已经包括临时施工道路、临时施工排水项目，就不应该再就此另行办理签证。就本工程而言，施工单位就临时施工道路、临时施工排水项目另行制作了预算书报给房产公司，房产公司在核减了一定数额后予以签字表示认可。殊不知，这里面按照 93 定额已经算进去了，不需要再另行办签证了。这样就导致这两个项目重复计算费用，这显然是因为对定额不熟悉造成的过失签证。

类似签证还有很多，这里不再一一列举。

这些签证有一个共同的特点：不是故意造成的。经过了解，我们发现，办理签证人员包括总经理、工程部经理，都没有预算员、造价工程师等类似资格，对工程造价不熟悉，这些签证是由于对工程造价和定额不熟悉、行情不了解造成的，而非故意造成的。所以，从工程管理的角度，可以将其定义为过失签证。过失签证如果不能被推翻，则签证单位要承担不利的法律后果。事实上，我后面会分析到，这些过失签证都不能被推翻，当然可以作为结算工程价款的依据之一。

2. 建设单位常见问题二：办理了恶意签证。

【案例4】某施工单位与两实业公司工程款纠纷案

笔者作为两实业公司的代理人，提供了二审阶段庭审后案外非诉讼法律服务。通过这个案例想说明的问题是建设单位存在恶意签证的问题。

实业公司A与施工单位签订《工程施工合同》一份，双方约定：施工单位承包建造实业公司A开发的娱乐总会，建筑面积为10,000平方米，承包范围为房屋拆除、加层、水电、空调及设备管道安装和外装饰维修工程，工程造价暂定人民币600万元，合同双方还约定工程造价按93定额进行计算，材料价格按当月工程造价信息价格确定。

在履约过程中，实业公司A派李某为该项目总负责人。同年李某出具委托书，委托何某进行工程施工现场管理，何某除具有项目经理资格外，还具有预算员资格。委托书上载明：除重大项目、设计改变、购置大型设备必须请示外，其他事务均有权处理。施工单位在履约过程中共收到工程款人民币714万元。竣工后，施工单位向实业公司A提交了工程决算书，并且由何某签收。因实业公司A对施工单位的决算数额提出异议，施工单位遂向审价单位提出审价，审价结果为1015万元，该结果双方均确认盖章。此外，对于前期拆除工程，施工单位与实业公司A也办理结算签证，签证价格为149万元，合计的结算造价为1164万元。但是，实业公司A仍拒绝付款，施工单位遂提起诉讼，因实业公司B无偿取得了该工程的所有权，故施工单位将实业公司A、B列为共同被告，要求他们共同支付工程款450万元及相应利息。

审理过程中，实业公司A、B不同意原来审价结果即1164万元，要求重新审价，施工单位表示同意，司法审价结果为1019万元，法院据此作出判决，要求两被告承担返还责任。

一审判决后，两实业公司均不服，认为大量签证系何某的恶意签证，恶意签证价格比实际按照合同约定的方法计算的价格高出217万元，占司法审价金额的18.5%，该费用应予以扣除，据此提出上诉。二审法院审理后认为两实业公司并没有能够举证证明何某与原告具有恶意串通的行为，故对上诉人两实业公司的主张不予采信。

这个案子里面就存在恶意签证的问题，从工程管理的角度，217万元的签证确实存在很大的问题，我们来看一看：

第一，西山艺术墙签证。根据工程施工合同约定的93定额计算方法计算，该项目造价是16万元，而签证造价则高达52万元。另外，经查，施工单位原先提供的决算书中按合同约定方式结算该项目单价与签证单价也不一样，前者比后者低得多。

这个签证存在的问题之一：西山艺术墙项目完全可以根据合同约定的93定额及中准价计算造价，不应该签证，现在却办理了签证，而且该签证显然脱离了合同约定的计价原则。

这个签证存在的问题之二：决算书是按合同约定进行计价的，司法审价过程中施工单位却提供了该签证，显然，该签证系补充签证。否则，如果签证在前，决算书中就会直接反映签证价格而不会按约定计算了。

第二，垃圾外运签证。签证单价高达38元/吨，而按93定额确定的45元/立方米换算，垃圾外运按吨计算单价仅为25元/吨，超出13元/吨，超过50%。该项目造价仅考虑单价的变更，就比定额造价高出6万元。

这个签证存在的问题之一：故意变更合同约定的93定额计价方式中已经确定的土方外运单价45元/立方米。93定额明确规定内环线以内，土方外运单价为45元/立方米。

这个签证存在的问题之二：工程量只签了数量，而没有通过草图形式进行，多计的工程量无法核实。

这个签证存在的问题之三：以吨来计量而非以定额规定采用的立方米来计量，目的就是掩盖过高的单价。

第三，地库地坪包干费签证。签证单包干价为12万元，而根据设计院批准的地坪做法签证单并结合合同约定的93定额计价方式，完全可以算出地坪做法的价格为8万元。

这个签证存在的问题：脱离合同约定的计价方式，将多个分项工程合并为一个分部工程，并以很高的价格进行签证。

第四，外墙乳胶漆签证。签证单价比市场价格高出很多，仅此一项，项目造价高出22万元。

经我们了解发现，上述四个签证都是由何某来办理的。何某除了具有预算员资格，他对工程造价的计价方式非常熟悉，上述签证是明知故犯，是故意办理的签证。所以从工程管理的角度，可以将以上四个签证归纳为恶意签证。当然，如果不能加以推翻，签证单位仍要承担不利的法律后果。事实上，从本案的二审判决来看，法院认为建设单位没有能够举证证明存在恶意串通行为，这些签证单就应该作为系争工程价款结算的依据。

下面，我们再来看一个我们所代理的经典案件，其中，签证与案件重要争议焦点密切相关。

【案例5】某D公司与J安装工程有限公司建设工程施工合同纠纷案

在这个案子里，笔者作为发包方D公司的代理人。

下面我们来看看案件的具体情况：2006年7月，原告J公司承接被告D公司厂房工程。2011年6月，J公司向法院提起诉讼，要求D公司支付工程款9400余万元（后变更为5700余万元），并要求承担停工损失费用。我们在距离第三次开庭仅剩一周时间的情况下作为第四任代理律师接受被告D公司委托。当时，原鉴定报告已经出具并且已经经过了质证，第三任代理律师申请“重新鉴定”又被法院驳回，此种情况，对D公司及其代理人而言，时间、局势等因素均十分不利。我们根据本案庭审的实际进展情况和对方单方委托的H公司审价鉴定报告的具体内容进行分析，围绕案件争议的工程造价金额和支付条件等关键事实，先对原有的单方委托审价鉴定报告的错误一一指出，并对工程造价再次提出司法鉴定申请。在代理人依据事实、法律层层说理之后，法院终于同意重新进行司法鉴定程序并延期开庭。

就原告J公司提出的5700余万元工程款主张，我们在庭审中根据实际情况据理力争，说服法官扣除防水层费用、安装工程窝工及材料赔偿费用等各项费用，并且，我们的律师对司法鉴定报告逐个签证内容提出异议，在庭审质证时申请专家辅助人对鉴定报告依次发表分析意见，提出对各个签证真实性和有效性的质疑。最终，代理人成功使法院在原鉴定报告的基础上核减3000余万元工程款。J公司不服一审判决而上诉至A市高级人民法院，我们继续作为D公司的代理人参加诉讼，A市高级人民法院依法判决驳回了J公司的上诉请求，维持了原判。在该案审理过程中，我们作为紧急接受委托的代理人，顶住了压力，成功指出了原鉴定报告的不足之处，实现了大幅度核减原告J公司所提工程款数额的诉讼目标，维护了我们被代理人的合法权益。

值得一提的是，该案中另一个较为重大的争议点是案涉22份停工损失签证是否能认定为真实有效。我们认为，案涉22张签证内容和顺序混乱，系J公司伙同D公司离职人员(工程师)及监理单位人员在事后同一时间签名盖章形成,因此,要求对22张签证单进行鉴定,但一审法院未予以准许。二审法院对22张施工现场签证单所记载的内容审查后认为,虽然D公司没有盖章,但其公司人员签署了意见,而且监理单位也签署了意见,加之与2008年1月3日会议纪要的内容相互印证,能够认定停窝工事实存在。驳回了D公司认为J公司不存在停窝工损失以及扩大损失的上诉意见。最后,法院采信了鉴定单位依据上述22张签证单之内容作出的鉴定意见,认为D公司对其行为产生的后果应当承担相应责任。据我们了解,该部分停工损失签证存在恶意签证的嫌疑,该离职工程师很有可能与施工单位存在串通,编造了部分签证。但该部分事实难以举证证明,故而没有得到法院的支持。法院最终判决D公司赔偿1600余万元的停工损失费用。

在该案中,除却监理单位的签字之外,我们的被代理人D公司的离职工程师的签字也导致了法院认定该部分签证真实有效。虽然,我们离职工程师的签字意见是报送公司审核,但此内容仍然成为法官的重要认定依据,最终使法院认定停窝工事实部分存在。由此可见,建设单位不仅需要做好印章管理,而且应当严加防范恶意签证,对于项目经理、工程师等公司员工做好管理和督促,防范其在签证上的恶意签字确认,以免给公司造成损失。

五、工程签证的构成要件

通过对工程实践和司法实践的总结,笔者认为工程签证要具备以下四个构成要件:

(1)签证主体必须是施工单位与建设单位双方当事人,只有一方当事人签字不是签证;

(2)双方当事人必须对行使签证权利的人员进行必要的授权,缺乏授权的人员签署的签证单不能发生签证的效力;

(3)签证的内容必须涉及工期顺延和/或费用的变化、工程量变化等内容;

(4)签证双方必须就涉及工期顺延和/或费用的变化等内容协商一致,通常表述为双方一致同意、发包人同意、发包人批准,等等。如果发包人签署意见为情况属实,则充其量只能作为费用与工期索赔的证据材料,而并非真正意义上的签证,能否增加费用或者顺延竣工日期尚需要结合合同约定以及其他证据材料予以综合认定。

下面我们来看看【案例2】中所提到的将工作联系单作为签证的情况。这份工作联系单是否具备工程签证的四个构成要件？能不能作为工期顺延的直接依据呢？我们结合这份工作联系单来作一个分析：

首先，工程签证的构成要件一是签证的主体必须是双方当事人。这份工作联系单首先是施工单位提出的，然后监理单位在意见栏里加盖了现场监理专用章，而监理是代表建设单位的。所以从这个意义来讲，该工程联系单是符合工程签证构成要件一签证的主体是双方当事人的。

其次，我们看这份工作联系单是不是符合第二个构成要件。在【案例2】中，对于工期顺延或者费用签证，发包人有没有授权监理单位行使这样的权利呢？当然从这份工作联系单还看不出来。经过审阅发包人与监理单位的监理合同以及发包人出具给监理单位的授权委托书，我们发现，发包人并没有授予监理人员对工期顺延或费用增加办理签证的权利。所以，这样一份工作联系单不符合签证人员必须具有相应的授权这样一个要件，不具有相应的效力。

再次，我们再看该工程联系单符不符合构成要件三。该工作联系单中提到"我工程处埋设护筒时，遇到原始的花岗岩浆砌基础，采取了措施，延误台时达144小时之久，请予签证认可"。从联系事由来看，签证内容是不是直接涉及工期顺延或者费用变化呢？显然是不明确的，它只是说延误桩机施工台时达144小时之久，并没有说到工期需要顺延多长时间，所以第三个要件也是不符合的。

最后，工程签证的第四个构成要件是签证双方必须就涉及工期顺延和费用的变化等内容协商一致。那双方有没有协商一致呢？监理单位在监理意见里面写了六个字"检查情况属实"，他只是表明了联系事由里所反映的事实状况，这是对联系事由里事实的确认。那监理单位有没有协商一致的意思呢？联系事由里最后一句话是"请予签证认可"，监理意见是"检查情况属实"。还有，施工单位在联系事由里没有提出要顺延多少工期，当然监理意见也没有回答是不是同意顺延多少工期，所以，签证的构成要件之四必须协商一致才能顺延工期，在这个工作联系单里是没有得到反映，也就是说没有同意顺延或者发包人同意、发包人批准、监理同意、监理批准这样的字样。

这份工作联系单，因为不具备签证构成要件之二、之三、之四，所以最终没有被法院认定为有效的工程签证，当然不能直接作为工期顺延的依据。但是这样的一份工作联系单到底有什么作用呢？有一点，施工单位证明了在开挖埋设护筒时，遇到原始的花岗岩浆砌基础，施工单位采取了相应措施，因而导致延误台时达144小时之久的事实存在。这样的事实被监理证实。但这样的事实能不能顺延工期呢？我们要看合同约定。而事实上，就本案而言，合同里的承包范围已经包含了清除原始花岗岩浆砌基础的内容，工期为 100 天，工作联系单里的施工内容已经包含在合同约定的工期内。显然，工期不能因该事实的出现而顺延。

六、签证的效力及过失签证、恶意签证的效力

（一）签证具有合同的性质

前面我讲到，签证是双方当事人就工程费用、工期顺延协商一致的结果。显然，签证具有合同的性质。而合同的效力分为四种，那签证的效力也应该有四种。分别是第一，签证是有效的；第二，签证是无效的；第三，签证是可变更、可撤销的；第四，签证的效力是待定的。

（二）过失签证的效力

过失签证理论上属于可变更、可撤销的合同，但司法实践中被作有效处理。下面我们结合【案例 3】所涉及的过失签证来具体分析。

首先，过失签证会不会被认定为无效呢？我们看原《合同法》第 52 条（对应《民法典》第 146、150、153、154 条①）的规定："有下列情形之一的，合同无效：（一）一方以欺诈、胁迫的手段订立合同，损害国家利益；（二）恶意串通，损害国家、集体或者第三人利益；（三）以合法形式掩盖非法目的；（四）损害社会公共利益；（五）违反法律、行政法规的强制性规定。"显然，【案例 3】里面所提到的过失签证，均不属于原《合同法》第 52 条所规定的 5 种无效情形之一。因此，过失签证一般不会被认定为无效。

其次，从过失签证形成原因来看，过失签证归纳起来有两种形成原因，一种原因是重大误解，如【案例 3】中，将市场价格签证为直接费；另一种原因是不公

① 第 146 条　行为人与相对人以虚假的意思表示实施的民事法律行为无效。

以虚假的意思表示隐藏的民事法律行为的效力，依照有关法律规定处理。

第 150 条　一方或者第三人以胁迫手段，使对方在违背真实意思的情况下实施的民事法律行为，受胁迫方有权请求人民法院或者仲裁机构予以撤销。

第 153 条　违反法律、行政法规的强制性规定的民事法律行为无效。但是，该强制性规定不导致该民事法律行为无效的除外。

违背公序良俗的民事法律行为无效。

第 154 条　行为人与相对人恶意串通，损害他人合法权益的民事法律行为无效。

平，如外墙涂料的市场价假设是 20 元/平方米而签证签成 40 元/平方米。理论上，从原《合同法》第 54 条（对应《民法典》第 151 条[①]）的规定来看，因重大误解订立的合同或订立合同时显失公平的，当事人一方有权请求人民法院或仲裁机构变更或撤销。因此，可以将过失签证理解为可变更、可撤销的合同。但是，在司法实践中，认定重大误解或显失公平的标准非常严格，一般情况下难以认定重大误解或显失公平。我们来看重大误解或显失公平应该怎么来认定。《关于贯彻执行〈中华人民共和国民法通则〉若干问题的意见》第 71 条规定："行为人因对行为的性质、对方当事人、标的物的品种、质量、规格和数量等的错误认识，使行为的后果与自己的意思相悖，并造成较大的损失的，可以认定为重大误解。"它的构成要件必须具备两点：第一，必须有表意人因误解而为意思表示；第二，表意人的误解须为重大误解。【案例 3】中，对于外墙涂料之过失签证，也就是说将"直接费"与"市场价"混淆，仅从字面上看"直接费"与"市场价"的区分也是非常清楚，很难被认定为会产生"误解"。因此，过失签证要认定为重大误解实际上是不可能的。

我们再来看《民法典》第 151 条规定："一方利用对方处于危困状态、缺乏判断能力等情形，致使民事法律行为成立时显失公平的，受损害方有权请求人民法院或者仲裁机构予以撤销。"从这条规定出发，我们可以看出构成显失公平有两种情况：第一，利用对方危困状态；第二，利用对方判断能力的缺乏。像【案例 3】里说的开办费这样一个过失签证，难以认定房产公司处于危困状态或缺乏判断力。所以在这样的情况下，在司法实践中，要将过失签证认定为显失公平也是非常困难的。

最后，我们再退一步来看，即使过失签证可以被认定为由重大误解或显失公平导致的，但根据原《合同法》第 55 条（对应《民法典》第 152 条[②]）的规定，"有下列情形之一的，撤销权消灭：（一）具有撤销权的当事人自知道或者应当知道撤销事由之日起 1 年内没有行使撤销权；（二）具有撤销权的当事人知道撤销

---

① 第 151 条　一方利用对方处于危困状态、缺乏判断能力等情形，致使民事法律行为成立时显失公平的，受损害方有权请求人民法院或者仲裁机构予以撤销。

② 第 152 条　有下列情形之一的，撤销权消灭：

（一）当事人自知道或者应当知道撤销事由之日起一年内、重大误解的当事人自知道或者应当知道撤销事由之日起九十日内没有行使撤销权；

（二）当事人受胁迫，自胁迫行为终止之日起一年内没有行使撤销权；

（三）当事人知道撤销事由后明确表示或者以自己的行为表明放弃撤销权。

当事人自民事法律行为发生之日起五年内没有行使撤销权的，撤销权消灭。

事由后明确表示或者以自己的行为放弃撤销权”。而过失签证一般是在履约过程中形成的，结算时距签证时往往已经超过1年，此时撤销权依法已经消灭。因此，过失签证在司法实践中是很难被推翻的，通常也被认定为有效。

（三）恶意签证的效力

恶意签证理论上属于无效合同，但司法实践中被作有效处理。

恶意签证在理论上意味着签证双方存在恶意串通的行为。根据原《合同法》第52条的规定，恶意串通损害第三人利益的合同无效。[①] 那如何来证明存在恶意串通的行为呢？恶意串通导致合同无效一般要具备主观、客观要件：主观要件为恶意串通，即当事人双方具有共同目的，希望通过订立合同损害国家、集体或者第三人的利益，表现为双方当事人事先达成的协议或者一方当事人作出意思表示，对方当事人明知其目的非法，而用默示的方式接受，可以是双方当事人相互配合，也可以是双方共同作为。客观要件是合同损害国家、集体或者第三人的利益。

在【案例4】和【案例5】中，二审法院就表示两实业公司没有能够举证证明何某与施工单位之间具有恶意串通的行为。因此，法院认为，不能证明恶意串通行为，那么这个签证就是有效的，可以作为结算的依据。

七、施工单位如何进行工程签证

（一）必须注意勤签证

如何做到勤签证呢？笔者早年在某大型外资建筑公司担任估算师的时候，笔者注意到该外资公司签证、索赔都做得很好，它的做法就是：所有的发给发包人的函都由一个部门发出，所有发包人、监理单位、设计单位的来文来函也都通过这个部门接收，然后再分发给工程部、安全部、质量部进行处理。这个部门叫公务部，里面设了估算师、合同经理等岗位。通过这个部门对来文和发文的控制，你就可以在第一时间知道哪些地方需要办理签证、什么时候要进行索赔。否则，如果不通过来文和发文一个口子，难以做到勤签证、勤索赔。

① 此处对应《民法典》第154条。

（二）办理签证的时候需要根据合同的约定进行

我们来看一个案例，看看合同对工程签证是怎么约定的。

【案例6】某工程施工合同关于签证的约定

21.3 对于固定合同价款（除了本补充协议书第21.1.1.3款、第21.1.1.4款约定的调整外），乙方不得以任何理由（包括税金、政策法规变化、材料、人工、设备市场价格变化、工程造价管理部门公布的价格调整等理由）提出变更或调整，除非具有下列情形之一，可用合同价款增减账单的形式对合同价款进行调整。

21.3.1 甲方两位代表签字、设计单位盖章确认的工程变更或修改（仅针对施工图纸而言）引起的工程项目增减或工程量的增减（工程量的比较基数分别是：工程变更、修改后的工程量，变更、修改前施工图纸反映的工程量而非乙方编制、甲方盖章认可的《工程预算书》中的工程量）。

21.3.2 甲方两位代表签字、设计单位盖章确认的签证单、技术核定单等书面文件。

21.4 对于第21.3款中涉及的合同价款调整中使用的单价和费率：

21.4.1 合同价款调整中使用的预算单价和材料单价，以乙方编制、甲方盖章认可的《工程预算书》（附件2）中的预算单价和材料单价为准，但涉及《甲方指定材料、设备清单》（附件3）中的材料、设备之单价以双方确认的市场单价为准。如该项目在乙方编制、甲方盖章认可的《工程预算书》（附件2）没有，由乙方套用上海市93土建、安装、房修定额送甲方审批确认。如该项目在93定额中也没有，由乙方做补充定额送甲方审批确认。

21.4.2 合同价款调整时使用的费率，以乙方编制、甲方盖章认可的《工程预算书》中使用的费率为准，另总造价（含税金）下浮率为2%。新增项目如93定额中没有，是包工包料市场价的，则只计取税金，不计其他费率。

21.4.3 零星签证人工的人工单价统一为22.8元/工日。

21.5 合同价款调整使用的工程量计算依据：

21.5.1 使用上海市93定额的项目其工程量计算按93定额的规定执行，材料损耗也按定额规定的损耗率执行。

21.5.2 如有图纸上不清的项目以甲方两位代表签字确认的经双方实际丈量的数量为准。

21.5.3 零星点工以甲方两位代表签字确认的签证单为准。

21.6 合同价款调整中涉及的费用、经济支出、损失数额依据,以实际发生的数额为准。

21.7 合同价款的调整时效:

21.7.1 乙方在每月25日,向甲方代表提交包括当月(上月26日至本月25日止)发生的所有涉及价款变更、调整的事项在内的合同价款增减账单一份。增减账单需附有调整依据的文字说明和工程量计算底稿。如乙方不能按时向甲方代表提交合同价款增减账单,或者合同价款增减账单中没有包括当月已经发生的部分调整事项,则说明乙方已放弃了该项权利,不能再向甲方提出补收的要求,但减账除外。

21.7.2 乙方应以认真负责的态度编制合同价款增减账单。如乙方在该账单中只做增加工程而不做减少工程(如有),则甲方有权退还乙方并限时要乙方重做一份合同价款增减账单。如乙方在账单中计算的工程量误差大于10%,则甲方也有权退还乙方并限时要乙方重做一份合同价款增减账单。

21.7.3 甲方两位代表在收到乙方合同价款增减账单后的一个月内审定并批复给乙方。

21.7.4 工程中发生的减少项目或应扣除的应由乙方承担的费用、经济支出、损失,在合同价款增减账单中没有体现的,甲方可在工程竣工结算中扣除。

以上是合同中关于工程签证调整价款的约定,从这个约定我们可以看出,发包人对签证有特别要求:第一,对签证的主体有要求。关于工程变更,要求两位现场代表签字并且设计单位盖章,这样的工程变更才可以调整。第二,调整工程价款的方式,采用合同价款增减账单的形式,而且是每月调整一次。第三,合同价款调整有时效要求,也就是第21.7.1款里所规定的,每月25日必须提出当月发生的涉及价款变更、调整的事项在内的合同价款增减账单一份。如果乙方不能按时向甲方代表提交合同价款增减账单,或者合同价款增减账单中没有包括当月已经发生的部分调整事项,就说明乙方已放弃了该项权利,不能再向甲方提出补收的要求。所以,我们在办理签证的时候,一定要按照合同约定办理。否则,签证无效或无法办理进而造成损失。

(三)签证必须符合工程签证的四个构成要件

工程签证的四个构成要件:

第一,必须是双方当事人进行的签证;第二,签证人员必须有授权;第三,签证的内容必须是直接涉及工期的顺延、费用的增加;第四,必须是双方当事人协商一致的结果。

只有这样，施工单位才能做好工程签证。

八、建设单位如何防范乱签证（包括恶意签证与过失签证）

正如前面所分析的一样，从工程实践的角度，我们可以将一些工程签证归结为恶意签证和过失签证，而这些签证一般从工程的角度都不应当被认可。但是在诉讼过程中，恰恰相反，这两类签证通常都会被法院认定为有效，原因就在于，建设单位无法证明它是恶意串通损害第三人利益，也无法证明为重大误解或显失公平。所以，建设单位如何来防范恶意签证与过失签证就显得非常重要。我认为，建设单位具体可以从以下几个方面进行防范：

1. 选择诚实可靠的人员担任甲方代表。

2. 设置签证前置程序。

前面案例里我讲到了，签证的总经理或工程部经理都不懂工程造价，才发生了过失签证。那我们设置一道程序，在这位总经理或工程部经理签字之前，由造价工程师先进行审核，这有利于避免过失签证。

3. 对甲方代表签证权利必须进行必要的限制。

我们常常会看到一些管理比较好的房地产开发企业，对现场甲方代表签字的权利有限制，比如3万元以下的签证，甲方代表可以直接签署，超过3万元，甲方代表无权签署。

4. 签证必须遵守一定的原则。

签证必须遵守的原则包括：

（1）通过草图、示意图形式而避免单纯的文字形式进行签证原则。比如，垃圾外运工程，在垃圾外运之前，通过草图、示意图形式把垃圾的工程量固定下来。

（2）签事实而不直接签结果原则。当然，这并非真正意义上本讲里所说的签证，而是一个广义的签证。

（3）签事实而不直接签工程量原则。

（4）签工程量而不直接签单价原则。

（5）签单价而不直接签总价原则。

（6）以前述原则为优先原则。

5. 建立甲方代表每月汇报制度。

这样有利于发现签证存在的问题，也就是说，在工程上，甲方代表除了要汇报每个月的进度外,还要汇报实际发生了多少签证,涉及多少费用的变化或工期的顺延,以便发包人管理层及时发现签证可能存在的问题,如签证量过大。

6. 通过设立合同条款来防范补签证的发生。

如【案例6】中提到的,施工单位每月要提交合同价款调整账单,每个月发生的签证都必须在这个调整账单里反映。如果不反映,说明施工单位放弃了这个权利。当然,在结算过程中,施工单位补签证把日期写成施工阶段的日期,即使这样也视为放弃了权利,从而避免补签证的发生。

7. 对于费用签证必须经过索赔程序进行。

这样可以避免直接进行费用签证。索赔实际上是一个过程,签证才是结果。既然索赔是有程序的,只有程序正规化了以后,最后形成的费用签证才可能避免因恶意签证和过失签证造成损失。这部分内容将在索赔部分重点阐述,这里不再详述。

以上是本讲的全部内容,谢谢。

第四讲 建设工程索赔法律实务*

今天我们讲的是建设工程索赔法律实务。主要讲九个方面的内容:

1. 国内施工单位合同管理与索赔水平现状分析——四个层次;
2. 国内施工单位索赔能力需要提高;
3. 工程索赔的概念及种类;
4. 工程索赔的几个法律特征;
5. 索赔与签证的关系;
6. 工期索赔事件、程序、违反程序的法律后果及索赔依据;
7. 索赔与证据的关系;
8. 施工单位如何进行索赔;
9. 建设单位如何进行反索赔及索赔审查。

在讲具体内容之前,我们先看一个案例:

【案例1】成功的工期索赔案

在这个案子里,笔者作为境内施工单位的代理人,提供了索赔咨询的非诉讼法律服务。

某境内施工单位与某境外设计施工总包方签订分包合同一份。双方约定:由境内施工单位承包施工某国际工程某上海新商场的桩基及临时设施工程;合同价款为1118万元;工程逾期竣工违约金为前四周每日按合同价款的千分之二计算,从第五周开始,每日按合同价款的千分之四计算。此外,多份合同文件约定了进场日期、开、竣工日期,且进场日期、开、竣工日期相互矛盾。

履约过程中,发生了严重延误工期的情况,境内施工单位向境外设计施工

---

* 本讲内容系根据2007年5月25日作者为某部委干部学院在青岛组织的建设工程招标投标及施工合同管理培训班的讲课录音整理而成;另作者多次为该干部学院在呼和浩特、张家界、杭州、厦门、深圳、昆明等城市组织的建设工程招标投标及施工合同管理培训班宣讲该内容,并于2005年6月18日受邀为某著名房地产公司举办该讲座。

总包方发出了多份函件，如函一：2002 年 1 月 22 日函，该函载明："基于至 2002 年 1 月 22 日，我公司尚未收到某上海新商场预制桩规格、型号、数量等正式图纸及办理施工许可证等必须由贵司提供的相关文件，按贵司 2002 年 1 月 16 日致我公司的意向书要求 2 月 5 日开始打桩已不可能。望贵司能尽快提供文件，使本工程能及时开工。"函二：2002 年 2 月 9 日函，该函载明："1. 基于至 2002 年 2 月 9 日我公司尚未收到办理施工许可证和质监、安监手续需由贵司提供的相关文件及正式施工图纸，所以在 2 月 11 日前办理施工许可证等已不可能，只有到 2 月 18 日以后政府机关上班后才能办理，3 月 20 日完成桩基施工已很困难。2. 根据贵公司的一再要求，我公司的 LZ400 型钻机已于 2 月 8 日晚进场，从 2 月 10 日起两台设备处于停置状态，何时能开工望给予明确答复。"

上述两封函件表明：由于境外设计施工总包方未能及时提供办理施工许可证所需文件及施工图纸，造成施工单位代为办理施工许可证延误，进而造成开始打桩延误，3 月 20 日完成桩基已不可能。

但此后境外设计施工总包方不但没有给予任何肯定回复，反而在 2002 年 2 月 20 日来函中称："贵司 3 天工作延误""12 天安全防护工作的延误，桩基未到场 4 天的延误""我司保留上述延误对将来工作造成影响时对贵公司的处罚权"。

事实上，这些"延误"是根据施工单位提供的施工进度计划比较而来的，而且"延误"是在境外设计施工总包方未提供代为办理施工许可证所需文件及正式施工图纸的情况下，境内施工单位避免损失的措施。而境外设计施工总包方对境内施工单位发出的函不但不加以肯定，反而提出保留"处罚权"。

因此，境内施工单位对如何进行工期索赔感到没有把握，并担心最终可能要承担工期违约金，而工期违约金最终很可能吞噬境内施工单位因正常履行该合同的预期可得利润，甚至会导致境内施工企业发生亏损。因为合同价款中桩基供应价款占 70%，桩基由境外设计施工总包方指定供应单位，境内施工单位根本无法就桩基供应获得利润；而打桩的工程量占合同价款的 30%左右，以平均利润率 10%计算，境内施工单位的预期利润也就是 33 万元左右。但是，合同约定的每日应该承担的违约金很高，前四周每天为 2.2 万元，从第五周开始每日 4.4 万元，如果工程竣工日期延误 15 天，境内施工单位就毫无利润可言，超过 15 天就会发生亏损。

因此，境内施工单位聘请笔者提供履约过程索赔咨询的非诉讼法律服务。

接受委托后，笔者出具了第一份法律咨询意见书，主要咨询意见包括：

第一，通过对大量合同文件的分析研究，并根据合同文件的解释次序，确认了双方约定的进场日期为2002年1月16日，打桩开始日期为2002年2月5日，桩基和临时设施工程竣工日期为2002年3月14日，工期为38天。

第二，合同明确约定了对于延期展开工程开工、竣工日期调整情况，即因境内施工单位不能控制的情况下而导致延期展开工程，开工日期须予以修改，而竣工日期亦须作相应之调整[该约定不同于《建设工程施工合同（示范文本）》，也不同于《FIDIC土木工程施工合同条件》中的竣工日期延长的约定]。

事实上，境内施工单位前述2002年1月22日的函、2月9日的函反映的因境外设计施工总包方未提供代为办理施工许可证需要的文件资料以及正式的施工图完全属于开工、竣工日期调整的情况，只是没有据此约定提出调整要求。因此，笔者建议境内施工单位，根据该约定发函给境外设计施工总包方要求调整开工、竣工日期。

第三，分析了工期索赔条件与程序，并就如何进行工期索赔提出建议。

第四，分析了费用索赔的程序及方法，并就如何进行费用索赔提出建议。

根据该意见书，境内施工单位向境外设计施工总包方提出要求调整开工、竣工日期的请求，境外设计施工总包于2002年3月22日签发了开工令、并于2002年4月23日的工程联系单上签署了同意施工日期安排（其中，开工日期为2002年3月22日，竣工日期为4月29日）的意见。至此，境内施工单位要求调整开、竣工日期的请求获得了境外设计施工总包方的认可。

2002年5月11日，境内施工单位在境外设计施工总包方未支付工程进度款并经过催告仍未支付的情况下发出桩基施工停工的通知。此时，施工单位对是否能够停工没有把握，于是继续要求笔者对此出具第二份法律咨询意见书。在该法律意见书中，除分析了境内施工单位有权停工外（但因工程已完成95%，笔者建议继续施工），对施工单位进行的工期索赔及费用索赔情况进行了分析：

第一，根据调整的竣工日期2002年4月29日，到5月11日已经延误了12天，但是境内施工单位没有根据发生的索赔事件进行全部工期索赔，如图纸指示延误造成工期延误、未履行支付进度款义务造成工期延误等。

第二，对有些索赔事件进行了索赔，但是，未能严格按照合同约定的程序进行。施工单位没有根据索赔约定使用《工期索赔通知》、《工期顺延申请》或者《费用索赔通知》、《同期记录》、《结算账目》等形式的文件。针对这些问题，笔者帮助境内施工单位拟写了上述文件的示范文本。

此后，境内施工单位按上述示范文本，就部分未索赔事项进行了索赔，并最终避免了承担逾期竣工违约金、以成本补偿方式获得了部分误工费用。

这个案例就反映出境内施工单位在面对国际承包商(国际工程业主)时在索赔方面存在一些问题:

第一,面对国际承包商,如面对本案中境外设计施工总包方,境内施工单位常常对国际工程合同文件是如何约定的难以把握。原因在于合同文件较多,且存在前后矛盾的情况。比如,2002 年 2 月 9 日的函载明:“3 月 20 日完成桩基施工已很困难”,这表明境内施工单位认为合同约定的竣工日期为 3 月 20 日。而事实上,分析所有合同文件后,笔者得出的结论:合同约定的竣工日期应为 3 月 14 日,而非 3 月 20 日。又如,2002 年 1 月 22 日的函载明:“2 月 5 日开始打桩已不可能”,2002 年 2 月 9 日的函载明:“3 月 20 日完成桩基施工已很困难”,显然,境内施工单位认为只要桩基完工就算工程竣工。而事实上,合同中明确约定了桩基和临时设施工程竣工日期为 2002 年 3 月 14 日,而并非仅指桩基工程需要在 2002 年 3 月 14 日之前完工。

第二,境内施工单位常常对国际工程合同文件约定不熟悉。非境内施工单位的原因造成延期展开工程,境内施工单位可以要求调整开工、竣工日期的约定。

第三,即使熟悉了约定,也不能做到完全按照索赔程序进行索赔。在本案中,境内施工单位还是试图通过计划经济下传统的签证方式来达到增加费用、顺延工期的目的,这一思维定式必须改变。否则,面对国际工程承包商、国际工程业主,这种方法根本行不通。如本案中,对境内施工单位发出的函(说明开工不可能、竣工不可能的函),境外设计施工总包方根本不予理会,却向境内施工单位发函,说明境内施工单位造成工期延误,保留工期处罚权。如果本案中境内施工单位未根据咨询意见采取相应的索赔措施,结果很可能会出现境外设计施工总包方主张高额违约金的情况,一旦诉讼,预期可得利润很可能被吞噬,甚至发生亏本情况。

介绍完该案例,下面我们正式进入本讲的主要内容。

一、国内施工单位合同管理与索赔水平现状分析——四个层次

第一个层次:不签订合同。

表现在签证层面上就是签证和索赔没有合同依据。常见于乡村民宅施工队，比如江苏民宅的施工队跟农户之间就没有合同，合同都没有，还谈得上签证和索赔吗？

第二个层次：签订了合同，但在履约过程中不重视合同条款。

表现在签证和索赔层面上就是重视费用签证，不重视工期签证。有费用增加的，会办理签证；但是工期延误了，需办理工期顺延的，不办理签证。常见于部分国营、集体施工单位。

第三个层次：签订了较完善的合同，基本上能够按合同履行。

表现在签证索赔层面上就是除重视费用签证外，在可能造成工期延误情况下发出请求履行函，或者对工期延误情况发出工期延误说明函，或者要求对顺延工期进行签证（有时具有索赔的雏形）。实际上国内大部分施工单位都处于这样一个层次。

第四个层次：签订了完善合同，严格按合同履行。

表现在索赔层面上就是能够根据合同约定的索赔条件与程序进行索赔。境外施工单位、外商独资企业一般能够做到。

目前我们国内施工单位的合同管理和索赔水平就分为以上四个层次。

二、国内施工单位索赔能力需要提高

国内施工单位索赔能力为什么需要提高？实际上处于第二、第三个层次上的施工单位，与境外施工单位、外商独资企业存在差距。导致的后果主要表现在以下两个方面：

第一，国内施工单位索赔能力难以适应国际工程索赔管理的需要。如前面讲到的案例中，对于分包企业发出的两份函，总包方完全置之不理，根本不调整工期，而且说分包方延误了工期，总包方保留对分包方的处罚权。

第二，国内施工单位索赔能力可能不适应法院对工期违约金纠纷案件的审理思路。法院对工期违约纠纷案件审判思路是怎么样的呢？在施工单位提出了工程款的诉讼以后，建设单位常常会以施工单位逾期竣工提出反诉，要求施工单位承担逾期竣工违约金。作为建设单位只要举证证明合同约定的开工、竣工日期以及实际开工、竣工日期，就能得出施工单位到底是否延期竣工、延期竣工的具体天数，并根据合同约定计算出逾期竣工违约金。一般而言，只要承包人能够举证证明，发包人有顺延工期的事由，如拖欠工程款、施工图纸发放延误、增加工程量、发生设计变更等情形，基本上就免除承包人逾期竣工的违约责任。该审判思路，为大部分法院所使用，为一般审判思路。但是，有些法院除了需要承包人举证证明有工期顺延的事由外，还要举证证明上述事由确实导致了工期的延误，两者之间存在因果关系，以及证明实际延误的天数。否则，承包人就需要承担逾期竣工违约责任。关于该审判思路，可以简称为严格证明责任之审判思路。显然，国内施工单位索赔能力不能适应该审判思路，因为其无法举证证明除顺延事由以外的其他待证事实。

司法解释二出台后，笔者认为，法院对工期违约金纠纷案件的审判思路将相应发生变化。《原施工合同司法解释二》第 6 条第 1 款(《新施工合同司法解释一》第 10 条第 1 款)规定："当事人约定顺延工期应当经发包人或者监理人签证等方式确认，承包人虽未取得工期顺延的确认，但能够证明在合同约定的期限内向发包人或者监理人申请过工期顺延且顺延事由符合合同约定，承包人以此为由主张工期顺延的，人民法院应予支持。"考虑到该规定，法院可能将采用承包人是否能够举证证明在履约过程中按照合同约定发出过工期顺延申请作为逾期竣工违约金的审判思路。当然，该申请包括工期顺延事由以及工期顺延的天数，发出过且申请中主张顺延的天数大于或者等于实际工期延误的天数，顺延事由亦符合合同约定，则免除承包人的逾期竣工违约金，否则，需要承担部分或者全部逾期竣工违约金。对比该审判思路，很容易得出结论，即对于承包人的举证证明责任要求介于一般审判思路与严格证明责任思路之间，因此，该审判思路趋于合理。

当然，倘若承包人没有能够按照合同约定的时间及事由提出工期顺延申请，承包人将承担逾期竣工违约责任。因此，国内施工单位的索赔能力同样不能适应该审判思路。

那么，我们如何来提高索赔的能力呢？提高的方法不外乎以下几种：第一，学习；第二，实践；第三，聘请专业律师提供服务。就如本讲开始前介绍的案例中一样，聘请专业律师来提供相关的专业法律服务。

三、工程索赔的概念及种类

我们来看一下 1999 版《建设工程施工合同(示范文本)》对索赔是如何定义的(第 1.21 款)：工程索赔是指在合同履行过程中，对于并非自己的过错，而是应由对方承担责任的情况造成的实际损失，向对方提出经济补偿和(或)工期顺延的要求。

FIDIC 条件 1988 年第 4 版、1999 年第 1 版均未对工程索赔作出定义,而是详细规定了索赔的程序。2017 版则对索赔进行了定义,第 1.1.6 款:"索赔"是指一方或另一方根据本条件的任何条款,或与合同或工程实施有关或因合同或工程实施而产生的权利或救济的请求或主张。[①]

索赔如何来分类呢?从工程管理的目标来分,工程管理具有三大目标:工期、质量、造价。按照这三大目标来看,索赔主要分为费用索赔与工期索赔。从索赔的主体来分,有承包商向业主索赔、反过来业主向承包商索赔,分别叫承包商索赔和业主反索赔。

四、工程索赔的几个法律特征

工程索赔的法律特征是对比工程签证的法律特征来看的:

第一,与工程签证是双方法律行为的特征不同,工程索赔不是双方协商一致的结果,而是单方主张权利的要求,但又不是单方法律行为。

所谓单方法律行为,是指只要一方作出意思表示,就发生法律效力的行为。比如立遗嘱,只要立遗嘱程序和形式符合法律规定,该遗嘱就有效,而不需要继承人的同意。而索赔不一样,比如施工单位向业主提出工期顺延 5 天或者要求业主赔偿 10 万元,是不是一旦提出就发生法律效力呢?并不是这样。索赔只是单方的主张权利的要求,不是单方法律行为。有些人认为签证是双方法律行为,索赔是单方法律行为,这是不对的。

第二,与工程签证涉及的利益已经确定的特点相比,工程索赔涉及的利益尚待确定,是一种期待权益。

这是什么意思呢?工程签证,比如垃圾清除,实际清除垃圾 50 吨,每吨 100 元,那么价款就是 5000 元,双方办理了签证,这个签证的金额就已经确定,就是 5000 元;而工程索赔不一样,由于图纸延误导致的误工损失,施工单位提出 10 万元的索赔,这个时候是不是施工单位提出多少就是多少呢?是不是施工单位提出了就能成立呢?这个时候还是不确定的,需要业主审核确认了以后才能确定,所以工程索赔涉及的利益尚待确定,是一种期待权益。

---

① 条款原文为:"Claim" means a request or assertion by one Party or the other Party for an entitlement or relief under any Clause of these Conditions or otherwise in connection with, or arising out of, the Contract or the execution of the Works。

第三，与工程签证前有关书面或口头证据的取得与保管不同，工程索赔是单方面提出的权利主张，必须依赖于证据予以证实，这些证据不仅包括实体证据，还包括程序证据。

这是什么意思呢？对于工程签证而言，只要发生了这样的一个事实、发生了这样一个费用，办理一个签证就可以了，其他的证据都可以不要；而工程索赔不一样，比如提出除了 10 万元的索赔外，还要提出这 10 万元是怎么组成的证据材料，如误工的人数、每个人工的费用，这些是实体上的证据。另外，还有程序上的证据，比如说合同中约定，发生了索赔事项必须在 28 天内通知对方，那么就应当依据约定发出索赔通知，而且，过一段时间，还必须提出索赔报告，这些都是程序上的证据。这些程序上的证据不提供的话，可能就会根据合同的约定被视为放弃了索赔的权利。所以，工程索赔证据的收集非常重要，我们既要注重实体上的证据，又要注重程序上的证据。

第四，工程索赔通常存在两种结果：一种为予以确认，确认索赔金额或者顺延工期可以作为结算的依据；另一种为不予确认，不能作为结算的依据。工程签证涉及的就是工期顺延或者费用，结果就是签证里面载明的内容；而索赔是一种权利主张，主张得到对方确认的时候，这个确认的金额和索赔的工期才可以作为结算的依据。还有一种情况是，主张索赔没有得到对方确认，但是程序证据和实体证据都准备得比较充分，后来通过诉讼，可以由鉴定单位来确认或者由法院来确认。

第五，国际工程索赔与国内工程签证一样，是一个例行工作，必须加以重视。对于国内工程来说，承包、发包双方主要通过签证来确定价款的增加或者工期的顺延，而国际工程并不需要办理签证，合同中也没有约定签证的方法，而只是约定了索赔，所以办理国际工程索赔，我们要像办理国内工程签证一样作为一个例行工作来进行。

五、索赔与签证的关系

这里主要讲三点内容。

第一，签证与索赔关系的种类。

第一种关系是，索赔与已发生或履行完毕的签证是统一的关系。什么意思？比如垃圾外运，外运完成之后，双方办理签证，50 吨，每吨 100 元，这就是一个签证。这里面，签证的表现形式，先是施工单位提供垃圾外运的工程签证单，然后交给发包人,发包人经过审核以后在上面签字确认,实际上这时候的签证的过程跟索赔的过程是一致的。索赔也是先提出索赔报告,然后经过发包人的审核,发包人回复通知确认或者不确认。签证是把索赔通知和签证结果写在一张纸上,所以索赔与已发生或履行完毕的签证是统一的关系。再精确一点说,索赔是一种过程,签证一种结果。第二种关系是,未发生或未履行完毕的签证与索赔无关。比如,就增加的工程量,双方办理一个工程签证,这个跟索赔就没有关系。索赔要有索赔通知、索赔报告,然后经过发包人的确认。而这只是针对增加的工程量办理了一个工程签证,实际上此时的签证相当于一个合同,严格地讲合同和索赔是没有什么关系的。

第二,“先签证,签证不下来再索赔”是不正确的认识,需要纠正。

我们有些人认为,签证和索赔的关系是:先办理签证,如果签证办理不下来,再去索赔。实际上,这个观点是非常错误的。为什么这么说呢?我们可以去看看《建设工程施工合同(示范文本)》或者看看 FIDIC 文本,实际这些文本中根本没有签证的说法、没有签证的概念,这些文本里面只有索赔,而签证不过是索赔的结果,所以根本不存在“先签证,签证不下来再索赔”之说。只有纠正了这种错误的认识,我们才能知道对于一些国际工程合同的管理我们要用索赔来取代签证,不存在“先签证,签证不下来再索赔”的情况。

第三,认识签证与索赔关系的意义。

有什么意义呢?对于建设单位而言,通过索赔来进行签证,有利于防止恶意签证、过失签证的发生,更好地控制工程造价及工期。前面我讲到,索赔是过程,签证是结果,而合同里面只约定了索赔没有约定签证。在这样的情况下,对于建设单位而言,因为索赔有索赔通知、索赔报告、审核确认这些程序,通过索赔来进行签证的过程比发包人、承包人在一张纸上签字来得规范,有利于过程控制。对于施工单位而言,认识签证与索赔的关系,可以适应国际工程承包的特点,以索赔代替签证。认识到索赔是过程、签证是结果的话,对于国际工程承包合同的管理,并不像国内工程一样办理所谓的签证,而是严格地按照合同约定该索赔就索赔,施工单位提出交由业主进行确认。在这样的情况下,只有适应合同的约定,按照合同约定来索赔,索赔的工期和费用才能得到应有的确认,否则就会像前面案例中讲到的,业主会对施工单位的签证请求不予理睬。

六、工期索赔事件、程序、违反程序的法律后果及索赔依据

(一)工期索赔事件

我对几个合同文本进行了研究,我们一起来看看合同文本是如何规定的。

1999版《建设工程施工合同(示范文本)》第13条集中规定了工期索赔事件:

13.1 因以下原因造成工期延误,经工程师确认,工期相应顺延:

(1)发包人未能按专用条款的约定提供图纸及开工条件;

(2)发包人未能按约定日期支付工程预付款、进度款,致使施工不能正常进行;

(3)工程师未按合同约定提供所需指令、批准等,致使施工不能正常进行;

(4)设计变更和工程量增加;

(5)一周内非承包人原因停水、停电、停气造成停工累计超过8小时;

(6)不可抗力;

(7)专用条款中约定或工程师同意工期顺延的其他情况。

13.2 承包人在13.1款情况发生后14天内,就延误的工期以书面形式向工程师提出报告。工程师在收到报告后14天内予以确认,逾期不予确认也不提出修改意见,视为同意顺延工期。

2017版《建设工程施工合同(示范文本)》第7.5.1条集中规定了工期索赔事件:

7.5.1 因发包人原因导致工期延误

在合同履行过程中,因下列情况导致工期延误和(或)费用增加的,由发包人承担由此延误的工期和(或)增加的费用,且发包人应支付承包人合理的利润:

(1)发包人未能按合同约定提供图纸或所提供图纸不符合合同约定的;

(2)发包人未能按合同约定提供施工现场、施工条件、基础资料、许可、批准等开工条件的;

(3)发包人提供的测量基准点、基准线和水准点及其书面资料存在错误或疏漏的;

(4)发包人未能在计划开工日期之日起7天内同意下达开工通知的;

(5)发包人未能按合同约定日期支付工程预付款、进度款或竣工结算款的;

(6)监理人未按合同约定发出指示、批准等文件的；

(7)专用合同条款中约定的其他情形。

因发包人原因未按计划开工日期开工的，发包人应按实际开工日期顺延竣工日期，确保实际工期不低于合同约定的工期总日历天数。因发包人原因导致工期延误需要修订施工进度计划的，按照第7.2.2项〔施工进度计划的修订〕执行。

FIDIC 1988年第4版第44.1款集中规定了工期索赔事件：

44.1 如果由于以下情况：

(a)额外或附加工程的数量或性质；

(b)本合同条款中规定的任何原因引起的延误；

(c)异常恶劣的气候条件；

(d)业主的任何延误、妨碍或阻碍；

(e)其他不属于承包人违约、毁约或应由其负责的原因。

上述特殊情况发生时，承包人有权延迟全部、或本工程任何区段的竣工期限，工程师应在与承包人和业主协商后，决定可延长的时间并相应通知承包人，抄报业主。

FIDIC 1999年第1版第8.4款集中规定了工期索赔事件：

8.4 竣工时间的延长

如果由于下述任何原因致使承包商对第10.1款[对工程和区段的接收]中的竣工在一定程度上遭到或将要遭到延误，承包商可依据第20.1款[承包商的索赔]要求延长竣工时间：

(a)一项变更(除非已根据第13.3款[变更程序]商定对竣工时间做出调整)或其他合同中包括的任何一项工程数量上的实质性变化；

(b)导致承包商根据本合同条件的某条款有权获得延长工期的延误原因；

(c)异常不利的气候条件；

(d)由于传染病或其他政府行为导致人员或货物的可获得的不可预见的短缺；

(e)由雇主、雇主人员或现场中雇主的其他承包商直接造成的或认为属于其责任的任何延误、干扰或阻碍。

如果承包商认为他有权获得竣工时间的延长，承包商应按第20.1款[承包商的索赔]的规定，向工程师发出通知。应当依据第20.1款确定每一延长时间时，工程师应复查以前的决定并可增加(但不应减少)整个延期时间。

(二)工程索赔程序

我们来看合同文本中的约定。

1999版《建设工程施工合同(示范文本)》既单独约定了工期索赔程序(第13.2条),又共同约定了工期与费用索赔程序(第36条)。

13.2　承包人在13.1款情况发生后14天内,就延误的工期以书面形式向工程师提出报告。工程师在收到报告后14天内予以确认,逾期不予确认也不提出修改意见,视为同意顺延工期。

36.1　当一方向另一方提出索赔时,要有正当索赔理由,且有索赔事件发生时的有效证据。

36.2　发包人未能按合同约定履行自己的各项义务或发生错误以及应由发包人承担责任的其他情况,造成工期延误和(或)承包人不能及时得到合同价款及承包人的其他经济损失,承包人可按下列程序以书面形式向发包人索赔:

(1)索赔事件发生后28天内,向工程师发出索赔意向通知;

(2)发出索赔意向通知后28天内,向工程师提出延长工期和(或)补偿经济损失的索赔报告及有关资料;

(3)工程师在收到承包人送交的索赔报告和有关资料后,于28天内给予答复,或要求承包人进一步补充索赔理由和证据;

(4)工程师在收到承包人送交的索赔报告和有关资料后28天内未予答复或未对承包人作进一步要求,视为该项索赔已经认可;

(5)当该索赔事件持续进行时,承包人应当阶段性向工程师发出索赔意向,在索赔事件终了后28天内,向工程师送交索赔的有关资料和最终索赔报告。索赔答复程序与(3)、(4)规定相同。

36.3　承包人未能按合同约定履行自己的各项义务或发生错误,给发包人造成经济损失,发包人可按36.2款确定的时限向承包人提出索赔。

2017版《建设工程施工合同(示范文本)》统一约定了工期与费用索赔的程序:

19.1　承包人的索赔

根据合同约定,承包人认为有权得到追加付款和(或)延长工期的,应按以下程序向发包人提出索赔:

(1)承包人应在知道或应当知道索赔事件发生后28天内,向监理人递交索赔意向通知书,并说明发生索赔事件的事由;承包人未在前述28天内发出索赔意向通知书的，丧失要求追加付款和(或)延长工期的权利。

(2)承包人应在发出索赔意向通知书后28天内，向监理人正式递交索赔报告；索赔报告应详细说明索赔理由以及要求追加的付款金额和(或)延长的工期，并附必要的记录和证明材料。

(3)索赔事件具有持续影响的，承包人应按合理时间间隔继续递交延续索赔通知，说明持续影响的实际情况和记录，列出累计的追加付款金额和(或)工期延长天数。

(4)在索赔事件影响结束后28天内，承包人应向监理人递交最终索赔报告，说明最终要求索赔的追加付款金额和(或)延长的工期，并附必要的记录和证明材料。

19.3 发包人的索赔

根据合同约定，发包人认为有权得到赔付金额和(或)延长缺陷责任期的，监理人应向承包人发出通知并附有详细的证明。

发包人应在知道或应当知道索赔事件发生后28天内通过监理人向承包人提出索赔意向通知书，发包人未在前述28天内发出索赔意向通知书的，丧失要求赔付金额和(或)延长缺陷责任期的权利。发包人应在发出索赔意向通知书后28天内，通过监理人向承包人正式递交索赔报告。

19.5 提出索赔的期限

(1)承包人按第14.2款〔竣工结算审核〕约定接收竣工付款证书后，应被视为已无权再提出在工程接收证书颁发前所发生的任何索赔。

(2)承包人按第14.4款〔最终结清〕提交的最终结清申请单中，只限于提出工程接收证书颁发后发生的索赔。提出索赔的期限自接受最终结清证书时终止。

由以上约定可见，1999版《建设工程施工合同(示范文本)》对工期索赔约定了两种程序，这是一个缺陷，这个缺陷导致施工单位无法把握到底按照哪一个程序进行工期索赔。而2017版《建设工程施工合同(示范文本)》只约定了一种索赔程序，且适用于工期索赔及费用索赔，解决了1999版《建设工程施工合同(示范文本)》的这一缺陷。

FIDIC 1988年第4版中既有工期索赔的程序(第44条)又有费用索赔的程序(第53条)。

44.2 承包商应提供的通知书和详细申述

44.3 临时的延期决定

53.1　索赔的通知：尽管本合同有任何其他规定，如果承包商根据本条件的任何条款或其他有关规定企图索取任何追加付款的话……

53.2　同期记录

53.3　索赔的证明

53.4　未能遵守

53.5　索赔的支付

这个合同文本中没有出现《示范文本》中同时约定两种工期索赔程序的情况，是一个比较好的文本。

FIDIC 1999 年第 1 版中工期索赔与费用索赔程序统一，仅有一个程序（第 20 条）。

20.1　如果承包商认为，根据本合同任何条款或与合同有关的其他文件，他有权得到竣工时间的任何延长或任何工程款项，他应该通知工程师，说明引起索赔的事件和情况，该通知应尽快发出，并应不迟于承包商开始注意到或者应当开始注意到这种事件或情况后 28 天。

如果承包商未能在 28 天内发出索赔通知，竣工时间将不被延长，承包商将无权得到附加款项。并且雇主将被解除有关索赔的一切责任。否则本款以下规定应适用。

承包商还应提交一切与此类事件或情况有关的任何其他通知（如果合同要求）以及索赔的详细证明报告。

承包商应在现场或工程师可接受的另一地点保持用以证明任何索赔可能需要的同期记录。工程师在收到根据本款发出的上述通知后，在不必事先承认雇主责任的情况下，监督此类记录的进行，并（或）可指示承包商保持进一步的同期记录。承包商应允许工程师审查所有此类记录，并应向工程师提供复印件（如果工程师指示的话）。

在承包商开始注意到或应该开始注意到，引起索赔的事件或情况之日起 42 天内或在承包商可能建议且由工程师批准的此类其他时间内，承包商应向工程师提交一份足够详细的索赔，包括一份完整的证明报告，详细说明索赔的依据以及索赔的工期和（或）索赔的金额。

如果引起索赔的事件或情况具有连续影响：

（a）该全面详细的索赔应被认为是临时的；

（b）承包商应该按月提交进一步的临时索赔，说明累计索赔工期和（或）索赔款项以及工程师可能合理要求的此类进一步的详细报告；

(c)在索赔事件所产生的影响结束后的28天内(或在承包商可能建议且由工程师批准的此类其他时间内),承包商应提交一份最终索赔报告。

在收到索赔报告或该索赔的任何进一步的详细证明报告后42天内(或在工程师可能建议且由承包商批准的此类其他时间内),工程师应表示批准或不批准,不批准时要给予详细的评价。他可能会要求任何必要的进一步的详细报告,但他应在这段时间内就索赔的原则作出反应。

每一份支付证明应将根据相关合同条款应支付并已被合理证实的此类索赔金额纳入其中。如果承包商提供的详细报告不足以证明全部的索赔,则承包商仅有权得到已被证明的那部分索赔。

工程师应根据第3.5款[决定],表示同意或作出决定:

i. 根据第8.4款[竣工时间的延长]规定延长竣工时间(在其终止时间之前或之后)(如果有的话),以及(或者)

ii. 根据合同承包商有权获得的附加款项(如果有的话)。

除本款的规定外,还有其他条款适用于索赔。如果承包商未能遵循本款或其他有关索赔的条款的规定,则在决定竣工时间的延长和(或)额外款项时,要考虑这种未遵循(如果有的话)已妨碍或影响索赔调查的程度,除非根据本款第二段该索赔已被排除。

(三)归纳工程索赔程序

我们前面讲到,关于索赔事件和索赔程序,合同中均有明确的约定。作为施工单位,进行索赔,就要知道合同里关于索赔的条款在哪里,而且要知道是怎么约定的,然后从这些约定中归纳出平时索赔到底是按照什么样的程序来执行。这是对施工单位进行国际工程索赔的基本要求。我们以FIDIC 1999年第1版为例来进行分析,看看如何来归纳工程索赔的程序。

FIDIC 1999年第1版第20条第1款(1):如果承包商认为,根据本合同任何条款或与合同有关的其他文件,他有权得到竣工时间的任何延长或任何工程款项,他应该通知工程师,说明引起索赔的事件和情况,该通知应尽快发出,并应不迟于承包商开始注意到或者应当开始注意到这种事件或情况后28天。

从这一段内容中,我们可以分析归纳出索赔的第一、二个程序:第一,发现索赔事件的出现;第二,索赔事件发生后28天内承包商向工程师发出索赔通知。

第20条第1款(2)：承包商应在现场或者工程师可接受的另一地点保持用以证明任何索赔可能需要的同期记录，工程师在收到根据本款发出的上述通知以后，在不必事先承认雇主责任的情况下监督此类记录的进行并可指示承包商保持进一步的同期记录，承包商应允许工程师审查所有此类记录并向工程师提供复印件，如果工程师指示的话。

从这一段内容中，我们可以分析归纳出第三个程序：承包商要保持同期记录并且接受工程师的审查，工程师要求提供复印件的，承包商应该提供。

第20条第1款(3)：在承包商开始注意到或者应当注意到引起索赔的事件或情况之日起42天内或在承包商可能建议由工程师批准的此类其他时间内，承包商应向工程师递交一份足够详细的索赔，包括一份完整的证明报告、详细索赔的依据以及索赔的工期和索赔的金额。如果事件没有连续性，则在索赔事件出现后42天内或者在承包商建议工程师批准的期限内，向工程师提供一份足够详细的索赔。如果引起索赔的事件或情况具有连续影响，A该全面详细的索赔被认为是临时的；B承包商应按月提供进一步的临时索赔，说明累计索赔工期或索赔款项以及工程师可能合理要求的此类工程进一步详细报告；C在索赔事件所产生的影响接受后的28天内或在承包商可能建议由工程师批准的此类其他时间内，承包商应提交一份最终索赔报告。

从这一段内容里，我们可以归纳出第四个程序：如果索赔事件具有连续性，则承包商应在索赔事件出现后42天内向工程师提供临时的详细索赔，再按月提供进一步的临时索赔，在索赔事件结束后的28天内向工程师提交最终索赔报告。

第20条第1款(4)：雇主在收到索赔报告或该索赔的进一步详细的证明报告后42天内或者工程师建议由承包商批准的其他时间内，工程师应表示批准或不批准，不批准时要给予详细的评价，他可能会要求任何进一步的详细报告，但他应在这段时间内就索赔的原则作出反应。

从这一段内容中，我们可以归纳出第五个程序：在收到索赔报告或该索赔的进一步详细的证明报告后42天内或者工程师建议由承包商批准的其他时间内，工程师应作出批准与否的决定。

第20条第1款(5)：每一份支付证明应将根据相关合同条款应支付并已被合理证实的此类索赔金额纳入其中。如果承包商提供的详细报告不足以证明全部的索赔，则承包商仅有权得到已被证实的那部分索赔。

从这一段内容中，可以归纳出工程索赔的第六个程序：工程师将已被合理证实的索赔纳入每一份支付证明中,也就是说,把索赔纳入月进度款中予以支付。

根据以上分析说明,我们要善于从合同约定的索赔条款中归纳出工程索赔的正常程序。归纳了以后,碰到索赔,就按照这个程序严格执行。这是施工单位进行国际工程索赔的一个基本要求。

(四)不遵循索赔程序的后果

不遵循索赔程序要承担哪几种后果呢?我们分几种文本来看:

我们先来看1999版《建设工程施工合同(示范文本)》的规定。

13.2　工程师在收到报告后14天内予以确认,逾期不予确认也不提出修改意见,视为同意顺延工期。

36.2(4)　工程师在收到承包人送交的索赔报告和有关资料后28天内未予答复或未对承包人作进一步要求,视为该项索赔已经认可。

从上述两项约定来看,工程师在收到报告后14天内不确认就视为确认顺延工期,工程师在28天内不答复索赔报告就视为确认索赔,这样的程序仅约束建设单位而没有约束施工单位,显然对建设单位不利,对施工单位有利。

我们继续看2017版《建设工程施工合同(示范文本)》的规定。

19.1(1)　承包人应在知道或应当知道索赔事件发生后28天内,向监理人递交索赔意向通知书,并说明发生索赔事件的事由;承包人未在前述28天内发出索赔意向通知书的,丧失要求追加付款和(或)延长工期的权利。

19.2(2)　发包人应在监理人收到索赔报告或有关索赔的进一步证明材料后的28天内,由监理人向承包人出具经发包人签认的索赔处理结果。发包人逾期答复的,则视为认可承包人的索赔要求。

由此可见,根据2017版《建设工程施工合同(示范文本)》,承包人未在28天内发出索赔意向通知书的,则丧失追加付款或延长工期的权利。发包人在收到索赔报告或有关索赔的证明材料后,28天内未答复就视为认可承包人的索赔要求。这样的程序既约束建设单位,又约束施工单位,较为公平合理。

我们继续看FIDIC 1988年第4版的规定。

未能遵守53.4如果承包商在寻求任何索赔时未能遵守本条款的各项规定,他有权得到的有关付款将不超过工程师或根据第67.3款指定的任何仲裁人或几位仲裁人通过同期记录核实估价的索赔总额。

该约定仅约束施工单位而未约束建设单位,显然对施工单位不利,对建设单位有利。但该规定体现了法律的要求:"谁主张,谁举证",应该说比较公平。也就是说,施工单位有证据证明索赔的金额,工程师就予以支持,如果施工单位不能证明索赔金额而且没有遵循程序提出索赔,这样的情况下对索赔就不予支持。

我们再来看 FIDIC 1999 年第 1 版第 20 条的规定。

第 20 条规定:

(1)未在索赔事件出现后的 28 天内发出索赔通知的后果:

竣工时间将不被延长,承包商将无权得到附加款项。并且雇主将被解除有关索赔的一切责任。

(2)未能遵守索赔条款的规定,应承担的后果:

在决定竣工时间的延长和(或)额外款项时,要考虑这种未遵循(如果有的话)已妨碍或影响索赔调查的程度。

实际上,第(1)项未发出索赔通知的后果,为放弃权利后果,对施工单位极为不利,第(2)项后果为举证不能及不足的后果。这个条款仅约束施工单位而不约束建设单位,显然对施工单位不利,对建设单位有利。但该约定也体现了法律的要求:"谁主张,谁举证",还是相对公平合理的。

以上是四个文本里面针对不遵循索赔程序所约定的后果。

《原施工合同司法解释二》第 6 条第 2 款(《新施工合同司法解释一》第 10 条第 2 款)也规定了施工单位不遵循索赔程序的后果:"当事人约定承包人未在约定期限内提出工期顺延申请视为工期不顺延的,按照约定处理,但发包人在约定期限后同意工期顺延或者承包人提出合理抗辩的除外。"该条款包含两部分内容:

第一,当事人之间有明确的"逾期失权"约定的,应按照该约定处理。结合前述施工单位的索赔能力来看,此规定对施工单位极为不利。进一步思考,如果没有视为同意或者视为放弃等类似约定,一方因为对方没有作为是否可以认为视为同意或视为放弃呢?显然是不可以的。原因就在于不作为默示承认必须有法律的规定或者双方的约定,否则,就不能适用不作为默示规则。

第二,即使施工单位未在约定期限内提出工期顺延申请,在两种情形下也可以要求工期顺延:一是建设单位同意工期顺延;二是施工单位能够提出合理抗辩。对于第一种情形,施工单位证明建设单位有同意工期顺延的意思表示或行为即可,理由在于,建设单位同意工期顺延的,应视为建设单位与施工单位变更了施工合同原来的约定，不再坚持约定的索赔程序。[1] 对于第二种情形，施工单位不仅要证明其未在约定期限内申请工期顺延有合理的理由，还要提供相应的证据证明工期应予以顺延。

值得一提的是，《原施工合同司法解释二》第6条第2款（《新施工合同司法解释一》第10条第2款）只是针对施工单位工期索赔的规定，那么费用索赔能否参照适用该规定？我认为可以参照适用。费用索赔与工期索赔均是施工单位对因建设单位原因导致的损失，要求建设单位进行补偿的主张，且两种索赔适用的期限、程序相同，若施工单位能够在特定情形下突破合同约定，实现工期索赔目的，则相应地，即使施工单位未在合同期限内申请费用索赔，在建设单位同意或施工单位提出合理抗辩的情况下，也可以允许突破合同约定，对施工单位的主张予以支持。并且，在工期顺延的情况下，往往会同时引起施工单位的停窝工等费用损失，若仅对工期予以顺延，不支持费用索赔，则容易导致施工单位与建设单位之间的利益失衡。

我们下面来看一个案例。

【案例2】索赔纠纷案

某大厦安装工程项目采用GF-1999-0201《建设工程施工合同（示范文本）》进行签约，合同价款1934万元，开工、竣工日期分别为2003年9月1日、2004年5月31日。2004年12月6日，施工单位向房产公司发出第050号工作联系单，载明："关于确认045号、046号、047号、048号工作联系单一事，我司于2004年10月11日及10月30日拟就的要求贵司赔偿相关损失的第045号、046号、047号、048号工作联系单，贵司已确认于2004年11月4日收到，而至今已有1个多月贵司未给予我司回复。鉴于以上情况，根据合同通用条款第36.2.4款的约定，我司认为第045号、046号、047号、048号工作联系单之要求贵司已经认可，我司将在本月的请款报告中增加此款项。"其中，合同通用条款第36.2.4款约定：工程师在收到承包人送交的索赔报告和有关资料后28天内未予答复或未对承包人作进一步要求，视为该项索赔已经认可。2004年10月30日，施工单位向房产公司发出的第048号工作联系单，载明："关于赔付材料设备违约金一事，本工程因原定工期较紧，材料设备较多，为保证工程进度，我司组织了相应的力量进行材料、设备的采购，订立了严格的工程合同来满足工程的需要，

---

① 参见最高人民法院民事审判第一庭：《最高人民法院建设工程施工合同司法解释（二）理解与适用》，人民法院出版社2019年版，第144页。

而后因工程款一直不能到位,致使许多材料、设备不能按时支付款项给供应商,还有一部分材料、设备因无法付款而不能进场,我司因此而赔付违约金至本月月底为108.92万元,以后为每天1.541万元,详见附表,此费用应由贵公司来承担。请于7日内答复确认,逾期无任何回复视为确认。"此外,2004年11月11日,房产公司向施工单位发出的《关于045—048号工作联系单的复函》,载明:"贵司于2004年10月11日及10月30日拟就的045—048号工作联系单,我司于2004年11月4日收到,对贵司所提的问题我司十分重视,计划组织专人对贵司所提出的问题进行研究和核算,借此也请贵司安排人员予以配合,在我司完成核算后请贵司一起协商解决。鉴于双方长期友好的合作基础,希望贵司顾及工程全局,同舟共济,继续将工程推向前进,按合同内容继续加紧实施。"2005年6月,施工单位认为建设单位拖欠工程款、索赔款,而建设单位认为并不拖欠,双方委托审价单位进行进度款审价,施工单位采取了停工措施,原计划准备2004年12月底交房,早已超过;何时能够交房,难以确定,部分业主已经向法院起诉,要求建设单位承担逾期交房的违约责任(每天万分之四),项目烂尾至今。

这是一起典型的施工单位主张不遵循索赔程序建设单位应当承担不利法律后果的纠纷案件。我们来分析一下,像这样一个索赔纠纷,是不是可以适用不作为默示认可规则。

我们可以作出对施工单位有利的分析。根据合同第36.2.4款之不作为默示认可约定,房产公司在收到施工单位第045—048号工作联系单后,28天内未给予是否认可的答复也未对承包人作进一步要求,应该认为已经确认了施工单位的第045—048号工作联系单所有的索赔。

当然,作出对房产公司有利的分析,也是有理由的。理由之一是,施工单位并未按通用条款第36条的约定,向房产公司提出索赔,故不适用该条规定。具体表现:首先,施工单位并未提供索赔事件发生时的有效证据。因为根据第36.1款的规定,当一方向另一方提出索赔时,要有正当的索赔理由及索赔事件发生时的有效证据,而施工单位未提供以上证据。其次,施工单位并未按第36.2款规定的程序向房产公司索赔。如未在28天内向工程师发出索赔意向通知;没有提出索赔报告,工作联系单并非索赔报告。所以,施工单位实际并没有按第36.2款规定的程序向房产公司索赔,故不适用第36.2.4款的规定。理由之二是,退一万步讲,假使"工作联系单"具有"索赔报告"的性质,也因房产公司于2004年11月11日(在28天内)复函给了施工单位,而不承担不作为默示认可的法律后果。

这个工程最后是烂尾了。前面说到，施工单位认为建设单位拖欠工程款（包括前述工作联系单中所述视为认可的索赔款），建设单位认为不拖欠，索赔款不应视为认可。后来委托审价，在委托审价的过程中施工单位停工，停工之后就再也没有施工下去，形成烂尾。分析烂尾形成的原因，我认为有以下几点：第一，双方没有按照合同约定履行义务。施工单位没有按照合同约定进行索赔，建设单位也没有按照合同约定的程序予以确认，导致双方产生争议，争议发生后委托审价，施工单位停工，结果形成烂尾。第二，签订合同时没有对不作为默示认可条款作技术处理。不作为默示认可条款，实际上在 1999 版《建设工程施工合同（示范文本）》中有很多，而且 13 条中有 12 条是约束建设单位的。在本案中，显然专用条款中未对通用条款的关于索赔约定作相应的处理，而作为房产公司在履行合同的过程中，工程管理人员也没有予以足够的重视，而是按照常规管理，结果导致了这样的一个争议，导致了烂尾。

【案例 2】给我们的启发就是，如果采用国内《建设工程施工合同（示范文本）》，施工方与建设单位均需要关注其中的不作为默示承认条款的约定，如果不采用该等条款，则应在专用条款中作出删除或修改的处理，否则将产生不可预期的后果。

（五）工程索赔的依据

工程索赔主要有哪些依据呢？首先，是合同中的有关条款。其次，参照合同的其他约定，即合同里面没有明确的条款，但是有些条款里面隐含了相应的约定，也可以作为索赔的依据。最后，法律规定，如预期可得利益相关规定。原《合同法》第 113 条（现《民法典》第 584 条）规定："当事人一方不履行合同义务或者履行合同义务不符合约定，给对方造成损失的，损失赔偿额应当相当于因违约造成的损失，包括合同履行后可以获得的利益……"这也是索赔的依据，一方面实际损失可以要求索赔，另一方面预期可得利益损失也可以索赔。

七、索赔与证据的关系

（一）索赔的过程就是证据的形成过程

前面我讲到，索赔要有索赔通知、索赔报告，然后工程师确认。实际上，这个过程都会留下证据材料，索赔通知、索赔报告、工程师的确认，这些都是证据材料，所以说索赔的过程就是证据形成的过程。

(二)严格按照索赔的程序制作、收集证据

既然索赔的过程实际上就是证据的形成过程,那么施工单位就应按照这个过程,收集证据、制作证据。

1. 制作的索赔证据的种类及注意事项

我们仍然以FIDIC 1999年第1版为例,分析我们要制作、收集的证据材料。

(1)索赔通知

FIDIC 1999年第1版20.1第1、2段:如果承包商根据本合同条件的任何条款或参照合同的其他规定,认为他有权获得任何竣工时间的延长和(或)任何附加款项,他应通知工程师,说明引起索赔的事件或情况。该通知应尽快发出,并应不迟于承包商开始注意到或应该开始注意到,这种事件或情况之后28天。如果承包商未能在28天内发出索赔通知,竣工时间将不被延长,承包商将无权得到附加款项。并且雇主将被解除有关索赔的一切责任。否则本款以下规定应适用。

通过对以上条款内容的分析,我们应该知道要制作的证据之一就是索赔通知。制作索赔通知要注意哪些内容呢?需要注意以下事项:(1)发出通知的时间为承包商开始注意到或者应当开始注意到索赔事件或情况之后28天内;否则,即使发出了索赔通知,根据约定索赔也不能成功。(2)发出通知的对象是工程师。(3)通知内容包括索赔的依据。(4)通知内容应当提及引起索赔的事件或情况。(5)通知的签发由承包商代表进行签字,必要时使用公章。其他制作的证据也同样要注意这些事项。

(2)合同要求的其他通知

FIDIC 1999年第1版20.1第3段:承包商还应提交一切与此类事件或情况有关的任何其他通知(如果合同要求)以及索赔的详细证明报告。

从这一段内容,我们可以总结出另一个需要制作的证据:合同要求的其他通知。要注意的事项是:需要结合具体的约定,确定通知时间、对象、应载明的内容。

(3)承包商的同期记录

FIDIC 1999年第1版20.1第4段:承包商应在现场或工程师可接受的另一地点保持用以证明任何索赔可能需要的同期记录。工程师在收到根据本款发出的上述通知后,在不必事先承认雇主责任的情况下,监督此类记录的进行,并(或)可指示承包商保持进一步的同期记录。承包商应允许工程师审查所有

此类记录,并应向工程师提供复印件(如果工程师指示)。

从这一段内容中,我们可以总结出需要制作的第三个证据材料:承包商的同期记录。需要注意的事项:(1)该记录由承包商保持,并由管理人员签字;(2)该记录允许并接受工程师监督、审查;(3)工程师要求提供复印件时应该向工程师提供复印件并保持签收记录。同期记录诉讼时是否可以作为证据使用?我们认为是可以的。当然也有两种不同的意见,一种意见:没有工程师签字,系承包商单方行为不能作为认定事实的证据;另一种意见:工程师如果没有要求提供复印件,则同期记录可以作为认定事实的证据,除非有相反证据予以推翻。工程师如果要求提供复印件,承包商没有提交或者没有提交的签收记录,则同期记录不能作为认定事实的依据。比如,工程师要求提供复印件并有书面的文件发给承包商,承包商没有提供或者提供了没有让工程师签收,这样的情况下同期记录不能作为认定事实的依据,因为不符合合同的约定。

笔者代理过一个在高级人民法院审理的案子,一份证据是沉降监测数据。合同约定承包商需要对周边建筑物进行监测,但未约定需要提供给工程师,而工程师可以检查。现工程师没有检查记录,而笔者代理的承包商能够提供原始的监测数据记录,法院认可该证据为书面证据,可以作为认定事实的依据,认定的事实就是:第一,承包商进行过监测;第二,监测数据真实。因为这是按照合同约定来做的,在履约过程中,工程师没有要求检查,也没有要求提供复印件,只有按照合同约定做的这样一个监测数据,当然可以作为证据认可。

(4)索赔报告或者临时索赔报告、最终索赔报告(包括证明报告)

FIDIC 1999 年第 1 版 20.1 第 5 段:在承包商开始注意到或应该开始注意到引起索赔的事件或情况之日起 42 天内或在承包商可能建议且由工程师批准的此类其他时间内,承包商应向工程师提交一份足够详细的索赔,包括一份完整的证明报告,详细说明索赔的依据以及索赔的工期和(或)索赔的金额。

从这一段内容中,我们可以总结出需要制作的第四个证据材料:索赔报告或者临时索赔报告、最终索赔报告(包括证明报告)。制作该证据需要注意的事项:(1)索赔报告提交时间是承包商觉察或者应该觉察的引起索赔事件或情况 42 天内或工程师认可的其他期限;(2)索赔报告提交对象是工程师;(3)索赔报告的内容包括索赔的依据、索赔事件或情况引起延误或造成损失之事实、要求延长的时间和(或)追加付款金额、计算式、同期记录以及其他基础性文件。

此外,如果工程师要求提供其他文件,我们还要制作的一个证据材料就是发给工程师的其他文件。制作这些证据材料需要注意的是,要根据工程师的需要提供,并做好签收记录。

2. 收集索赔证据的种类及要求

我们同样可以从合同的约定得出结论,仍然以 1999 版 FIDIC 进行分析。

(1)收集索赔证据的种类

20.1 第 1 段:如果承包商根据本合同条件的任何条款或参照合同的其他规定,认为他有权获得任何竣工时间的延长和(或)任何附加款项,他应通知工程师,说明引起索赔的事件或情况。该通知应尽快发出,并应不迟于承包商开始注意到,或应该开始注意到,这种事件或情况之后 28 天。

根据这一段内容,我们可以总结出需要收集的第一类证据材料就是索赔事件的基础文件。比如加速施工索赔,通常工程师会发出指令,该指令即索赔事件的基础文件。再如停电通知,该通知也为索赔事件的基础文件。

20.1 第 6 段:在收到索赔报告或该索赔的任何进一步的详细证明报告后 42 天内,或在工程师可能建议且由承包商批准的此类其他时间内,工程师应表示批准或不批准,不批准时要给予详细的评价。他可能会要求任何必要的进一步的详细报告,但他应在这段时间内就索赔的原则作出反应。

从这个约定里,我们可以总结出需要收集的第二类证据材料就是工程师批准与否的确定通知。这里需要注意的事项:(1)工程师做出的确定有两种,一种为双方协商的一致意见,另一种为不能协商一致的意见;(2)确定通知通常附有详细依据;(3)确定有异议,可以通过争端解决程序解决,即确定并非是最终意见,可以被推翻。

我们要收集的证据材料还有工程师发出的文件。另外,根据 20.1 最后一段也可以总结出,月支付证明也是我们需要收集的证据材料。

(2)收集索赔证据的要求

收集的时候到底有哪些要求呢?首先,收集的证据必须是原件。没有原件时,需要在复印件上加盖发文单位的公章或者重新取得签字。其次,收集的证据必须有签章。最后,签发人员及单位必须有权签发,如合同约定签发人员和单位授权的签发人员。如无权签发,则需补齐手续或者通过会议纪要的方式加以固定,单方面声明对对方没有约束力。

八、施工单位如何进行索赔

1. 掌握索赔的一般途径。施工单位在面对国际工程承包商或者国际工程业主的时候,需要掌握的索赔的一般途径:索赔条款查找—索赔程序的归纳—索赔证据的制作与收集—请求协商确认。

2. 落实专门的部门、专门的人员进行索赔管理。索赔并不是一个简单的工作,不是办理一个签证,而是需要根据合同找出前面所讲到的索赔的一般途径,并严格按此途径来进行,那就需要专门的部门、专门的人员。

3. 对于初次承包国际工程的承包商或者项目经理部可以聘请专业律师提供索赔管理服务,一方面通过专业律师参与索赔,真正做好索赔;另一方面通过专业律师参与索赔,在实践中培养既懂工程又懂法律的索赔人员。

九、建设单位如何进行反索赔及索赔审查

我们先来看看反索赔的种类。

第一种是工期违约金索赔。也就是说,施工单位逾期竣工了,建设单位要求施工单位承担逾期竣工违约金,这个索赔就叫工期违约金索赔。

第二种是质量违约金索赔及其他质量索赔。工程质量有缺陷,建设单位要求施工单位修复或者承担修复费用,或者工程质量没有达到相关的质量标准要求施工单位承担相应违约金,这个就是质量违约金索赔或其他质量索赔。

第三种是对外承担损害赔偿责任后的追偿权索赔。比如,工程建设造成周边建筑物损害,周边建筑物的所有权人向建设单位要求赔偿,建设单位对外承担赔偿以后,建设单位可以根据施工合同的约定,对由于施工单位引起的损害赔偿行使追偿权。

建设单位进行反索赔应该注意哪些事项呢?

首先,发生工期违约、质量违约等反索赔事件后,建设单位应当在合同约定的期限内向施工单位提出索赔意向,否则,可能将被视为放弃索赔权利。其次,我们要注意反索赔的诉讼时效问题。反索赔也是一种请求,根据请求权的诉讼时效为 3 年的规定,建设单位对于工期违约金、质量违约金、对外承担损害赔偿责任后的追偿权索赔的诉讼时效是 3 年。作为建设单位,必须在 3 年内提出以上请求或者采用其他方法中断诉讼时效,否则,将导致丧失胜诉权。最后,反索赔的证据需要具有相对性。

除反索赔外,建设单位对施工单位提出的索赔,也应按照合同约定以及举证要求严格进行审核。主要从以下几个方面进行审核:第一,索赔事件是否发生的证据;第二,索赔是否符合索赔程序的约定;第三,索赔事件是否属于可以

增加费用或者顺延工期的情况;第四,增加多少费用、顺延多少工期是否有证据证明;第五,计算是否正确等。

以上是建设单位从工程的角度进行反索赔的一般种类、注意事项以及针对施工单位的索赔审核要点归纳。

下面介绍一个案例。

【案例3】因境外开发商5年未主张反索赔且反索赔证据没有相对性导致反索赔未成功纠纷案

本案中,笔者作为境内施工单位的代理人,提供了非诉讼法律服务。

某境内承包商中标承建位于市中心地段某国际工程项目的地下连续墙及打桩工程。双方签约文本采用FIDIC示范文本,约定:工程价款暂定为500万美元;工期为255日历天,每延误一天境内承包商需赔偿境外业主6400美元;某工料测量师事务所(以下简称测量师)充当FIDIC示范文本中的工程师的角色,进行有关估价工作。

工程竣工后,境内承包商于1995年8月4日向测量师提交了工程决算书,测量师审核后出具了决算书(草稿),在境内承包商提出异议后,又于1996年2月2日出具了决算书(草稿之修改稿)。

在此期间,某境外总包中标继续承建该大厦工程的主体工程。在基坑开挖过程中,该境外总包发现地下连续墙遗漏了两幅槽段浇捣混凝土。境内承包商接到业主通知后,立即采取了补救措施,从而避免了因遗漏槽段而可能造成的周边建筑物及管线损坏的特大安全事故。因该质量事故,境外总包向业主提出要求补偿包括停工损失费、赶工费、加固措施费、增加检测费等十多项巨额索赔。

此后,测量师于1997年10月6日向境内承包商发出要求确认地下连续墙与打桩工程决算的函。在该函中测量师认为,业主尚欠境内承包商67万美元工程款,除此之外,尚有境内承包商提出的决算未完事项计23万美元有待测量师确认。同时,业主反索赔135万美元(主要为因两幅槽段遗漏境外总包向业主提出的索赔)成立。因此,除23万美元有待确认外,境内承包商尚应支付业主68万美元。

多年来,基于工料测量师的上述估算结果,境内承包商一直不敢大胆地向境外开发商主张拖欠的工程款,只是每隔一段时间发一份催款函以中断诉讼时效。2001年年初,境内承包商内部清理债权债务时,决定聘请建筑工程专业律师就本案提供法律意见。

笔者方接收委托后,首先查阅了大量的结算资料、工程竣工资料,深入研究了反索赔的依据,并对反索赔项目金额进行了审核估算。此后,笔者方给境内承包商出具了详细的法律意见书,要点:由于业主在最近2年内没有向境内承包商主张过反索赔的权利(当时法律规定的诉讼时效为2年),已经丧失胜诉权;反索赔的证据材料是境外总包方向业主提供的,没有相对性,不能作为认定境内承包商与业主之间桩基和连续墙工程合同的索赔证据使用;业主主张的反索赔不符合违约损害赔偿构成要件;反索赔本身存在严重的高估冒算。因此,境内承包商可以大胆地向业主主张支付拖欠工程款的权利。

收到该法律意见书后,境内承包商决定采取非诉讼方式解决拖欠工程款及反索赔纠纷。经过笔者方与业主多轮多层次的谈判,最终双方达成和解协议,以业主支付境内承包商300万元人民币了结此案。

本案最终能够达成和解的最根本的原因有两个:第一,反索赔的诉讼时效已过;第二,反索赔的证据缺乏相对性。业主将其与主体结构承包商之间合同形成的证据材料使用到桩基和连续墙承包商和业主的合同里缺乏相对性,不能作为桩基和连续墙承包合同反索赔的证据材料。在这样的情况下,谈判才得以进行,建设单位的反索赔才基本没有得到承认。

反索赔还有一个注意事项,就是要防止履行合同过程中放弃工期违约金反索赔的行为发生。比如在会议纪要中约定同意竣工日期调整为某某日,这时候,建设单位再主张施工单位逾期竣工的话,施工单位就会拿出这个会议纪要,主张建设单位已经同意调整竣工日期。在这种情况下,如果施工单位在调整后的竣工日期前完工,建设单位可能就难以追究施工单位的逾期竣工责任。因此,如果在调整竣工日期时,建设单位仍想保留追究逾期竣工责任的权利,则建议在会议纪要中写明相关内容。

此外,在履行合同过程中,要善于发现反索赔的机会并进行反索赔。

最后还要注意,如果合同约定了反索赔的程序,还需要遵循反索赔程序。否则,如果合同中约定了未按照程序提出反索赔视为放弃反索赔的话,建设单位的反索赔请求也得不到支持。

以上是本讲的全部内容,供大家参考。

>新编

第一讲 《原施工合同司法解释二》的理解与适用暨影响和要求*

大家好，今天我主要围绕最高人民法院于2018年12月29日公布、2019年2月1日生效的《最高人民法院关于审理建设工程施工合同纠纷案件适用法律问题的解释（二）》（以下简称《原施工合同司法解释二》）。

我主要分六个部分给大家作一个介绍：

1.《原施工合同司法解释二》概况及适用性。

2. 工程价款相关规定。

3. 工程价款优先权相关规定。

4. 关于工期方面的规定及影响和要求。

5. 关于无效合同及无效合同损害赔偿的规定及影响和要求。

6. 关于工程鉴定的规定及影响。

大家都知道，工程纠纷实际上主要有三大类：第一类是工程价款纠纷，第二类是工期和工期违约金纠纷，第三类是工程质量以及相应的损害赔偿纠纷。我今天要讲的六个部分的内容，第二部分至第六部分与这三类纠纷有什么样的关系呢？

第二部分工程价款方面的规定，《原施工合同司法解释二》中的这些规定主

---

* 本讲内容系根据2019年3月28日作者为上海市施工行业协会开展培训讲座以及2019年5月12日作者在上海仲裁委员会组织的培训讲座录音整理而成。本章节主要针对《原施工合同司法解释二》对于司法实践产生较大影响的问题进行阐述分析，对于涉及工程价款、工期、优先受偿权方面的问题在本书其他章节中有更加系统、详细的论述，如读者对某一方面的问题有兴趣进行更加深入、全面地学习，或有所疑惑，可参阅本书中相应章节内容。需要特别说明的是，2021年1月1日《民法典》生效，最高人民法院配套出台《新施工合同司法解释一》，该司法解释吸收、修改了《原施工合同司法解释二》的条款内容。为方便读者理解，上述两个司法解释之间的条文变动情况，将通过脚注方式予以说明，正文部分也相应增加了作者对最新条款的分析。

要是解决中标合同与非中标合同应以哪个作为结算依据的问题，当然也涉及有关工期方面、质量方面权利义务确定依据等内容。第三部分工程价款优先权的规定，这个当然跟工程价款纠纷有关。第四部分工期方面的规定，这与工期的违约赔偿责任或者损害赔偿责任有关。第五部分无效合同以及无效合同损害赔偿的规定，其影响比较大，实际上涉及的是工期纠纷案件。合同有效可以主张工期延误违约金，但原来在合同无效的情况下，一般认为无法主张工期延误违约金，但《原施工合同司法解释二》中无效合同损害赔偿的规定，为合同无效时工期延误导致的损失赔偿提供了法律依据，对发包人在合同无效的情况下，主张工期延误的损害赔偿有重大影响，当然，对施工单位、承包人来讲，影响也很大，原来不需要承担违约责任，现在即使合同无效，工期延误仍然要承担责任。第六部分工程鉴定的规定，实际上跟工程造价、工期纠纷以及质量纠纷都是相关的，所以鉴定的内容适用于这三类纠纷，当然，《原施工合同司法解释二》中更多的是关于工程造价方面的鉴定规定。

以上简要概述了我要讲的六个部分的内容，下面来给大家做一个详细的讲解。

一、《原施工合同司法解释二》概况及适用性

（一）制定过程

《原施工合同司法解释二》制定时间相当长，经过了 6 年的时间。从 2012 年开始起草，2013 年发布征求意见稿，但当时制订的内容与司法实践差异还比较大，起草了一段时间就搁置了。直到 2017 年又重新起草，并于 2018 年年底出台，2019 年 2 月 1 日起正式施行。《原司法解释二理解与适用》一书反映了制定《原施工合同司法解释二》过程中曾先后出现过八个稿件，也就是说征求意见有八次修改稿，参与人数很多，条款质量也很高。

（二）整体评价

1. 条款贴合实践情况，质量颇高

相比两次网上的征求意见稿，正式稿条款的质量相对较高。为什么第一次征求意见稿反响很大？因为第一稿与司法实践完全两样，挂靠也好，转包也好，征求意见稿里面写的是有效。当然，从法理的角度而言，认可挂靠、转包合同的效力问题不大，但是从行政强制管理角度而言，不应当认可挂靠、转包合同的效

力。第二次的稿件,其中影响最大的是施工合同有效才可以行使优先受偿权,但实践中存在大量黑白合同的情形,这些情形下有多少合同有效?实际上大部分都是无效的。因此,如果按照第二次稿件的规定,在实践中一半以上工程的优先受偿权都没有了,这对承包人非常不利,也有悖于优先受偿权的设立初衷。《原施工合同司法解释二》正式稿未将合同有效作为主张优先受偿权的前提条件,所以我认为《原施工合同司法解释二》正式稿的质量还是很高的。

2. 有些条款涉及的问题并不常见,适用情形很少,意义不大;而有些常见的问题却并未涉及

一方面,某些条款规定的问题在实践中并不常见,适用情形很少,或者即使不进行规定,实践中也是这么做,《原施工合同司法解释二》对这些问题作出规定意义不大。例如,第9条(《新施工合同司法解释一》第23条)规定不需要招投标的建设工程进行招投标后,要以中标合同作为结算依据。该条款在实践中能够适用的情形很少,因为非必须招标项目自主招投标时,往往也都不会严格遵循招标投标法的规定,存在很多中标无效的情形,从而导致中标合同本身也无效,如果中标合同无效,就不适用这一条款了。又如,第20条(《新施工合同司法解释一》第39条)规定未竣工的建设工程质量合格的,承包人也有优先受偿权,此前司法实践针对该问题也一直都是这么处理的,没有必要再特别作出明文规定。

另一方面,对有些实践中常见的问题并没有作出规定。例如,低价中标以后,合同到底有效还是无效?再如,人工成本或材料价格异常上涨,客观条件发生重大变化,到底能不能适用情势变更原则进行调整?《原施工合同司法解释一》和《原施工合同司法解释二》都没有给出答案,但这类问题或争议在实践中经常发生,亟待解决。那么,在目前尚无明确规定的情况下,对于这类问题该如何解决,我认为有以下方案:

(1)查找各地高级人民法院规定。除了上海,大部分的地方高级人民法院对建设工程案件都有专门的意见或解答,而且比较具体。所以如果《原施工合同司法解释一》和《原施工合同司法解释二》都没有规定,可以查找当地高级人民法院或其他高级人民法院的规定。比如,江苏省高级人民法院在建设工程的司法实践领域走在前面,有很多规定可以参考,例如,此前我代理过的一个案件,该案中施工合同无效,但当事人在竣工的时候签订了补充协议,该补充协议是否有效,这一点很重要。原因在于,该案涉及担保,如果施工合同无效,作为从合同的担保合同也就无效,担保权利就无法实现,但是,如果双方就工程款结

算及担保责任的承担又签订了补充协议，则担保的主合同变更为补充协议，此时如果补充协议有效，那么担保合同也就有效。根据最高人民法院的案例，就剩余工程款支付及担保责任等事项处理达成的协议，其效力独立于承包合同，是有效的，江苏省高级人民法院也有过类似案例。我们当时就引用了最高人民法院的案例，最后江苏省高级人民法院采纳了我们的观点，认定补充协议和担保合同都有效，并将该观点吸收并写到解答中了。因此，对于最高人民法院没有规定的一些问题，可以查找各地高级人民法院的相关规定。

（2）查阅《原司法解释二理解与适用》。该书由最高人民法院民事审判第一庭编著，在司法实践中有一定的权威性。司法解释中未明确的很多问题都可以从该书中找到思路或依据，比如低于成本价、降低质量标准、压缩工期的合同效力，《原施工合同司法解释一》和《原施工合同司法解释二》都没有规定，但该书的观点是这些合同均无效。不过，由于这本书由不同法官撰写，引用条款、依据可能不一样，对于某些问题的观点存在前后矛盾，但这些观点仍然具有较强的参考性。其中如果有观点对自己有利，可以提交给审判法院参阅，可能会有一定的指引作用。

（3）参考系列解读与探索类文章。《原施工合同司法解释二》出台后很多业内知名或权威的律师、学者都进行了解读及研究，针对其中没有规定的问题阐明观点，这些可以作为参考。我们律所也作了相关的解读研究，并形成了系列解读文章，大家可以关注并讨论。

3. 有些适用法律问题之解释扩大了法官的自由裁量权

案子到了法院到底怎么裁判？原来法律没有相应规定，不确定性很大。但因为大部分地方高级人民法院都有相应的意见或解答，所以法院实际上享有的自由裁量权并不大。但现在《原施工合同司法解释二》出台了，其中有些条款赋予了法院较大的自由裁量权，对案件当事人来讲，不可预见性就很大。因此，怎么应对法院的自由裁量权变得更加重要，这个我将在后面进行进一步的讲解。

（三）条款分类

《原施工合同司法解释二》总共分为九个部分：

第一部分　关于合同或者条款效力以及无效合同损害赔偿的规定【第 1～4

条】。[1] 这部分最重要的就是无效合同损害赔偿的规定。

第二部分　关于开工日期及工期顺延的规定【第5~6条】。[2]

第三部分　关于反诉以及抗辩的规定【第7条】。[3] 这部分不是很重要，因为司法实践本来就是这样的做法。

第四部分　关于质量保证金返还的规定【第8条】。[4] 这部分内容也可以不规定，因为当事人之间通常对此有约定，即使未约定司法实践也有比较明确的做法。

第五部分　关于结算等依据的规定【第9~11条】。[5]

第六部分　关于工程鉴定的规定【第12~16条】。[6]

第七部分　关于优先受偿权的规定【第17~23条】。[7] 这部分规定对承包人来说非常有帮助，优先受偿权不会因为起算点的问题而丧失。

---

① 《原施工合同司法解释二》第1、2、3、4条分别对应《新施工合同司法解释一》第2、3、6、7条，条文内容均无变化。

② 《原施工合同司法解释二》第5、6条分别对应《新施工合同司法解释一》第8、10条，条文内容均无变化。

③ 《原施工合同司法解释二》第7条对应《新施工合同司法解释一》第16条，条文内容无变化。

④ 《原施工合同司法解释二》第8条对应《新施工合同司法解释一》第17条，新条文删除了原条文第3款中"自承包人提交工程竣工验收报告九十日后起当事人约定的工程质量保证金返还期限届满"中的"起"字，其余内容均无变化。

⑤ 《原施工合同司法解释二》第9、10、11条分别对应《新施工合同司法解释一》第23、22、24条。新《施工合同司法解释》第24条第1款将《原施工合同司法解释二》第11条第1款中的"结算建设工程价款的"修改为"关于工程价款的约定折价补偿承包人的"。《新施工合同司法解释一》第24条第2款将《原施工合同司法解释二》第11条第2款中的"结算建设工程价款的"修改为"关于工程价款的约定折价补偿承包人的"。其余各条文内容均无变化。

⑥ 《原施工合同司法解释二》第12、13、14、15、16条分别对应《新施工合同司法解释一》第29、30、32、33、34条，条文内容均无变化。

⑦ 《原施工合同司法解释二》第17、18、19、20、21、22、23条分别对应《新施工合同司法解释一》第35、37、38、39、40、41、42条，条文内容均无变化。《新施工合同司法解释一》第29条将《原施工合同司法解释二》第17条中的"根据合同法第二百八十六条"修改为"依据民法典第八百零七条"。《新施工合同司法解释一》第29条将《原施工合同司法解释二》第18条修改了装饰装修工程承包人实现优先受偿权的前提条件，删除了原条文"但装饰装修工程的发包人不是该建筑物的所有权人的除外"，在新条文的起始处增加了"装饰装修工程具备折价或者拍卖条件"。《新施工合同司法解释一》第41条修改了优先受偿权的行使期限，将《原施工合同司法解释二》第22条中的"承包人行使建设工程价款优先受偿权的期限为六个月"修改为"承包人应当在合理期限内行使建设工程价款优先受偿权，但最长不得超过十八个月"。其余各条文内容均无变化。

第八部分　关于实际施工人的补充规定【第24~25条】。①

第九部分　关于施行时间等规定【第26条】。②

(四)条款之最

1. 对当前裁判思路影响最大但比较公平、合理的条款:第6条(《新施工合同司法解释一》第10条)关于工期顺延的规定。我认为《原施工合同司法解释二》影响最大的条款就是这一条,因为在此前的工期纠纷诉讼中,发包人一般很难追究到施工单位的逾期竣工违约责任,原因在于,法院通常的裁判思路:承包人只要能举证证明发包人的一些行为会导致工期延误,法院一般都不会判决承包人承担逾期竣工违约责任。当然,实践中也有另外一种裁判思路:承包人须证明因发包人延误的天数刚好与实际延误天数相同,否则承包人要承担责任。现今《原施工合同司法解释二》对工期顺延作出了规定,法院裁判思路也要相应发生变化:法院要审查申请工期顺延的文件是否在合同约定的期限内提交以及顺延事由是否符合合同约定,如否,法院可能认定承包人要承担逾期竣工违约责任。所以,我认为这个条款影响是最大的。

2. 赋予裁判者较大自由裁量权的条款:第3条(《新施工合同司法解释一》第6条)关于无效合同损害赔偿的规定。根据该条规定,合同无效时可以参照无效合同约定的逾期竣工违约金来追究责任。为什么从该条能看出来扩大了裁判者的自由裁量权?我们后面再一起交流。

3. 最影响承包人实体权利的条款:第22条(《新施工合同司法解释一》第41条)关于优先权起算点的规定。最高人民法院《关于建设工程价款优先受偿权问题的批复》(法释〔2002〕16号)第4条规定“建设工程承包人行使优先权的期限为六个月,自建设工程竣工之日或者建设工程合同约定的竣工之日起计算”。(已失效)然而,在实践中,竣工后至结算完成花费的时间通常超过6个月,承包人结算后再主张优先受偿权,往往时效已过。而《原施工合同司法解释二》第22条规定优先受偿权期限“自发包人应当给付建设工程价款之日起算”,

---

① 《原施工合同司法解释二》第24条对应《新施工合同司法解释一》第43条第2款,条文内容无变化。《原施工合同司法解释二》第25条对应《新施工合同司法解释一》第44条,原条文中“根据合同法第73条”修改为“依据民法典第535条”,将“对其造成损害为由”修改为“或者与该债权有关的从权利,影响其到期债权实现”。

② 《原施工合同司法解释二》第26条对应《新施工合同司法解释一》第45条,新条文内容修改为“本解释自2021年1月1日起施行”。

根据该规定,承包人主张优先受偿权基本上都不会超过时效,所以这条新的规定对承包人来讲是重大的利好。但该条款对何为"应当给付建设工程价款之日"没有明确规定,这使优先受偿权的起算点还存在一些不确定性。

4. 从文义角度而言最无意义的条款:第 19 条(《新施工合同司法解释一》第 38 条)质量合格承包人享有优先权的规定。从字面上理解,该条款规定了建设工程质量合格承包人才享有优先受偿权。这样的规定并没有多大意义,因为在我们以往处理的工程案件中,基本上没有出现过因为认定质量不合格的情况。无论是正常的验收通过,还是修复后验收通过,或者是发包人擅自使用建设工程的,都属于工程质量合格的情况。所以,将工程质量合格作为享有优先受偿权的要件意义不是很大,因为基本上不会出现工程质量不合格的情况。但这只是基于该条款字面意思的理解,真实意思是什么呢?我认为该条款实际上是规定,无论合同有效还是无效,只要工程质量合格,承包人就享有建设工程价款优先受偿权,也就是说合同是否有效并不影响优先受偿权的行使。

(五)条款适用及适用频率

关于《原施工合同司法解释二》条款的适用性,一般而言,每起工程纠纷案件或多或少都涉及《原施工合同司法解释二》条款的适用,其中适用频率较高的三类条款:合同效力问题相关条款、中标合同与非中标合同相关条款、优先受偿权相关条款。

例如,某施工合同纠纷案件,存在三份施工合同,合同价款分别为 1.5 亿元、3 亿元、6 亿元,除了价款不同外,付款方式及期限也不同。其中 3 亿元、6 亿元合同均涉及履行行为,1.5 亿元的合同没有证据证明有过履约行为。针对本案,一审法院认定价款为 6 亿元的合同约定的履约保证金实为融资性质,进而认定合同价款为 3 亿元的合同作为确定双方权利义务关系的依据,合同价款为 3 亿元的合同才是双方真实意思表示。我对法院的认定表示认同,但是如果该案适用《原施工合同司法解释二》的相关规定,那就很难判断了。因为《原施工合同司法解释二》第 11 条第 1 款(《新施工合同司法解释一》第 24 条第 1 款)规定,在数份合同都无效的情况下,参照实际履行的合同结算价款。但本案中有两个合同都实际履行,根据《原施工合同司法解释二》第 11 条第 2 款(《新施工合同司法解释一》第 24 条第 2 款),实际履行的合同难以确定的,以签约在后的合同为准。按照这个规定,本案应当参照合同价款为 6 亿元的合同结算价款,这个结果对承包人更有利。本案除涉及三份合同如何适用的问题,还涉及发包人的反诉与工期顺延如何认定等问题，这些在《原施工合同司法解释二》中都有相应的规定。

又如，低于成本价的合同如何处理？我们代理过一个案子：承包人低于成本价中标，中标合同金额为 5 亿元，工程施工已基本完成，但因综合单价过低，导致项目亏损约 9000 万元。本案主要涉及三个问题：(1)低于成本价的中标合同是否有效？《原司法解释二理解与适用》中认为无效，江苏省高级人民法院也认为无效。(2)合同无效如何结算？《原施工合同司法解释一》第 2 条[①]规定施工合同无效可以参照合同约定支付工程价款，江苏省高级人民法院更是明确规定“经过招标投标订立的建设工程施工合同，工程虽经验收合格，但因合同约定的工程价款低于成本价而导致合同无效，发包人要求参照合同约定的价款结算的，人民法院应予支持”。(3)合同履行过程中因环保政策变化，材料价格大幅上涨，是否可以调价？一方面，本案合同约定了因为政策变化导致市场价格波动时可以调价；另一方面，本案也可以适用情势变更原则，虽然《原施工合同司法解释二》未对情势变更原则的适用作出明确规定，但其第 9 条实际上隐含了情势变更原则的适用情形，可以参照适用，此外，山东省高级人民法院也有相关的规定，我们后面进行详细讲解。该案例中三个问题中就有两个问题的判断涉及《原施工合同司法解释二》的适用，由此可见其条款的适用性是比较强的。

以上是我对《原施工合同司法解释二》条文概况及适用性问题的总结。

二、工程价款相关规定

当前建设工程施工合同纠纷频繁爆发，这些纠纷有一个共同的特点与难点：到底应当以哪份合同作为结算的依据？这个问题处理起来并非像《原施工合同司法解释二》规定的这么简单，实际上相当困难。

（一）相关规定及其理解与适用

1. 必须招标项目结算依据确定以及合同实质性内容相关条文：《原施工合同司法解释二》第 1 条（《新施工合同司法解释一》第 2 条）。

---

① 该条规定已经被《民法典》第 793 条第 1 款吸收，故未被纳入《新施工合同司法解释一》。《原施工合同司法解释一》第 2 条规定：“建设工程施工合同无效，但建设工程经竣工验收合格，承包人请求参照合同约定支付工程价款的，应予支持。”《民法典》第 793 条第 1 款规定：“建设工程施工合同无效，但是建设工程经验收合格的，可以参照合同关于工程价款的约定折价补偿承包人。”

第1条　招标人和中标人另行签订的建设工程施工合同约定的工程范围、建设工期、工程质量、工程价款等实质性内容，与中标合同不一致，一方当事人请求按照中标合同确定权利义务的，人民法院应予支持。

招标人和中标人在中标合同之外就明显高于市场价格购买承建房产、无偿建设住房配套设施、让利、向建设单位捐赠财物等另行签订合同，变相降低工程价款，一方当事人以该合同背离中标合同实质性内容为由请求确认无效的，人民法院应予支持。

◎ 关联条款

《原施工合同司法解释一》第21条①当事人就同一建设工程另行订立的建设工程施工合同与经过备案的中标合同实质性内容不一致的，应当以备案的中标合同作为结算工程价款的根据。

◎ 条文理解

(1)第1款规定。

①就施工合同实质性内容进行了界定。根据《原施工合同司法解释一》第21条规定，另行签订的合同与备案的中标合同实质性内容不一致的，应当以中标合同作为结算依据。但是哪些属于实质性内容《原施工合同司法解释一》没有明确，而该条款将实质性内容明确界定为："工程范围、建设工期、工程质量、工程价款等。"虽然以"等"字结尾，但根据一般的理解，"等"字并无实际含义，故可以将实质性内容理解为仅包括列举的四个方面，其他合同条款如争议解决条款、付款条款均不属于实质性内容。

②扩大了按照中标合同确定权利义务的范围。招标人与投标人另行签订的合同与中标合同实质性内容不一致时，《原施工合同司法解释一》第21条仅规定将中标合同作为结算价款的根据，而该条款扩大了中标合同的适用范围，即除了工程价款之外，工程范围、建设工期、工程质量等实质性内容也应按照中

① 《原施工合同司法解释一》第21条未被纳入《新施工合同司法解释一》，《新施工合同司法解释一》对相关问题进行了更为详尽的规定："招标人和中标人另行签订的建设工程施工合同约定的工程范围、建设工期、工程质量、工程价款等实质性内容，与中标合同不一致，一方当事人请求按照中标合同确定权利义务的，人民法院应予支持。招标人和中标人在中标合同之外就明显高于市场价格购买承建房产、无偿建设住房配套设施、让利、向建设单位捐赠财物等另行签订合同，变相降低工程价款，一方当事人以该合同背离中标合同实质性内容为由请求确认无效的，人民法院应予支持。"

标合同确定权利义务。

③仅规定“按照中标合同确定权利义务关系”，没有提及合同备案，原因在于当前取消合同备案制度的政策趋势。2018年5月14日发布的国务院办公厅《关于开展工程建设项目审批制度改革试点的通知》（国办发〔2018〕33号）在“精简审批环节”中有关“精减审批事项和条件”中明确规定在试点地区“取消施工合同备案、建筑节能设计审查备案等事项”。2018年9月28日公布的住房城乡建设部《关于修改〈房屋建筑和市政基础设施工程施工招标投标管理办法〉的决定》第5条规定：“删去第四十七条第一款中‘订立书面合同7日内，中标人应当将合同送工程所在地的县级以上地方人民政府建设行政主管部门备案’。”然而，实践中很多地方合同备案制度并没有真的取消，实际上仍然存在。另外，领取施工许可证必须提供合同，这实际上也是变相形式的合同备案。

（2）第2款规定。

该条款规定了变相降低工程价款的法律行为无效，列举了四种常见的表现形式：①明显高于市场价格购买承建房产；②无偿建设住房配套设施；③让利；④向建设单位捐赠财物。实际上这个条款适用的情形很少。

◎ 适用与思考

（1）该条款并未明确适用于必须招标或是非必须招标项目，是否两者均适用？

从该条款的文义来看，该条款也应当适用于非必须招标项目。然而，《原司法解释二理解与适用》载明：“本条司法解释在《建设工程司法解释（一）》第21条的基础上进一步扩大了适用‘白合同’处理当事人争议范围”，[①]而《原施工合同司法解释一》第21条适用于必须招标项目。此外，从法条适用逻辑分析，《原施工合同司法解释二》第9条仅规定非必须招标项目的“结算”应以中标合同作为依据，与本条所规定的中标合同适用范围并不一致，如认为本条也适用于非必须招标项目，则《原施工合同司法解释二》第1条（《新施工合同司法解释一》第2条）与第9条（《新施工合同司法解释一》第23条）的适用将产生冲突。综上，可以理解该条款仅适用于必须招标项目。当然，对于该问题实践中也有不同的观点。

（2）适用的前提条件为中标合同有效。

若中标合同无效，对于必须招标项目而言，非中标合同因未经过招投标而

① 最高人民法院民事审判第一庭：《最高人民法院建设工程施工合同司法解释（二）理解与适用》，人民法院出版社2019年版，第52页。

无效,此时属于多份合同均无效的情形,则工程价款如何确定适用《原施工合同司法解释二》第 11 条(《新施工合同司法解释一》第 24 条)关于多份建设工程施工合同无效的结算依据之规定。对于非必须招标项目而言,法律并未明确规定非中标合同是否有效,如认定为有效,则应以非中标合同作为结算依据,如认定为无效,则属于多份合同无效之情形,适用《原施工合同司法解释二》第 11 条(《新施工合同司法解释一》第 24 条)之规定。总之,无论是否必须招标项目,在中标合同无效的情况下,不能简单地以中标合同作为结算依据,须根据当事人的真实意思、实际履行情况等因素判断适用哪一份合同结算工程价款,该条款都没有适用余地。

◎ 案例分析

下文分析一个我们代理的真实案例,涉及必须招标的项目出现两份中标合同时,应该以哪一份合同作为确定权利义务的依据,是否适用《原施工合同司法解释二》第 1 条第 1 款规定(《新施工合同司法解释一》第 2 条第 2 款)的问题。

【案例 1】必须招标项目两份中标合同,以哪一份作为依据?(代理承包人)

▶基本案情

一个必须招标的项目,发包人与承包人签订了两份合同。第一份是发包人自行招标签订的合同,签订在前;第二份是在政府行政部门监督下招标签订并备案的合同,签订在后。两份合同均有部分内容实际履行:工程款支付、下浮率根据第一份合同履行;第二份合同用于办理施工许可证,支付担保、开工报告均依据第二份履行。[为什么要讲本案的履行情况?因为《原施工合同司法解释二》第 11 条(《新施工合同司法解释一》第 24 条)规定数份施工合同均无效的,参照实际履行的合同结算价款]

在发包人起诉的配合竣工验收、提交施工资料案件中,法院已经作出生效判决,肯定了第二份合同的效力,并要求按照第二份合同确定配合竣工验收、提交施工资料范围。在承包人起诉的 8000 余万元工程款纠纷案件中,发包人主张按照第一份合同确定价款(有下浮),承包人主张按照第二份合同确定价款(无下浮)。

▶相关争议焦点

按哪份合同确定权利义务关系?

▶条文适用分析

(1)是否可以适用该条款?

不适用。《原施工合同司法解释二》第 1 条第 1 款(《新施工合同司法解释一》第2条第1款)适用于仅有一份中标合同的情形,而本案存在两份中标合同。一个是自行招标的,另一个是政府部门监督下的招标,因此无法适用该条款。

(2)两份合同效力如何?应以哪份合同作为确定权利义务的依据?

第一份合同无效:第一份合同虽然经过招标签订,但其招标评标程序是由发包人自主进行的,并未有法律对该种情形下中标合同是否有效作出规定。我们认为,第一份合同应当被认定为无效,理由:本案属于必须招标的项目,而根据目前必须招标项目范围相关规定,涉及国家利益或公共利益的项目才会被认定为属于必须招标的项目。因此,为保证这些项目的招标程序公平、公正、公开,《招标投标法》规定其招投标程序必须在相应的行政监督下进行。而如果发包人未经行政机关的监督自行招标,其程序的公平性、公正性以及公开性就不一定能得到保障,中标结果也可能受到不利影响,甚至损害国家或公共利益。在此情况下,认可中标合同的效力并不利于相关法益的保护。并且,根据《招标投标法实施条例》第46、70条规定,对于依法必须进行招标的项目,评标委员会的专家要从评标专家库里随机抽取,违法确定或者更换的评标委员会成员作出的评审结论无效。而自行招标、评标时,评标委员会专家均由招标人自主确定的,甚至是公司内部的人员,明显违反上述规定,其评审结论应当无效,从而当然地影响中标结果,导致中标无效,须重新招标。当然,这是我们的观点,实践中还存在其他观点。

第二份合同有效:因为第二份合同是在政府监督下进行招投标,然后签订合同并备案,招投标及合同签订程序都符合法律规定;并且,法院生效判决已经确认了第二份合同的效力,且认定竣工验收等工作均以第二份合同为依据。当然,第二份合同效力问题可能存在争议,因为在招标签订第二份合同前,发包人已先行通过自行招标确定中标单位,可能会涉及"先定后招""虚假招投标"等问题。然而,并不能直接以招标前已经经过一次招标或签订过合同就直接将此后的招标一律认定为"虚假招投标"而否定中标合同的效力,中标合同是否无效取决于招投标过程是否存在导致中标无效的情形。[①]

综上,我们认为第一份合同无效,第二份合同有效,应当以第二份合同作为确定权利义务关系的依据。

① 参见最高人民法院民事审判第一庭:《最高人民法院建设工程施工合同司法解释(二)理解与适用》,人民法院出版社2019年版,第55页。

2. 非必须招标项目以中标合同作为结算依据的规定:第 9 条(《新施工合同司法解释一》第 23 条)。

> 第 9 条　发包人将依法不属于必须招标的建设工程进行招标后,与承包人另行订立的建设工程施工合同背离中标合同的实质性内容,当事人请求以中标合同作为结算建设工程价款依据的,人民法院应予支持,但发包人与承包人因客观情况发生了在招标投标时难以预见的变化而另行订立建设工程施工合同的除外。

◎ **条文理解**

非强制招标项目以中标合同作为结算依据,但客观情况发生难以预见的变化除外。

◎ **适用与思考**

(1)若中标合同无效,是否适用本条规定?

对于一些不属于必须招标范围的建设工程,发包人仍自行招标,这种情况实际上很多。民营企业、上市公司以及中国香港在内地投资的企业在发包工程时普遍都会采取招标形式,但是,招投标过程中会存在较多问题,不符合《招标投标法》相关规范,很可能导致中标合同无效。例如,中国香港的项目投资人在内地招投标,实际上是先邀请招标,然后进行实质性谈判,谁的价格最合理,谁中标。再如,我们遇到过很多大型的上市公司,招投标要经过两三轮报价后再确定中标人,这种情形和实质性谈判有一定相似性,我个人认为本质上也属于实质性谈判。对于招投标过程中的实质性谈判行为,《招标投标法》是明确禁止的。《招标投标法》第 43 条规定:"在确定中标人之前,投标人不得与投标人就投标价格、投标方案等实质性内容进行谈判。"第 55 条规定,进行实质性谈判而且影响中标结果的,中标无效。一般而言,一旦进行实质性谈判,实际上就一定会影响中标结果,但因为客观上无法达到"一定影响"的证明标准,故只要证明"可能影响",一般就可以适用第 55 条规定认定中标无效。

中标合同无效是否适用本条规定?我认为不适用。在中标合同无效的情形下,无论非中标合同是否有效,都不适用本条规定。对于非必须招标项目而言,法律并未明确规定非中标合同是否有效,如认为非中标合同并未违反法律行政法规强制性规定而有效,此时应按照有效的非中标合同结算。例如认为另行签订合同因违反了《招标投标法》第 46 条规定而无效,或者认定非中标合同构成双方通谋行为而无效，又或者以其他理由认定非中标合同无效，则此时应当按照《原施工合同司法解释二》第 11 条（《新施工合同司法解释一》第 24 条）关于多份合同均无效的规定，按照实际履行的合同或签订在后的合同进行结算。虽然实践中实际履行的合同往往系中标合同，但以中标合同为结算依据并非适用该条款的结果，而是适用《原施工合同司法解释二》第 11 条（《新施工合同司法解释一》第 24 条）的结果。

（2）如何理解“客观情况发生了招标投标时难以预见的变化而另行订立的合同作为结算的依据”？客观情况发生变化一般指哪些？

“另行订立的合同作为结算依据”，需要满足两个条件，第一，是客观情况发生了难以预见的变化，而并非一般商业风险；第二，客观情况与招标投标时相比较，发生变化。

该规定实际上是情势变更在建设工程施工合同中的具体运用。《原司法解释二理解与适用》对此进行了阐明：“如果价格变化超出了正常情况下当事人能够承受的幅度，发生了重大变化，继续履行合同会导致当事人等价关系发生动摇，出于公平原则，应当允许当事人在此种情况下另行订立合同对合同相关条款进行变更。”[①]从该阐述可以看出，该规定实际上是基于情势变更原则而承认双方当事人变更合同条款的行为效力。

客观情况发生难以预见的变化一般指：（1）招标投标后建设工程的主要原材料、工程设备价格变化超出了正常的市场价格涨跌幅度（超过±5%）；（2）招标投标后人工单价发生重大变化；（3）建设工程的规划、设计发生重大变化。[②]但要注意的是，第 3 种情形不属于情势变更，而是合同的内容发生了重大变化。比如原来建造办公楼，现在改为建造住宅，虽然经过招投标签订了合同，但实际上是不适用的。所以在这样的情况下，各方进行协商并签订新的合同，可以作为结算依据。

（3）“难以预见的客观情况下另行签订的合同作为结算依据”之除外情形，是否也适用必须招标的项目？理由是什么？

我们认为，除外情形也适用于必须招标的项目。理由：一方面，如前所述，该除外情形是情势变更原则的体现，因此，即使《原施工合同司法解释二》没有

---

① 最高人民法院民事审判第一庭：《最高人民法院建设工程施工合同司法解释（二）理解与适用》，人民法院出版社 2019 年版，第 216 页。

② 参见最高人民法院民事审判第一庭：《最高人民法院建设工程施工合同司法解释（二）理解与适用》，人民法院出版社 2019 年版，第 215～217 页。

对必须招标项目作出同样的例外规定，但如果发生了该等例外情形，双方据此另行订立了合同或补充协议等，也应当依据原《合同法》关于情势变更的规定，将另行订立的协议作为结算依据。另一方面，《原司法解释二理解与适用》中也载明“本条司法解释的内容可以认为是对《原施工合同司法解释一》第 21 条规定的延伸、细化和补充”。[①] 既然系延伸、补充，则也适用于必须招标的项目。

(4)若双方没有另行签订建设工程施工合同，是否可以适用该条款规定呢？

近两年实践中经常出现因环保等政策变化，导致混凝土、钢筋等材料价格上涨幅度较大的情况，合同中对此往往没有相应的价款调整约定，并且大部分情况下发包人与承包人很难就价格变更达成一致意见签订补充协议，并可能由此产生纠纷，诉诸法院或仲裁机构。此时，诉讼或仲裁中承包人提出因材料价格上涨或人工价格上涨要调整价款，是否能适用该条规定？是否应当予以支持？司法实践中对此有不同观点。我们倾向于认为可以依据《民法典》中关于情势变更的规定，并参照适用该规定，予以支持。

◎ 案例分析

下文列举一个案例，案涉项目是一个非必须招标项目，涉及的问题较为复杂。

【案例 2】某解除施工合同纠纷案(代理承包人)

▶基本案情

某非必须招标建设工程项目，双方同一天签订的两份施工合同，一份合同为发包人自行招标但经过多次报价而签订，中标合同价格为 3.68 亿元(注：最低价中标)，这份合同对承包人而言是亏本的。另一份合同为备案合同，合同价为 4.43 亿元，与中标合同价格相差 7500 万元。

经查明，案涉工程未取得建设工程规划许可证。施工前期，发生节点工期延误。发包人依据自行招标签订的合同以节点工期延误为由，通知承包人解除合同，承包人以发包人未取得施工许可证、发包人自行发包桩基验收不合格进而影响合同履行为由，通知发包人解除合同。双方均单方通知对方解除合同，认为对方违约。

随后，发包人起诉主张工期延误违约金、工期延误导致的租金损失、退场违约金等共计 1.4 亿余元。承包人起诉主张工程款及停窝工等损失共计 1 亿余

① 最高人民法院民事审判第一庭：《最高人民法院建设工程施工合同司法解释(二)理解与适用》，人民法院出版社 2019 年版，第 217 页。

元。大家不要认为法院不太可能支持发包人主张的1.4亿余元,实际上可能性还是有的。为什么?一是工期违约金能算出来,二是工期延误导致的租金损失可以进行评估(曾经有个案子评估的租金损失1亿元,当然法院后来支持了2000万,施工单位遭受了巨大亏损)。

▶相关争议焦点

应以哪份合同作为结算依据?

▶条文适用分析

本案情形能否适用该条款直接认定以中标合同作为结算依据?对此,前文已阐明该条款的适用前提是中标合同有效,因此首先须分析中标合同的效力。一方面,由于案涉工程未取得建设工程规划许可证,根据《原施工合同司法解释二》第2条第1款(《新施工合同司法解释一》第3条第1款)规定,中标合同应当被认定为无效。另外,我们认为多次报价的行为相当于进行了实质性谈判,违反了《招标投标法》相关规定,所以中标合同也无效,不能适用该条款。

那么备案合同是否有效?当然,从没有取得工程规划许可证角度而言,备案合同亦是无效。假设本工程已经取得工程规划许可证,此时备案合同是否有效?一种观点认为有效,因为案涉项目本身就不是必须招投标的项目,另行签订的合同(备案合同)没有违反效力性强制性规定,当然有效,应按照有效的备案合同来结算价款,这种结果对承包人有利。也有另一种认为合同无效的观点,即已经有中标合同,虽然中标合同无效,但中标合同实际履行,是双方真实意思表示,而备案合同仅作备案之用,并非双方真实意思,属于通谋虚伪行为,应当认定为无效。此时属于多份合同无效的情形,应根据《原施工合同司法解释二》第11条(《新施工合同司法解释一》第24条)关于多份合同均无效之规定,以实际履行合同,即中标合同作为结算按依据。由此可见,本案纠纷涉及的问题分析判断比较复杂,应当以哪份合同作为依据没有绝对的结论,可以根据不同的立场和案件情况提出相应主张。

3. 多份无效合同结算规定:第11条(《新施工合同司法解释一》第24条)。

> 第11条　当事人就同一建设工程订立的数份建设工程施工合同均无效,但建设工程质量合格,一方当事人请求参照实际履行的合同结算建设工程价款的,人民法院应予支持。
>
> 实际履行的合同难以确定,当事人请求参照最后签订的合同结算建设工程价款的,人民法院应予支持。

◎ 条文理解

(1)数份合同均无效,按实际履行的合同结算工程价款;难以确定的,参照最后签订的合同结算工程价款。

(2)该规定是民法中尊重当事人意思自治原则的体现。

在双方存在多份合同的情形下,如不考虑其他因素,根据民法中尊重当事人意思自治的基本原则,应当以体现双方真实意思表示的合同作为确定双方权利义务的依据。《原施工合同司法解释一》和《原施工合同司法解释二》之所以特别赋予中标合同高于其他合同的效力,限制当事人的意思自治,是因为中标合同经过招投标程序签订,中标人的选择以及合同内容能够体现公平公正原则,最大程度地维护了国家利益、公共利益以及招投标活动当事人权益。而在中标合同无效时,其无效事由必然侵害了上述利益,丧失了赋予其更高效力的意义,此时应当回归适用民法的基本原则,以最能够体现双方真实意思的合同,即实际履行合同作为依据,而不宜再以中标合同作为依据。

◎ 适用与思考

(1)如何界定实际履行的合同?

如我前面所讲的【案例 1】,必须招标的项目招标了两次,两个合同都履行了,怎么来界定哪个是实际履行的合同?对此问题,代表不同的当事人,判断的标准是不同的。但是,如果以客观标准分析,我认为应当以实质性内容相关条款的履行作为判断标准更为准确,即履行了哪份合同中的工程范围、建设工期、工程质量、工程价款相关条款,就以该份合同作为实际履行合同。当然,如果双方对于实际履行合同有明确约定,该约定也可以作为考虑因素。

(2)"实际履行的合同难以确定的,参照最后签订的合同结算工程价款"之规定有待商榷。

其一,根据民事证据规则,在认定事实时应当对相应证据的证明力大小进行判断,再以"高度盖然性"标准来确定某项事实是否存在。据此,在认定实际履行合同时,一般情况下都能根据证据规则得出结论,基本不会出现两组证据证明力相同导致无法判断的情况,故对此进行特别规定并无必要。

其二,该规定不仅难以达到统一裁判标准的目的,反而可能导致法官不当行使"自由裁量权"。对于部分怠于审核认定证据或者存在偏向性的法官而言,可能"轻易地"认定"实际履行的合同难以确定"从而利用该条款直接确定最后签订的合同作为结算依据,以此规避复杂事实的认定或得出偏向一方当事人的结论,不利于司法审判的公平公正。同时,也降低了当事人对于裁判结果的可预期性。

其三,适用该条款得出的结论可能与当事人的真实意思相悖。在实践中存在大量真实意思表示的合同签订在前,虚伪意思表示合同签订在后的情况:大量的非必须招标的项目,招投标以及签订中标合同往往发生在签订备案合同之前,中标合同是真实意思表示,备案合同只是用于备案,是虚伪的意思表示。根据该条款规定,中标合同与备案合同均无效的情况下,如果实际履行的合同难以确定,则应参照签订在后的备案合同结算价款,显然违背了双方当事人的真实意思表示。

例如前述【案例 1】,假设两份合同均无效,体现当事人双方真实意思表示的合同应当是发包人通过自行招标签订的第一份合同,如果根据意思自治原则,应当参照该份合同结算价款。但由于两份合同均履行了部分内容(第二份合同的履行实际是为了配合办理施工相关手续),如果法院认为实际履行的合同难以确定,根据该条款规定应当按照最后签订的合同即第二份合同结算,此时就违背了当事人双方的意思表示。

此外,该条款的适用也存在局限性。在无法判定合同签订时间先后时,该条款无法适用。例如,前述【案例 2】中,因为案涉项目未取得工程规划许可证,两个合同均无效。如果从法律上认可"实际履行的合同难以确定"的状态,由于两个合同在同一天签订,那么"最后签订的合同"也无法认定,该条款也不能适用,此时仍不能确定结算依据。因此,判断实际履行合同在实践中难以避免,该规定并不能达到其逾期的效果。

4. 中标合同与招投标文件不一致的规定:第 10 条(《新施工合同司法解释一》第 22 条)。

> 第 10 条　当事人签订的建设工程施工合同与招标文件、投标文件、中标通知书载明的工程范围、建设工期、工程质量、工程价款不一致,一方当事人请求将招标文件、投标文件、中标通知书作为结算工程价款的依据的,人民法院应予支持。

◎ 条文理解

当事人双方签订合同的实质性内容与招标文件、投标文件、中标通知书不一致的情况下,以招标文件、投标文件、中标通知书作为结算工程价款的依据。例如,招投标文件中载明的是固定总价项目,投标人为了中标把价格报得很低,如果按照固定总价来签合同，则会发生较大亏损，所以签订合同时，中标人与发包人协商（有时是不正当协商），将固定总价改为按实结算或者按固定单价结算的合同。这种情况下，就适用本条规定。

◎ **关联条款**

《招标投标法》第46条第1款规定："招标人和中标人应当自中标通知书发出之日起三十日内，按照招标文件和中标人的投标文件订立书面合同。"

◎ **适用与思考**

投标文件没有实质性响应招标文件或者中标通知书与招标文件、投标文件不一致情况下，以什么作为结算工程价款的依据？

在实践中存在一些投标文件与招标文件不一致的情况，比如招标文件约定总价包干、最低价中标，但投标人在投标文件里把总价包干改为单价包干，然后少算一些工程量，把单价提高以保证总价最低。在这样的情况下，评标委员会本应当认定该投标人没有实质性响应，视为废标，但实践中可能因为评标时间短促、评标委员经验不足或评标内容复杂等原因，大部分情况下评标委员会没有作出废标认定结果，致使该投标人中标。此时，按照这样的投标文件和中标通知书签订的合同是否可以作为结算依据？我认为可以作为结算依据，原因就在于投标文件是要约，中标通知书是承诺，而招标文件只是要约邀请，合同按照投标文件和中标通知书内容签订，所以应当按照合同或者投标文件来确定。

◎ **案例分析**

本条规定适用频率较高，下文分析一个与本条适用相关的案例。

【案例3】某专业PC合同纠纷（代理施工企业）

PC模式是与EPC模式并行的一种合同，包含施工与采购但不包含设计。这里我先穿插一部分内容，即澄清关于EPC模式概念的问题。国内现在推行EPC承发包模式，实际上并非真正的EPC模式。原因在于，国际工程FIDIC条款中EPC模式里的"P"是指设备采购，不是指建造一栋房子的材料采购。例如，在石油领域、冶金领域需要采购相应的专业设备，此时就需要通过设计、施工和采购的一体化来保证工程的建设符合专业性要求，使用EPC模式是符合工程特点的。然而，国内实践中所谓的"EPC"合同大部分都是把其中的"P"理解为采购材料，偏离了其本身的含义。由此产生的问题是导致EPC模式被泛化使用，一些不适合用EPC模式的工程也都使用EPC模式。例如，对于建造普通厂房或者住宅而言，不需要采购专业设备，也没有特定的专业性要求，就不需要签订EPC合同，签订EPC合同反而容易产生价格方面的纠纷。对于此类普通的项目而言,最合适的承发包模式实际是DB模式,即“设计加施工”模式。例如,原来交通部曾就高速公路的建造发布过一个合同范本,这个范本的采用的承发包模式就是DB模式,而非EPC模式,这个模式比较符合公路建造工程特点,国外的高速公路建设项目采用的也大多为这种模式。

▶基本案情

某石油企业与某施工企业就某石化项目签订PC合同,PC合同约定暂列金额中未实际发生的金额的50%作为施工企业的奖励金,但是,招标文件中无此条款。

竣工结算时,工程合同的奖励金共计1亿余元。经该石油企业对工程进行内部审计,认为双方在合同中增加的奖励金条款背离招标文件实质性内容,有违公平公正原则,扰乱了社会经济秩序,故对奖励金全部予以扣减。

▶条文适用分析

上述奖励条款效力判定是否适用本条规定?有争议。

一方面,可以将奖励金的性质理解为类似于违约金,不属于工程价款。既然不属于工程价款的范围,那么增加奖励金条款不构成与招标文件实质性内容不一致,不属于本条规定的情形。

另一方面,从造价角度而言,暂列金额是概算造价里的项目,是概算造价的组成部分,而奖励金的来源属于暂列金额,虽然名义上是“奖励金”,但实质上构成造价的一部分,属于工程价款的范围。所以,从这个角度而言,增加奖励金条款可以认为构成了与招标文件实质性内容不一致,此时根据本条规定应以招标文件作为结算依据,不支持奖励金。

综上所述,本案具有较大争议,根据不同的思路可以得出不同的结论,法官的裁量权很大。

(二)影响及要求

1. 对司法审判思路的影响

《原施工合同司法解释二》结算相关规定对司法审判思路均会产生一定影响,其中影响最大的是第11条第2款“实际履行的合同难以确定,当事人请求参照最后签订的合同结算建设工程价款的,人民法院应予支持”[①]之规定,该规

① 该款内容被《新施工合同司法解释一》第24条第2款修改为“实际履行的合同难以确定,当事人请求参照最后签订的合同关于工程价款的约定折价补偿承包人的,人民法院应予支持”。

定扩大了法官的自由裁量权。在没有该规定之前,一般而言法官都必须对实际履行合同作出判断,只有少数地方法院对于不能确定实际履行合同的情形及处理方式作出了规定,如四川省、河北省高级人民法院等。因而《原施工合同司法解释二》该条款允许法官作出“实际履行的合同难以确定”的认定,据此,法官可以根据实际举证情况直接确定实际履行合同,也可以认定实际履行的合同难以确定,而不是必须对实际履行合同作出认定。因此,该条款赋予了法官更大的自由裁量权。

2. 对承发包人在诉讼中的要求

(1)控制自由裁量权

从发包人、承包人的角度而言,在诉讼程序中如何控制法官的自由裁量权很重要。例如,对于上述第11条第2款(《新施工合同司法解释一》第24条第2款)规定,在诉讼中可以通过积极举证证明实际履行的合同为哪一份合同来控制自由裁量权,避免法官适用该条规定。

(2)面对错综复杂的情形,厘清分析思路,准确适用条文

【案例1】中第一份合同无效,第二份合同有效,本案不适用《原施工合同司法解释二》第1条(《新施工合同司法解释一》第2条)、《原施工合同司法解释一》第21条[①]的规定。

【案例2】中实际上两份合同均无效,应当适用《原施工合同司法解释二》第11条(《新施工合同司法解释一》第24条)的规定。假设取得了规划许可证,中标合同仍然无效,而备案合同是否有效存在争议。

【案例3】中是否适用《原施工合同司法解释二》第10条(《新施工合同司法解释一》第22条)的规定存有争议。

以上所举的几个例子都比较复杂,裁判者享有自由裁量权,那么,到底应该如何分析呢?以下是我总结出来的方法:

①识别是否存在多份合同。在实践中,常发生当事人依据另行签订的合同进行起诉或仲裁,最后裁判者发现还有备案合同。所以我们常对施工企业强调应仔细翻阅相关合同材料,明确是否存在多份合同。

---

① 《原施工合同司法解释一》第21条未被纳入《新施工合同司法解释一》,《新施工合同司法解释一》对相关问题进行了更为详尽的规定:“招标人和中标人另行签订的建设工程施工合同约定的工程范围、建设工期、工程质量、工程价款等实质性内容,与中标合同不一致,一方当事人请求按照中标合同确定权利义务的,人民法院应予支持。招标人和中标人在中标合同之外就明显高于市场价格购买承建房产、无偿建设住房配套设施、让利、向建设单位捐赠财物等另行签订合同,变相降低工程价款,一方当事人以该合同背离中标合同实质性内容为由请求确认无效的,人民法院应予支持。”

②一份合同:可能适用《原施工合同司法解释二》第10条(《新施工合同司法解释一》第22条)。只存在一份合同的情况下,如果当事人签订的合同与招标文件、投标文件、中标通知书载明的工程范围、建设工期、工程质量、工程价款不一致,则适用《原施工合同司法解释二》第10条(《新施工合同司法解释一》第22条)。

③多份合同状况下,首先看《原施工合同司法解释一》或《原施工合同司法解释二》中是否有条款可以适用。

《原施工合同司法解释一》第21条、[①]《原施工合同司法解释二》第1条(《新施工合同司法解释一》第2条)——必须招标且中标合同有效情形下适用。

《原施工合同司法解释二》第9条(《新施工合同司法解释一》第23条)——非必须招标项目招标且有效招标下,可能适用。

《原施工合同司法解释二》第11条(《新施工合同司法解释一》第24条)——多份无效合同下适用。

④当然,还存在一种特例,上述情况都不适用。即在存在多份合同状况下,一份有效,另一份无效或者两份合同均有效,如何选择合同确定结算价款?

一份合同有效,另一份合同无效,从逻辑上讲,当然是依据有效的合同。但以无效的合同作为结算依据也有可能,如实际上无效合同是按照双方真实意思表示,有效的倒不一定是双方真实意思表示。如【案例2】不需要招投标且招投标的行为是无效的,也即中标合同无效,假设取得了建设工程规划许可证,然后又签了备案合同,备案合同有效的情况下,两份合同到底适用哪一个呢?若按有效的合同结算价款,从逻辑上讲得通;参照无效的合同,从真实意思表示上也讲得通,这种情况法律没有规定,这个存在争议。两份合同都有效的情况下,可能是后面的代替前面的,当然还要考虑其他的因素,如有无作为备案之用等,应当综合考虑。此外,补充协议是否具有独立性?这很重要,因为涉及担保效力的问题,合同都无效或一个合同无效的情况下,我们要看补充协议。对此,最高人民法院基本都认定为有效,江苏省高级人民法院也有规定,《原司法解释二理解与适用》中也表达了这一观点,非常重要。

---

① 《原施工合同司法解释一》第21条未被纳入《新施工合同司法解释一》,《新施工合同司法解释一》对相关问题进行了更为详尽的规定:"招标人和中标人另行签订的建设工程施工合同约定的工程范围、建设工期、工程质量、工程价款等实质性内容,与中标合同不一致,一方当事人请求按照中标合同确定权利义务的,人民法院应予支持。招标人和中标人在中标合同之外就明显高于市场价格购买承建房产、无偿建设住房配套设施、让利、向建设单位捐赠财物等另行签订合同,变相降低工程价款,一方当事人以该合同背离中标合同实质性内容为由请求确认无效的,人民法院应予支持。"

3. 对招标投标、合同签订、履约管理、结算等方面提出的要求

(1)变招标投标为比选并写明不适用招标投标法等规定

正规的做法应该是要么严格依据招投标进行,要么依照比选的方法。但是严格按照招投标有时不符合现实需求,有的发包人只认可现有合作施工单位,在这样的情况下应尽量采用比选的方法。但这部分很难改变,如我们接触的案子,一家香港公司原来住宅项目都需要招投标,甚至商业项目涉及所谓的公共利益也要招投标,该公司的招投标都是采用邀请招标的方式。当然,邀请招标也不能进行实质性谈判,但这家香港公司采用邀请招标加实质性谈判的方式,然后再走个程序。所以该公司签订的合同经过了两次招投标:第一次招投标没有遵循招投标法的规定,第二次招投标是在已经定了施工单位的情况下再进行招投标,这是有问题的。但要求该公司改变这种方式,基本是不可能的。曾经有香港的发包人与我讨论了好多次,他们想改变这个模式但是改不了。其实我们国内的企业也差不多,为了管理的需要,有些还是这么做,但是严格来讲,应当将改变这种模式。

(2)加强备案之用约定并妥善保存原件,或者加强适用哪份合同约定并妥善保管原件

如果作为发包人,这一点应当特别注意。当然最好是写明不作为结算的依据,而不要写不作为履行的依据,因为备案合同的许多条款,往往都是作为履行依据的,所以才出现前面提到的,两个合同都履行了。应直接约定不作为结算的依据,此时备案合同即使履行了也不再作为结算依据。

(3)对于有利的合同制作履约事实证据并妥善保存原件

哪个合同对己方有利,就履行哪个合同。这样一来,对实际履行的合同就有证据可以提供。我们常提搜集证据,严格来讲,不叫搜集证据,而是在履约过程中制作证据,是有意识地制作,而不是有意识地搜集。实际上,在起草相关文件的时候就是在制作证据。

(4)在纠纷产生之前完成有利的结算

同时存在中标合同与非中标合同,应当按照中标合同结算,其适用前提除了中标合同有效以外,还有一个条件就是项目没有结算。如果结算已经完成了,就不会再重新进行结算,无所谓结算依据是哪个合同,这也是履约过程中、结算过程中需要做到的。

综上,《原施工合同司法解释二》中关于工程价款方面的规定,对招投标、合同签订、履约管理、结算都提出了相应要求,当事人应当予以重视。

这是关于工程价款方面的规定及裁判的影响。大家回过头来看,案件比较复杂,实际上很难直接找到答案。当然,合同效力的判断是前提,没有合同效力的判断,无法明确适用哪条的规定,在此不再展开论述。

三、工程价款优先权相关规定

(一)相关规定及其理解与适用

第17条(《新施工合同司法解释一》第35条)[①] 与发包人订立建设工程施工合同的承包人,根据合同法第二百八十六条规定请求其承建工程的价款就工程折价或者拍卖的价款优先受偿的,人民法院应予支持。

◎ 条文理解

本条规定了与发包人有合同关系的施工承包人享有建设工程价款优先受偿权,其要点在于"与发包人存在合同关系"的"施工合同的承包人"。

◎ 适用与思考

(1)分包人是否能主张优先受偿权?

分包人是否能主张优先受偿权取决于其与发包人之间有没有合同关系,有合同关系才可能享有优先受偿权。分包常见的签约模式通常为两种:一是总承包人与发包人签订施工总承包合同后,再与分包人签订分包合同;二是发包人、总承包人和分包人三方签订分包合同。第一种模式中分包人与发包人之间没有合同关系,显然不享有优先受偿权。第二种模式中分包人与发包人之间有合同关系,《原司法解释二理解与适用》认为该种情况下分包人具有优先受偿权。[②] 我们认为该观点有待商榷,该种情况下分包人是否享有优先受偿权需要区分不同情形讨论,且司法实践中也存在不确定性。如果三方协议约定由发包人直接付款给分包人,分包人主张优先受偿权被支持可能性更大;如果三方协议中约定由发包人先付款给总包人,总包人再付款给分包人,这种情况下分包

① 《新施工合同司法解释一》第35条将《原施工合同司法解释二》第17条中的"根据合同法第二百八十六条"修改为"依据民法典第八百零七条"。

② 参见最高人民法院民事审判第一庭:《最高人民法院建设工程施工合同司法解释(二)理解与适用》,人民法院出版社2019年版,第370页。

人主张优先受偿权,可能会受到限制。

除在签订三方协议的情况下可以主张优先受偿权之外,分包人还存在另一种可以主张优先受偿权的情况:如果总包人怠于行使权利,分包人依据原《合同法》第73条(《民法典》第535条)行使代位权时,也可以代总包人主张工程价款优先受偿权。但需要注意的是,此时是分包人代位行使总包人的优先受偿权,而不是分包人本身享有优先受偿权。

当然,上文仅是针对一般分包关系的分析。如果分包工程系由发包人直接发包(平行发包)的专业分包工程,则专业分包单位直接构成承包人,根据本条规定享有优先受偿权。

(2)实际施工人是否能主张优先受偿权?

《原施工合同司法解释一》第26条①规定,实际施工人可以直接起诉发包人要求支付工程款,同时,一些地方高级人民法院规定,实际施工人根据该条款主张发包人支付工程款,也可以主张优先权。然而,根据本条规定,由于实际施工人与发包人之间没有合同关系,实际施工人不能享有优先受偿权。从另一角度而言,转包、违法分包均被法律明确禁止,如果再赋予实际施工人以建设工程价款优先受偿权,则可能对建设工程市场秩序产生负面导向作用。

虽然实际施工人不直接享有优先受偿权,但也存在可以主张优先受偿权的情形:实际施工人行使代位权,代总包人起诉发包人,此时实际施工人也可以代位行使优先受偿权。

(3)承包人转让工程价款债权后受让人是否享有优先权?

承包人将工程款债权转让给第三人后,第三人是否享有优先受偿权?《原施工合同司法解释二》并没有给出答案,最高人民法院在《原司法解释二理解与适用》中提到,"工程价款优先受偿权制度的目的是保护施工人的劳动报酬,如果承包人通过转让工程价款的债权获得相应对价,则承包人的权利得以实现",②虽然没有给出明确结论,但该论述表明最高人民法院实际上倾向于认为受让人不应享有优先权,因为承包人的权利已经实现,工人工资也随之得以保

---

① 该条规定与《原施工合同司法解释二》第24条一起被整合为《新施工合同司法解释一》第43条:"实际施工人以转包人、违法分包人为被告起诉的,人民法院应当依法受理。实际施工人以发包人为被告主张权利的,人民法院应当追加转包人或者违法分包人为本案第三人,在查明发包人欠付转包人或者违法分包人建设工程价款的数额后,判决发包人在欠付建设工程价款范围内对实际施工人承担责任。"

② 最高人民法院民事审判第一庭:《最高人民法院建设工程施工合同司法解释(二)理解与适用》,人民法院出版社2019年版,第373页。

障，优先受偿权失去其存在的意义。然而，实践中也有另一种观点认为，优先受偿权是一种“法定抵押权”，适用担保物权规则，具有“从属性”，在转让时应当随工程款主债权一并转让，故受让人也享有优先受偿权。由此可见，该问题涉及法理上优先权权利属性的探讨，难以得出定论，此不赘述。

（4）工程转让后，承包人是否享有工程价款优先权？

理论上工程转让后，承包人仍然享有工程价款优先权，因为工程价款优先权无论是法定优先权、法定抵押权还是其他权利，其功能都在于担保工程款的优先支付，依附于所担保的工程存在，一定程度上符合担保物权的特征，应当随着工程的转让而转让，《原司法解释二理解与适用》中也有类似的表述，[①]实践中对此问题并没有显著的分歧。这就对在建工程受让人提出了很高的要求，在对该在建工程进行尽职调查时，则需要特别关注是否存在拖欠工程款的情形，如有拖欠，则需要把转让款直接支付给施工单位，以防在受让工程后发生施工单位提出对该工程进行拍卖或折价以偿付其工程款的情况。

第 18 条（《新施工合同司法解释一》第 37 条）　装饰装修工程的承包人，请求装饰装修工程价款就该装饰装修工程折价或者拍卖的价款优先受偿的，人民法院应予支持，但装饰装修工程的发包人不是该建筑物的所有权人的除外。

◎ 条文理解

本条规定了装饰装修工程的承包人对装饰装修工程价款享有优先受偿权。但对发包人概念的内涵予以限制，即该发包人应当是该建筑物的所有权人。

◎ 适用与思考

承租人作为发包人装修的工程，承包人是否能主张优先权？

一般而言不能主张优先权。比如，办公楼承租人承租了以后对外发包，施工单位施工以后不能主张优先受偿权，因为承租人并非建筑物所有权人，如果允许施工单位主张有限受偿权，对建筑物进行拍卖或折价，则会影响建筑物所有权人的合法权益。但是，在特定情形下，承包人可以主张优先权，《原司法解释二理解与适用》中提到，未形成附合的装饰装修物，因为不适用添附规则，动产归属于承租人，承包人可以请求就其折价或者拍卖的价款优先受偿；对于附

① 参见最高人民法院民事审判第一庭：《最高人民法院建设工程施工合同司法解释（二）理解与适用》，人民法院出版社 2019 年版，第 373 页。

合部分，在整个建筑物被折价或者拍卖时，承包人有权就形成附合的装饰装修物的价款部分请求优先受偿或者要求建筑物所有权人予以适当补偿。[①]

第19条（《新施工合同司法解释一》第38条） 建设工程质量合格，承包人请求其承建工程的价款就工程折价或者拍卖的价款优先受偿的，人民法院应予支持。

◎ **条文理解**

从文义角度而言，本条规定了工程质量要合格承包人才享有优先受偿权，但实际上本条规定所隐含的意思：无论合同是否有效，只要工程质量合格，承包人就享有建设工程价款优先受偿权，也即，合同是否有效并不是享有优先受偿权的前提条件。

第20条（《新施工合同司法解释一》第39条） 未竣工的建设工程质量合格，承包人请求其承建工程的价款就其承建工程部分折价或者拍卖的价款优先受偿的，人民法院应予支持。

◎ **条文理解**

本条规定了未竣工的建设工程，只要工程质量合格，承包人就可以享有建设工程价款优先受偿权。

◎ **适用与思考**

未完工程的质量如何认定？

有两种情况：

（1）续建工程。①如果未完工工程经续建后工程竣工验收合格，则未完工程部分应认定为合格；②即使没有竣工验收，法院往往会将续建行为认定为业主“提前使用”，从而认定未完工程的质量合格。因此，续建前，应首先确认承包人施工的工程质量情况，否则，续建后质量责任如果无法确定，则可能推定续建前承包人施工的工程质量合格。

（2）未续建工程。如果烂尾状态持续，怎么举证质量合格呢？①发包人未就质量问题进行抗辩，经法院释明，发包人无异议，则认可质量合格；②发包人

① 参见最高人民法院民事审判第一庭：《最高人民法院建设工程施工合同司法解释（二）理解与适用》，人民法院出版社2019年版，第387~388页。

对工程质量存在异议，则承包人可以提供已完工程的分部分项验收等手续，证明验收合格，除非发包人有证据推翻该等验收合格证据；③如果发包人拍下相关照片证明存在质量问题的，此时就需要质量鉴定，当事人不申请鉴定，法院认为必要的，则委托鉴定。如果鉴定结果显示工程质量不合格，此时应如何处理？一般情况下，发包人会提出要求承包人修复的主张，发生的费用由承包人来承担，这样一般也不影响承包人主张优先受偿权。

> 第 21 条（《新施工合同司法解释一》第 40 条）　承包人建设工程价款优先受偿的范围依照国务院有关行政主管部门关于建设工程价款范围的规定确定。
>
> 承包人就逾期支付建设工程价款的利息、违约金、损害赔偿金等主张优先受偿的，人民法院不予支持。

◎ 条文理解

（1）本条第 1 款（《新施工合同司法解释一》第 40 条第 1 款）是关于建设工程价款优先受偿权行使范围的规定。本条第 1 款规定“依照国务院有关行政主管部门关于建设工程价款范围的规定确定”，为什么限定为“国务院有关建设行政主管部门”呢？因为实际上很多行业协会也出台了一些规范，但因为这些规范一般由工程专业人员制定，其可能因为对法律理解的不到位而把一些不属于工程价款范围的款项的也纳入工程价款范围。

结合住房和城乡建设部于 2012 年年底发布的《建设工程工程量清单计价规范》（GB50500-2013）第 1.0.3 条以及住房和城乡建设部、财政部于 2013 年发布的《建筑安装工程费用项目组成》第 1 条第 1 项等相关行政主管部门的意见，建设工程的价款不应仅包括承包人为建设工程应当支付的工作人员报酬、材料款等实际支出的费用，还应当包括施工机具使用费、企业管理费、利润、规费和税金等。具体建设工程项目则应根据相关的行政主管部门的规定来确定工程价款的范围。

（2）本条第 2 款（《新施工合同司法解释一》第 40 条第 2 款）通过列举的方式明确了哪些债权请求不属于建设工程价款优先受偿的范围。将违约金、损害赔偿金、逾期支付工程价款产生的利息均排除在外，有利于维持承包人、发包人和包括抵押权人在内的其他债权人之间的利益平衡。

◎ 适用与思考

(1)停窝工损失、索赔款、合同调整价款是否属于工程价款范畴?是否属于优先受偿的范围?

我们结算中往往认为属于,因为停窝工损失、索赔款、合同价款调整在《建设工程价款结算暂行办法》(财建〔2004〕369号)中都有规定,所以我们往往认为这些是工程价款的范畴,因此可以优先受偿。但严格来讲,并不是这样的。因为属于工程价款的范围还是属于违约赔偿的范围,从法律上来讲是不一样的。一般情况下,材料价格上涨,需要调整合同价款,这是工程价款的范围,但是如果因发包人的原因导致工期延误而产生的停窝工损失等索赔款,这就不属于合同价款范围,而是发包人违约导致的损失。因此,合同价款调整一般属于工程价款范围,也就属于优先受偿的范畴,但停窝工损失、索赔款是损失的范围,所以不属于优先受偿的范围。

(2)预扣的质量保证金是否可以优先受偿?若可以,如何提出请求?

《原司法解释二理解与适用》中提到,质量保证金实际上是工程价款预扣的部分,是工程款转化为质量保证金,所以也能优先受偿,其本质上还是属于工程价款。但如果质量保证金是以现金的方式交给发包人的,就没有优先受偿权,因为这不属于工程款。如果案子持续的时间较长,那没有问题,工程价款与质量保证金一起支付即可。但是如果法院判得比较快,可能2年还没到,质量保证金还不具备支付条件,等达到支付条件以后再去诉讼行不行?这种情况下优先受偿权可能就无法主张了。因为优先受偿权的期限是从应当付款之日起6个月,其中应当付款是指结算款,而不是指保修款、质量保证金,也不是指进度款。所以,通过诉讼取得结算款以后,等质量保证金达到支付条件再去主张优先受偿权时,可能存在因超过6个月,发包人享有时效抗辩的问题。此种情况下,质量保证金未达到支付条件又想主张优先受偿权应该怎么办呢?可以在主张结算款享有优先受偿权的同时,主张质量保证金也享有优先受偿权,虽然还未达到支付条件,但可以请求先予确认。我们上海仲裁委之前有一个案子就是这么处理的。

(3)垫资款是否可以优先受偿?

如果承包人直接垫付资金用于工程建设,可以优先受偿。但是,如果承包人是带资施工,将垫资款先借给了发包人用于支付工程款,那此时承包人就不享有优先受偿权。

(4)履约保证金是否可以优先受偿?

如果不是工程款转化的,也是承包人直接支付给发包人的,那么也没有优先受偿权。

(5)未完工程的预期可得利润是否属于优先受偿权的范围?

不属于,因为这是由于违约而造成的损失,是违约赔偿责任的内容,不是工程造价的范围,所以不能优先受偿。

◎ **案例分析**

【案例4】某施工企业中途被赶出的施工合同纠纷案

▶基本案情

某施工企业被业主中途强行清场后诉至法院,主张欠付工程款(约7000万元)及相应的利息、优先受偿权。

起诉时施工企业将停窝工损失纳入了工程价款的范围,一并主张相应的利息及优先受偿权,审价单位也把停窝工损失放到工程价款里并出具了鉴定报告。但法院在判决时将施工企业诉请的欠付工程款拆分成"工程造价"和"停窝工损失"两部分,对停窝工损失未计算利息,也未计入优先受偿范围。

▶相关争议焦点

停窝工损失是否属于工程价款,应否计算逾期付款利息?是否属于优先受偿范围?

法院这样做是合理的,如上所述,停窝工损失属于损害赔偿的范围,而不属于工程价款范围,所以停窝工损失也就不属于优先受偿的范围。而对停窝工损失再计算利息是没有法律依据的,除非双方有特别的约定。

▶条文适用分析

从法律严格界定的角度,根据本条第1款,停窝工损失、索赔款是不可以计入工程价款的。但是若找理由抗辩,可以参考财政部、原建设部印发的《建设工程价款结算暂行办法》第14条"双方应按照约定的合同价款及合同价款调整内容以及索赔事项,进行工程竣工结算"之规定,根据该条规定,工程款范围包含停窝工损失、索赔款等金额。然后结合合同的约定,我们在结算时也可以将停窝工损失、索赔款约定在结算价款内,以此一并作为工程价款主张。二审法院对一审法院的这一做法也没有进行调整,因为从本质上看一审法院是对的。但原告并没有请求将工程价款和停窝工损失分开,被告也没有这么答辩,而且鉴定报告也没有分开计算,一审法院主动判决将工程价款和停窝工损失分开是不合理的。

第22条(《新施工合同司法解释一》第41条)[①] 承包人行使建设工程价款优先受偿权的期限为6个月,自发包人应当给付建设工程价款之日起算。

◎ **条文理解**

本条是关于建设工程价款优先受偿权行使期限和起算点的规定。行使期限确定为6个月,自发包人应当给付建设工程价款之日起算。

◎ **适用与思考**

(1)应付工程价款之日之应付工程价款指什么?

《原司法解释二理解与适用》中提出,"应付工程价款"是指结算价款,而不是指预算工程价款、工程进度款或者质量保证金。[②] 当然在实践中有争议。因此,如前所述,等质量保证金达到支付条件再去主张优先受偿权时,可能就存在因超过6个月,发包人享有时效抗辩权的问题。

(2)如何认定应当给付建设工程价款之日?

①合同中对此有约定的,从约定。

②合同无效的,自确认合同无效之日起,应当支付。

③合同解除的,自确认合同解除之日起,应当支付。

有一种观点认为合同无效、合同解除应当参照或按照合同约定的时间作为给付价款之日,这实际上是错误的。持这一观点的理由之一是《原施工合同司法解释一》第2、[③]10条[④]规定合同无效或合同解除可"参照合同约定支付工程价款"或"按照约定支付相应的工程价款",由此推出给付时间也应参照或按照合同约定。实际上是不能的,参照或按照合同约定支付价款,一般是指价款的

① 《新施工合同司法解释一》第41条修改了优先受偿权的行使期限,将《原施工合同司法解释二》第22条中"承包人行使建设工程价款优先受偿权的期限为六个月"修改为"承包人应当在合理期限内行使建设工程价款优先受偿权,但最长不得超过十八个月"。

② 参见最高人民法院民事审判第一庭:《最高人民法院建设工程施工合同司法解释(二)理解与适用》,人民法院出版社2019年版,第462页。

③ 该条规定已经被《民法典》第793条第1款吸收,故未被纳入《新施工合同司法解释一》。《原施工合同司法解释一》第2条规定:"建设工程施工合同无效,但建设工程经竣工验收合格,承包人请求参照合同约定支付工程价款的,应予支持。"《民法典》第793条第1款规定:"建设工程施工合同无效,但是建设工程经验收合格的,可以参照合同关于工程价款的约定折价补偿承包人。"

④ 该条规定已经被《民法典》第806条第3款吸收,故未被纳入《新施工合同司法解释一》。《民法典》第806条第3款规定:"合同解除后,已经完成的建设工程质量合格的,发包人应当按照约定支付相应的工程价款;已经完成的建设工程质量不合格的,参照本法第七百九十三条的规定处理。"

计算方式,而不包括价款的支付时间。并且,从合同无效、合同解除的后果而言,对于承包人已经完成的工程,适用"折价返还"或者"采取其他补救措施",具体而言都是针对已经受领的利益支付价款,而该等法律效果或请求权在确认合同无效或合同解除之日起就已经产生,故应付款之日也就相应开始计算。

④付款时间没有约定,或者约定不明,按照《原施工合同司法解释一》第 18 条(《新施工合同司法解释一》第 27 条)规定的利息起算时间确定,具体为交付工程之日、提交竣工结算文件之日、当事人起诉之日。

《原施工合同司法解释一》第 18 条(《新施工合同司法解释一》第 27 条)规定的利息起算之日,也就是应付工程价款之日。当然了,这里面有一个问题:我们正好代理了一个案件,工程在 5 年前就已经竣工,但结算审核报告 2019 年 1 月才出具。在这样的情况下,承包人认为竣工之后过了 5 年工程价款还没付,是发包人原因导致结算、付款延误,发包人应当支付这 5 年的利息,并且同时也要主张优先受偿权。我们来看这个项目是否能既主张拖延结算的利息,又主张优先受偿权。

首先,合同约定结算完成后 30 天内支付价款,2019 年 1 月完成结算,所以 2019 年 2 月才是应当支付工程价款之日,优先受偿权仍然在 6 个月的时间内。但是,如果主张从竣工开始就计算利息,同时又主张优先受偿权,可能优先受偿权就存在超过权利期限的问题。原因在于,从竣工开始就计算欠付款利息,说明承包人自认为发包人 5 年前就应该完成结算并支付价款,应付款之日应该从计算利息之日起开始计算,那么优先受偿权期限也开始计算,至今已经过了 6 个月的权利期限。

一般而言,面临该问题,可能都会进行抉择,放弃 5 年的欠付款利息或者优先受偿权的主张。但是,经过我们研究后,认为这种情况下既可以主张优先受偿权,又可以主张利息。理由是,将 5 年的欠付款利息作为因发包人的延期结算行为导致了承包人的损失,这个行为是违约行为,然后承包人可以参照利息来主张违约损失,这样问题就圆满解决了,利息可以主张,优先受偿权也不会因为主张了利息而被否掉。

(3)保修金支付时间是否属于本条款规定的时间?前面已提到《原司法解释二理解与适用》中明确是不属于的。当然在司法实践中可能会存在不同做法。

(4)应付款时间能否由双方当事人协商延长?如果应付款时间超过了 6 个月,施工单位可以与发包人协商,将付款时间延后,这样可以保障优先受偿权。

《原司法解释二理解与适用》中提到,只要当事人不是恶意串通,损害其他债权人利益,双方可以协商延长应付款时间,但是恶意串通如何认定并没有明确的标准。所以,如果应付款时间超过了 6 个月,施工单位可以与发包人达成补充协议,以保障自身的优先受偿权。

◎ 案例分析

【案例 5】某施工合同纠纷优先受偿权未获支持案

▶基本案情

发包人与承包人于 2013 年 9 月签订《装修总承包合同》,约定工期为 7 个月。后因发包人未能按约支付工程款,承包人停止施工。在双方并未办理案涉工程的竣工验收及结算的情况下,发包人于 2014 年 12 月将案涉工程用于对外经营。2016 年 11 月,承包人诉至法院。

▶相关争议焦点

优先受偿权行使期限的起算点如何确定?

一审法院认为,根据最高人民法院《工程价款优先受偿批复》第 4 条的规定,建设工程承包人行使优先权的期限为 6 个月,自建设工程竣工之日或者建设工程合同约定的竣工之日起计算。(现该规定因为与《原施工合同司法解释二》第 22 条规定不一致而不再适用,但本案一审时《原施工合同司法解释二》尚未施行)因此,应以"竣工之日"而不是承包人主张的"应付款之日"作为起算点。

就合同约定的竣工之日而言,双方约定工期为 7 个月,故约定的竣工之日为 2014 年 3 月,承包人起诉时已超过了约定的竣工日期 6 个月;就实际竣工日期而言,以发包人实际使用案涉工程日期为准,即 2014 年 12 月,至原告诉请主张工程款也已历时近 2 年。因此,以"竣工之日"作为优先受偿权起算点,承包人的优先受偿权已经超过权利期限。

▶条文适用分析

本案如果适用《原施工合同司法解释二》第 22 条(《新施工合同司法解释一》第 41 条),优先受偿权行使期限起算点如何确定?

本条规定以"应当给付工程价款之日"作为起算点,假设合同约定结算以后支付工程款的,由于案涉工程未结算,无法确定应付工程价款之日,故以一审起诉时间作为应付款时间是适当的。但如果合同未约定付款时间或约定不明,则时效已过,因为此时按照《原施工合同司法解释一》第 18 条(《新施工合同司法解释一》第 27 条)规定的利息起算时间确定应付工程款的时间,即"建设工程已实际交付的，为交付之日"，案涉工程 2014 年就已经对外经营了，即案涉工程 2014 年已实际交付，至承包人起诉之时已历时近 2 年，超过了 6 个月的期限。

> 第 23 条(《新施工合同司法解释一》第 42 条)　发包人与承包人约定放弃或者限制建设工程价款优先受偿权，损害建筑工人利益，发包人根据该约定主张承包人不享有建设工程价款优先受偿权的，人民法院不予支持。

◎ 条文理解

(1)本条是关于当事人能否事先约定放弃或者限制建设工程价款优先受偿权行使的规定。

(2)如何认定"损害了建筑工人的利益"？

按《原司法解释二理解与适用》这本书的观点，[①]认定"损害了建筑工人的利益"要达到以下几个标准，这对裁判者提出了很高的要求：

①建筑工人的利益是指承包人的建筑工人的利益，而非劳务分包人的利益。该观点其实与实践情况不符，因为实践中承包人基本上只有管理人员而没有建筑工人，建筑工人都在分包人名下。

②建筑工人的利益不是仅通过举证拖欠个别工人的工资来认定。

③要看承包人这一行为是否影响其整体清偿能力，要将承包人整体的资产负债情况以及现金流情况是否恶化到影响建筑工人工资的支付的程度作为主要的考虑因素。当然，这对举证以及裁判者的认定提出了很高的要求，严格来讲，这种要求是不合理的。负责起草《原施工合同司法解释二》的原最高人民法院民一庭高级法官李琪讲座时指出，本条实施过程中可能演变为，一般情况下，只要拖欠工程款就构成损害建筑工人的利益。当然，这只是法官讲座时提出的观点，实践中认定标准不确定性很大。如果作为承包人起诉主张放弃或限制优先受偿权的条款无效，可以举证证明拖欠工人的工资。如果企业有亏损、现金流有问题，也可以提供资产负债表、现金流情况。我认为对承包人的举证要求不能太高，而且有人指出，即使承包人破产，工人的工资也是优先支付，可能并不会损害建筑工人的利益。所以，是否"损害了建筑工人的利益"的认定标准争议非常大。

---

① 参见最高人民法院民事审判第一庭：《最高人民法院建设工程施工合同司法解释(二)理解与适用》，人民法院出版社 2019 年版，第 472~478 页。

◎ **适用与思考**

(1)承包人若向银行等发包人的债权人承诺呢？如何理解？

这就涉及承诺对象问题，承诺人没有与发包人约定，但向债权人承诺了，该种情况下是否适用这一条呢？有争议。

(2)拖欠劳务分包的工程款是否构成损害建筑工人的利益？

按照《原司法解释二理解与适用》上述观点不构成，因为该规定所指的建筑工人应当是承包人的而不是劳务分包人的建筑工人。

(二)对司法实践的影响

1. 影响实际施工人主张工程价款优先受偿权，进而影响实际施工人工程款的权利最终能否实现。对于转包的工程或违法分包的工程，如果按照《原施工合同司法解释一》第21条[①]主张，要求发包人和总包人承担连带支付责任，法院是否会支持该优先受偿权呢？不支持，因为实际施工人与发包人之间没有合同关系。实际施工人可能需要运用代位权的方法，代位行使总包人对发包人的权利，总包单位作为第三人。此时实际施工人代位总包人向发包人主张工程价款，故而也可代位行使总包人的优先受偿权。这是最高人民法院《原施工合同司法解释二》出台后，有最高人民法院法官提出这个观点，但是《原司法解释二理解与适用》中并没有这个意思。

2.《原施工合同司法解释二》第22条(《新施工合同司法解释一》第41条)规定将优先受偿权行使期限起点确定为应付款之日，据此，承包人的优先权行使期限较此前的规定更不易达到届满状态。但是，承包人仍应积极提出主张，尤其是在合同未约定付款时间或约定不明时，有可能将发包人提前使用、工程移交作为应付款之日，开始计算优先权的时效，如果不及时主张，可能出现优先权行使期限届满，权利消灭的情况。

3. 增加了法院对于承包人责任财产方面的审查工作量，同时，法院在认定是否损害建筑工人利益方面有非常大的自由裁量权。例如要求承包人提交资

---

① 《原施工合同司法解释一》第21条未被纳入《新施工合同司法解释一》，《新施工合同司法解释一》对相关问题进行了更为详尽的规定：“招标人和中标人另行签订的建设工程施工合同约定的工程范围、建设工期、工程质量、工程价款等实质性内容，与中标合同不一致，一方当事人请求按照中标合同确定权利义务的，人民法院应予支持。招标人和中标人在中标合同之外就明显高于市场价格购买承建房产、无偿建设住房配套设施、让利、向建设单位捐赠财物等另行签订合同，变相降低工程价款，一方当事人以该合同背离中标合同实质性内容为由请求确认无效的，人民法院应予支持。”

产损益表，不仅法官的工作量增加了，而且由于法官并非专业审理破产案件，在这方面难以作出专业的裁判，所以可能行使自由裁量权进行裁判。

4. 对金融机构造成影响。通过放弃、限制工程价款优先权的方式，实现抵押权优先目的具有不确定性。若存在损害建筑工人利益的情况，如拖欠一百多人的工资，工人很可能通过诉讼来主张权利，而法院一般会认定发包人与承包人放弃或者限制优先受偿权的约定无效，金融机构实现抵押权优先的目的可能就难以实现。

（三）对承包人或分包人等提出的建议

1. 分包人、实际施工人可以通过代位权主张行使工程价款优先受偿权。另外，分包人可以尽可能与发包人签订合同或者三方合同且约定发包人直接向分包人付款，但这种做法需要一分为二看待，优先权往往能保住，但是如果发包人陷入困境，而总包为央企国企资金雄厚，此时，约定发包人直接向分包人付款的风险更大，这就需要视情况而定。

2. 在合同中约定发包人应在工程进度款中优先支付停窝工损失、索赔款等，因为这些没有优先受偿权。在履约过程中，特别是在拖欠工程款导致停工后复工前，特别约定停窝工损失、索赔款、履约保证金等优先支付。以打促谈的诉讼中，和解协议、调解协议中优先安排停窝工损失、索赔款、履约保证金等优先支付。

3. 承包人若要否定限制或放弃优先权约定的效力，则需要举证证明资产负债以及现金流状况，同时，需要提供证据证明拖欠建筑工人工资等。然而，承包人在举证拖欠建筑工人工资的同时，增加了自身的风险，一是可能与劳务分包之间构成表见代理风险，二是承担拖欠工人工资、工伤等民事、行政责任的风险，因此也需要视情况进行相应举证。

4. 由于实践中对于承包人不宜认为《原施工合同司法解释二》第 23 条（《新施工合同司法解释一》第 42 条）近似于规定放弃或限制优先权的约定一律无效，而是应重视放弃与限制优先权所需要的评估，特别是发包人的资信状况。

这是《原施工合同司法解释二》关于优先权方面的规定，总体来说对承包人是比较有利的。

四、关于工期方面的规定及影响和要求

（一）相关规定、理解及适用

第5条（《新施工合同司法解释一》第8条） 当事人对建设工程开工日期有争议的，人民法院应当分别按照以下情形予以认定：

（一）开工日期为发包人或者监理人发出的开工通知载明的开工日期；开工通知发出后，尚不具备开工条件的，以开工条件具备的时间为开工日期；因承包人原因导致开工时间推迟的，以开工通知载明的时间为开工日期。

（二）承包人经发包人同意已经实际进场施工的，以实际进场施工时间为开工日期。

（三）发包人或者监理人未发出开工通知，亦无相关证据证明实际开工日期的，应当综合考虑开工报告、合同、施工许可证、竣工验收报告或者竣工验收备案表等载明的时间，并结合是否具备开工条件的事实，认定开工日期。

◎ 条文理解

（1）本条是关于实际开工日期如何确定的规定。

（2）认定开工日期有四种情形。

①有开工通知的，以开工通知记载的日期为准。②开工通知虽发出，但是不具备开工条件，如果是非承包人的原因导致的，开工条件具备了才可以认定开工日期；如果是承包人的原因，通知上载明的日期就是开工日期。③承包人经发包人同意已经实际进场施工的，以实际进场施工时间为开工日期。④没有约定，没有发出开工通知，也没有相关证据证明开工日期的，要根据开工报告、合同、施工许可证、竣工验收报告或者竣工验收备案表等载明的时间，而且要结合是否具备开工条件的事实来认定。

本条规定并不贴合实践情况且可能将问题复杂化：其一，原本工期纠纷中，开工日期通常不会成为争议焦点，但有了本条规定，往往会成为焦点，工期延误后承包人可能会在开工日期上做文章，主张开工条件没有具备，因此开工日期要往后延，而发包人往往很难举证证明开工条件已经全部具备。此前实践中有

按照竣工验收报告或者竣工验收备案表载明的时间认定开工日期的做法，这是争议较小且符合实际情况的认定方式，但本条规定出台就不能再直接这样进行认定。其二，大量的项目实际上是没有施工许可证的，不具备开工条件，甚至有的工程都已经完工了还没有取得施工许可证，仍然不具备开工条件，这是很荒谬的。其三，竣工验收报告里面通常都记载了开工日期，竣工验收备案表里也都载明了，其上载明的开工日期一般是实际的开工日期，并不需要再结合其他各种因素进行认定，该规定反而会使开工日期认定变得困难。

（3）如何理解“开工通知”与“开工报告”？

①开工通知是发包人或者监理人单方发出的；而开工报告是承包人在认为已经具备开工条件时，向监理人、发包人请示是否进行开工审批的报告。

②2017版《建设工程施工合同（示范文本）》（GF-2017-0201）第7.3.2款对应“开工通知”；第7.3.1款“开工准备”中出现的“开工报审表”，有些类似于开工报告。实践中使用开工通知的比较少，更多是由施工单位提出开工报告并交由监理、业主进行批复。这实际上反映了示范文本的缺陷，既然有开工报告，就不应该再出现开工通知。

（4）如何理解“承包人经发包人同意实际已经进场施工”？

重点在于理解“施工”二字，若进场只是进行施工前准备，如进行临时道路、临时设施的施工等，则不属于“施工”。另外，在施工许可证取得时间较晚的情况下，经常使用该方法认定实际开工日期。

（5）开工条件有哪些？发包人需要提供的开工条件有哪些？承包人需要满足的开工条件有哪些？

《原司法解释二理解与适用》载明：发包人需要提供的开工条件包括①行政审批手续，如施工许可证；②可以施工的施工现场（完成土地征用、清除地上地下障碍物、房屋拆迁、保证施工用水、用电、道路畅通、地面平整等工作）；③勘察资料、文件；④施工图纸。另外，发包人还需按照约定的时间和要求提供原材料、设备、场地、资金、技术资料。[①]

承包人需要提供的开工条件包括按照约定的时间和要求：①施工人员已到位；②施工机械设备已进场；③承诺垫资已到位；④材料已进场。另外，属于发

① 参见最高人民法院民事审判第一庭：《最高人民法院建设工程施工合同司法解释（二）理解与适用》，人民法院出版社2019年版，第130页。

包人应当提供的开工条件，但若在合同中约定转移给承包人，则变更为承包人需要满足的条件。

◎ **适用与思考**

(1)适用时，一般按照条文规定的先后顺序进行认定。

(2)无论按照哪种情形进行认定，“是否具备开工条件”均非常重要。

> 第6条(《新施工合同司法解释一》第10条)　当事人约定顺延工期应当经发包人或者监理人签证等方式确认，承包人虽未取得工期顺延的确认，但能够证明在合同约定的期限内向发包人或者监理人申请过工期顺延且顺延事由符合合同约定，承包人以此为由主张工期顺延的，人民法院应予支持。
>
> 当事人约定承包人未在约定期限内提出工期顺延申请视为工期不顺延的，按照约定处理，但发包人在约定期限后同意工期顺延或者承包人提出合理抗辩的除外。

◎ **条文理解**

(1)本条是关于工期顺延的规定。

①通过工期顺延确认签证可以确认工期顺延。这一条其实大家都知道，但是事实上都做不到，绝大部分情况下承包人都没有工期顺延确认签证。

②承包人申请工期顺延未得到确认，但只要能举证证明其是在约定的期间内申请，且申请的事由符合合同约定，人民法院就可以支持承包人提出的工期顺延的主张。也就是说，在约定的时间里申请顺延(承包人要证明发包人收到了申请)，并且顺延的事项确实属于合同约定的可以顺延的事项，即使发包人和监理人未予以确认，人民法院也应当予以确认。

③如果合同明确约定承包人未在约定期限内提出工期顺延申请视为不顺延的，一般应按照约定处理。这款规定对承包人是非常不利的，2013版和2017版《建设工程施工合同(示范文本)》均有这样的约定，不行使权利视为放弃。这就要求承包人在约定的时间里，依据约定的理由，提出顺延申请，而且要写明顺延时间，但实践中承包人很难做到这一点。

(2)承包人未在约定期限内提出工期顺延申请视为工期不顺延的两种例外情形：

①发包人在约定期限后同意工期顺延。即视为改变了合同的约定。

②合理的抗辩理由。根据《原司法解释二理解与适用》的观点，“合理的抗辩”是在工期应予顺延的情形下，对于未按照合同约定申请工期顺延的行为予以合理解释，同时还需要有证据证明工期应予以顺延。[①]

一般来说，如果在整个施工过程中承包人都没有申请工期顺延，很难认为有合理的抗辩理由。但如果有一份会议纪要载明今后的工期顺延到结算的时候统一办理，这可能被认为是合理的抗辩理由。但是，从发包人角度分析，会议纪要的约定也可以理解为，虽然约定在结算时可以处理工期顺延，但是仍应遵循合同约定，即承包人应在约定的期限内提出顺延申请，会议纪要只不过约定到结算的时候统一处理这些顺延申请。因此，何为合理的抗辩理由，裁判者有较大的自由裁量权。

（3）申请工期顺延一定采取索赔意向书、索赔报告等固定形式吗？

在国际工程中使用的 FIDIC 条款就是运用的索赔意向书、索赔报告。但在我国实践中往往不是采用索赔意向书、索赔报告的形式来申请顺延工期的，在这种情况下，使用申请工期顺延的签证单等符合工程实践的形式也可以。

◎ 适用与思考

（1）适用于没有取得工期顺延确认签证的情形。

（2）在约定的期限内提出工期顺延申请并符合合同约定的顺延事由。

（3）本条规定是否隐含工期顺延不用鉴定？

我们认为本条规定隐含了这个意思。需要注意，原来工期顺延的鉴定往往对施工单位很不利，因为按照原来通常的裁判思路，承包人只要证明发包人图纸延误、工程款拖欠等，法院一般就会支持承包人工期顺延的请求，至于承包人的违约责任，法院往往就不大考虑或考虑得很少。但如果进行工期顺延的鉴定，结果就不同了，鉴定报告会显示发包人、承包人对工期顺延都有责任。所以，如果按照原来的裁判思路，一旦进行工期顺延鉴定，施工单位由可能不承担责任转化为必定承担违约责任。但是，根据本条规定，在无顺延申请的情况下，除非有合理的抗辩理由，否则承包人承担所有违约责任，此时如果进行工期顺延的鉴定，可能会对双方的责任予以认定划分，所以工期鉴定在现行规定下反

① 参见最高人民法院民事审判第一庭：《最高人民法院建设工程施工合同司法解释（二）理解与适用》，人民法院出版社 2019 年版，第 144 页。

而对施工单位更加有利。

◎ 案例分析

【案例6】某外国工程分包合同仲裁纠纷案

案涉项目在沙特,我们代理的是总包单位,分包是一家民营企业。工程延期了1年的时间,总包要求没收银行保函,银行拒付,与银行打了官司,银行败诉。后来分包起诉总包主张支付拖欠的工程款,总包则提出追究分包逾期竣工违约责任。事实上,国内公司工期延误十分常见,但是按此前国内的司法实践承包人往往不会承担责任。而国内公司到国外施工成本极大,因为国外严格执行FIDIC条款,工期延误必须承担责任。

在该案中,分包单位提供了18版图纸作为证据,主张合同约定的竣工日期都已经到了,总包还在提供图纸,工期理应顺延。按照此前法院的审判思路,施工单位往往会提出类似这样的抗辩理由。但是这个案子是在贸仲,笔者作为总包代理人提出,分包的这种抗辩思路不对,因为EPC合同本来就包设计包施工,合同只约定提供几套图纸,没有约定什么时候必须提供。此外,笔者还提出了两种观点,第一,合同里只规定了两种情况下可以工期顺延:(1)不可抗力;(2)甲方通知停工。只有存在这两种情况时才可以顺延工期,显然本案并不适用。第二,退一步讲,即使图纸延误属于工期顺延的情况,但分包没有按合同中约定的28天提出索赔意向报告,没有提出视为工期不顺延。基于这两点理由说服了仲裁委,合议庭采纳了笔者的意见,倾向于让分包单位承担工期延误违约责任。

在仲裁过程中,分包单位在申请鉴定时又提出了工期的鉴定,笔者认为不能同意,一旦同意任何鉴定单位都会得出是总包的责任导致工期延误的结论。是否应当顺延工期,其实需要根据合同约定进行判断,但鉴定人不会看相关合同约定,而且国内并没有具有工期鉴定资质的单位。后来,仲裁委也没有同意分包的鉴定申请,最终分包迫于压力与总包调解了。

另外,本案案涉工程在国外,业主向总包追究责任,由国际工程仲裁庭来审理,按照FIDIC条款一定会追究到总包的责任。业主会主张即使因为分包没有在合同约定的时间内完成才导致总包也无法在约定的时间完工,根据合同相对性原则,总包延期了总包就应当承担责任。所以笔者就提出,在工期已经延误的情况下,如果不认定分包有责任,那么分包还有权要求总包承担停误工损失赔偿;而总包与业主的仲裁案中,仲裁庭还会裁决由总包向业主承担工期违约责任。这种情况下,总包承担了两倍责任,这显然是不公平的。最后仲裁庭也接受了这个观点。

（二）对司法裁判思路的影响

1. 关于实际开工日期的争议会增多，开工条件是否具备的认定变得很复杂。需要举证证明发包人具备了哪些条件、承包人具备了哪些条件，但这些条件是否具备可能难以举证。

2. 关于实际开工日期的认定对承包人相对有利、对发包人相对不利的，比如发包人取得施工许可证的时间可能很晚，或者提供图纸时如果承包人没有签收，提供图纸的时间也就难以举证，进而可能导致法院认定具备开工条件的时间晚于实际的时间。

3. 关于逾期竣工违约金裁判思路将发生变化。原来有两种裁判思路：一种是只要发包人有违约行为，基本上就免除承包人逾期竣工的责任；另一种裁判思路是，承包人除了证明有工期顺延的事由外，还要证明上述事由确实导致了工期的延误，证明两者之间存在因果关系以及证明实际延误的天数与发包人原因导致延误的天数是一致的，但这对举证的要求非常高，基本不可能达到。所以工期违约金纠纷案件要么按照第一种思路，承包人不承担责任，要么按照后一种思路，承包人承担全部责任。法院之前采用第一种思路的情况较多。

现在《原施工合同司法解释二》第 6 条（《新施工合同司法解释一》第 10 条）规定承包人需要在约定的期限内申请工期顺延，法官主要根据承包人有没有在期限内提出申请来认定即可，没有就很有可能判承包人败诉，而且若合同约定未在约定期限内提出工期顺延申请就视为放弃，则按此约定，当然，发包人同意或有合理抗辩理由除外。实际上，承包人更多的是在图纸延误后，向业主发函提出图纸延误将要导致承包人停工，但这不属于工期顺延的申请。所以，承包人工期顺延的申请要明确提出且计算出相应天数。

4. 关于工期顺延的规定对承包人的影响是不利的。原因是，承包人往往不申请或不在约定的期限内申请工期顺延，而根据《原施工合同司法解释二》第 6 条（《新施工合同司法解释一》第 10 条）的规定，很可能导致工期顺延的申请得不到法院的支持。

（三）对承包人的建议

1. 在约定的期限申请工期顺延，这一点非常重要。《原施工合同司法解释二》第 6 条（《新施工合同司法解释一》第 10 条）改变了法官的审判思路，承包人如果还按照原来的做法，不严格按照约定的期限申请工期顺延，很容易承担败诉的风险。对施工单位来说，这是影响最大的条款。

2. 在诉讼中充分利用“是否具备开工条件”之规定主张实际开工日期晚于开工通知载明的日期，避免承担工期延误违约责任。

五、关于无效合同及无效合同损害赔偿的规定及影响和要求

（一）相关规定、理解及适用

第 2 条（《新施工合同司法解释一》第 3 条） 当事人以发包人未取得建设工程规划许可证等规划审批手续为由，请求确认建设工程施工合同无效的，人民法院应予支持，但发包人在起诉前取得建设工程规划许可证等规划审批手续的除外。

发包人能够办理审批手续而未办理，并以未办理审批手续为由请求确认建设工程施工合同无效的，人民法院不予支持。

◎ 条文理解

（1）未取得建设工程规划许可证的合同无效。

（2）未取得建设工程用地规划许可证的合同效力如何？合同无效，因为取得建设用地规划许可证是取得建设工程规划许可证的前提条件之一，未取得建设工程用地规划许可证，建设工程规划许可证也将无法取得，根据本条规定，建设工程施工合同无效。

（3）效力补正截止时间确定为“起诉前”。原因：如果将效力补正截止时间延迟至“一审法庭辩论终结前”，会导致合同效力问题在法庭审理之前存在不确定性，不利于当事人在起诉之前即形成合理预期和人民法院对案件的及时审结。

（4）发包人故意或者拖延办理建设工程规划许可证，又以未办理为由请求确认合同无效，法院不予支持。这对施工单位有利，但是这个规定实际上是有问题的，取得建设工程规划许可证是法律规定的施工合同生效要件，不同于附条件生效的情形，未取得建设工程规划许可证，就不满足生效要件，应当认定为无效，合同效力不应取决于发包人是否故意。

◎ 适用与思考

(1)该款是否适用于EPC合同?

严格来讲不适用,因为EPC合同包设计包施工,设计本身是合同承包范围,发包时设计还没完成,不可能拿到规划许可证,只有在设计做完且审图通过了,才有可能拿到规划许可证。如果该款适用于EPC合同,则会陷入逻辑谬误:所有EPC合同在签订时都是无效的,待设计做完、审图通过并拿到规划许可证后,EPC合同才转变为有效合同——无效合同因其履行行为而转变为有效,这显然是不符合逻辑的。

(2)未取得土地使用权证是否影响合同效力?

实践中存有争议。法院一般倾向于认为,如果是国有土地,没有取得土地使用权证,则认定合同无效,当然也有不同的看法。

(3)影响施工合同无效的情形还有哪些?

《原施工合同司法解释一》第1条①规定的情形;《原司法解释二理解与适用》中提到的低于成本价中标,压缩工期降低质量标准等情形。②

◎ 案例分析

【案例7】某EPC合同有效还是无效?质押协议有效还是无效?(代理承包人)

▶基本案情

某EPC工程既未取得土地使用权证,也未取得用地规划许可证和建设工程规划许可证,属于典型的"三无"工程。后因发包人拖欠工程款1.1亿元,承包人诉至法院。发包人同时提起1.1亿元质量索赔反诉。若EPC合同无效,一般情形下对应的股权质押无效,不享有质权,"三无"工程也难以变现,发包人也无其他财产可供执行,工程款债权难以实现。

▶相关争议焦点

EPC合同效力如何认定?

一审、二审法院均判定EPC合同因未取得建设用地规划许可证及建设工程

---

① 该规定已经被《新施工合同司法解释一》第1条第1款所吸收,《新施工合同司法解释一》第1条第1款规定:"建设工程施工合同具有下列情形之一的,应当依据民法典第一百五十三条第一款的规定,认定无效:(一)承包人未取得建筑业企业资质或者超越资质等级的;(二)没有资质的实际施工人借用有资质的建筑施工企业名义的;(三)建设工程必须进行招标而未招标或者中标无效的。"将原规定中的"根据合同法第五十二条第(五)项"修改为"依据民法典第一百五十三条第一款",将原规定中第一种无效情形"未取得建筑施工企业资质"修改为"未取得建筑业企业资质"。

② 参见最高人民法院民事审判第一庭:《最高人民法院建设工程施工合同司法解释(二)理解与适用》,人民法院出版社2019年版,第80页。

规划许可证而无效。

▶条文适用分析

EPC合同效力判定是否适用《原施工合同司法解释二》第2条(《新施工合同司法解释一》第3条)的规定?

不适用。如前所述,原因在于签订EPC合同时尚不具备办理建设工程规划许可证的条件。

▶延伸讨论

如判定EPC合同无效,相关还款协议、担保协议效力如何?

本案EPC合同履行过程中,承包人与发包人就工程款支付及担保签订了还款协议、股权质押协议,并办理股权质押登记。

笔者认为应当关心的是承包人对发包人的股权是否享有质权,如何突破?实际上在履行过程中,承包人与发包人就工程款交付、担保,签订了还款协议。即在工程做完的情况下,结算完成后双方签订了还款协议,同时在还款协议中提及了股权质押,而股权本来就做过质押登记。虽然一审判决认定还款协议、股权质押协议因从属于EPC合同,也无效,但是在江苏省高级人民法院二审过程中,笔者提出还款协议有效的观点,理由是还款协议具有独立性,不因为EPC合同无效而无效。笔者检索到最高人民法院有一个案例,其中提到没有经过招投标合同无效,但是在施工过程中双方就发生的争议形成了一个补充协议,法院认为这个补充协议是独立的,据此认定补充协议有效。笔者引用了这个案例,结果江苏省高级人民法院支持了笔者的观点,认定还款协议具有独立性,故为有效;股权质押协议主合同为还款协议,故也有效。既然股权质押有效,执行也就没有问题了。

从案件结果而言,虽然未支持EPC合同有效的主张,但承包人就质押股权价款享有优先受偿权,达到了收回工程款的目的。并且,对方的1.1亿元质量索赔反诉在一审中也被驳回。

【案例8】某项目因环保督查被全面拆除,施工企业如何主张权利?

▶基本案情

某建设工程造价5亿元,8层及以下建筑于2013年取得工程规划许可证(临时)、施工许可证;9层以上建筑分别于2016年、2017年取得工程规划许可证(临时)、施工许可证。后规划建设局认为,业主在补办项目规划手续时没有反映真实情况,违反行政许可法,遂撤销9层以上建筑工程规划许可证(临时),并“废止”9层以上建筑施工许可证。最终该建筑被全部强制拆除,发包人资不抵债。

▶相关问题

在取得过施工许可证的情况下，规划许可证（临时）是否影响施工合同效力？撤销规划许可证（临时）是否影响施工合同效力？是否可以认定为发包人故意拖延办理审批手续？

现在有临时的规划许可证，又有施工许可证，证明施工单位的施工行为是合法的，同时因为发包人不及时将临时规划许可证变更为正式的规划许可证，该种情形就可适用本条第2款的规定，主张发包人故意拖延办理审批手续。

▶延伸讨论

（1）假设合同无效，合同无效后的处理：承包人可以主张8000多万元欠付工程款吗？

可能大家会提出无效合同参照合同约定来计算，但这种参照计算仅适用于工程没有被拆除的情况。从法理上来讲，在工程被拆除以后，发包人实际上没有获得工程，即没有获利，所以不能结算工程款，承包人只能主张投入的人力物力损失，此时就要判断是谁的过错，如果双方都有过错，双方分担各自的责任。

（2）承包人是否享有优先权？

一般来说，就8层及以下的部分承包人享有优先受偿权。因为8层及以下是合法的建筑，合同有效，如果没有被拆除，应结算相应的工程款。并且8层及以下政府有补偿款，对政府补偿款可以优先受偿。因为优先受偿权一般理解为法定的抵押权，债权人在抵押物灭失或征用的情况下，对赔偿款、补偿款是有优先受偿的权利，而本案中8层及以下的部分相当于被政府征用。但也会存在问题，如何判断之前付的款项是属于9层以上还是8层及以下的呢？值得进一步思考。

（3）政府补偿行政审计对承包人是否具有约束力？承包人是否需要过程中参加行政审计？如何决策？

不需要参加。若建设单位向施工单位发送了相应的审计稿件，要求施工单位提意见。比如政府行政审计的结果是1个亿，原来的审价报告是1.5个亿，此时承包人无须提意见，因为除非另有约定，否则行政审计对承包人并没有约束力；并且，行政审计只解决现有的建筑物的价值，不解决发包人拖欠工程款导致的停误工损失问题。

第3条(《新施工合同司法解释一》第6条)　建设工程施工合同无效,一方当事人请求对方赔偿损失的,应当就对方过错、损失大小、过错与损失之间的因果关系承担举证责任。

损失大小无法确定,一方当事人请求参照合同约定的质量标准、建设工期、工程价款支付时间等内容确定损失大小的,人民法院可以结合双方过错程度、过错与损失之间的因果关系等因素作出裁判。

◎ **条文理解**

(1)第3条第1款(《新施工合同司法解释一》第6条第1款)规定适用于施工合同无效缔约过失责任(因合同无效本身所产生的损失赔偿法律责任)以及履行无效合同过程中因"违反"无效合同约定所造成的损失。

合同无效后的损失包括两类:一类是由合同无效本身导致的损失。其赔偿责任的法理基础是缔约过失责任,据此,所赔偿的损失应当仅限于信赖利益损失,即因信赖合同有效而发生的实际损失,而不包括可得利益损失,即合同正常履行时可获得的利益。在施工合同中,该类损失通常表现为招投标手续费用、合同备案费用等因缔约或准备履约过程中所产生的合理支出损失。另一类是在实际履约过程中发生的损失,通常表现为停窝工损失、工期延误导致的损失、工程质量导致的损失等与合同无效本身无关的损失。

由于本条款并未明确适用于上述哪一类损失,我认为,两类损失均可以适用本条款。但适用时需要注意"过错与损失之间的因果关系"这一构成要件的理解,区分导致合同无效的过错以及导致损失的过错,对于因合同无效导致的损失,应由导致合同无效的一方承担,对于与合同无效无关的损失,应当由实际造成损失的一方承担。

(2)第3条第2款(《新施工合同司法解释一》第6条第2款)规定了因"履行"无效施工合同导致的损失大小裁判参考因素。

①结合第2款(《新施工合同司法解释一》第6条第2款)语境,我们理解,不同于第1款中的"损失",包含两种损失类型,本条款的"损失"仅指实际履约过程因"违反"无效合同约定中发生的损失,不包括因合同无效导致的损失,即不包括缔约过失责任,过错因素也仅包含导致损失的过错,而不包括导致合同无效的过错。亦不是有效合同情形下的违约责任,而是依据诚信原则应当承担的责任。

②“损失大小无法确定”之“损失大小”，是指当事人主张损失大小的诉讼请求无法确定，而不是实际损失大小无法证明。

本条第2款(《新施工合同司法解释一》第6条第2款)所写“损失大小无法确定”，最后写的是“等因素作出裁判”，那就意味着“损失大小无法确定”是指损失大小的请求无法确定，然后最终由法院对此作出裁判。精准的表述应该是“损失大小的诉讼请求无法确定，人民法院可以结合双方过错程度、过错与损失之间的因果关系等因素作出裁判”。

③当事人请求参照合同约定的内容确定什么？损失大小吗？还是其他？实际上不是确定损失大小，而是确定“履行”无效合同的过错在于谁。

“质量标准、建设工期、工程价款支付时间等内容”，不能确定损失大小。那这些确定了什么？实际上是确定哪一方的过错以及过错程度。比如“工程价款支付时间”，发包人支付延误，则是发包人的过错导致了承包人停窝工损失。又如“建设工期”，工期延误，合同有效则按照违约金来主张；合同无效的话，约定工期1年，实际花费了2年，发包人请求损害赔偿，要参照合同约定的工期确定工期延误的过错。所以参照合同约定的这些内容是确定过错，而不是确定损失大小。

因此，通过上述分析可知，本条第2款(《新施工合同司法解释一》第6条第2款)的表意并不是很清晰，其真实的意思应理解为：损失大小无法确定，一方当事人请求参照合同约定的质量标准、建设工期、工程价款支付时间等内容确定损失大小的，人民法院可以参照合同约定确定双方过错程度，结合过错程度与损失之间的因果关系等因素作出裁判。

◎ 适用与思考

(1)适用于施工合同无效情形下当事人主张损害赔偿，第3条第2款规定是非缔约亦非违约责任，而是基于诚信原则的赔偿责任。

(2)损失大小可以参照合同约定的违约责任条款确定。这对于承包人来说，后果非常严重，在此前的司法实践中，若施工合同无效，施工企业请求支付工程款后，发包人一般不会提出逾期竣工违约损害赔偿之反诉，即使主张，一般也会因合同无效，难以得到支持。但是，本条规定出台后，在施工合同无效情形下，发包人可以依据该条款主张无效合同之损失赔偿请求。

(3)因承包人原因导致施工合同无效，因发包人原因导致工程停工，如何处理责任承担？依据第3条第1款(《新施工合同司法解释一》第6条第1款)还是第2款(《新施工合同司法解释一》第6条第2款)？

《原司法解释二理解与适用》中认为第 1 款(《新施工合同司法解释一》第 6 条第 1 款)是无效合同的缔约过失责任,第 2 款(《新施工合同司法解释一》第 6 条第 2 款)是基于诚信原则的赔偿责任,这两款不能混同。因承包人原因导致施工合同无效,根据第 1 款(《新施工合同司法解释一》第 6 条第 1 款)的规定,缔约过失责任当然由承包人承担;但如果履"约"过程中因发包人原因导致停工,根据第 2 款(《新施工合同司法解释一》第 6 条第 2 款),基于诚信原则来主张发包人承担停窝工损失。

◎ **瑕疵**

第 2 款(《新施工合同司法解释一》第 6 条第 2 款)实际规定的是:因"履行"无效施工合同产生,且提供了发生损失的证据,但损失大小无法证明,法院对损失大小诉讼请求的裁判依据,而非规定的损失大小无证据证明情况下的裁量办法。但第 2 款(《新施工合同司法解释一》第 6 条第 2 款)表述不精准,容易造成误解。

◎ **案例分析**

【案例 9】装饰工程石材纠纷案件(代理承包人)

▶基本案情

某装饰公司与石材供应商签订采购合同,因石材质量与合同标准严重不符,合同实际上未继续履行。后供应商就已经施工的石材但是因为质量问题被拆除主张货款,同时主张因合同未继续履行导致其存在成品、荒料、毛板积压等损失提起诉讼,向装饰公司索赔。

▶相关争议焦点

供应商的损失大小应当如何确定?

一审法院在否定了供应商损失相关证据的真实性与关联性后,却"酌定"支持石材供应商主张损失赔偿的 30%。"酌定"的狭义理解就是损失大小无法确定。

▶条文适用分析

一审法院否定了供应商损失相关证据的真实性和关联性,也就是说这些成品、荒料、毛板积压等损失,供应商提供的证据没有一个是真实或者能证明相应内容,法院全部否定。但法院在判决的时候,却"酌定"支持石材供应商主张的损失,法院支持货款请求没有问题,不作为争议,但是成品、荒料、毛板积压等损失,既然否定了所有证据的真实性与关联性,凭什么酌定支持供应商主张的 1000 万元损失的 30%呢?严格来讲,损失大小没有证据证明的话,从法律的角度来讲,就视为没有发生损失,没有发生损失怎么能够酌情来确定赔偿额呢?这样以后主张损失赔偿都不用举证证明损失了。这个裁判实际上是有问题的。

《原施工合同司法解释二》第3条第2款(《新施工合同司法解释一》第6条第2款)就很容易出现这一状况。该规定"可以结合双方过错程度、过错与损失之间的因果关系等因素作出裁判",而这些因素本身写得不清楚,所以裁判者的裁量权很大。

第4条(《新施工合同司法解释一》第7条)　缺乏资质的单位或者个人借用有资质的建筑施工企业名义签订建设工程施工合同,发包人请求出借方对建设工程质量不合格等因出借资质造成的损失承担连带赔偿责任的,人民法院应予支持。

◎ **条文理解**

出借资质的和借用资质的主体就建设工程质量不合格等因出借资质造成的损失承担连带赔偿责任。

◎ **适用与思考**

(1)本条适用于挂靠导致发包人损失的情形,包括施工合同项下的民事责任,不单单是质量问题造成的责任。但是,若发包人"明知"存在挂靠则也需要根据其过错分担部分责任。

(2)本条规定"因出借资质造成"这一因果关系实际上没有意义,原因在于《建筑法》第66条规定"建筑施工企业转让、出借资质证书或者以其他方式允许他人以本企业的名义承揽工程的……对因该项承揽工程不符合规定的质量标准造成的损失,建筑施工企业与使用本企业名义的单位或者个人承担连带赔偿责任"。该条并没有将出借资质与质量不合格损失具有因果关系及出借人具有过错作为出借方承担连带责任的前提条件。

(二)对司法裁判思路的影响

扩大裁判者的自由裁量权,当事人难以预判案件结果。

《原施工合同司法解释二》第3条(《新施工合同司法解释一》第6条)的影响就是扩大了法官的自由裁量权。因为条款本身表述存在瑕疵,故容易导致司法实践中理解不一,变相地扩大法官的自由裁量权。法官会依据个人理解作出裁判,可能将"损失大小无法确定",错误地理解为实际的损失大小无证据证明,而非理解为关于损失大小诉讼请求如何裁判,从而在一方不能举证证明损失大小的情况下,酌定损失大小;也可能会直接参照无效合同约定的违约责任条款裁判损失大小。

(三)对承包人提出的要求

《原施工合同司法解释二》第3条(《新施工合同司法解释一》第6条)对施工企业的影响是不利的,承包人应当:

(1)加强合同工期管理,按照要求严格申请顺延:第一,写明依据合同的第几条来申请顺延;第二,写明顺延多少天,不能简单写将影响工期;第三,要求对方签收并保留签收凭证。

(2)起诉主张工程款决策时,应该考虑即使合同无效,发包人也可能主张损害赔偿责任,因此需要评估是否可能承担以及承担多少工期违约金或者损害赔偿责任。

六、关于工程鉴定的规定及影响

(一)鉴定中常见两类问题,与裁判权的行使有关,但是《原施工合同司法解释一》和《原施工合同司法解释二》均没有规定

1. 关于鉴定意见,鉴定单位应当给出某种确定的鉴定意见,还是应当列出争议项所对应的不同意见,由裁判者做出选择?

建设工程的鉴定报告一般有一个确定性的意见或者无争议的意见,有争议项一般会给出两种以上不同的意见,这种情况很常见。我们遇到一个鉴定有28项争议项,若将确定的结论与推断性的结论组合有28种以上的结论。这种做法实际上是鉴定机构“不越权”、不“以鉴代审”的体现,实践中相反的情况也经常发生,即鉴定机构直接对争议项给出确定性意见,实际已经超越了其职权范畴,是对审判权行使的不当“干扰”。防止“以鉴代审”,这是鉴定中比较核心的需要明确的问题,而《原施工合同司法解释一》和《原施工合同司法解释二》均没有规定。(相关问题的详细论述请见本书“建设工程司法鉴定实务”章节)

2. 倘若双方主张的鉴定依据不同,裁判者是否需要事先确定鉴定依据,然后再进行鉴定?

例如,存在中标合同与非中标合同,一方主张中标合同作为鉴定依据,另一方主张非中标合同作为鉴定依据,两个合同约定的价格是不一样的。这种情况

下，是否应当先确定鉴定依据，然后再进行鉴定？对此，最高人民法院没有规定。但北京市高级人民法院对这个问题是有规定的，其他的高级人民法院也有规定，可以参考。

《北京市高级人民法院关于审理建设工程施工合同纠纷案件若干疑难问题的解答》(2012年8月6日京高法发〔2012〕245号)第34条规定："工程造价鉴定中法院依职权判定的事项包括哪些？当事人对施工合同效力、结算依据、签证文件的真实性及效力等问题存在争议的，应由法院进行审查并作出认定。法院在委托鉴定时可要求鉴定机构根据当事人所主张的不同结算依据分别作出鉴定结论，或者对存疑部分的工程量及价款鉴定后单独列项，供审判时审核认定使用，也可就争议问题先作出明确结论后再启动鉴定程序。"

合同的效力当然由法院进行认定，结算的依据如到底按照中标合同还是非中标合同也是法院作出认定，还有签证文件到底有没有签收、能不能认定这个事实、效力怎么样，这些问题也应当由法院进行审查作出认定。上述第2个问题，如果在北京，当事人分别主张中标合同与非中标合同两种结算依据，则可以按照当事人的主张分别作出鉴定意见，而不是必须先由裁判者确定一种方案。北京市高级人民法院规定"对存疑部分的工程量及价款鉴定后单独列项"，也就是说鉴定单位要单独立项，鉴定工程量及价款是多少，但最终还是由裁判者进行认定。另外，北京市高级人民法院最后规定"也可就争议问题先做出明确结论后再启动鉴定程序"。我接触的案件中，没有哪个法院这么操作，这个规定实际上无法适用，为什么？例如，中标合同与非中标合同合同价款相差7500万元，没有法官在庭审程序完成前敢先行作出认定。所以，虽然存在该规定，但在实践中裁判者基本不会适用。

当然，对于存疑部分的工程量、工程价款单独立项，然后审核确认，而不是只给一个鉴定意见，实际上解决了这一问题。鉴定单位把存疑部分单独列出来，同时也要把相应的数字算出来，不能不算数字，不算数字的话，在某种程度上对承包人这一方不公平，同时，因为没有数字，裁判者也无法衡量裁判，所以在这样的情况下，鉴定单位要对存疑部分单独立项，并且要把不同意见对应的数字算出来，供裁判者裁判，这样才是合理的。这个就叫取舍原则，也就是指鉴定报告里的内容哪些能用，哪些不能用，由裁判者作出判断，原因就在于工程造价鉴定与一般的鉴定不一样，前者包含了裁判权的行使，鉴定依据是裁判者说了算，这个就是裁判权，但是一般的鉴定里面不涉及裁判权的行使，所以取舍原则是工程造价司法鉴定特有的原则。

由此可见，鉴定单位可以不给出明确的结论；当事人主张不同的鉴定方案，这些鉴定方案可以都进行鉴定，而不是必须先确定一个鉴定方案（实际上也是确定不了的）。

（二）相关规定、理解及适用

> 第12条（《新施工合同司法解释一》第29条）　当事人在诉讼前已经对建设工程价款结算达成协议，诉讼中一方当事人申请对工程造价进行鉴定的，人民法院不予准许。

◎ 条文理解

（1）本条是关于当事人在起诉前已达成结算协议后不准许鉴定的规定。

（2）已有结算协议，就结算价款为多少之待证事实，就没有必要通过鉴定予以确定，另外，倘若鉴定，则违背了诚实信用原则。

①根据《民诉法司法解释》第121条的规定，当事人提出鉴定申请的，人民法院需要就鉴定事项对证明待证事实有无意义，即鉴定的必要性进行审查。此时，因为已经有了结算协议证明结算金额，当事人提出的鉴定申请已无意义。

②若当事人已经就工程价款结算达成了协议，表明当事人已自愿达成结算合意，根据诚实信用原则，当事人应遵循结算协议并履行。例如一方当事人在诉讼中又申请对工程造价进行鉴定的，相当于推翻双方已经达成的结算协议，违反诚实信用原则。

（3）如何理解"建设工程价款结算"？

"建设工程价款结算"主要指建设工程竣工结算以及合同解除后的结算。

（4）如何理解"结算协议"？对建设工程价款"达成协议"还是"确认"？

"结算协议"应是一份协议，而非对建设工程价款的确认；也不是原合同中的结算和清理条款，而系一份独立的协议，效力一般不受原合同效力的影响。

（5）结算协议存在无效或者被撤销是否使用该条？

本条规定适用的前提在于结算协议有效的情形，如果结算协议存在被认定为无效或者被撤销的情形，则结算协议确定的结算价款并不具有拘束力，此时仍需要通过鉴定确定结算价款，故不再适用本条规定。

◎ 适用与思考

什么叫对结算达成协议？这个表述存有问题。比如拖延的结算，双方协商一下,你什么时候结算做完,这个算结算协议吗?约定什么时候做完,这个能作为裁判的依据吗?做完是可以的,作为违约依据来算,但是数字没有,没有数字,怎么不允许当事人申请鉴定呢?显然什么是结算协议大家是有争议的,实际上真实意思是指什么?比如经过审核以后,本来承包人认为 1.2 个亿,发包人认为 1.1 个亿,后来大家协商一下,就按 1.15 个亿来确定,这个结算协议才有意义,因为价款确定了,否则理解为宽泛的结算协议是没有任何意义的,价款没确定怎么裁判?

有个高级人民法院的审判法官,在一个一审案件里面,他对当事人申请 BT 合同项下工程造价的鉴定不予准许,原因是他认为 BT 合同对价款已经达成了协议。这个法官的观点是荒谬的,BT 合同里的价款已经达成协议,那是合同的约定,但是价款到底是多少,当然要鉴定了。被告提出来 BT 合同价款已经约定就相当于结算协议,所以不予鉴定,然后法院选用了《原施工合同司法解释一》第 16 条第 1 款(《新施工合同司法解释一》第 19 条第 1 款)"当事人对建设工程的计价标准或者计价方法有约定的,按照约定结算工程价款"的规定。法官据此认为,既然双方当事人已经约定了计价办法,那就按照约定来,所以不予鉴定。这其实很荒谬的,实际上是对这两个条款的误读。所谓的计价标准或者计价方法,是按照何种定额计价还是按照清单计价的确定结算价款的结算方式,约定了计算方法并不意味着结算价款就确定了,更不属于"结算协议",此时如果对结算价款有争议,仍需要通过鉴定确定价款,只不过鉴定时需要依据合同的计价方法计算价款而已。

> 第 13 条(《新施工合同司法解释一》第 30 条)　当事人在诉讼前共同委托有关机构、人员对建设工程造价出具咨询意见,诉讼中一方当事人不认可该咨询意见申请鉴定的,人民法院应予准许,但双方当事人明确表示受该咨询意见约束的除外。

◎ 条文理解

(1)本条是关于一方当事人不认可诉前咨询意见准许鉴定以及双方认可之例外之规定。

(2)咨询意见的性质为书证的一种,但不属于鉴定意见,不具有司法鉴定意见的效力。

当事人在诉讼前共同委托有关机构、人员对建设工程造价出具的意见,本质上属于专业咨询意见，不属于《民事诉讼法》第63条规定的鉴定意见，不具有司法鉴定意见的效力。进入诉讼后，一方当事人不认可之前的造价咨询意见而申请鉴定的，人民法院原则上应予准许。

（3）如何理解"双方认可的除外"？

《原司法解释二理解与适用》载明：当事人只是就共同委托有关机构、人员出具咨询意见这一事项本身达成了一致，并不等于双方当事人订约时已经同意接受将来的工作成果。[①] 我们也认为，条文中载明"双方当事人明确表示受该咨询意见约束的除外"，明确表示同意指向的对象应为咨询意见，而非双方共同委托出具咨询意见之行为。

◎ 适用与思考

在诉讼之前，发包人往往会委托鉴定机构出具审查报告，有双方委托的也有一方委托另一方同意的，所以"共同委托"这个表达实际上不是很好，"共同委托"实际上较少，主要是发包人委托，承包人也同意，然后出具了咨询意见。"诉讼中一方当事人不认可该咨询意见申请鉴定的，人民法院应予准许"，也就是说审价单位出具了咨询意见，如果在诉讼中一方不认可，应当准许鉴定。"但双方当事人明确表示受该咨询意见约束的除外"，这个代表什么意思？一般的审价报告出来了以后，会遵循双方的意见，然后确定好了以后有个审定单，实际上发包人、承包人、鉴定机构都在审定单上盖章，这个就明确表示受该咨询意见的约束，在这样的情况下才能够不予鉴定。因为有审定单，表示当事人已经认可该咨询意见。

法院为什么要写这么一条？实际的意义在于：中国建设工程造价协会、住建部都出台了"鉴定规范"，规范里还包括举证、质证的等规定。但是，咨询机构依据这些规范作出的咨询意见并不是司法鉴定意见，不具有司法鉴定意见的效力，否则，如果把它理解为是一种司法鉴定意见，那么除法定不能作为认定事实依据的情形外，法院就可以直接将咨询意见作为依据，是不合理的。所以，本条意在说明咨询意见与司法鉴定意见存在本质的区别，咨询意见不能代替司法鉴定意见，除非双方当事人"明确表示受该咨询意见约束的"，咨询意见才可以作为裁判依据。

---

① 参见最高人民法院民事审判第一庭：《最高人民法院建设工程施工合同司法解释（二）理解与适用》，人民法院出版社2019年版，第299页。

第14条(《新施工合同司法解释一》第32条)　当事人对工程造价、质量、修复费用等专门性问题有争议,人民法院认为需要鉴定的,应当向负有举证责任的当事人释明。当事人经释明未申请鉴定,虽申请鉴定但未支付鉴定费用或者拒不提供相关材料的,应当承担举证不能的法律后果。

一审诉讼中负有举证责任的当事人未申请鉴定,虽申请鉴定但未支付鉴定费用或者拒不提供相关材料,二审诉讼中申请鉴定,人民法院认为确有必要的,应当依照民事诉讼法第一百七十条第一款第三项的规定处理。

◎ 条文理解

(1)第1款规定了人民法院针对司法鉴定的释明义务。

有关工程造价、质量、修复费用等内容属于专门性问题,通常需通过司法鉴定予以查明。司法实践中,人民法院认为当事人提交的证据仍不充分时,应当依据职权向当事人进行释明,告知当事人有必要申请司法鉴定,并说明不申请司法鉴定的法律后果。如果当事人经释明后仍不申请鉴定,或者申请鉴定后不支付鉴定费用、不提供相关材料,导致鉴定程序根本无法推进时,人民法院可以判定由该当事人承担举证不能的不利后果。

(2)第2款规定了一审不申请鉴定,二审再申请鉴定时如何处理。

一审中当事人未申请鉴定,二审又申请鉴定的,如果鉴定的事项与案件基本事实有关,且不鉴定无法查明相关事实时,二审应同意鉴定申请。具体处理上,二审法院可以依照《民诉法》第170条第1款第3项的规定,或以事实不清为由发回一审重审,并由一审组织司法鉴定,或在双方同意的情况下,直接委托鉴定。

(3)鉴定有负有举证责任的当事人提出申请,鉴定材料是否也由负有举证责任的当事人一方提供呢?

不是,当事人双方均有提供材料的义务。2019版《民事证据规则》第96条规定:"一方当事人控制证据无正当理由拒不提交,对待证事实负有举证责任的当事人主张该证据的内容不利于控制人的,人民法院可以认定该主张成立。"因为有的材料在发包人处,有的在承包人处,若某一方不配合提供其掌握的材料,致使某一争议事项无法进行鉴定的,根据《民事诉讼证据规定》第96条的规定,拒不提供材料的。一方应当承担不利后果。

◎ **适用与思考**

(1)本条第2款适用的前提是,一审未曾向当事人作出释明。

《民诉法》第170条第1款第3项规定:"……(三)原判决认定基本事实不清的,裁定撤销原判决,发回原审人民法院重审,或者查清事实后改判。"依照该项规定处理,也就是说,一审不申请鉴定,二审再申请鉴定是可以的,二审法院可以发回重审,也可以查清事实后改判。当然,如果一审法院已经明确告知当事人对待证事实需要鉴定,以及不申请鉴定可能承担举证不能的不利后果后,当事人一审还是不申请鉴定或者发生未支付鉴定费用或者拒不提供相关材料的情况,那二审可不可以再申请鉴定?我们倾向于认为,依法应是不予准许鉴定。因为,在法院已经释明的情况下,负有举证责任的当事人仍不提出鉴定,从举证责任角度而言,意味着其放弃对相关事实的举证,承担举证不利后果,法院根据证据规则作出事实认定,从法律层面,事实已经查明,而并不属于"基本事实不清",也就不存在需要再通过鉴定查清事实的情况,对于鉴定申请应不予准许。

(2)为何未提及工期顺延鉴定?工期延误损失鉴定?停窝工损失鉴定?工程索赔鉴定?

为什么没有提及工期顺延鉴定,原因在于,没有哪个单位有鉴定工期顺延的资质,且工期顺延更多的是事实认定问题,而非主要涉及专门性问题。工期延误损失鉴定、停误工损失鉴定、工程索赔鉴定为什么没有写?这个是可以的,比如因发包人导致停工,有几个工人,费用多少,当然要鉴定了,我认为这部分鉴定可以在"工程造价"或者"等"字里面体现。

> 第15条(《新施工合同司法解释一》第33条)　人民法院准许当事人的鉴定申请后,应当根据当事人申请及查明案件事实的需要,确定委托鉴定的事项、范围、鉴定期限等,并组织双方当事人对争议的鉴定材料进行质证。

◎ **条文理解**

本条是关于确定鉴定事项、范围、期限等及关于有争议的鉴定材料质证的规定。

◎ 适用与思考

若要鉴定，鉴定事项都要确定下来，这样才能促进鉴定效率的提高，否则一般的工程造价鉴定两年三年都有，把事项、范围、期限确定好，那就比较快，也有利于提高审判效率，避免鉴定意见偏离审判目的。本条没有写法院应当确定鉴定依据，因为如果双方对鉴定依据有争议，例如对以哪份合同作为鉴定依据有争议，在判决之前，法院无法先行确定，所以要等多种结论出来了以后再综合进行判定，此问题前文已经阐述，此不赘述。

"并组织双方当事人对争议的鉴定材料进行质证"，这个条款实际上意义不大。此前江苏、福建以及浙江等地高级人民法院指导意见，都要求对鉴定材料进行举证质证，但是这个工作量实际上是相当大的。这有没有意义？也有，但是不是很大，我们有一个案子，在中级人民法院就鉴定材料进行举证质证，然后补充进行了六次，花了六天的时间。为什么说对有争议的鉴定材料进行举证质证意义不大？原因就在于从司法实践来看，法院不会在鉴定材料质证阶段对证据能否采纳作出认定，即使举证质证时鉴定单位也到场，也只是将双方的意见告知了鉴定人。所以，为了提高鉴定的效率，不是对争议的鉴定材料当庭进行举证质证，而是通过发表书面质证意见并将质证意见移交给鉴定单位的方式进行，而且，不能仅对有争议的鉴定材料进行质证，对没有争议的材料也要确认下。所以，实际上所有的鉴定材料都要进行举证质证，但是不可能当庭判断，而是等鉴定报告作出之后，针对有争议的事项再把鉴定材料拿出来进行质证并作出判断。

第16条（《新施工合同司法解释一》第34条）　人民法院应当组织当事人对鉴定意见进行质证。鉴定人将当事人有争议且未经质证的材料作为鉴定依据的，人民法院应当组织当事人就该部分材料进行质证。经质证认为不能作为鉴定依据的，根据该材料作出的鉴定意见不得作为认定案件事实的依据。

◎ 条文理解

本条是关于人民法院应当对鉴定意见组织质证的规定。

◎ 适用与思考

如果我们认为鉴定机构应当出具一个确定的意见，这样鉴定意见的质证可能就流于形式了，因为只有一个鉴定意见，那就意味着，鉴定意见作出之后，裁判者对它的依赖度很高。实际上在工程价款纠纷案件里面,对鉴定报告的质证是非常重要的,从当事人的角度来讲,能不能推翻就看怎么来质证了,有没有相应的证据,有没有计算的依据。当然,从裁判者的角度来讲,法官和仲裁员也不能过分依赖于鉴定意见。

第二讲　针对《新施工合同司法解释一》中优先受偿权相关条款的解读和探索

优先受偿权是承包人将建设工程变现所得价款用以优先清偿自身建设工程价款债权的权利。在发包人占据主导地位的建筑市场，优先受偿权已成为承包人实现自身债权的"防御底线"。《民法典》第807条对该权利作出原则性规定，最高人民法院配套出台《新施工合同司法解释一》，尽管该司法解释用八个条文来细化建设工程优先受偿权的原则性规定，但仍有大量问题有待解决。我们将通过"解读"与"拓展"的形式对上述条文进行逐条分析，并对其中尚未明确但在实践中存在较大争议的问题作进一步探讨。

一、优先受偿权的权利主体

（一）相关条文

第35条　与发包人订立建设工程施工合同的承包人，依据民法典第八百零七条的规定请求其承建工程的价款就工程折价或者拍卖的价款优先受偿的，人民法院应予支持。

（二）条文解读

第35条规定了优先受偿权的权利主体，该条的要点在于"与发包人存在合同关系"及"施工合同的承包人"。

首先，由于优先受偿权以建筑工程作为客体，在"发包人"通常是建设单位、建设单位通常是建设工程所有权人的情况下，为避免因行使优先受偿权（处分建设工程）而影响物权人的合法权益，该条款将权利主体限定为"与发包人（通常情况下的建设工程所有权人）存在合同关系"的承包人，通过合同相对性避免影响无过错物权人的合法权益。

其次,《民法典》第 807 条规定优先受偿权的初衷在于解决长期存在的拖欠工程款问题,并最终着眼于保障建筑工人的劳动报酬。在与发包人存在建设工程合同关系的承包人中,勘察人和设计人的报酬并不涉及建筑工人工资,但施工人工程款债权的实现则与工人报酬紧密相关,故本条将权利主体限定为施工人。

(三)条文拓展

本条采用了准许型规范形式,是否可通过反对解释,认定“与发包人签署施工合同的承包人”以外的其他主体均不享有优先受偿权?对于任意性规范为主、法无禁止则自由的民法而言,反对解释至少在逻辑层面不能成立。因此,仍需对“其他承包人是否能享有优先受偿权”进行漏洞补充。

1. 勘察人和设计人是否能享有优先受偿权

基于“条文解读”部分的分析,勘察人和设计人不享有优先受偿权。

2. 分包人是否能享有优先受偿权

施工人可以将专业工作和劳务工作分包给专业分包、劳务分包,以总承包人的身份负责主体结构施工和分包管理,此时的常见签约模式包括以下两种:

第一,发包人、总承包人和分包人三方签订分包合同;

第二,总承包人与发包人签订施工总承包合同后,再与分包人签订分包合同。

第一种分包模式中,分包人与发包人直接建立合同关系,符合第 35 条的规定,分包人当然可以享有优先受偿权。第二种分包模式中,发包人、总承包人和分包人形成权利义务的传递关系,但分包人并未与发包人成立合同关系。根据合同相对性原则,在分包工程债权未获清偿的情况下,分包人应当向总承包人主张权利,而不应直接向发包人行使优先受偿权,故不宜赋予第二类分包以优先受偿权。

值得检讨的是,分包工程款同样涉及建筑工人工资支付问题,且分包人的市场竞争地位甚至低于总承包人,仅以“未与发包人建立合同关系”为由剥夺分包人的优先受偿权,这种规定过于严苛。对此,我们认为存在如下补救路径,并同时希望立法机关、最高人民法院做出一定回应:

第一,如果由于发包人未向总承包人支付工程款,导致分包工程债权未被清偿，则应对《民法典》第535条[①]进行扩大解释，允许将优先受偿权作为代位权客体，并允许分包人通过代位权诉讼的方式向发包人行使该权利。根据最高人民法院王毓莹法官对《原施工合同司法解释二》第25条（《新施工合同司法解释一》第44条[②]）的解读，实际施工人可根据第44条，在转包人或违法分包人怠于行使权利的情况下，代位行使优先受偿权。

第二，如果发包人已经向总承包人支付了工程款，但总承包人未向分包人支付，分包人则不应向发包人主张权利。但在总承包人债务较多，影响分包工程款债权实现的情况下，是否可以在未付分包工程款的范围内和一定期限内，允许分包人就总承包人的财产优先受偿？这固然符合《民法典》第807条的立法目的，但会对总承包人的其他债权人利益造成严重影响，需要由立法机关或最高人民法院专门作出规定。

应当说明的是，上述分析仅针对"总-分包"关系。如果专业工程系由发包人直接发包（平行发包），承包单位直接构成承包人，可依法享有优先受偿权。

3. 工程总承包人是否能享有优先受偿权

工程总承包模式中，发包人可将与工程建设相关的大部分甚至全部工作授予同一承包人并与其签订建设工程合同。工程总承包合同中，承包人的工作范围涵盖了设计、施工、采购甚至试车等与建设工程有关的大部分事项，几乎完全覆盖了施工合同的承包范围。赋予施工合同承包人优先受偿权的理由（增值理论、保障建筑工人工资）同样可以用于工程总承包人：因承包人投入劳力、技术、材料，形成或增加不动产的价值，且涉及建筑工人工资保障问题，该等劳动价值应当获得法律的优先保护。即使两类合同因承包范围差异而有所不同，最多也就影响优先受偿权的担保范围（将在下文分析），而不应影响工程总承包人享有该项权利。最高人民法院民一庭在《原司法解释二理解与适用》中表达了同样的观点。[③]

---

① 《民法典》第535条规定："因债务人怠于行使其债权或者与该债权有关的从权利，影响债权人的到期债权实现的，债权人可以向人民法院请求以自己的名义代位行使债务人对相对人的权利，但是该权利专属于债务人自身的除外。代位权的行使范围以债权人的到期债权为限。债权人行使代位权的必要费用，由债务人负担。相对人对债务人的抗辩，可以向债权人主张。"

② 《新施工合同司法解释一》第44条将《原施工合同司法解释二》第25条修改为："实际施工人依据民法典第五百三十五条规定，以转包人或者违法分包人怠于向发包人行使到期债权或者与该债权有关的从权利，影响其到期债权实现，提起代位权诉讼的，人民法院应予支持。"

③ 参见最高人民法院民事审判第一庭：《最高人民法院建设工程施工合同司法解释（二）理解与适用》，人民法院出版社2019年版，第365~366页。

4. 实际施工人是否能享有优先受偿权

最高人民法院民一庭在《原司法解释二理解与适用》中认为《原施工合同司法解释二》明确了实际施工人不享有优先受偿权。[①] 但基于对《原施工合同司法解释二》的理解，作者倾向于认为：未与发包人建立合同关系的实际施工人不享有优先受偿权，与发包人建立了合同关系（包括签订书面施工合同和形成事实合同关系两种情形）的挂靠人享有优先受偿权，但应以被挂靠人的名义向发包人行使。

为区分合法与违法的承发包关系，《原施工合同司法解释一》创设了"实际施工人"的概念，用以指代无效合同的承包人，如转承包人、违法分包合同的承包人、没有资质借用有资质的建筑施工企业的名义与他人签订建设工程施工合同的承包人。《新建设工程司法解释一》延用了这一概念。

由于《新建设工程司法解释一》第35条将"与发包人建立合同关系"作为享有优先受偿权的前提，转承包人、违法分包合同的承包人、未与发包人签订施工合同的挂靠人，显然均不享有优先受偿权。但对于已与发包人签订施工合同的挂靠人，我们倾向于认为应当赋予其优先受偿权，主要有以下三点理由：

第一，《原施工合同司法解释一》虽然创设了"实际施工人"的概念，但并未严格区分使用"承包人"和"实际施工人"的表述，没有把"承包人"的概念限定为"有效施工合同的承包人"。在该解释的第2、3条（对应《民法典》第793条[②]）中，"承包人"显然包括了违法承发包关系中的"实际施工人"。基于同样的逻辑，不能认为《新建设工程司法解释一》第35条中的"承包人"仅指合法承发包关系中的承包人。因此，不能仅从文义解释的角度，得出"所有实际施工人均不享有优先受偿权"的结论。

---

① 参见最高人民法院民事审判第一庭：《最高人民法院建设工程施工合同司法解释（二）理解与适用》，人民法院出版社2019年版，第367~371页。

② 该条规定已经被《民法典》第793条吸收，故未被纳入《新施工合同司法解释一》。《原施工合同司法解释一》第2条规定："建设工程施工合同无效，但建设工程经竣工验收合格，承包人请求参照合同约定支付工程价款的，应予支持。"《原施工合同司法解释一》第3条规定："建设工程施工合同无效，且建设工程经竣工验收不合格的，按照以下情形分别处理：（一）修复后的建设工程经竣工验收合格，发包人请求承包人承担修复费用的，应予支持；（二）修复后的建设工程经竣工验收不合格，承包人请求支付工程价款的，不予支持。因建设工程不合格造成的损失，发包人有过错的，也应承担相应的民事责任。"《民法典》第793条规定："建设工程施工合同无效，但是建设工程经验收合格的，可以参照合同关于工程价款的约定折价补偿承包人。建设工程施工合同无效，且建设工程经验收不合格的，按照以下情形处理：（一）修复后的建设工程经验收合格的，发包人可以请求承包人承担修复费用；（二）修复后的建设工程经验收不合格的，承包人无权请求参照合同关于工程价款的约定折价补偿。发包人对因建设工程不合格造成的损失有过错的，应当承担相应的责任。"

第二,《原施工合同司法解释二》不再将"合同有效"作为享有优先受偿权的条件。《原司法解释二理解与适用》在论述"实际施工人均不享有优先受偿权"时,援引了《2011年全国民事审判工作会议纪要(征求意见稿)》第29点"因违法分包、转包等导致建设工程合同无效的,实际施工人请求依据合同法第二百八十六条规定对建设工程行使优先受偿权的,不予支持"的观点,据此认为应将"建设工程合同有效"作为享有优先受偿权的条件。[①] 这一思路显然与《原施工合同司法解释二》第17条不符。且《新施工合同司法解释一》第35条[②]延续了上述条文的思路,因此,不能再以会议纪要的征求意见稿曾有相反意见以否定"与发包人签订施工合同的挂靠人享有优先受偿权"的观点。

第三,尽管挂靠、出借资质属于违法行为,但实际施工人的工程款同样涉及建筑工人工资。在《原施工合同司法解释一》有条件地允许实际施工人参照无效合同进行结算、对发包人主张权利的情况下,最高人民法院已经在"保护实际施工人权利可能会变相鼓励挂靠或出借资质"与"不保护实际施工人权利则可能损害建筑工人合法权益"之间表明了立场。在理解《新施工合同司法解释一》时,应当坚持同样的立场,允许"与发包人签订施工合同的挂靠人"以被挂靠人名义行使优先受偿权。这种情形并未违反合同相对性原则,也符合《民法典》第807条保障建筑工人工资支付的立法目的。

应当说明的是,以上论述仅代表作者的个人观点。《原司法解释二理解与适用》虽然代表了最高人民法院立场,具有一定的权威性,但是,该官方文献既不是司法解释,也不属于对司法机关具有约束力的法源,仅仅是分析和理解法律条文的参考。对于相关司法解释中规定不明或未予规定的事项,仍应从文义、体系、历史、目的等多个维度进行解释,而不应拘泥于官方文献中的观点。

5. 建设工程价款债权让与时的受让人是否能享有优先受偿权

对于优先受偿权是否与工程款债权一同移转的问题,《原施工合同司法解释二》并未作出明确规定,最高人民法院也未在《原司法解释二理解与适用》中给出明确结论。在我们看来,无论将优先受偿权定性为法定抵押权还是法定优先权,因其效力在于担保某一债权(工程价款债权)的优先受偿,且权利客体直接指向物,对其适用担保物权的一般规则应不存在问题。由于"从属性"是担保

① 参见最高人民法院民事审判第一庭:《最高人民法院建设工程施工合同司法解释(二)理解与适用》,人民法院出版社2019年版,第371页。

② 《新施工合同司法解释一》第35条将《原施工合同司法解释二》第17条中的"根据合同法第二百八十六条"修改为"依据民法典第八百零七条",其余内容均无变化。

物权的重要特征，担保物权在原则上应当与主债权一并转让，优先受偿权也不能例外。故当建设工程价款债权发生转让时，优先受偿权随之转让，受让人可以据此享有优先受偿权。

承包人转让工程价款债权一般是有偿的，承包人从受让人处获得转让对价，与从发包人处获得工程款不存在实质性差异，两类款项均可用于支付建筑工人工资，且都存在被承包人挪用的风险。允许优先受偿权跟随主债权一并转让，并不实质性地增加"建筑工人工资无法及时、足额支付"的风险。

在承包人无偿或以不合理低价转让工程价款债权的情况下，建筑工人可以通过行使债权人撤销权的方式撤销债权转让行为，且该等债权转让行为一般会因为涉及"通谋虚伪"和"恶意串通损害第三人利益"会被认定为无效。债权转让协议被认定为无效或被撤销后，优先受偿权仍由承包人享有，不影响建筑工人获得工资。

由此可见，无论何种情形，允许优先受偿权与工程款债权一并转让，均不违背"通过优先受偿权保障建筑工人获得劳动报酬"的立法目的。因此，建设工程价款债权让与时，应当肯定债权受让人作为优先受偿权权利主体的资格。

6. 建设工程被转让时，承包人是否能享有优先受偿权

由于优先受偿权具有担保物权的性质，应按照担保物权的追及力特性，认定优先受偿权不因建设工程的转让受到影响。当然，如果受让方是支付了全部或大部分对价的消费者，则优先受偿权不可对抗该类主体。

二、优先受偿权的法定优先权属性

（一）相关条文

第 36 条　承包人根据民法典第八百零七条规定享有的建设工程价款优先受偿权优于抵押权和其他债权。

（二）条文解读

该条规定吸收了最高人民法院《关于建设工程价款优先受偿权问题的批复》（法释〔2002〕16 号）第一点的内容："人民法院在审理房地产纠纷案件和办理执行案件中，应当依照《中华人民共和国合同法》第二百八十六条的规定，认定建筑工程的承包人的优先受偿权优于抵押权和其他债权。"该条明确了在同一建设工程上发生权利冲突时，建设工程价款优先受偿权、抵押权和其他债权

的权利顺位。

根据《民法典》的规定,建设工程价款优先受偿权无须登记即发生法律效力(实际上也无法办理登记手续),且该制度的价值又在于保障建设工人的劳动报酬,该立法意图和制度设计也决定了法定优先权应当优先于约定抵押权。[①]

最高人民法院《关于人民法院办理执行异议和复议案件若干问题的规定》(法释〔2020〕21 号)第 27 条的思路也符合上述分析:“申请执行人对执行标的依法享有对抗案外人的担保物权等优先受偿权,人民法院对案外人提出的排除执行异议不予支持,但法律、司法解释另有规定的除外。”该条中的“法律”包括《民法典》第 807 条规定的建设工程价款优先受偿权。根据该规定,承包人以其享有建设工程价款优先受偿权为由提出执行异议的,可以对抗申请执行人的不动产约定抵押权。

三、优先受偿权的权利客体

(一)相关条文

第 37 条　装饰装修工程具备折价或者拍卖条件,装饰装修工程的承包人请求工程价款就该装饰装修工程折价或者拍卖的价款优先受偿的,人民法院应予支持。

第 38 条　建设工程质量合格,承包人请求其承建工程的价款就工程折价或者拍卖的价款优先受偿的,人民法院应予支持。

第 39 条　未竣工的建设工程质量合格,承包人请求其承建工程的价款就其承建工程部分折价或者拍卖的价款优先受偿的,人民法院应予支持。

(二)条文解读

作为一项具有物权特征的担保权利,优先受偿权通常以建设工程作为权利客体,但针对不同情形下主张该项权利的主体和建设工程的不同状态,《原施工合同司法解释二》对优先受偿权的客体作出了不同的规定。就常态而言,对于竣工验收合格的建设工程,承包人可就工程折价或拍卖的价款优先受偿(第 38 条)。此处“工程”应至少被理解为在建成后能独立发挥生产能力或使用功能,

① 参见中国建设工程法律评论第四工作组编著:《建设工程优先受偿权》,法律出版社 2017 年版,第 140~141 页。

且具备独立转让之可能性的单项工程，且不限于承包人实际负责的工程部分。特殊情况下，如果建设工程质量合格但未竣工（质量合格的烂尾工程），承包人仅能以其所承建工程部分折价或拍卖的价款优先受偿（第39条），对于其他工程部分则不能主张行使优先受偿权。这与烂尾工程涉及较多债权债务纠纷（且往往涉及发包人破产）有关，如果允许承包人以全部工程行使优先受偿权并优先受偿，将引起发包人债权人之间的不平等受偿。此外，如果承包人仅承建装饰装修工程，行使优先受偿权也以其所承建装饰装修工程部分的变现价款为限（第37条）。

此外，由于《民法典》第807条将"根据性质不宜折价、拍卖"的建设工程作为行使优先受偿权的除外情形，根据最高人民法院民一庭在《原司法解释二理解与适用》中认为，可参照原《物权法》第184条第3项（现《民法典》第399条第3项[①]）中有关"禁止抵押的财产范围"之规定，认定"学校、幼儿园、医院等以公益为目的的事业单位、社会团体的教育设施、医疗卫生设施和其他社会公益设施"不属于优先受偿权的客体，但该等机构的非公益性设施（如学校开办的宾馆、医院所开办的生产基地）并不受此限。[②]

（三）条文拓展

1. 土地使用权能否作为优先受偿权的客体

《建设工程司法解释二（征求意见稿）》第28条曾明确禁止将建设工程占用范围内的土地使用权作为优先受偿权客体："承包人请求对建设工程占用范围内的土地使用权享有优先受偿权的，人民法院不予支持"，而正式文本中却删去了该规定。是否可以据此认为最高人民法院的态度发生了变化？

首先，根据《民法典》第807条和最高人民法院相关司法解释，明确优先受偿权的客体仅限于建设工程和公路收费权，并不包括土地使用权。从语词内涵的角度分析，土地使用权与建设工程、公路收费权存在显著差异，除非存在特别的正当理由，否则不宜将土地使用权扩张解释为优先受偿权的客体。

其次，土地使用权的价值并非源于承包人的建筑服务，也不必然因为承包人的建筑服务得到提升，优先受偿权的增值理论并不必然证成土地使用权可以

---

① 《民法典》第399条第3项将《物权法》第184条第3项修改为"学校、幼儿园、医疗机构等以公益为目的成立的非营利法人的教育设施、医疗卫生设施和其他公益设施"。

② 参见最高人民法院民事审判第一庭：《最高人民法院建设工程施工合同司法解释（二）理解与适用》，人民法院出版社2019年版，第406页。

成为该权利的客体。

最后，从各地高级人民法院已出台的相关司法指导意见来看，浙江、广东、安徽、四川高级人民法院均反对将土地使用权作为优先受偿权的客体，浙江省高级人民法院甚至明确提出“实际操作中可对建设工程和土地使用权分开进行价值评估，确定各自在总价值中的比例，然后一并拍卖，拍卖成交后再确定建设工程承包人可以优先受偿的金额”。[①]

因此，笔者同样认为不宜将土地使用权作为优先受偿权的客体，且实践操作时可参考浙江省高级人民法院的思路确定承包人可以优先受偿的金额。

2. 违章建筑是否可作为优先受偿权的客体

违章建筑一般是指违反《土地管理法》《城乡规划法》等相关法律法规的规定而建造的建筑物和其他工作物。[②] 未取得建设工程规划许可证是建造违章建筑的典型情形之一，《建设工程司法解释二（征求意见稿）》曾将“未取得建设工程规划许可证或者未按照规划许可证的要求进行建设”作为不得行使优先受偿权的情形之一，但正式文本中删去了该内容。笔者认为，违章建筑能否作为优先受偿权的客体，主要考虑因素在于是否存在处分变现的可能性，这委实可由国土规划、不动产交易及登记等方面的法律法规予以规制，也不必由《新施工合同司法解释一》进行调整。因此，对于瑕疵仍可补正的违章建筑，应允许其在补正后作为优先受偿权的客体；对于瑕疵未及时补正或者合法合规性瑕疵显著以致无法补正的违章建筑，应以“实际不具有处分交易可能性”为由，不将其纳入优先受偿权客体范围。在争议解决程序中，建议将庭审辩论终结作为补正相关瑕疵的最终时点。

3. 与建设工程相关的补贴权、经营权、收费权能否作为优先受偿权的客体

《新施工合同司法解释一》有关优先受偿权客体的规定，在传统的工程实施模式下不存在太大的适用障碍。传统工程实施模式中：发包人是工程的建设单位和实际业主，具备一定资力并且是工程价款的最终责任主体；承包人不承担建设单位职能，仅提供建筑服务，并以发包人支付的工程价款作为服务对价。此时，承包人以建设工程作为客体，用于优先清偿发包人欠付的工程价款，不存在太大问题。

但实践中工程实施模式不断变化，特别在政府负有投资责任的公益性项目

---

① 《浙江省高级人民法院执行局关于印发〈执行中处理建设工程价款优先受偿权有关问题的解答〉的通知》（浙高法执〔2012〕2 号）。

② 参见周友军：《违章建筑的物权法定位及其体系效应》，载《法律适用》2010 年第 4 期。

中,BT(Build－Transfer,建设－转让)、委托代建、PPP(“Public－Private－Partnership”,政府与社会资本合作,含特许经营)等模式的运用更为广泛。与传统的工程实施模式相比,这些模式存在如下特点:(1)承包商不仅提供建筑服务,还会通过单独或合资设立项目公司的方式履行建设单位职责,但仍由政府方作为项目的最终业主;(2)建设单位通常不拥有建设工程的实际产权,且建设工程通常是具有社会公益性质且不适宜折价、拍卖的实体资产;(3)建设单位不具备独立的付款能力,工程价款最终源于政府支付的补贴、回购款,或通过政府特别授予建设单位的经营权、收费权得以实现。

在此情况下,如果拘泥于司法解释中的规定,一方面承包人并不能以建设工程作为客体实际行使优先受偿权,另一方面具有经济价值的政府补贴、回购款、经营权、收费权却不能用于保障工程价款的实现。此时,笔者认为应允许参照适用《关于公路建设单位对公路收费权是否享有建设工程价款优先受偿权以及建设工程价款优先权是否优于质权的请示的答复》(〔2005〕执他字第31号)的内容,即“车辆通行收费权是公路经营权中的主要内容,执行中可以转让收费权或者直接从所收费中提取款项。施工单位的优先受偿权应及于该收费权,可以从提取的款项中优先受偿”,从而允许承包人以建设单位在BT、委托代建、PPP项目中的补贴权、经营权、收费权等作为客体,就该等权利转让所得款项或直接行使该等权利所获款项,优先实现承包人的建设工程价款债权。

四、优先受偿权的担保范围

(一)相关条文

第40条　承包人建设工程价款优先受偿的范围依照国务院有关行政主管部门关于建设工程价款范围的规定确定。

承包人就逾期支付建设工程价款的利息、违约金、损害赔偿金等主张优先受偿的,人民法院不予支持。

(二)条文解读

对于优先受偿权的担保范围,《新施工合同司法解释一》规定以所承建工程的价款为限,改变了此前司法解释中限于“人员报酬、材料款等实际支出的费用”的观点,大大减轻了法官在审理优先受偿权案件时需要区分工程款中“人员报酬、材料款等实际支出的费用”与其他相关费用的负担。由于明确“工程价款”的具体范围与内涵是一项工程计价问题而非法律问题，最高人民法院将此交由国务院有关行政主管部门具体确定，并明确规定逾期付款利息、违约金和损害赔偿金不在优先受偿权的担保范围之列。

（三）条文拓展

根据《新施工合同司法解释一》，优先受偿权的担保范围是工程价款（不含逾期支付建设工程价款的利息、违约金、损害赔偿金），但具体涵盖的款项并不明确。“工程价款”的内涵固然是有待细化的工程计价问题，但垫资款、履约保证金、质量保证金、工程总承包项目中的勘察设计费用、BT 模式下的回购款等款项是否能被优先受偿，则仍属于应由立法机关或者最高人民法院做出回应的法律问题。

1. 垫资款、垫资利息

垫资施工在实践中主要表现为发包人不支付工程款，直至工程达到某形象进度或通过竣工验收。

由于垫资款已被实际用于建设工程，并已主要形成各类建安费用，江苏和浙江二省的司法指导意见均将承包人用于建设工程的垫资款纳入优先受偿权的担保范围。未来对司法解释进行补充时，应采纳相同的观点，即允许承包人就实际用于建设工程但未收回的垫资款行使优先受偿权。至于尚未用于建设工程的垫资款和垫资款利息，由于前者尚未形成工程价款，而后者实际属于借款利息，均不在“工程价款”之列，不应通过优先受偿权被优先清偿。

2. 履约保证金和质量保证金

通常情况下，履约保证金和质量保证金均不属于工程价款，通过优先受偿权主张该等款项不会获得法院认可（譬如，四川省高级人民法院明确拒绝将该等款项作为优先受偿权担保的债权）。例外情形：在预留工程价款作为履约保证金或质量保证金的情形中，履约保证金和质量保证金本身就是工程价款的一部分，此时主张返还该等保证金则应有权被优先受偿。

3. 工程总承包合同项下的勘察、设计费用

根据对司法解释的补充，笔者认为工程总承包人有权作为优先受偿权人，其有权行使优先受偿权以优先清偿被欠付的工程价款。作为总承包人工程价款的组成部分，勘察、设计费用自然也能获得优先受偿权的担保，最高人民法院

民一庭在《原司法解释二理解与适用》中观点能够与之相印证。[1]

4. BT 项目中的回购款

BT 项目一般由投资人自身负责项目建设,由回购人在建设费用的基础上加计一定投资回报作为回购款。因此,BT 合同通常会包含施工合同的大部分内容(工期、质量标准、计价规则等),BT 回购款也以工程价款为主要组成部分。在此基础上,至少对于回购款中与工程建设价款等额的部分,应允许 BT 投资人通过优先受偿权获得清偿。

五、优先受偿权的行使期限

(一)相关条文

第 41 条　承包人应当在合理期限内行使建设工程价款优先受偿权,但最长不得超过十八个月,自发包人应当给付建设工程价款之日起算。

(二)条文解读

作为一项法定的、不以登记作为成立要件的担保权,优先受偿权为权利人赋予了优于其他债权人的保护地位。为避免这一不具有公示性的权利对其他债权人造成过于不利的影响,实现各债权人之间权益保护相对平衡的格局,本条改变了《原施工合同司法解释二》以及最高人民法院《关于建设工程价款优先受偿权问题的批复》的观点,不再为优先受偿权规定较短的权利行使期限——6 个月,而是改为最长期限 18 个月。权利人应当在合理期限内行使优先受偿权,逾期未行使的,优先权消灭。这一修改有效回应了"6 个月行使期限过短"的司法困惑,具有一定的进步意义。但是,本条中的"合理期限"又存在法律适用上的不确定性,法院在判断"合理期限"问题上拥有了较大的裁量空间。

《民法典》第 807 条规定了承包人在行使优先受偿权的催告程序,《建设工程司法解释二(征求意见稿)》第 34 条曾将承包人书面催告作为行使优先受偿权的前置性程序(承包人行使优先受偿权的期限为 1 年,自承包人催告发包人给付工程价款期间届满之日起算;承包人未履行催告义务的,以发包人应当给付工程价款之日起算),正式文本删去了催告前置要件,直接以建设工程价款的

[1] 参见最高人民法院民事审判第一庭:《最高人民法院建设工程施工合同司法解释(二)理解与适用》,人民法院出版社 2019 年版,第 366 页。

应付时点作为优先受偿权行使期限的起算时点。《新施工合同司法解释一》延续了上述思路。

对于“应当给付建设工程价款之日”的内涵，在建设工程已经竣工时，应以建设工程实际竣工日期或合同约定的竣工日期中较晚者作为优先受偿权行使期限的起算日，但当事人约定的除质保金返还以外的付款期限尚未届满时，应以当事人约定的付款期限届满之日作为优先受偿权行使期限的起算日期。如果当事人对实际竣工日期有争议，则应按照《新施工合同司法解释一》第9条确定：(1)建设工程经竣工验收合格的，以竣工验收合格之日为竣工日期；(2)承包人已经提交竣工验收报告，发包人拖延验收的，以承包人提交验收报告之日为竣工日期；(3)建设工程未经竣工验收，发包人擅自使用的，以转移占有建设工程之日为竣工日期。如果建设工程合同履行过程被解除，参照江苏、广东等地高级人民法院司法指导意见，以合同实际解除之日作为建设工程价款的应付之日。

六、优先受偿权的合意排除

(一)相关条文

第42条　发包人与承包人约定放弃或者限制建设工程价款优先受偿权，损害建筑工人利益，发包人根据该约定主张承包人不享有建设工程价款优先受偿权的，人民法院不予支持。

(二)条文解读

在理论上，作为《民法典》赋予承包人用于担保建设工程价款债权的担保权利，优先受偿权可由权利人自行处分，承包人可与发包人达成放弃或限制优先受偿权的约定。只要不违反《民法典》中有关合同及法律行为无效的规定，这类约定原则上是有效的。在实践中，在长期处于买方市场的情况下，由于承包人往往处于远劣于发包人的市场竞争地位，且招投标制度进一步加剧了双方签订建设工程合同时的不平等地位，机械适用上述规则会导致承包人不得不接受“放弃或限制优先受偿权”的结果。这样的导向将最终致使承包人失去实现建设工程价款债权的“防御底线”，导致“保障建筑工人劳动报酬”的立法目的不能实现。

因此，最高人民法院采用了折中的方法，规定承包人可与发包人约定放弃或者限制建设工程价款优先受偿权,但相关约定如果损害建筑工人利益,则实际上会被法院认定为无效。本条规定延续了《原施工合同司法解释二》第23条的思路。对于"损害建筑工人利益"的具体内涵,《原施工合同司法解释二》并未作出详细解释。在最高人民法院民一庭编写的《原司法解释二理解与适用》提出"损害建筑工人利益"应当考虑"承包人这一行为是否影响其整体的清偿能力,要将承包人整体的资产负债情况以及现金流情况是否因此恶化到影响建筑工人工资支付的程度作为主要考虑因素"。对于判断构成损害的时点是作出约定时还是承包人主张行使优先受偿权时、"建筑工人"是否仅指农民工、"建筑工人利益"包含哪些内容等问题,均有待司法实践作出回应,但恐怕很难形成统一的司法观点。

如果承包人向发包人以外的主体承诺或与该等主体约定放弃或限制优先受偿权,则放弃或限制的效力只及于特定的主体,这与和发包人约定放弃或限制优先受偿权时发生普遍效力的后果是截然不同的,但如果该行为同样发生"损害建筑工人利益"的后果,笔者仍倾向于认为此时需要参照适用《新施工合同司法解释一》第42条以认定该类承诺或约定的效力。

第三讲　建设工程司法鉴定实务

建设工程施工合同纠纷案件主要有三类，即工程款纠纷、工期纠纷、工程质量纠纷。此外，若工程建设造成周边建筑物的损害，还存在侵权纠纷。而要处理好这些纠纷，往往涉及四类鉴定，分别是工程造价鉴定、工期鉴定、工程质量鉴定、安全事故鉴定。而工程质量鉴定，除了需要鉴定质量问题产生的原因，还要鉴定修复方案以及修复方案之工程造价。

是否需要鉴定，实施哪些鉴定，以及实施鉴定后的鉴定意见，往往决定着案件的最终裁判结果。笔者曾经中途代理一个工程款纠纷案件，按照财务交接会议纪要，被告需要支付原告工程款500余万元，但是按照工程造价鉴定意见，原告需要返还被告800余万元工程款，正反相差1300余万元。法官审理案件、代理人代理案件主要工作就是围绕司法鉴定展开。人们说，打官司就是打证据，而对于建设工程施工合同纠纷而言，打官司就是打“司法鉴定”。

但是，决定着建设工程纠纷案件裁判结果的司法鉴定却存在众多疑难问题，各地法院、仲裁委对这些疑难问题往往缺乏统一的认识，造成同案、类案不同鉴、不同判的情况，进而影响法院的司法权威。

笔者结合18年来专门从事建设工程诉讼代理的经验，总结了建设工程司法鉴定中存在的多个疑难问题，归纳了实践中对这些疑难问题的主要观点，并在此基础上，结合相关法律及司法解释，谈谈自己的看法。

一、关于司法鉴定启动的程序问题

（一）司法鉴定依当事人申请还是依职权启动

2019版《民事证据规则》第31条规定：“当事人申请鉴定，应当在人民法院指定期间内提出，并预交鉴定费用。逾期不提出申请或者不预交鉴定费用的，视为放弃申请。对需要鉴定的待证事实负有举证责任的当事人,在人民法院指定期间内无正当理由不提出鉴定申请或者不预交鉴定费用,或者拒不提供相关材料,致使待证事实无法查明的,应当承担举证不能的法律后果。”

该规定表明,负有举证责任的当事人应当提出鉴定申请。司法鉴定依当事人申请启动。若负有举证责任的当事人不申请,则应当承担举证不能的法律后果。

在当事人不申请鉴定的情形下,法院是否可以依职权启动鉴定?

对此问题,《民诉法》第 76 条规定进行了明确:“……当事人未申请鉴定,人民法院对专门性问题认为需要鉴定的,应当委托具备资格的鉴定人进行鉴定。”

一些地方法院在该规定的基础上作出了细化规定,例如,2015 年《江苏高院民一庭建设工程施工合同纠纷案件司法鉴定操作规程》(以下简称《江苏高院民一庭鉴定规程》)第 1 条规定:“建设工程司法鉴定的启动以当事人申请鉴定为主,人民法院依职权委托鉴定为补充。人民法院依职权委托建设工程司法鉴定一般应限于案件涉及国家利益、社会公共利益或他人合法权益的情形。”

该规定表明,在当事人不申请鉴定的情况下,法院可以在涉及国家利益、社会公共利益或他人合法权益等特殊情形下,依职权进行鉴定。

因此,关于司法鉴定是依当事人申请启动还是法院依职权启动的问题已经有了明确的结论,即原则上依当事人申请启动,当事人不申请,但法院认为涉及国家利益、社会公共利益或他人合法权益,需要鉴定的,应当依职权启动。

此外,尚未明确的问题是,法院如果依职权启动,鉴定费应由哪一方当事人预先支付呢?是否会出现应当承担举证责任的当事人因不愿或者没有能力预先支付鉴定费而不申请,留待法院依职权启动的情况呢?这些问题仍需要最高人民法院通过司法解释等方式予以明确。笔者认为,如果解决了鉴定费由哪一方当事人预先支付的问题,则需要法院依职权启动的情形会大大减少。即司法解释中可以规定:需要鉴定的,鉴定费用由案件当事人按同等比例预先支付,最终由责任方承担。

(二)法院对司法鉴定的释明义务

《新施工合同司法解释一》第 32 条第 1 款规定:“当事人对工程造价、质量、修复费用等专门性问题有争议,人民法院认为需要鉴定的,应当向负有举证责任的当事人释明。当事人经释明未申请鉴定,虽申请鉴定但未支付鉴定费用或者拒不提供相关材料的,应当承担举证不能的法律后果。”

该规定主要明确了法院对司法鉴定的释明义务。如果法院认为当事人提供的证据不足，需要通过鉴定查明有关事实的，应当依据职权向负有举证责任的当事人进行释明，告知当事人可以申请司法鉴定，并说明不申请司法鉴定的法律后果。如果当事人经释明后仍不申请鉴定，或者申请鉴定后不支付鉴定费用、不提供相关材料，导致鉴定程序根本无法推进时，人民法院可以判定由该当事人承担举证不能的不利后果。

(三)当事人一审不申请鉴定，二审申请鉴定应如何处理

在依当事人申请启动司法鉴定情形下，如果一审中当事人未申请鉴定，二审中却又申请鉴定，此时应当如何处理？

《新施工合同司法解释一》第 32 条第 2 款针对该问题进行了明确："一审诉讼中负有举证责任的当事人未申请鉴定，虽申请鉴定但未支付鉴定费用或者拒不提供相关材料，二审诉讼中申请鉴定，人民法院认为确有必要的，应当依照《民诉法》第 170 条第 1 款第 3 项的规定处理。"《民诉法》第 170 条第 1 款第 3 项规定："原判决认定基本事实不清的，裁定撤销原判决，发回原审人民法院重审，或者查清事实后改判。"

上述规定表明，一审中负有举证责任的当事人未申请鉴定，虽申请鉴定但未支付鉴定费用或者拒不提供相关材料，二审又申请鉴定的，如果鉴定的事项与案件基本事实有关，且不鉴定无法查明相关事实时，二审法院不应拒绝鉴定申请。具体处理上，二审法院可以裁定撤销原判决，以事实不清为由发回一审法院重审，并由一审法院组织司法鉴定，或者直接同意鉴定申请，委托鉴定，查明事实后改判。但是，笔者认为，发回重审并由一审法院组织司法鉴定更符合两审终审制度。

二、关于是否准许司法鉴定的评判标准问题

当一方当事人申请司法鉴定，法官通常会询问另一方当事人是否同意。若同意，则不存在司法鉴定是否准许的评判标准问题。但是，一般情况下，另一方当事人往往都会反对司法鉴定。此时，则需要法官作出是否准许的决定，这就涉及准许鉴定或者不准许鉴定的评判标准问题。虽然《新施工合同司法解释一》第 31 条规定，仅就有争议的事实予以鉴定，但是，对何为有争议的事实及如何评判的问题，实践中存在争议。需要特别说明的是，本文中的"是否准许鉴定

的评判标准”仅限于从定性角度，在诉讼请求可以成立的情况下的评判标准，若从定性角度，诉讼请求本身不能成立，则谈不上是否准许司法鉴定的评判标准问题。

(一)关于是否准许工程造价司法鉴定的评判标准

当事人诉讼请求中要求给付工程款对应的工程造价是否已经确定，确定了则无须鉴定，不确定则因存有争议而需要鉴定。

而确定与否，关键看当事人是否提供了合法有效且经过质证可以作为认定事实依据的证据。

例如，是否有已完工程造价或者结算造价的书面证据？若有，且有双方有权代表的签字确认，则工程造价已经确定，无须鉴定，《原施工合同司法解释二》第12条即规定了该种情形：“当事人在诉讼前已经对建设工程价款结算达成协议，诉讼中一方当事人申请对工程造价进行鉴定的，人民法院不予准许。”

再如，如果通过社会审价，是否有审价报告之证据？如有，且双方当事人以及造价咨询单位已经在审价报告中的审定单上签字盖章，则工程造价也已确定，无须鉴定，《新施工合同司法解释一》第30条对此也作出了明确规定：“当事人在诉讼前共同委托有关机构、人员对建设工程造价出具咨询意见，诉讼中一方当事人不认可该咨询意见申请鉴定的，人民法院应予准许，但双方当事人明确表示受该咨询意见约束的除外。”需要注意的问题是，对于双方当事人未明确表示受该咨询意见的约束，一方当事人申请鉴定，是否需要举证证明该咨询意见存在瑕疵的问题？此前，北京、江苏、广东、浙江等高级人民法院意见均认为申请人需要提供证据证明咨询意见存在瑕疵，但根据《新施工合同司法解释一》第30条规定，申请人只需表示不接受该咨询意见即可申请鉴定，无须另行举证证明该咨询意见存在瑕疵。[①] 笔者认为《新施工合同司法解释一》第30条的规定是合理的，咨询意见从本质上区别于司法鉴定意见，不具有司法鉴定意见的证明力，在未得到双方当事人明确认可的情况下，咨询意见本就不足以直接作为认定工程造价的依据，此时一方当事人申请鉴定，也就无须再另行证明咨询意见有瑕疵。另外，针对一方当事人在诉前或诉中委托造价咨询的情形，另一方申请鉴定是否应当准许，也可以参照适用《新施工合同司法解释一》第30条

① 参见最高人民法院民事审判第一庭：《最高人民法院建设工程施工合同司法解释(二)理解与适用》，人民法院出版社2019年版，第306页。

规定。

又如，遇到合同双方当事人约定发包人逾期不结算视为认可承包人提交的结算价的情形的，如发生了约定的情形，且有合法有效的证据予以证明，则根据《新施工合同司法解释一》第21条“当事人约定，发包人收到竣工结算文件后，在约定期限内不予答复，视为认可竣工结算文件的，按照约定处理。承包人请求按照竣工结算文件结算工程价款的，人民法院应予支持”之规定，工程结算造价以承包人提交的结算价为准，已经确定，也无须鉴定。

此外，关于固定价合同，有些法官认为根据《新施工合同司法解释一》第28条“当事人约定按照固定价结算工程价款，一方当事人请求对建设工程造价进行鉴定的，人民法院不予支持”之规定，固定价合同不予鉴定。事实上，固定价合同分为固定单价合同与固定总价合同，而两者最根本的区别就在于工程量是否可以调整、是否按实计算，前者可以调整，后者不可调整。显然，固定总价合同，固定总价的部分不予鉴定，但是，固定单价合同，因为工程量可以调整或者说按实际发生的工程量计算，如果双方对工程量存有争议，则需通过司法鉴定予以认定。并且，即便是固定总价合同，在实际履行过程中还会发生一些变更、签证以及索赔，而就该部分而言，双方当事人就其造价往往也不能达成一致意见，即存有争议，也需要通过鉴定来认定。

（二）关于是否准许工程质量司法鉴定的评判标准

关于是否准许工程质量司法鉴定，双方当事人往往争议很大，事实上，鉴定与否，往往也直接决定了案件的审理结果。

下面分几种情况进行讨论：

1. 工程竣工，承包人起诉要求支付工程价款，发包人对工程质量提出异议并要求鉴定。

《江苏省高级人民法院关于审理建设工程施工合同纠纷案件若干问题的意见》（以下简称《江苏省高院指导意见》）第16条规定：“建设工程竣工并经验收合格后，承包人要求发包人支付工程价款，发包人对工程质量提出异议并要求对工程进行鉴定的，人民法院不予支持。建设工程竣工但未经验收，承包人要求发包人支付工程价款，发包人对工程质量提出异议并要求进行鉴定的，人民法院应予支持。”

《江苏省高级人民法院民一庭建设工程施工合同纠纷案件司法鉴定操作规程》第39条第1款规定：“建设工程经竣工验收合格，承包人要求发包人支付工程价款,发包人以工程质量提出抗辩并要求对工程进行质量鉴定的,人民法院不予准许,但涉及地基基础工程和主体结构质量的除外。”第 40 条第 1 款规定:“建设工程未经竣工验收合格,发包人擅自使用后对使用部分质量提出异议并申请鉴定的,人民法院不予准许,但涉及地基基础工程和主体结构质量的除外。”

《浙江省高级人民法院民事审判第一庭关于审理建设工程施工合同纠纷案件若干疑难问题的解答》第 8 条载明:“要严格把握工程质量鉴定程序的启动。建设工程未经竣工验收,发包人亦未擅自提前使用,发包人对工程质量提出异议并提供了初步证据的,可以启动鉴定程序。”

江浙两省高级人民法院的规定表明,工程经过竣工验收合格,或未经竣工验收但发包人擅自使用的,承包人要求支付工程价款,发包人申请质量鉴定的,不予支持。但是,江苏省高级人民法院规定了例外情形,即涉及地基基础工程和主体结构质量的除外。如果建设工程竣工未经验收,发包人也未擅自提前使用的,江苏省高级人民法院规定应予启动质量鉴定,浙江省高级人民法院认为可以启动质量鉴定。

2. 工程竣工验收合格后,发包人起诉要求承包人修复质量缺陷或者要求承担修复费用,或者在承包人起诉要求支付工程价款后提起质量反诉。

工程竣工验收合格后,发包人发现存在一些质量缺陷,要求承包人履行保修义务,但是,承包人拒绝履行保修义务,或者称缺陷并非由于承包人造成,故不同意履行保修义务。该种情况下,发包人就质量问题起诉或者反诉,司法鉴定是否应当准许呢?

笔者认为,该种情况不适用江浙两省高级人民法院上述规定,原因在于上述规定是针对承包人起诉要求支付工程价款,发包人就质量问题进行的抗辩,而非提起反诉。若提起反诉,则需要针对发包人的请求,审查质量是否存在问题、问题产生的原因以及如何修复。此时,就质量问题应进行司法鉴定。《江苏省高级人民法院民一庭建设工程施工合同纠纷案件司法鉴定操作规程》第 39 条第 2 款也就该问题作了明确规定:“建设工程经竣工验收合格,发包人起诉或反诉主张工程质量不合格向人民法院申请鉴定,并就质量问题有初步证据证明的,人民法院可以准许。”

3. 工程竣工,虽未进行《建设工程质量管理条例》第 16 条规定的建设单位组织的竣工验收,但监理单位、设计单位、施工单位出具了合格证。

关于此种情况,承包人起诉要求发包人支付工程价款,发包人提出质量异议并申请鉴定，但未就质量问题提出反诉，司法鉴定是否准许呢？

有一种观点认为，工程竣工，但是未经建设单位组织勘察、设计、监理、施工单位进行验收，违反了《建设工程质量管理条例》第16条规定，视为工程未经过竣工验收。故发包人申请鉴定的应予支持。笔者认为，该观点不能成立。原因在于监理单位、设计单位出具了合格证，证明工程已经经过监理单位、设计单位验收合格，而监理单位是代表发包人进行质量监督管理的，故应当认定为发包人认为工程质量合格，因此发包人申请鉴定不应准许。而《建设工程质量管理条例》第16条规定的建设单位组织的四方验收，只是行政机关的要求，不适用于承发包双方之间的平等的施工合同关系。

4. 施工过程中，双方就质量问题产生争议，发包人起诉并提出质量鉴定。

虽然工程施工过程中，根据施工规范需要进行隐蔽工程验收，以及分部分项工程验收，但是，这些验收并不免除工程竣工后的竣工验收程序，因此，承发包双方如果对施工过程中的质量存有争议，则应准许通过鉴定方式进行认定，而不能仅凭隐蔽工程验收或者分部分项工程已经验收就不予准许质量鉴定。

三、关于工程造价司法鉴定依据问题

《新施工合同司法解释一》第19条规定，合同结算价款有约定从约定，没有约定的按照工程当地建设行政主管部门公布的计价方法和计价标准进行结算。这也是工程造价司法鉴定的依据。但是，实践中对于以下几种特殊情形的处理还存在争议。

（一）约定不明，如何确定工程造价司法鉴定依据

《民法典》第510条规定了没有约定及约定不明的处理方法，第511条第2项进一步规定了按照第510条仍不能确定价款的，按照订立合同时履行地的市场价格履行；依法应当执行政府定价或者政府指导价的，按照规定履行。

因此，没有约定与约定不明后果一样。即按照当地建设行政主管部门公布的计价方法和计价标准进行结算。

问题在于：如何识别约定不明？约定不明与对约定理解有争议有何区别？约定不明与对约定内容存在事实层面的争议有何区别？

所谓约定不明，是指双方对存有约定没有争议，只是对约定的内容是否明

确具体存有争议，即能否按照约定确定结算价款，能确定则约定明确，反之则不明。

约定不明不同于对合同条款理解有争议。所谓对合同条款的理解有争议，是指对于合同条款有两种以上理解方式，理解方式不同，认定的意思表示不同，但不同理解方式下都能够得出明确结论。根据《民法典》第142条第1款的规定，“有相对人的意思表示的解释，应当按照所使用的词句，结合相关条款、行为的性质和目的、习惯以及诚信原则，确定意思表示的含义”。即法院只能认定一种理解，并根据该种理解得出明确的结论，因而不同于约定不明情形。据此，在对合同结算价款的理解有争议时，应当依据《民法典》的规定认定一种理解并据此确定结算价款，不同于约定不明情形，不会导致按照当地建设行政主管部门发布的计价方法和计价标准进行结算，除非其中一种理解本身为当地建设行政主管部门发布的计价方法和计价标准。

约定不明不同于对约定内容存在事实层面的争议。笔者代理的一起分包合同纠纷案件，合同形式为固定单价合同，但是，确定固定单价的工程量清单并没有作为合同附件，双方也未在标价的工程量清单上签字盖章，导致双方各执一份标价的工程量清单且均未经过对方签字盖章。这种情况下，双方对有约定没有争议，问题就在于约定的具体内容如何认定。而要回答这个问题，首先在于分包提供的清单还是总包提供的清单能够被证据所证明认定。在该案中，总包提供了相关佐证证明其提供清单的是分包合同项下的清单，但是分包并没有能够提供任何证据佐证其清单系分包合同项下的清单。不过，总包提供的证据也不能证明其提供的清单就100%的是分包合同项下的清单。该种情况下，是约定不明吗？笔者认为，虽然没有100%的把握证明总包提供的清单是分包合同项下的清单，但不等于合同固定单价不能认定，根据《民诉法司法解释》第108条规定，对事实的证明只要达到了高度盖然性标准而非必然标准，该事实就可以予以认定。在该案中分包合同项下的清单完全可以根据高度盖然性标准，对总包提供的清单予以认定，而总包提供的清单固定单价约定明确，故属于约定明确。因此，如果合同双方对约定内容只是存在事实层面的争议，此时不应直接认定为约定不明，而应当先对所涉证据进行认定，如果能够通过证据认定确认约定内容，就属于约定明确。

（二）多份合同情形下鉴定依据确定问题

对于未经过招标投标的工程，如果当事人之间存在多份合同，一般而言应当以实际履行合同或者签署日期在后的合同作为结算依据。对于经过招标投标的工程，根据《新施工合同司法解释一》第2、23条之规定，无论是必须招标工程还是非必须招标工程，都应当以中标合同作为结算依据，但因客观情况发生了在招标投标时难以预见的变化而另行订立施工合同的情况除外。

需要注意的是，以中标合同作为结算依据的前提应当是中标合同有效，如果中标合同无效，则应以实际履行合同作为结算依据。在实践中，由于大部分邀请招标流于形式，系虚假招标，且挂靠现象普遍存在，故大部分纠纷案件中涉及的中标合同及非中标合同可以被认定为无效合同，此时《新施工合同司法解释一》第24条规定，可以参照实际履行合同进行结算，如果实际履行合同难以确定的，则可以参照最后签订的合同进行结算。

（三）固定总价合同解除，尚未完工情形下的造价鉴定问题

固定总价合同，履行过程中，无论因何方导致合同解除，如何确定鉴定依据？

关于这个问题，《江苏省高级人民法院关于审理建设工程施工合同纠纷案件若干问题的解答》（2018，以下简称《江苏高院解答》）、《北京市高级人民法院关于审理建设工程施工合同纠纷案件若干疑难问题的解答》（2012，以下简称《北京高院解答》）以及广东、四川等多地高级人民法院指导意见均认为可以采用“按比例折算”的方式确定工程款，即由鉴定机构在相应同一取费标准下分别计算出已完工程量部分的价款和整个合同约定工程量的总价款，两者对比计算出相应系数，再用合同约定的固定总价乘以该系数确定发包人应付的工程款。此外，《江苏高院解答》还规定，在工程仅完成一小部分，如果合同不能履行的原因归责于发包人，因不平衡报价导致按照当事人合同约定的固定价结算将导致承包人利益明显失衡的情况下，可以参照定额标准和市场报价情况据实结算。

笔者认为，上述高级人民法院的意见具有合理性。首先，对于固定总价合同在未完工情形下的结算，仍然要遵循当事人的意思自治，不宜突破合同约定采用其他计价标准。至于确定结算价款的具体方式，采取“按比例折算”方式所计算的金额较能客观准确地反映出已完工程量对应的合同价款。

对于工程仅完成一小部分的情况，如果因不平衡报价导致按比例折算致使承包人明显亏损的，且不能履行是由发包人违约造成的，发包人应当赔偿承包人在合同正常履行时所应得的利益，即预期利益损失。然而，由于预期利益损失在实践中难以证明，而此时以定额标准和市场报价情况对已完工程量据实结

算能够使发包人及承包人利益达到相对平衡状态。因而，江苏省高级人民法院参照定额标准和市场报价情况据实结算的例外规定也是合理的。

（四）瑕疵签证单能否作为鉴定依据

对于签证单，一般施工合同中约定需要取得发包人的同意或者批准才有效，但实践中比较常见的情况是，发包人只签字证明收到，但是未表示同意，或者监理人表示了情况属实的意见，但是发包人未完成最后的审批，导致签证单存在瑕疵。合同双方对于这些瑕疵签证能否作为鉴定依据往往存在争议。

《北京高院解答》第 10 条规定："工程监理人员在监理过程中签字确认的签证文件，涉及工程量、工期及工程质量等事实的，原则上对发包人具有约束力，涉及工程价款洽商变更等经济决策的，原则上对发包人不具有约束力，但施工合同对监理人员的授权另有约定的除外。"

《江苏省高院指导意见》第 12 条规定，当事人有证据证明工程签证单等工程施工资料载明的工程内容确已完成的，则可以作为结算依据，反之，不可以作为结算依据。

《杭州市中级人民法院民一庭关于审理建设工程及房屋相关纠纷案件若干实务问题的解答》（2010）中规定，若鉴定单位以承包人出具的工程签证单等工程施工资料有瑕疵为由不予认定的，应当由鉴定机构对其不予认定的理由予以说明，在当事人一方有证据证明该工程签证单等施工资料有效的，或者所涉工程量已实际施工完毕的情况下，可要求鉴定机构对存疑部分工程量及价款仍予以鉴定并单列，供审判时审核认定。

上述高级人民法院、中级人民法院规定从不同角度对瑕疵签证单的认定问题作出了规定，笔者认为该等规定都较为合理。签证单存在瑕疵有多种原因，如有些因为发包人对工程量不予认可，故不签章，有些因为发包人认为合同中已经包含了该价款，故不签章。对于前一种情形，如果监理人员已经确认了工程量，或者有证据证明工程量已完成，那么该签证单中所确认的工程量应当被认可，但对应的价款应根据合同约定计算。对于后一种情形，尽管监理人员已经确认了工程量，或者有证据证明工程量已经完成，但是，若再对该部分工程量计价则可能导致重复计价，此时鉴定机构不应直接将对应价款计入造价，否则构成"以鉴代审"，但鉴定机构可以单列相应价款，供审判时参考，如果确实属于合同内价款，则审判时应不予采纳。

四、鉴定材料质证问题

(一)鉴定前鉴定材料质证的必要性

关于鉴定材料在鉴定前是否需要经过质证的问题,《新施工合同司法解释一》对于鉴定材料应进行质证以及未质证的后果进行了明确:《新施工合同司法解释一》第33条规定,在鉴定前法院应组织双方当事人对争议的鉴定材料进行质证;《新施工合同司法解释一》第34条规定,鉴定人将有争议且未经质证的材料作为鉴定依据的,该材料经质证不能作为鉴定依据,根据该材料作出的鉴定意见不得作为认定案件事实的依据。

在2018年《原施工合同司法解释二》出台之前,未有法律对该问题作出明确规定,司法实践中存在多种意见,一部分法院对鉴定材料需要经过质证进行了明确的规定,另一部分法院则没有相关规定,或直接规定由鉴定机构行使鉴定材料的质证权、审核认定权,导致实践中时常发生法官对鉴定材料的质证、认定随意行使自由裁量权、鉴定机构"以鉴代审"等司法混乱现象。

例如,笔者曾代理当事人就"已完工程(临时工程)150万元停工损失却高达800万元的施工合同纠纷案"错误判决向检察院提起申诉的案件:

在施工企业仅完成部分工地围墙及部分临时设施的情形下,建设单位通知停工,后来,施工单位起诉到法院要求支付已完工程价款300余万元,并要求赔偿停工损失1000余万元。

法院受理后,委托司法鉴定,审判人员没有就双方拟提交给鉴定机构的鉴定材料进行质证。就停工损失鉴定事项,施工单位仅向鉴定机构提供了仅有施工单位项目经理签字的现场勘验纪要(没有建设单位、监理单位人员签章),没有提供其他任何能够证明停窝工损失的证据材料。

鉴定机构经过鉴定后出具了鉴定意见,该意见载明:已完工程临时设施及工地围墙造价150余万元,停工损失包括机械停滞费480余万元,人工停工费356余万元。

此后,建设单位就机械停滞、人工停工等事实提出异议,称施工单位主张的停窝工、机械损失缺乏事实依据,据此,鉴定机构依据建设单位提出机械闲置等主张出具补充意见一,载明机械停滞费105余万元。建设单位再次提出异议主张,鉴定人出具补充意见二,载明了机械停滞费六种意见(假设了六种情形),其中,最高额为451余万元,最低额为8余万元,人工停工费用五种意见(假设了五种情形),其中,最高额为 347 余万元,最低额为 9 余万元;此后,鉴定人又出具了补充意见三,载明了机械停滞费两种意见(假设了两种情形),分别为 283 余万元和按 921 元/日计价。

一审法院在“经审理查明”中“随机”摘录了鉴定人出具的机械设备停滞费五种意见,其中,最高额为 451 余万元,最低额为 8 余万元,人工停工费两种意见,分别为 347 余万元、9 余万元。

一审法院在“本院认为”中以施工企业远离施工现场且施工合同中约定了逾期一天施工企业需要承担合同价款千分之二的高额违约金为由,酌定停窝工损失由建设单位承担 800 万元。

一审判决后,建设单位上诉,二审法院在几乎未作任何说理的情况下维持了原判。

就该案而言,已完工程(临时工程)仅 150 余万元,建设单位承担的停工损失却高达 800 余万元,而经专业人员估算,停工损失最多为百余万元,不可能有 800 余万元的损失。法院认定由建设单位承担损失 800 万元,显然十分荒谬。而这荒谬的判决是如何形成的呢?

法院的裁判思路可以归纳为:施工单位主张停窝工事实(仅凭施工单位项目经理单方签字的现场勘验纪要,该纪要不能作为认定事实依据)——鉴定人出具鉴定意见——建设单位就停窝工事实两次提出异议——鉴定人出具补充鉴定意见(关于机械设备停滞费九种意见,人工停工费五种意见)——法院“随机”摘录机械设备停滞费五种意见,人工停工费两种意见——法院通过自由心证方式,酌定停窝工损失由建设单位承担 800 万元。

从法院上述裁判思路,不难看出,施工单位主张停窝工事实缺乏合法有效的证据予以证明,鉴定机构仅凭施工单位自行制作的勘验纪要进行鉴定,在建设单位提出异议后,鉴定机构又根据建设单位的异议出具了各种“假设”鉴定意见。这是造成错误判决的主要原因之一。当然,法院“随机”摘录意见,通过自由心证方式,酌定停窝工损失由建设单位承担 800 万元,也值得商榷。法院需要对鉴定意见进行审查并作出认定,而非“随机”摘录意见,而如何审查认定,就要看哪种“假设”是有证据支持的,倘若根据施工单位主张所做出的“假设”均没有证据支持,则只能按照建设单位的自认停工损失情形作出认定。

显然,如果在司法鉴定前,法院审判人员组织双方当事人就停工损失鉴定事项的有关鉴定材料进行举证、质证,则完全可以得出该事项缺乏合法有效的鉴定材料的结论,鉴定机构因缺乏鉴定材料而应不予受理有关停工损失鉴定事项的鉴定，从而避免错误判决的发生。

因此，从上述案例可知，在鉴定之前由法院组织双方当事人对鉴定材料质证能够有效地避免“以鉴代审”问题的发生。《原施工合同司法解释二》对此问题作出明确规定是合理且必要的。

（二）鉴定材料质证后如何处理

目前法律尚未明确的问题是，双方当事人对鉴定材料质证后应如何处理？法院是否应先对鉴定材料予以审核认定再移交给鉴定机构？如果法院对某项鉴定材料暂时无法认定，此时又当如何处理？

对于上述问题，笔者查阅了各地高级人民法院的相关指导意见，并归纳出下列三种处理方式：

1. 鉴定材料质证后不及时予以审核认定，而是将鉴定材料和质证意见一并移送给鉴定机构

《广东省高级人民法院关于审理建设工程施工合同纠纷案件若干问题的指导意见》（2011）第 7 条第 1 款规定：“人民法院委托司法鉴定机构进行工程造价鉴定的，应当对当事人提交的鉴定材料进行质证，并将鉴定材料和质证意见移送鉴定机构。人民法院不得将鉴定材料的质证和审核认定工作交由鉴定机构完成。”

该规定表明，鉴定材料质证后，法院无须先行审核认定，而是连同质证意见一并移交给鉴定机构。但是，又同时规定鉴定材料的审核认定工作应当由人民法院进行，而对于何时进行审核认定并没有作出规定。通常情形下，只有当事人对鉴定意见提出的异议涉及鉴定材料的审核认定时，法院才会行使审核认定的权力。

2. 鉴定材料质证后及时予以审核认定，并将经过质证认可或审核认定的鉴定材料移交给鉴定机构

《江苏高院民一庭鉴定规程》第 13 条第 1 款规定：“人民法院应当在鉴定资料移交鉴定机构前组织当事人进行逐项质证，经质证认可或经人民法院予以认定的资料可以移交鉴定机构使用。”

《浙江省人民法院实施〈人民法院对外委托司法鉴定管理规定〉细则》（2010）第 12 条规定：“业务庭应当及时将《司法鉴定决定书》及相关材料移交管理部门。……相关材料包括：……（二）应当由当事人提供的鉴定材料（须证明真实或经质证认可）……”

上述两个高级人民法院的规定表明,鉴定材料质证后,须经当事人认可或者经过法院认定才可以移交给鉴定机构。如果鉴定材料未经当事人认可,亦未经法院认定,则不能将该鉴定材料移交给鉴定机构。

3. 鉴定材料质证后及时予以审核,对于能够及时认定的予以认定,对于暂时不能认定的,要求鉴定机构区分不同情况分别出具鉴定意见

《北京高院解答》第34条规定:"当事人对施工合同效力、结算依据、签证文件的真实性及效力等问题存在争议的,应由法院进行审查并作出认定。法院在委托鉴定时可要求鉴定机构根据当事人所主张的不同结算依据分别作出鉴定结论,或者对存疑部分的工程量及价款鉴定后单独列项,供审判时审核认定使用,也可就争议问题先做出明确结论后再启动鉴定程序。"

《四川省高级人民法院关于审理建设工程施工合同纠纷案件若干疑难问题的解答》(2015)第35条规定:"对当事人提交的鉴定资料,人民法院应在移交鉴定机构进行司法鉴定之前,先行组织质证,并将经过认证的鉴定资料移送鉴定机构。对当事人争议大、人民法院尚需结合其他证据和事实作出认证的鉴定资料,人民法院应向鉴定机构作出说明,并要求鉴定机构就该证据采信与不采信的情形分别作出鉴定意见,供人民法院审核认定。"

此外,重庆、江西等地高级人民法院也作出了类似规定。

上述规定表明,鉴定材料质证后,经认证的鉴定材料可移交鉴定机构,对当事人有存在争议、法院尚需结合其他证据和事实作出认证的鉴定材料,可由鉴定机构区分是否采信的情形分别作出鉴定意见,或者对争议部分单独列项,供法院审判时审核认定。

对于上述第一种处理方式,因鉴定材料质证后审判人员并未及时审核认定,导致鉴定机构在确定鉴定依据时仍然面临着选择困难,此前的质证程序也难以发挥应有的效用。同时,鉴定机构出具鉴定意见时难以避免地需要对鉴定材料进行筛选确认,此时实质上是将应由审判人员行使的审核认定权力在鉴定过程中部分转移给了鉴定机构。并且,在当事人对鉴定意见提出的异议涉及相关鉴定材料的审核认定时,审判人员才予以审核认定的方式也降低了裁判效率。

对于上述第二种处理方式,审判人员需要对经过质证的鉴定材料及时审核认定,且只有经过审核认定的鉴定材料才能在鉴定中使用,未通过审核认定的鉴定材料不能移交给司法鉴定机构,该种处理方式看起来颇具效率,但实际上不具有可行性。原因在于,审判人员对经过质证的某些鉴定材料可能无法及时

做出审核认定，而是需要待判决时结合案件的其他情形综合审核认定，如果在鉴定时不能使用该鉴定材料，可能导致鉴定意见与客观情况存在偏差，甚至无法作出鉴定意见的情况。

对于上述第三种处理方式，质证后对于能够及时认定的予以认定，对于暂时不能认定的，要求鉴定机构区分不同情况分别出具鉴定意见供审判时认定，笔者最为赞同。原因在于，该处理方式一方面能够发挥前置质证程序的效用，有效防止鉴定机构"以鉴代审"；另一方面也能推动鉴定程序顺利进行，提高审判、鉴定程序的效率。

五、关于工程造价司法鉴定取舍原则问题

虽然在数年前，就有鉴定人提出工程造价司法鉴定需要适用取舍原则，但是有关取舍原则的研究却非常少，几乎仅处于概念阶段。在司法实践中也仅有少数几个地方高级人民法院作出了类似于取舍原则的规定或者解答，如北京、四川、重庆、江西等高级人民法院，但这些规定都比较简单，没有全面地反映取舍原则问题。因此，笔者在本章对何为取舍原则、为何要遵守取舍原则、取舍原则的表现形式有哪些、取舍原则的滥用以及如何正确适用取舍原则等问题进行阐述，以期抛砖引玉。

（一）取舍原则概念

取舍，顾名思义，就是选取与舍弃。就工程造价司法鉴定而言，取舍原则就是指在工程造价司法鉴定过程中，对于涉及有关计价方法或者计价标准、鉴定材料能否使用、相关约定如何理解、鉴定范围如何确定等法律问题，鉴定人由于专业知识及职权所限，无法也无权作出判断，而仅是在鉴定过程中，根据法院的要求，区分不同情形出具两种甚至两种以上的鉴定意见，或者在出具鉴定意见的基础上，就争议项目做出说明，由法院根据案情作出判定。

在运用取舍原则时，鉴定人无须就法律问题给出其判断意见，而仅就涉及的具体价款进行区分计算即可。因此，工程造价司法鉴定意见往往没有唯一性，甚至没有确定性。然而，对于法院的裁判而言，只能认定一个工程价款数额而不可能认定多个数额，即审判人员需要结合案件的其他情况，选择其中一种鉴定意见作出认定，或者就鉴定意见作出增加或者减少价款的认定。

简言之，鉴定人列出取舍选项或者争议项的行为是取舍原则在司法鉴定过

程中的运用;审判人员结合案情就鉴定意见做出选择,或者在鉴定意见的基础上就争议项目作出判定,增加或者减少工程造价等行为,是取舍原则在裁判中的运用。上一节内容“鉴定材料质证问题”中所提及的北京、四川等高级人民法院相关规定即体现了部分取舍原则。

(二)取舍原则表现形式

笔者通过研究亲自办理的大量建设工程施工合同纠纷案件,归纳了鉴定意见书中适用取舍原则的四种典型的表现形式,分别为:(1)给出两种或两种以上鉴定意见,由法院选择认定;(2)给出一种鉴定意见,另外说明争议造价部分由法院判定;(3)给出两种意见或者两种以上意见,并在每一种意见中,另外说明争议造价部分由法院判定;(4)给出一种鉴定意见,并就当事人提出的异议,部分载明鉴定人意见,部分载明由法院判定。为了更形象地阐明取舍原则表现形式,笔者以下列四个亲办典型案例作为示例(与上述四种情形并非一一对应):

【案例1】鉴定意见:(1)按合同闭口价、计算增减工程量的结算方式计算,本工程造价为22,575,588元,对该鉴定意见有如下补充说明,供法院判定……(2)按上海市93定额、中准价、按实计算工程量的结算方式计算,本工程造价为30,764,498元。

【案例2】鉴定意见:本案所涉标的物“本市××大酒店装饰改建工程的造价”为人民币10,532,276元,另有争议部分造价为人民币548,772元。

【案例3】鉴定意见:本案所涉标的物“涉案工程中××花园的全部工程量的工程总造价”为人民币27,343,398元。注:鉴定书中另有33项问题说明。

【案例4】鉴定意见:(1)对该工程,根据原告提供的工程量清单计价,工程造价为19,853,357元。(2)对该工程,根据被告提供的工程量清单计价,工程造价为11,851,098元。(3)对该工程,按照上海市现行定额计价,工程造价为20,352,277元。以上内容如何取舍,由法院裁决,如有需要,我司可根据法院的裁决结果进行补充鉴定。

(三)取舍原则的意义

对于工程造价司法鉴定而言,取舍行为非常重要,以上述【案例1】为例,鉴定意见1和鉴定意见2的工程造价相差近800万元,对于裁判结果有巨大影响。如果鉴定人未根据两种不同的计价方式出具区分性鉴定意见,而是直接根据其中一种计价方式作出一种鉴定意见,法院又未经审核直接采纳鉴定意见,一方当事人的利益很可能受到巨大损害。

由此可见，鉴定人是否在鉴定意见中给出选项、争议项，或者给出多少选项，以及审判人员对鉴定意见如何取舍，将直接决定最终的工程造价。因此，取舍原则的运用对于工程造价的认定起到了决定性的作用，直接影响到司法裁判的公平、公正。

（四）适用取舍原则是工程造价司法鉴定中遵从司法审判权的要求

之所以说取舍原则是工程造价司法鉴定中遵从司法审判权的要求，是因为笔者曾经在 2008 年就一般司法鉴定与工程造价司法鉴定做过对比研究，发现工程造价司法鉴定与一般司法鉴定有很大的不同，即一般司法鉴定不涉及司法审判权的行使问题，但是工程造价司法鉴定经常会涉及该问题，常见的四类问题：（1）工程造价司法鉴定范围问题；（2）工程造价司法鉴定依据的计价标准或计价方法问题；（3）对合同条款的理解问题；（4）鉴定资料的采用问题。这些问题均为法律问题，只能由法院行使审判权进行判定，鉴定人不得自行判定。

例如，黑白合同问题，两份合同约定了不同的结算方式，到底是按白合同结算还是按照黑合同结算，双方当事人各执一词，而审判人员在未作出裁判之前，一般不会就此问题给予鉴定人意见，故鉴定人一般会根据当事人各自主张的结算方式，分别进行鉴定，给予两个鉴定意见，供法院裁判，而不是自行判定一种结算方式，上述【案例 1】就属于这种情形。再如，某签证鉴定材料，只有复印件而没有原件，就签证复印件能否作为鉴定材料使用，鉴定人无法也无权做出判断，故其在争议项目说明中列出该签证涉及的价款，并说明最终能否认定该价款由法院结合案情进行判定，【案例 2】就属于这种情形。

值得注意的是，对于上述第四种表现形式“给出一种鉴定意见，并就当事人提出的异议，部分载明鉴定人意见，部分载明由法院判定”，笔者认为，对于当事人提出的异议，如涉及工程量计算等造价专业问题，由鉴定人作出判断并发表意见是合理的。但若涉及前述四种司法审判权行使问题中的任何一项，作为鉴定人均不宜发表判断意见，而仅能列明原被告双方主张并计算出相应价款即可。

因此，运用取舍原则是工程造价司法鉴定人员遵从司法审判权要求的体现，司法审判权依法只能由人民法院即审判人员行使，鉴定人不能越权行使，只能给予可能的选项，或者在鉴定意见的基础上列出争议项目，供审判人员在裁判时行使审判权，否则构成“以鉴代审”。

（五）取舍原则的滥用

滥用取舍原则，本质上是鉴定人代替审判人员行使审判权的行为。取舍原则被滥用常常发生在有多种鉴定意见的情形中。如上所述【案例 4】，鉴定机构给出三种鉴定意见，前两种意见分别是根据原被告主张出具的鉴定意见——这两种鉴定意见很合理，符合了取舍原则的要求。但第三种鉴定意见既不是根据原告的主张得出，也不是根据被告的主张得出，而是鉴定人自行判定认为双方当事人未约定标价的工程量清单，进而援引《原施工合同司法解释一》第 16 条（《新施工合同司法解释一》第 19 条）的规定，自行计算出工程价款。第三种鉴定意见看似有理，但实则是滥用了取舍原则，因为关于双方当事人是否约定标价工程量清单的问题，系法律问题，应交由审判人员依法作出判定，而鉴定单位自行对法律问题进行判定并给出的第三种鉴定意见，显然系“以鉴代审”，滥用取舍原则。

（六）主动适用取舍原则，防止“以鉴代审”

如上所述，因为适用取舍原则是工程造价司法鉴定中遵从司法审判权的要求，所以鉴定人员在鉴定过程中应主动适用取舍原则。即在工程造价司法鉴定过程中，只要遇到需行使司法审判权的问题，鉴定人就应当出具两种或者两种以上鉴定意见，或者在出具鉴定意见的同时将争议项目列出并做出说明，供审判人员判定。

应当注意的是，在鉴定过程中，鉴定单位往往会先出具工程造价司法鉴定意见书征求意见稿以征询双方当事人意见。鉴定单位在收到回复异议后，应将回复异议在鉴定意见书中予以体现，对于造价专业问题，由鉴定人直接表示意见，对于需行使司法审判权的法律问题，则应列明原被告双方主张并计算出相应价款，供审判人员判定。在此过程中，除了要防止鉴定人对法律问题直接发表意见等直接越权行为的发生，还需要特别注意防止鉴定人对当事人提出的异议视而不见，在司法鉴定意见书中不予说明等间接越权行为的发生，因为无论是直接越权还是间接越权，都可能导致审判人员无法行使或者怠于行使审判权的不良后果。

以上是针对鉴定人适用取舍原则提出的要求。就审判人员而言，同样也应当积极主动地适用取舍原则。对于鉴定人员出具的两种或者两种以上鉴定意见，以及在出具鉴定意见的基础上列出的争议项目，审判人员应当依法行使审判权作出判定，选择一种鉴定意见或者针对争议项目作出增加或者减少价款的决定。同时，也需要注意防止审判人员对鉴定人列出的争议项目不作判定而直接摘录鉴定意见等怠于行使审判权的行为发生。

六、关于是否重新鉴定问题

（一）重新鉴定的概念

重新鉴定，是指在诉讼程序中法院委托鉴定机构出具鉴定报告后或鉴定过程中当事人再向法院提出重新鉴定申请的情形。需要注意的是，重新鉴定并不包括当事人在诉前或诉中自行委托鉴定后，又向法院申请鉴定的情形。原因在于，当事人自行委托有关机构、人员对建设工程造价进行鉴定，本质上属于造价专业咨询，不属于司法鉴定范畴，咨询意见也不属于《民事诉讼法》规定的鉴定意见，《新施工合同司法解释一》第30条通过“当事人在诉讼前共同委托有关机构、人员对建设工程造价出具咨询意见……”之表述澄清了两者的关系。因此，当事人自行委托鉴定后又向法院申请鉴定的，属于鉴定启动而非重新鉴定问题。（对鉴定启动问题请详见本讲第一部分内容）

（二）重新鉴定的情形

2019版《民事证据规则》第40条第1款规定：“当事人申请重新鉴定，存在下列情形之一的，人民法院应当准许：（一）鉴定人不具备相应资格的；（二）鉴定程序严重违法的；（三）鉴定意见明显依据不足的；（四）鉴定意见不能作为证据使用的其他情形。”

部分地方高级人民法院对重新鉴定情形作出了更为细化的规定，如《江苏省高级人民法院关于规范委托鉴定工作的意见》（以下简称《江苏高院鉴定意见》）（2015）第16条规定：“符合下列情形之一，可以重新鉴定：（一）鉴定机构或者鉴定人员不具备法定资格，或者鉴定事项超出其鉴定范围的；（二）鉴定程序严重违法的；（三）鉴定材料不全面、检材来源不明导致鉴定意见存疑，且不能通过补充鉴定方式解决的；（四）鉴定意见内容不明确、不完整，且不能通过补充鉴定方式解决的；（五）鉴定机构或鉴定人员应回避而未回避的；（六）鉴定机构或者鉴定人员在鉴定中弄虚作假，与当事人串通，或者有其他违法行为可能影响鉴定意见准确性的；（七）其他可能影响鉴定意见中立性、公正性或科学性的情形。”

此外，司法部发布的部门规章《司法鉴定程序性通则》（2016）第 29 条也对重新鉴定情形进行了规定。

根据上述规定，重新鉴定的事由主要包括鉴定人员无鉴定资质等主体资格事由、鉴定人员未回避等程序性事由以及鉴定依据不足等实体性事由。

（三）重新鉴定与补充鉴定、补充质证、重新质证的适用顺序

2019 版《民事证据规则》第 40 条第 3 款规定："对鉴定意见的瑕疵，可以通过补正、补充鉴定或者补充质证、重新质证等方法解决的，人民法院不予准许重新鉴定的申请。"

《江苏高院鉴定意见》第 15 条规定："符合下列情形之一的，人民法院应当要求鉴定机构予补充鉴定或对鉴定意见进行补正：（一）鉴定意见形式要件不完备的；（二）鉴定材料不全面、检材来源不明，导致鉴定意见存疑的；（三）鉴定意见内容不明确、不完整的；（四）在鉴定意见的基础上补充新的鉴定材料的；（五）其他应予补充鉴定或要求鉴定机构对鉴定意见进行补正的情形。"

根据上述重新鉴定以及补充鉴定等规定可知，如果鉴定意见只是存在鉴定依据不足、意见内容不明确等实体性问题，则应优先通过补充鉴定、补充质证、重新质证的方式对鉴定意见进行修正填补，无法补正的，才应当允许重新鉴定；如果鉴定意见存在主体资格或程序违法问题，则应当重新鉴定。

附录　新旧施工合同司法解释条文对照

新司法解释 (《新施工合同司法解释一》)	**旧司法解释** (《原施工合同司法解释一》、《原施工合同司法解释二》、最高人民法院《关于建设工程价款优先受偿权问题的批复》2002)
第一条　建设工程施工合同具有下列情形之一的,应当依据民法典第一百五十三条第一款的规定,认定无效: (一)承包人未取得建筑业企业资质或者超越资质等级的; (二)没有资质的实际施工人借用有资质的建筑施工企业名义的; (三)建设工程必须进行招标而未招标或者中标无效的。 承包人因转包、违法分包建设工程与他人签订的建设工程施工合同,应当依据民法典第一百五十三条第一款及第七百九十一条第二款、第三款的规定,认定无效。	解释一第一条　建设工程施工合同具有下列情形之一的,应当根据合同法第五十二条第(五)项的规定,认定无效: (一)承包人未取得建筑施工企业资质或者超越资质等级的; (二)没有资质的实际施工人借用有资质的建筑施工企业名义的; (三)建设工程必须进行招标而未招标或者中标无效的。 解释一第四条　承包人非法转包、违法分包建设工程或者没有资质的实际施工人借用有资质的建筑施工企业名义与他人签订建设工程施工合同的行为无效。人民法院可以根据民法通则第一百三十四条规定,收缴当事人已经取得的非法所得。
【说明】删除法院"收缴权",调整对应《民法典》条文依据。其他内容保留,仅做文字性修改	

续表

第二条　招标人和中标人另行签订的建设工程施工合同约定的工程范围、建设工期、工程质量、工程价款等实质性内容，与中标合同不一致，一方当事人请求按照中标合同确定权利义务的，人民法院应予支持。 招标人和中标人在中标合同之外就明显高于市场价格购买承建房产、无偿建设住房配套设施、让利、向建设单位捐赠财物等另行签订合同，变相降低工程价款，一方当事人以该合同背离中标合同实质性内容为由请求确认无效的，人民法院应予支持。	解释二第一条　招标人和中标人另行签订的建设工程施工合同约定的工程范围、建设工期、工程质量、工程价款等实质性内容，与中标合同不一致，一方当事人请求按照中标合同确定权利义务的，人民法院应予支持。 招标人和中标人在中标合同之外就明显高于市场价格购买承建房产、无偿建设住房配套设施、让利、向建设单位捐赠财物等另行签订合同，变相降低工程价款，一方当事人以该合同背离中标合同实质性内容为由请求确认无效的，人民法院应予支持。
【说明】无变化	
第三条　当事人以发包人未取得建设工程规划许可证等规划审批手续为由，请求确认建设工程施工合同无效的，人民法院应予支持，但发包人在起诉前取得建设工程规划许可证等规划审批手续的除外。 发包人能够办理审批手续而未办理，并以未办理审批手续为由请求确认建设工程施工合同无效的，人民法院不予支持。	解释二第二条　当事人以发包人未取得建设工程规划许可证等规划审批手续为由，请求确认建设工程施工合同无效的，人民法院应予支持，但发包人在起诉前取得建设工程规划许可证等规划审批手续的除外。 发包人能够办理审批手续而未办理，并以未办理审批手续为由请求确认建设工程施工合同无效的，人民法院不予支持。
【说明】无变化	
第四条　承包人超越资质等级许可的业务范围签订建设工程施工合同，在建设工程竣工前取得相应资质等级，当事人请求按照无效合同处理的，人民法院不予支持。	解释一第五条　承包人超越资质等级许可的业务范围签订建设工程施工合同，在建设工程竣工前取得相应资质等级，当事人请求按照无效合同处理的，不予支持。
【说明】保留旧解释内容，仅做文字性修改	
第五条　具有劳务作业法定资质的承包人与总承包人、分包人签订的劳务分包合同，当事人请求确认无效的，人民法院依法不予支持。	解释一第七条　具有劳务作业法定资质的承包人与总承包人、分包人签订的劳务分包合同，当事人以转包建设工程违反法律规定为由请求确认无效的，不予支持。
【说明】保留旧解释内容，仅做文字性修改	

续表

第六条　建设工程施工合同无效,一方当事人请求对方赔偿损失的,应当就对方过错、损失大小、过错与损失之间的因果关系承担举证责任。 损失大小无法确定,一方当事人请求参照合同约定的质量标准、建设工期、工程价款支付时间等内容确定损失大小的,人民法院可以结合双方过错程度、过错与损失之间的因果关系等因素作出裁判。	解释二第三条　建设工程施工合同无效,一方当事人请求对方赔偿损失的,应当就对方过错、损失大小、过错与损失之间的因果关系承担举证责任。 损失大小无法确定,一方当事人请求参照合同约定的质量标准、建设工期、工程价款支付时间等内容确定损失大小的,人民法院可以结合双方过错程度、过错与损失之间的因果关系等因素作出裁判。
【说明】无变化	
第七条　缺乏资质的单位或者个人借用有资质的建筑施工企业名义签订建设工程施工合同,发包人请求出借方与借用方对建设工程质量不合格等因出借资质造成的损失承担连带赔偿责任的,人民法院应予支持。	解释二第四条　缺乏资质的单位或者个人借用有资质的建筑施工企业名义签订建设工程施工合同,发包人请求出借方与借用方对建设工程质量不合格等因出借资质造成的损失承担连带赔偿责任的,人民法院应予支持。
【说明】无变化	
第八条　当事人对建设工程开工日期有争议的,人民法院应当分别按照以下情形予以认定: (一)开工日期为发包人或者监理人发出的开工通知载明的开工日期;开工通知发出后,尚不具备开工条件的,以开工条件具备的时间为开工日期;因承包人原因导致开工时间推迟的,以开工通知载明的时间为开工日期。 (二)承包人经发包人同意已经实际进场施工的,以实际进场施工时间为开工日期。 (三)发包人或者监理人未发出开工通知,亦无相关证据证明实际开工日期的,应当综合考虑开工报告、合同、施工许可证、竣工验收报告或者竣工验收备案表等载明的时间,并结合是否具备开工条件的事实,认定开工日期。	解释二第五条　当事人对建设工程开工日期有争议的,人民法院应当分别按照以下情形予以认定: (一)开工日期为发包人或者监理人发出的开工通知载明的开工日期;开工通知发出后,尚不具备开工条件的,以开工条件具备的时间为开工日期;因承包人原因导致开工时间推迟的,以开工通知载明的时间为开工日期。 (二)承包人经发包人同意已经实际进场施工的,以实际进场施工时间为开工日期。 (三)发包人或者监理人未发出开工通知,亦无相关证据证明实际开工日期的,应当综合考虑开工报告、合同、施工许可证、竣工验收报告或者竣工验收备案表等载明的时间,并结合是否具备开工条件的事实,认定开工日期。
【说明】无变化	

续表

第九条　当事人对建设工程实际竣工日期有争议的,人民法院应当分别按照以下情形予以认定: (一)建设工程经竣工验收合格的,以竣工验收合格之日为竣工日期; (二)承包人已经提交竣工验收报告,发包人拖延验收的,以承包人提交验收报告之日为竣工日期; (三)建设工程未经竣工验收,发包人擅自使用的,以转移占有建设工程之日为竣工日期。	解释一第十四条　当事人对建设工程实际竣工日期有争议的,按照以下情形分别处理: (一)建设工程经竣工验收合格的,以竣工验收合格之日为竣工日期; (二)承包人已经提交竣工验收报告,发包人拖延验收的,以承包人提交验收报告之日为竣工日期; (三)建设工程未经竣工验收,发包人擅自使用的,以转移占有建设工程之日为竣工日期。
【说明】保留旧解释内容,仅做文字性修改	
第十条　当事人约定顺延工期应当经发包人或者监理人签证等方式确认,承包人虽未取得工期顺延的确认,但能够证明在合同约定的期限内向发包人或者监理人申请过工期顺延且顺延事由符合合同约定,承包人以此为由主张工期顺延的,人民法院应予支持。 当事人约定承包人未在约定期限内提出工期顺延申请视为工期不顺延的,按照约定处理,但发包人在约定期限后同意工期顺延或者承包人提出合理抗辩的除外。	解释二第六条　当事人约定顺延工期应当经发包人或者监理人签证等方式确认,承包人虽未取得工期顺延的确认,但能够证明在合同约定的期限内向发包人或者监理人申请过工期顺延且顺延事由符合合同约定,承包人以此为由主张工期顺延的,人民法院应予支持。 当事人约定承包人未在约定期限内提出工期顺延申请视为工期不顺延的,按照约定处理,但发包人在约定期限后同意工期顺延或者承包人提出合理抗辩的除外。
【说明】无变化	
第十一条　建设工程竣工前,当事人对工程质量发生争议,工程质量经鉴定合格的,鉴定期间为顺延工期期间。	解释一第十五条　建设工程竣工前,当事人对工程质量发生争议,工程质量经鉴定合格的,鉴定期间为顺延工期期间。
【说明】无变化	
第十二条　因承包人的原因造成建设工程质量不符合约定,承包人拒绝修理、返工或者改建,发包人请求减少支付工程价款的,人民法院应予支持。	解释一第十一条　因承包人的过错造成建设工程质量不符合约定,承包人拒绝修理、返工或者改建,发包人请求减少支付工程价款的,应予支持。
【说明】保留旧解释内容,仅做文字性修改	

续表

第十三条　发包人具有下列情形之一，造成建设工程质量缺陷，应当承担过错责任： （一）提供的设计有缺陷； （二）提供或者指定购买的建筑材料、建筑构配件、设备不符合强制性标准； （三）直接指定分包人分包专业工程。 承包人有过错的，也应当承担相应的过错责任。	解释一第十二条　发包人具有下列情形之一，造成建设工程质量缺陷，应当承担过错责任： （一）提供的设计有缺陷； （二）提供或者指定购买的建筑材料、建筑构配件、设备不符合强制性标准； （三）直接指定分包人分包专业工程。 承包人有过错的，也应当承担相应的过错责任。
【说明】无变化	
第十四条　建设工程未经竣工验收，发包人擅自使用后，又以使用部分质量不符合约定为由主张权利的，人民法院不予支持；但是承包人应当在建设工程的合理使用寿命内对地基基础工程和主体结构质量承担民事责任。	解释一第十三条　建设工程未经竣工验收，发包人擅自使用后，又以使用部分质量不符合约定为由主张权利的，不予支持；但是承包人应当在建设工程的合理使用寿命内对地基基础工程和主体结构质量承担民事责任。
【说明】保留旧解释内容，仅做文字性修改	
第十五条　因建设工程质量发生争议的，发包人可以以总承包人、分包人和实际施工人为共同被告提起诉讼。	解释一第二十五条　因建设工程质量发生争议的，发包人可以以总承包人、分包人和实际施工人为共同被告提起诉讼。
【说明】无变化	
第十六条　发包人在承包人提起的建设工程施工合同纠纷案件中，以建设工程质量不符合合同约定或者法律规定为由，就承包人支付违约金或者赔偿修理、返工、改建的合理费用等损失提出反诉的，人民法院可以合并审理。	解释二第七条　发包人在承包人提起的建设工程施工合同纠纷案件中，以建设工程质量不符合合同约定或者法律规定为由，就承包人支付违约金或者赔偿修理、返工、改建的合理费用等损失提出反诉的，人民法院可以合并审理。
【说明】无变化	

续表

第十七条　有下列情形之一，承包人请求发包人返还工程质量保证金的，人民法院应予支持： （一）当事人约定的工程质量保证金返还期限届满； （二）当事人未约定工程质量保证金返还期限的，自建设工程通过竣工验收之日起满二年； （三）因发包人原因建设工程未按约定期限进行竣工验收的，自承包人提交工程竣工验收报告九十日后当事人约定的工程质量保证金返还期限届满；当事人未约定工程质量保证金返还期限的，自承包人提交工程竣工验收报告九十日后起满二年。 发包人返还工程质量保证金后，不影响承包人根据合同约定或者法律规定履行工程保修义务。	解释二第八条　有下列情形之一，承包人请求发包人返还工程质量保证金的，人民法院应予支持：（一）当事人约定的工程质量保证金返还期限届满。（二）当事人未约定工程质量保证金返还期限的，自建设工程通过竣工验收之日起满二年。（三）因发包人原因建设工程未按约定期限进行竣工验收的，自承包人提交工程竣工验收报告九十日后起当事人约定的工程质量保证金返还期限届满；当事人未约定工程质量保证金返还期限的，自承包人提交工程竣工验收报告九十日后起满二年。 发包人返还工程质量保证金后，不影响承包人根据合同约定或者法律规定履行工程保修义务。
【说明】保留旧解释主要内容，仅删除一字	
第十八条　因保修人未及时履行保修义务，导致建筑物毁损或者造成人身损害、财产损失的，保修人应当承担赔偿责任。 保修人与建筑物所有人或者发包人对建筑物毁损均有过错的，各自承担相应的责任。	解释一第二十七条　因保修人未及时履行保修义务，导致建筑物毁损或者造成人身、财产损害的，保修人应当承担赔偿责任。 保修人与建筑物所有人或者发包人对建筑物毁损均有过错的，各自承担相应的责任。
【说明】保留旧解释内容，仅做文字性修改	
第十九条　当事人对建设工程的计价标准或者计价方法有约定的，按照约定结算工程价款。 因设计变更导致建设工程的工程量或者质量标准发生变化，当事人对该部分工程价款不能协商一致的，可以参照签订建设工程施工合同时当地建设行政主管部门发布的计价方法或者计价标准结算工程价款。 建设工程施工合同有效，但建设工程经竣工验收不合格的，依照民法典第五百七十七条规定处理。	解释一第十六条　当事人对建设工程的计价标准或者计价方法有约定的，按照约定结算工程价款。 因设计变更导致建设工程的工程量或者质量标准发生变化，当事人对该部分工程价款不能协商一致的，可以参照签订建设工程施工合同时当地建设行政主管部门发布的计价方法或者计价标准结算工程价款。 建设工程施工合同有效，但建设工程经竣工验收不合格的，工程价款结算参照本解释第三条规定处理。
【说明】保留旧解释主要内容，仅调整对应《民法典》条文依据	

续表

第二十条　当事人对工程量有争议的,按照施工过程中形成的签证等书面文件确认。承包人能够证明发包人同意其施工,但未能提供签证文件证明工程量发生的,可以按照当事人提供的其他证据确认实际发生的工程量。	解释一第十九条　当事人对工程量有争议的,按照施工过程中形成的签证等书面文件确认。承包人能够证明发包人同意其施工,但未能提供签证文件证明工程量发生的,可以按照当事人提供的其他证据确认实际发生的工程量。
【说明】无变化	
第二十一条　当事人约定,发包人收到竣工结算文件后,在约定期限内不予答复,视为认可竣工结算文件的,按照约定处理。承包人请求按照竣工结算文件结算工程价款的,人民法院应予支持。	解释一第二十条　当事人约定,发包人收到竣工结算文件后,在约定期限内不予答复,视为认可竣工结算文件的,按照约定处理。承包人请求按照竣工结算文件结算工程价款的,应予支持。
【说明】保留旧解释内容,仅做文字性修改	
第二十二条　当事人签订的建设工程施工合同与招标文件、投标文件、中标通知书载明的工程范围、建设工期、工程质量、工程价款不一致,一方当事人请求将招标文件、投标文件、中标通知书作为结算工程价款的依据的,人民法院应予支持。	解释二第十条　当事人签订的建设工程施工合同与招标文件、投标文件、中标通知书载明的工程范围、建设工期、工程质量、工程价款不一致,一方当事人请求将招标文件、投标文件、中标通知书作为结算工程价款的依据的,人民法院应予支持。
【说明】无变化	
第二十三条　发包人将依法不属于必须招标的建设工程进行招标后,与承包人另行订立的建设工程施工合同背离中标合同的实质性内容,当事人请求以中标合同作为结算建设工程价款依据的,人民法院应予支持,但发包人与承包人因客观情况发生了在招标投标时难以预见的变化而另行订立建设工程施工合同的除外。	解释二第九条　发包人将依法不属于必须招标的建设工程进行招标后,与承包人另行订立的建设工程施工合同背离中标合同的实质性内容,当事人请求以中标合同作为结算建设工程价款依据的,人民法院应予支持,但发包人与承包人因客观情况发生了在招标投标时难以预见的变化而另行订立建设工程施工合同的除外。
【说明】无变化	

续表

第二十四条　当事人就同一建设工程订立的数份建设工程施工合同均无效,但建设工程质量合格,一方当事人请求参照实际履行的合同关于工程价款的约定折价补偿承包人的,人民法院应予支持。 实际履行的合同难以确定,当事人请求参照最后签订的合同关于工程价款的约定折价补偿承包人的,人民法院应予支持。	解释二第十一条　当事人就同一建设工程订立的数份建设工程施工合同均无效,但建设工程质量合格,一方当事人请求参照实际履行的合同结算建设工程价款的,人民法院应予支持。 实际履行的合同难以确定,当事人请求参照最后签订的合同结算建设工程价款的,人民法院应予支持。
【说明】保留旧解释主要内容,仅依据《民法典》第七百九十三条做文字性修改	
第二十五条　当事人对垫资和垫资利息有约定,承包人请求按照约定返还垫资及其利息的,人民法院应予支持,但是约定的利息计算标准高于垫资时的同类贷款利率或者同期贷款市场报价利率的部分除外。 当事人对垫资没有约定的,按照工程欠款处理。 当事人对垫资利息没有约定,承包人请求支付利息的,人民法院不予支持。	解释一第六条　当事人对垫资和垫资利息有约定,承包人请求按照约定返还垫资及其利息的,应予支持,但是约定的利息计算标准高于中国人民银行发布的同期同类贷款利率的部分除外。 当事人对垫资没有约定的,按照工程欠款处理。 当事人对垫资利息没有约定,承包人请求支付利息的,不予支持。
【说明】保留旧解释主要内容,仅根据民间借贷司法解释修改利息计算标准	
第二十六条　当事人对欠付工程价款利息计付标准有约定的,按照约定处理。没有约定的,按照同期同类贷款利率或者同期贷款市场报价利率计息。	解释一第十七条　当事人对欠付工程价款利息计付标准有约定的,按照约定处理;没有约定的,按照中国人民银行发布的同期同类贷款利率计息。
【说明】保留旧解释主要内容,仅根据民间借贷司法解释修改利息计算标准	
第二十七条　利息从应付工程价款之日开始计付。当事人对付款时间没有约定或者约定不明的,下列时间视为应付款时间: (一)建设工程已实际交付的,为交付之日; (二)建设工程没有交付的,为提交竣工结算文件之日; (三)建设工程未交付,工程价款也未结算的,为当事人起诉之日。	解释一第十八条　利息从应付工程价款之日计付。当事人对付款时间没有约定或者约定不明的,下列时间视为应付款时间: (一)建设工程已实际交付的,为交付之日; (二)建设工程没有交付的,为提交竣工结算文件之日; (三)建设工程未交付,工程价款也未结算的,为当事人起诉之日。
【说明】无变化	

续表

第二十八条　当事人约定按照固定价结算工程价款，一方当事人请求对建设工程造价进行鉴定的，人民法院不予支持。	解释一第二十二条　当事人约定按照固定价结算工程价款，一方当事人请求对建设工程造价进行鉴定的，不予支持。
【说明】保留旧解释内容，仅做文字性修改	
第二十九条　当事人在诉讼前已经对建设工程价款结算达成协议，诉讼中一方当事人申请对工程造价进行鉴定的，人民法院不予准许。	解释二第十二条　当事人在诉讼前已经对建设工程价款结算达成协议，诉讼中一方当事人申请对工程造价进行鉴定的，人民法院不予准许。
【说明】无变化	
第三十条　当事人在诉讼前共同委托有关机构、人员对建设工程造价出具咨询意见，诉讼中一方当事人不认可该咨询意见申请鉴定的，人民法院应予准许，但双方当事人明确表示受该咨询意见约束的除外。	解释二第十三条　当事人在诉讼前共同委托有关机构、人员对建设工程造价出具咨询意见，诉讼中一方当事人不认可该咨询意见申请鉴定的，人民法院应予准许，但双方当事人明确表示受该咨询意见约束的除外。
【说明】无变化	
第三十一条　当事人对部分案件事实有争议的，仅对有争议的事实进行鉴定，但争议事实范围不能确定，或者双方当事人请求对全部事实鉴定的除外。	解释一第二十三条　当事人对部分案件事实有争议的，仅对有争议的事实进行鉴定，但争议事实范围不能确定，或者双方当事人请求对全部事实鉴定的除外。
【说明】无变化	
第三十二条　当事人对工程造价、质量、修复费用等专门性问题有争议，人民法院认为需要鉴定的，应当向负有举证责任的当事人释明。当事人经释明未申请鉴定，虽申请鉴定但未支付鉴定费用或者拒不提供相关材料的，应当承担举证不能的法律后果。 一审诉讼中负有举证责任的当事人未申请鉴定，虽申请鉴定但未支付鉴定费用或者拒不提供相关材料，二审诉讼中申请鉴定，人民法院认为确有必要的，应当依照民事诉讼法第一百七十条第一款第三项的规定处理。	解释二第十四条　当事人对工程造价、质量、修复费用等专门性问题有争议，人民法院认为需要鉴定的，应当向负有举证责任的当事人释明。当事人经释明未申请鉴定，虽申请鉴定但未支付鉴定费用或者拒不提供相关材料的，应当承担举证不能的法律后果。 一审诉讼中负有举证责任的当事人未申请鉴定，虽申请鉴定但未支付鉴定费用或者拒不提供相关材料，二审诉讼中申请鉴定，人民法院认为确有必要的，应当依照民事诉讼法第一百七十条第一款第三项的规定处理。
【说明】无变化	

续表

第三十三条　人民法院准许当事人的鉴定申请后，应当根据当事人申请及查明案件事实的需要，确定委托鉴定的事项、范围、鉴定期限等，并组织当事人对争议的鉴定材料进行质证。	解释二第十五条　人民法院准许当事人的鉴定申请后，应当根据当事人申请及查明案件事实的需要，确定委托鉴定的事项、范围、鉴定期限等，并组织双方当事人对争议的鉴定材料进行质证。
【说明】无变化	
第三十四条　人民法院应当组织当事人对鉴定意见进行质证。鉴定人将当事人有争议且未经质证的材料作为鉴定依据的，人民法院应当组织当事人就该部分材料进行质证。经质证认为不能作为鉴定依据的，根据该材料作出的鉴定意见不得作为认定案件事实的依据。	解释二第十六条　人民法院应当组织当事人对鉴定意见进行质证。鉴定人将当事人有争议且未经质证的材料作为鉴定依据的，人民法院应当组织当事人就该部分材料进行质证。经质证认为不能作为鉴定依据的，根据该材料作出的鉴定意见不得作为认定案件事实的依据。
【说明】无变化	
第三十五条　与发包人订立建设工程施工合同的承包人，依据民法典第八百零七条的规定请求其承建工程的价款就工程折价或者拍卖的价款优先受偿的，人民法院应予支持。	解释二第十七条　与发包人订立建设工程施工合同的承包人，根据合同法第二百八十六条规定请求其承建工程的价款就工程折价或者拍卖的价款优先受偿的，人民法院应予支持。
【说明】保留旧解释主要内容，仅调整对应《民法典》条文依据	
第三十六条　承包人根据民法典第八百零七条规定享有的建设工程价款优先受偿权优于抵押权和其他债权。	批复第一条　人民法院在审理房地产纠纷案件和办理执行案件中，应当依照《中华人民共和国合同法》第二百八十六条的规定，认定建筑工程的承包人的优先受偿权优于抵押权和其他债权。
【说明】保留旧解释的主要内容，仅调整对应《民法典》条文依据并做文字性修改	
第三十七条　装饰装修工程具备折价或者拍卖条件，装饰装修工程的承包人请求工程价款就该装饰装修工程折价或者拍卖的价款优先受偿的，人民法院应予支持。	解释二第十八条　装饰装修工程的承包人，请求装饰装修工程价款就该装饰装修工程折价或者拍卖的价款优先受偿的，人民法院应予支持，但装饰装修工程的发包人不是该建筑物的所有权人的除外。
【说明】修改了装饰装修工程承包人实现优先权的前提条件，保留旧解释的其他内容	

续表

第三十八条　建设工程质量合格，承包人请求其承建工程的价款就工程折价或者拍卖的价款优先受偿的，人民法院应予支持。	解释二第十九条　建设工程质量合格，承包人请求其承建工程的价款就工程折价或者拍卖的价款优先受偿的，人民法院应予支持。
【说明】无变化	
第三十九条　未竣工的建设工程质量合格，承包人请求其承建工程的价款就其承建工程部分折价或者拍卖的价款优先受偿的，人民法院应予支持。	解释二第二十条　未竣工的建设工程质量合格，承包人请求其承建工程的价款就其承建工程部分折价或者拍卖的价款优先受偿的，人民法院应予支持。
【说明】无变化	
第四十条　承包人建设工程价款优先受偿的范围依照国务院有关行政主管部门关于建设工程价款范围的规定确定。 承包人就逾期支付建设工程价款的利息、违约金、损害赔偿金等主张优先受偿的，人民法院不予支持。	解释二第二十一条　承包人建设工程价款优先受偿的范围依照国务院有关行政主管部门关于建设工程价款范围的规定确定。 承包人就逾期支付建设工程价款的利息、违约金、损害赔偿金等主张优先受偿的，人民法院不予支持。
【说明】无变化	
第四十一条　承包人应当在合理期限内行使建设工程价款优先受偿权，但最长不得超过十八个月，自发包人应当给付建设工程价款之日起算。	解释二第二十二条　承包人行使建设工程价款优先受偿权的期限为六个月，自发包人应当给付建设工程价款之日起算。
【说明】修改优先受偿权的行使期限，保留旧解释的其他内容	
第四十二条　发包人与承包人约定放弃或者限制建设工程价款优先受偿权，损害建筑工人利益，发包人根据该约定主张承包人不享有建设工程价款优先受偿权的，人民法院不予支持。	解释二第二十三条　发包人与承包人约定放弃或者限制建设工程价款优先受偿权，损害建筑工人利益，发包人根据该约定主张承包人不享有建设工程价款优先受偿权的，人民法院不予支持。
【说明】无变化	
第四十三条　实际施工人以转包人、违法分包人为被告起诉的，人民法院应当依法受理。	解释一第二十六条　实际施工人以转包人、违法分包人为被告起诉的，人民法院应当依法受理。

续表

实际施工人以发包人为被告主张权利的，人民法院应当追加转包人或者违法分包人为本案第三人，在查明发包人欠付转包人或者违法分包人建设工程价款的数额后，判决发包人在欠付建设工程价款范围内对实际施工人承担责任。	实际施工人以发包人为被告主张权利的，人民法院可以追加转包人或者违法分包人为本案当事人。发包人只在欠付工程价款范围内对实际施工人承担责任。 解释二第二十四条　实际施工人以发包人为被告主张权利的，人民法院应当追加转包人或者违法分包人为本案第三人，在查明发包人欠付转包人或者违法分包人建设工程价款的数额后，判决发包人在欠付建设工程价款范围内对实际施工人承担责任。
【说明】保留旧解释主要内容，删除重复性内容	
第四十四条　实际施工人依据民法典第五百三十五条规定，以转包人或者违法分包人怠于向发包人行使到期债权或者与该债权有关的从权利，影响其到期债权实现，提起代位权诉讼的，人民法院应予支持。	解释二第二十五条　实际施工人根据合同法第七十三条规定，以转包人或者违法分包人怠于向发包人行使到期债权，对其造成损害为由，提起代位权诉讼的，人民法院应予支持。
【说明】修改实际施工人可代位行使的权利种类，调整对应《民法典》条文依据，其他内容做文字性修改	
第四十五条　本解释自 2021 年 1 月 1 日起施行。	解释一第二十八条　本解释自 2005 年 1 月 1 日起施行。 施行后受理的第一审案件适用本解释。 施行前最高人民法院发布的司法解释与本解释相抵触的，以本解释为准。 解释二第二十六条　本解释自 2019 年 2 月 1 日起施行。 本解释施行后尚未审结的一审、二审案件，适用本解释。 本解释施行前已经终审、施行后当事人申请再审或者按照审判监督程序决定再审的案件，不适用本解释。 最高人民法院以前发布的司法解释与本解释不一致的，不再适用。
【说明】新司法解释施行时间，取代旧的司法解释	

旧司法解释被删除部分	
新司法解释	旧司法解释
删除。 《民法典》第七百九十三条　建设工程施工合同无效，但是建设工程经验收合格的，可以参照合同关于工程价款的约定折价补偿承包人。 建设工程施工合同无效，且建设工程经验收不合格的，按照以下情形处理： （一）修复后的建设工程经验收合格的，发包人可以请求承包人承担修复费用； （二）修复后的建设工程经验收不合格的，承包人无权请求参照合同关于工程价款的约定折价补偿。 发包人对因建设工程不合格造成的损失有过错的，应当承担相应的责任。	解释一第二条　建设工程施工合同无效，但建设工程经竣工验收合格，承包人请求参照合同约定支付工程价款的，应予支持。 解释一第三条　建设工程施工合同无效，且建设工程经竣工验收不合格的，按照以下情形分别处理： （一）修复后的建设工程经竣工验收合格，发包人请求承包人承担修复费用的，应予支持； （二）修复后的建设工程经竣工验收不合格，承包人请求支付工程价款的，不予支持。 因建设工程不合格造成的损失，发包人有过错的，也应承担相应的民事责任。
【说明】旧解释内容已被《民法典》第七百九十三条所吸收	
删除。 《民法典》第五百六十三条　有下列情形之一的，当事人可以解除合同： （一）因不可抗力致使不能实现合同目的； （二）在履行期限届满前，当事人一方明确表示或者以自己的行为表明不履行主要债务； （三）当事人一方迟延履行主要债务，经催告后在合理期限内仍未履行；	解释一第八条　承包人具有下列情形之一，发包人请求解除建设工程施工合同的，应予支持： （一）明确表示或者以行为表明不履行合同主要义务的； （二）合同约定的期限内没有完工，且在发包人催告的合理期限内仍未完工的； （三）已经完成的建设工程质量不合格，并拒绝修复的； （四）将承包的建设工程非法转包、违法分包的。

续表

(四)当事人一方迟延履行债务或者有其他违约行为致使不能实现合同目的; (五)法律规定的其他情形。 …… 《民法典》第八百零六条　承包人将建设工程转包、违法分包的,发包人可以解除合同。 发包人提供的主要建筑材料、建筑构配件和设备不符合强制性标准或者不履行协助义务,致使承包人无法施工,经催告后在合理期限内仍未履行相应义务的,承包人可以解除合同。 合同解除后,已经完成的建设工程质量合格的,发包人应当按照约定支付相应的工程价款;已经完成的建设工程质量不合格的,参照本法第七百九十三条的规定处理。	解释一第九条　发包人具有下列情形之一,致使承包人无法施工,且在催告的合理期限内仍未履行相应义务,承包人请求解除建设工程施工合同的,应予支持: (一)未按约定支付工程价款的; (二)提供的主要建筑材料、建筑构配件和设备不符合强制性标准的; (三)不履行合同约定的协助义务的。 解释一第十条　建设工程施工合同解除后,已经完成的建设工程质量合格的,发包人应当按照约定支付相应的工程价款;已经完成的建设工程质量不合格的,参照本解释第三条规定处理。 因一方违约导致合同解除的,违约方应当赔偿因此而给对方造成的损失。
【说明】旧解释内容已被《民法典》第五百六十三条、第八百零六条吸收	
删除。	解释一第二十一条　当事人就同一建设工程另行订立的建设工程施工合同与经过备案的中标合同实质性内容不一致的,应当以备案的中标合同作为结算工程价款的根据。
【说明】本解释第二条已有规定且更详尽	
删除。 《民诉法司法解释》第二十八条第二款　农村土地承包经营合同纠纷、房屋租赁合同纠纷、建设工程施工合同纠纷、政策性房屋买卖合同纠纷,按照不动产纠纷确定管辖。	解释一第二十四条　建设工程施工合同纠纷以施工行为地为合同履行地。
【说明】《民诉法司法解释》第二十八条第二款已规定	
删除。	批复第二条　消费者交付购买商品房的全部或者大部分款项后,承包人就该商品房享有的工程价款优先受偿权不得对抗买受人。
说明:消费者购买商品房的权利保护虽然没有在该解释中出现,但并非意味着不再享有优先保护的权利,建议关注最高人民法院关于执行异议之诉相关的司法解释	

后　记

近年来，在代理许多重大疑难案件的过程中，我真切地感受到建筑市场秩序面临的种种挑战。多年的执业经验使我对这样一个信念深信不疑：法律工作者不仅需要运用专业的判断，帮助客户做出正确的选择，在必要的时候还需要成为客户的引导者，实现其商业目标。

在我执业期间，新的规范亦不断出台，微妙而又深刻地影响着建工行业市场。这不禁让人想起过去在法学院课堂上聆听到的职业使命——法律人，不仅应该在实践中成为既有法律秩序的维护者，而且应当积极探索未来规则发展的方向，不断发声，形成正确的价值导向。

基于上述思考，聚焦律师对于客户的应尽之责与律师对于社会的应尽之责，究其实质，在精神内核上大有相通之处。当今律师，保持审慎、理性、克制的品格已然不足，更应拼搏进取、心怀家国、勇于担当。

新版全面翻新付梓，多少就是出于这样的目的：一方面是希望能够将多年的执业经验呈现到读者面前，期待金石相击，碰撞出新的火花；另一方面是提醒从业者们重新审视法律对社会生活的引导作用，也呼吁律师同仁们重拾“职业情怀”这个在当今浮躁社会中似乎显得过时的东西，与其他法律人一起，积极主动地推进法治进步。这应当是每一位专业律师的内心坚守。

最终审稿之际，手头在办的某个重大案件涉及本诉、反诉、第三人独立请求权之诉三诉合并，法律关系多达八个以上，事实认定错综复杂，另涉民刑交叉、数个生效判决，可谓真正的疑难案件。近年此类案件越发增多，“律师专业性”面临新的考验。对这类案件，我们也有集结整理出书的打算——像我之前写作的《信托纠纷第一案全程办案实录》一书一样，不仅为广大读者提供一个糅合专业问题的典型参考案例，而且呈现复杂疑难案件中律师的工作技巧和思维方式。

本书定然还有一些不足之处，部分观点不能尽善尽美，还望大家批评指正。非常期待各位读者能够在读完本书之后，与我们交流心得，共享追求行业法治道路上的感悟。